江西广播电视年鉴

2006

主编　周晶星

中国传媒大学出版社

《江西广播电视年鉴》编辑委员会

《江西广播电视年鉴》责任编辑、特约编辑

责任编辑

胡小玲　　江西省广播电视局总编室

特约编辑

刘本文　　江西省广播电视局办公室
蔡旦颖　　江西省广播电视局科技处
凌文勇　　江西省广播电视局社会管理处
宋志刚　　江西省广播电视局组织人事处
廖立红　　江西省广播电视局计划财务处
万小初　　江西人民广播电台
谭颖琳　　江西电视台
黄文渊　　江西省广播电视协会
周晓虹　　江西广播电视学校
朱燕琳　　江西省广播电视局网络中心
应江海　　南昌市广播电视局
吴宏雁　　九江市广播电视局
郑卫人　　景德镇市广播电视局
邬　建　　萍乡市广播电视局
黄媛斌　　新余市广播电视局
李如华　　鹰潭市广播电视局
曹艾君　　赣州市广播电视局
卢杰春　　宜春市广播电视局
蒋　云　　上饶市广播电视局
王　丹　　吉安市广播电视局
黎　楠　　抚州市广播电视局

导 言

2005年，省领导对江西广电的关爱、重视、支持是不寻常的。金秋10月，由省广电局与省委宣传部主办、江西广电今视网承办的“中国江西创业网”正式开通，省委书记孟建柱、省长黄智权分别发来贺辞、贺信；在江西电视台建台35周年之际，省委书记孟建柱、省长黄智权又分别致信祝贺、慰问、鼓励；12月，孟建柱又作出批示，对江西人民广播电台的“政风行风热线”节目给予高度评价；省政府还召开了全省“村村通”工作会议；省委、省政府、省人大、省政府的其他领导也给了江西广电很大鼓舞和支持。是年，中宣部副部长、国家广电总局局长王太华于5月、10月先后两次到江西视察广播电视工作；6月，国家广电总局副局长张海涛到江西考察工作；中央人民广播电台台长杨波于4月到江西瑞金视察红色中华新闻台陈列馆；中央电视台“心连心”艺术团10月来江西于都、瑞金、兴国慰问演出。总局领导对江西和江西广电事业给予了深切关心和大力支持。

2005年，全省广电媒体力量增强，阵地扩展。新增办了两个省级广播频率——科教·农村频率和健康·老年频率，一个省级电视频道——少儿·家庭频道，一个设区市级广播电台——抚州人民广播电台。抚州人民广播电台的开播，结束了抚州没有市级广播电台的历史，填补了一项空白。至此，江西省11个设区市均设立了广播电台、电视台。移动电视作为新兴媒体，已正式启动。2005年是江西省广电事业加速发展的重要一年，重点实施了50户以上自然村“村村通”和广播电视无线覆盖试点两大工程，全面完成了国家下达的2608个村的建设任务，并投入3000多万元，对17座广播电视转播台的现有设施进行改造。

2005年度的第十六届中国新闻奖评选中，江西广电喜获丰收：江西电视台的电视消息《地震灾区第一夜》荣获一等奖；电视专栏“传奇故事”荣获新闻名专栏；江西人民广播电台的广播消息《九江发生5.7级地震，震区主干道交通安全畅通》，江西电视台的电视专题《非歧视农民工第一案》获二等奖。更值得庆贺的是，在第七届长江韬奋奖评选中，先后跨越地球“三极”（南极、北极、青藏高原）采访，并援疆三年荣立二等功的江西电视台记者郑忠杰，从89名候选者中脱颖而出，成为江西新闻界获此殊荣第一人！

2005年11月，瑞昌市、九江县发生5.7级地震。地震造成了严重灾情，同时也造就了一支讲党性、顾大局，特别能吃苦、特别能战斗的新闻队伍。本卷年鉴收录了九江市广电局总结的做好地震灾害期间广播电视宣传工作的经验材料，以及在全省广电工作会上介绍的其他五篇经验材料。

2005年，本年鉴创办20周年，出版20卷，省广电局开会隆重纪念，表彰了10名有突出贡献的广播电视年鉴工作者。

以上内容作为年度亮点和特色，提请特别关注。

周晶星

2006年8月

目　录

概　况

大 事 记

文件选载

频率频道　节目栏目

频率频道

文章辑览

经　　验

调查研究

电影 电视剧 广播剧

评奖与表彰

机构与社团

县市区广播电视简介

统　计

图　片

专　页

索　引

H

J

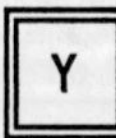

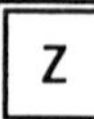

2005年 10月28日，中宣部副部长、国家广电总局局长王太华（中）来江西广电局及其所属单位考察。左为江西广电局党委书记何庆怀，右为局长黄晔明。（华三庆摄）

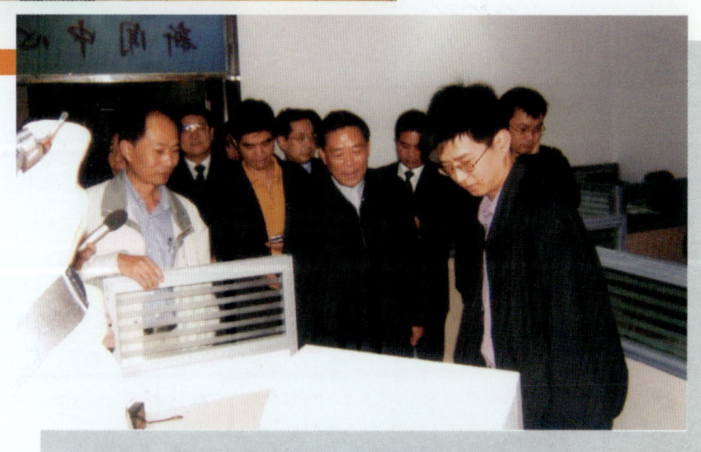

王太华在江西人民广播电台。（李永全摄）

王太华考察江西广电网络。（华三庆摄）

王太华在江西电视台。（伍坚摄）

王太华及彭宏松、刘上洋、孙刚等省领导与省广电局领导班子和中层干部合影。（伍坚摄）

2005年4月20日，中央人民广播电台台长杨波（右）在瑞金视察红色中华新闻台陈列馆。（江西人民广播电台供稿）

2005年 10月 20日，中央电视台“心连心”艺术团在兴国慰问演出。（赣州市广电局供稿）

2005年10月29日，江西电视台隆重庆祝建台35周年。省委书记孟建柱、省长黄智权分别发来贺信。彭宏松、刘上洋、孙刚、刘运来等省领导以及局台领导和员工代表200多人出席庆祝大会。（江西电视台供稿）

2005年2月6日，省委书记孟建柱（左二），副书记彭宏松（左三），省委常委、宣传部部长刘上洋（左五）走访慰问江西省广电局及所属媒体工作人员，局领导何庆怀（左一）、黄晔明（左四）、杨玲玲（左六）等陪同走访。（李永全摄）

2005年10月25日，由省委宣传部和省广电局主办、今视网承办的"中国江西创业网"正式开通，省委副书记彭宏松启动开通按纽。（今视网供稿）

2005年1月1日，由今视网和省文明办共同打造的"江西精神文明网"正式开通。（今视网供稿）

2005年5月20日，省政府召开全省村村通广播电视工作会议，副省长赵智勇出席会议并讲话。（今视网供稿）

2005年 2月 1日，省委副书记、常务副省长吴新雄（左四），省委常委、宣传部部长刘上洋（左三），清华大学副校长龚克（左五）出席江西移动数字电视开通庆典仪式。（江西电视台供稿）

2005年 11月 8日，由江西省委宣传部、江西省广电局、江西电视台与中央电视台联合摄制的电视专题片《沧桑正道—科学发展观纵横谈》看片座谈会在南昌召开，省委副书记彭宏松（左三）、省委常委、宣传部部长刘上洋（左四）等领导和专家出席。（江西电视台供稿）

2005年7月1日，江西人民广播电台举行科教·农村频率、健康·老年频率开播仪式，省领导刘上洋、全文甫、孙刚等出席。（李永全摄）

省委常委、宣传部部长刘上洋在萍乡市广电局视察。（萍乡市广电局供稿）

副省长、九江市委书记赵智勇（右前）在九江市广电局视察。（九江市广电局供稿）

省广电局局长黄晔明（中）到新余市广电局调研。（新余市广电局供稿）

新余市委书记钟利贵（左一）考察新建成的新余电视台数字播控中心。（新余市广电局供稿）

新余市委副书记、市长汪德和（左二）在新余市广电局调研。（新余市广电局供稿）

省领导金异（右）、省广电局局长黄晔明为江西电视台少儿·家庭频道开播揭牌。（江西电视台供稿）

省武警消防总队领导走访省广电局。（华三庆摄）

2005年3月5日，江西电视台公共频道策划军民万人在南昌八一广场等地同时共唱“雷锋歌”。（江西电视台公共频道供稿）

江西电视台“走进泰和”观众见面会。（江西电视台供稿）

江西人民广播电台生活经济频率、赣州人民广播电台新闻综合频率《百姓热线》听友见面会。（江西人民广播电台供稿）

赣州电视台对中国（赣州）第四届脐橙节开幕式作现场实况直播。（赣州市广电局供稿）

吉安电视台直播由吉安市委、市政府、江西省旅游局主办，吉安电视台承办的“井冈山杯”红色旅游歌手大赛决赛晚会。（杨龙君摄）

由江西日报、江西人民广播电台、今视网等10家省级新闻媒体记者组成的“和谐创业江西行”采访团对吉安人民广播电台《行风热线》进行专题采访。（贺力强供稿）

赣州人民广播电台开通“政风行风热线”节目。（赣州市广电局供稿）

鹰潭市广电局与鹰潭龙虎山风景旅游区管委会等单位联合举办“龙虎山旅游形象小姐大赛”。（鹰潭市广电局供稿）

九江人民广播电台举行纪念建台20周年座谈会。（九江市广电局供稿）

2005年 11月 26日8时49分，江西省瑞昌市与九江县之间发生里氏5.7级地震。九江市广电局、九江人民广播电台、九江电视台、瑞昌市广播电视台立即投入抗震报道，被市委主要领导誉为讲党性，顾大局，特别能吃苦、特别能战斗的新闻队伍。（九江市广电局供稿）

2005年底，由萍乡星宇传媒影视文化发展有限公司等单位联合制作的22集电视剧《铁色高原》在中央电视台一套黄金时间热播。（萍乡星宇传媒供稿）

省广电局在鹰潭市龙虎山召开全省广播电视年鉴工作会，隆重纪念江西广电年鉴创办20周年。图为与会代表合影。（省广电局总编室供稿）

赣州市广电局召开全市广播电视年鉴暨人才资源统计工作会。（赣州市广电局供稿）

电视文献片《小平您好》

2004年8月4日，《小平您好》看片座谈会在北京举行。中共中央宣传部、中共中央党史研究室、国家广电总局的有关领导在省委常委、宣传部部长刘上洋的陪同下，审看了《小平您好》，对该片给予了高度的评价，并与摄制组主创人员合影。

2004年7月26日，《小平您好》在南昌举行看片会。省委副书记彭宏松，省委常委、宣传部部长刘上洋等有关领导一同观看了该片。彭宏松说：“这部片子无论从思想上，还是艺术上来讲，都是一部很不错的电视专题片。”

2004年6月17日省委宣传部、省广电局、省电视台领导审看了《小平您好》样片。省委常委、宣传部长刘上洋说：“《小平您好》很不错，是个好片子。”

采访邓小平的女儿邓林。

采访江西籍老红军、原中央军委纪检书记郭林祥上将。

采访中央文献研究室常务副主任冷溶。

总顾问：孙　英　孟建柱　　顾　问：彭宏松　刘上洋　谷安林　杨胜群　阎建琪
总策划：刘孚威　　总监制：何庆怀
总编审：黄晔明　梁　勇　　出品人：杨　松
总撰稿：万江麟　李向前　　总编导：龚邦国　万江麟
执行总编导：张步蓉　罗俐珍
总摄像：李　军　　制片人：龚邦国
制片主任：张步蓉　陈　峰
艺术指导：薛亚宁　李森池　林旭乔　殷秋新　沈荣达　秦维清
策　划：杨国林　王鹤龄　周金广　任　辛　宋柄权　余伯流　何友良　王志奇　廖毅文
监　制：黄如军　邱国荣
编　审：郭秀君　刘小军　李尚杏　周晶星　万良朋　万里波　林泽平
编　导：劳有庆　李　军　焦涛华　张渝平　李春平
编导助理：万乔乔　张翔宇
协助拍摄：
中共河北省大城县委
天津翔达集团
香港凤凰卫视
中共中央党史研究室、中共江西省委联合摄制
中共江西省宣传部、江西省广播电视局、江西省电视台承制
江西电视台出品

2005年11月8日，在南昌地区召开的八集理论电视片《沧桑正道—科学发展观纵横谈》看片座谈会后，中共江西省委副书记彭宏松，省委常委、宣传部部长刘上洋与摄制组创作人员合影。

2005年6月26日，省委宣传部副部长俞向党（左二）邀请中宣部理论局局长路建平（右二），副局长黄中平，理论处处长张宏，审看《沧桑正道》1—5集的初编带后，路建平局长充分肯定该片大气，视野开阔，理论语言与电视语言结合到位。

省广电局党委书记何庆怀，副局长梁勇、杨松，省电视台副台长龚邦国与摄制组同志一起认真研讨脚本。

省广电局副局长、省电视台党组书记、台长杨玲玲来摄制组指导工作。

采访全国人大常委会副委员长、中国科学院院长路甬祥院士（左）。

采访北京大学教授王思斌。

采访博鳌亚洲论坛秘书长龙永图（左三）。

摄制组在北京石景山区玉泉路小学拍摄有关镜头。

2005年11月8日，在南昌召开的《沧桑正道—科学发展观纵横谈》看片座谈会上，省委副书记彭宏松（左三）高度评价了该片，会后与该片总撰稿、执行总编导万江麟亲切交谈。

《沧桑正道—科学发展观横谈》在江西电视台北京办处进行后期制作，中央文献究室副主任杨胜群（中）前指导。

采访中共中央党校副校长李君如。

采访中共中央政策研究室副主任郑新立。

总顾问：孟建柱
顾　问：彭宏松　杨胜群
总策划：赵化勇　刘上洋
总监制：张长明　袁正明　俞向党　陈东有
　　　　张　宁
总编审：何庆怀　黄晔明　梁　勇
监　制：魏　斌　李建国
出品人：杨　松　杨玲玲
总撰稿：万江麟　崔文华
总编导：龚邦国　马伟平
执行总编导：张步蓉　万江麟　罗俐珍
编　导：任　晞　邬　虹　王笑鹏　陈　岩
　　　　叶琳琳　万乔乔　祖庆林

总摄像：李　军
总制片人：龚邦国
制片主任：张步蓉　邱国荣
策　划：周金广　阎　东　尹世洪
　　　　李国强　徐琳琳　陈　峰
理论指导：李向前　余品华　余伯流
　　　　　何友良　汪玉奇
编　审：周晶星　万良朋　王志奇
　　　　万里波
撰　稿：文之清　吴文滨
摄　像：张　磊　李春平　刘兴龙
　　　　尹毅剑　朱广皓　程柳青
　　　　罗　明　王玉锦　曾海波
　　　　刘　华　张建法　张惠峰

协助拍摄：江西科龙实业发展有限公司
中共河北大城县委、县人民政府
中国广播影视音像出版中心

中央电视台
中共江西省委宣传部
江西省广播电视局
江西电视台
联合摄制

生动、形象、通俗诠释发展的新理念

沧桑正道

——科学发展观纵横谈

省人大常委会副主任万学文出席高考爱心车队出发授牌仪式。

江西省首届出租车司机才艺大赛取得圆满成功。

举办"3·15"汽车企业签名承诺活动，倡导"诚信服务、健康消费"。

江西人民广播电台

FM105.4 FM96.9 信息交通频率

联合南昌市公安交通管理局、南昌市城市客运管理处共建文明交通示范路。

第二届邀的哥的姐逛庙会联欢晚会在一片欢歌笑语中落下帷幕。

省公安厅领导走访信息交通频率。

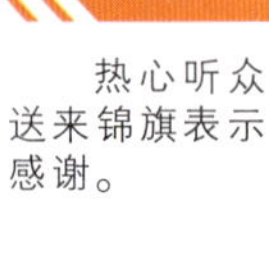

热心听众送来锦旗表示感谢。

江西交通广播爱心车队被授予"江西省十大杰出青年志愿服务集体"和"中国百个优秀青年志愿服务集体"称号。

在各级领导的关怀和支持下，信息交通频率在传递交通信息、服务大众出行、树立现代交通文明意识等方面发挥着重要作用，信息交通频率努力开拓，积极进取，构筑起全天候、全方位立体交通资讯网络，不断增强交通广播在现代交通管理中的媒体作用。信息交通频率秉承服务交通、服务听众、服务社会的理念，在江西省建立了全省第一个交通信息采集网络，组建了全省第一支路况信息员队伍，开通了全省第一条全天24小时交通服务热线，为交通参与者提供及时、权威、准确、有效的出行信息。5年来，信息交通频率构筑起全方位动态专业服务网、同频广播强势服务网，构架起交通出行者和交通管理者沟通理解的爱心之桥，打造了绚丽多姿的平安同行之旅。

信息交通频率把握正确舆论导向，坚持"三贴近"原则，不断拓展交通专业服务的广度和深度，加强针对性、实效性，增强吸引力、感染力，积极打造现代交通广播品牌，跨入了江西强势媒体行列，《交通在线》、《交广双声道》、《一路好心情》、《方向盘俱乐部》、《汽车服务热线》、《相伴到子夜》等节目深受广大听众欢迎。

江西人民广播电台
科教·农村频率

2005年7月1日，江西人民广播电台科教·农村频率正式开播。它是惟一以农村和教育为服务方向的专业广播电台，全天18小时播出，频率为调频98.5兆赫和中波927千赫（赣州）。该频率以“关注农村，服务教育”为宗旨，为江西广大农民朋友提供专业的农业技术服务，与广大受教育人群共享教育成果。开办的主要节目有《985致富金桥》、《成长攻略》、《科普通天下》、《动感校园秀》、《人在他乡》等。

“动感新声”江西高校青春歌会总决赛现场

“老表心里话”节目在进贤县北田村直播。

“动感校园秀”正在直播节目

歌手庞龙签名售带

听众向科教·农村频率熊晓芸总监（左）赠送锦旗。

江西人民广播电台

健康·老年频率

经国家广电总局批准，江西人民广播电台健康·老年频率7月1日正式开播。该频率以需求健康服务人群为对象，以“服务民众健康，关爱老年身心”为宗旨。节目内容凸显服务特色，贴近老年生活，融健康资讯、老年信息、新闻、音乐、综艺为一体。重点打造的节目有《金色年华》、《健康直通车》、《民乐飘香》、《经典老爷车》、《心灵家园》、《天籁村》、《性福生活》等。

总监温燕霞

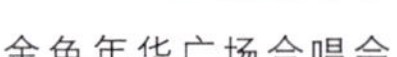

金色年华广场合唱会

健康进社区

中秋文化情步行街文艺演出

九九重阳老同志联欢会

广场纳凉文艺活动周

健康直通车直播一附院现场

健康·老年频率工作人员合影

赣州市广播电视局

2005年，赣州市广播电视工作取得了较大成绩，在全省有地位，在全国有影响。宣传工作成效显著，全市节目作品获国家级奖项9件、省级奖项54件；广播电视新闻上中央台74条，上省台1130余条。事业建设势头强劲，新增光缆1230余千米，发展用户近2万户，其中市级发展用户5000余户；完成747个50户以上省定自然村广播电视脱盲任务和90个返盲村的修复任务；总投入7000余万元的市广电中心已投入使用。经营创收总量达1.05亿元，其中市级广播电视广告、网络、广电报发行创收总量达4000万元。行业管理注重服务，规范有序，广电改革稳步推进，成效明显，队伍与班子建设坚定严谨，凝聚力、战斗力显著增强。

党组书记、局长温声高

团结奋进的局领导班子

赣州市政府召开全市广播电视"村村通"工作会议

中宣部副部长、国家广电总局局长王太华来到赣州市广播电视局视察工作。

新建的广电中心大楼

瑞金市广播电视局

国家广电总局副局长张海涛（右二）在瑞金市广电局考察工作

中央人民广播电台台长杨波（左四）在瑞金市考察红色中华新闻台旧址修复工作

新建的高山广播电视发射塔

广播电视台新闻编辑制作机房

高山台3千瓦电视发射机

瑞金市广电大楼

寻乌县广播电视局

寻乌县广播电视局下辖广播电视台，为“局台合一”管理体制，2004年参与全省网络整合。全系统在编干部职工65人，其中局台干部职工39人，广电网络分公司26人。

近年来，该局一手抓宣传，一手抓发展，新闻宣传和事业建设日新月异。新闻宣传方面：投资近20万元更新设备，实现采、编、制、播数字化，办好办活“寻乌新闻”和“果农天地”等栏目，为寻乌的发展创造良好氛围。同时，全力创优、创新，搞好对外宣传，省、市广播电视上稿数量和质量都比前几年有大幅提高，较好地树立了寻乌形象。事业建设方面：完成了70%的乡镇和22%的行政村的光缆联网及分配网升级改造，到2005年底城区有线电视用户7800户，农网用户4810户。发展数字电视用户107户，开通了内部IP电话，安装了广电网宽带。

2005年，寻乌县村村通广播电视工作以“优秀”通过省检查验收组验收。在全市广播电视工作综合评比中获先进单位一等奖。

局长、网络分公司经理钟名亮

局（公司）领导班子成员在研究工作

播音员在播报《寻乌新闻》

新搬迁的寻乌广电大楼

省“村村通”检查验收组在寻乌检查验收

工程技术人员在施工和检修线路

编辑制作人员在编辑节目

值机人员在节目播控中心值班

有线电视前端机房一角

峡江县文化广播电视局

峡江县文化广播电视局有行政人员9人，广播电视台20人，广播电视网络中心36人。局内设有广播电视台、广播电视网络中心、人秘股、文化艺术股、宣传科技股、社会管理股和稽查大队、广告部。

新闻宣传上，在“峡江新闻”节目中开办了《全民创业、富民强县》、《促进效能建设、优化发展环境》、《京九线上绿峡江》、《拥军优属谱新篇》等专题节目。全年完成市级以上新闻用稿510篇，本台自办节目用稿820篇。投资20多万元更新设备，实现了摄、编、播全程数字化，使新闻宣传质量稳步提高。

峡江县文化广播电视局局长刁年生

事业建设上，以“村村通”为契机，制定了广电光缆联网进村入户五年规划，继2004年全县各乡镇广电光缆实现联网后，将“进村入户”工程列入各乡镇年度工作目标重点考核内容，同时，继续在政策上给予扶持和优惠。努力提高服务质量和丰富服务内容，节目套数增加到30套，全部改为数字接收。全年新发展农村有线用户1892户，发展数字电视用户60户，因特网用户54户，全县46个行政村开通了有线电视，占全县村委总数的60%，提前在全市完成国家广电总局上网公示10个已通电50户以上村组的“村村通”建设任务，受到吉安市政府的通报嘉奖。全年广电网络共创收163.6万元，三年翻一番，是吉安市较早完成全年经营目标创收任务的县级分公司之一。

峡江县文化广播电视局领导成员在研究工作。

编辑在制作节目。

播音员在播出《峡江新闻》

电视台记者在采访。

发射机房

吉安八四一台

吉安八四一台正式成立于1984年，前身为创建于1970年的吉安实验台。多年来，该台一直担负着转播中央、省两级广播电台节目的工作任务，也是吉安惟一的一座中波实验广播电台，现有干部职工24人（含退休人员）。

2003年，吉安八四一台发射场整体搬迁至吉州区长塘镇距赣粤高速公路吉安北入口1千米处，总占地面积80亩，地理位置优越，地势开阔平坦，发射环境理想。经过全台干部职工两年多的艰苦奋斗，目前吉安八四一台已拥有4套全固态发射设备，2副天线架设塔，转播了1套中波节目和2套调频节目，总发射功率7千瓦，为丰富吉安人民的精神文化生活作出了积极贡献，受到上级主管部门和广大群众的一致肯定，先后荣获2003年度全省广播电视技术维护先进台站二等奖和2003年度市局直系统事业发展特别奖，并被评为2004年度市局直系统文明创建先进单位。

吉安八四一台台长、党支部书记朱春华

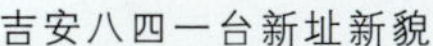

吉安八四一台新址新貌

工程技术人员正在观察设备运行情况

值机员正在认真监看节目信号

工程技术人员正在集体攻克技术难题

吉安八四一台正在召开安全播出例会

快速发展中的奉新县广播电视

近年来，奉新县广播电视事业不断壮大，广电工作步入快车道。

奉新县广播电视台积极配合县委、县政府中心工作和全县不同时间的工作重点，在办好《奉新新闻》《记录奉新》《七彩时光》《经济信息》《晚间播报》等常设栏目的基础上，开设新的节目、栏目。精心打造名牌栏目和精品节目，一大批优稿在上级台播出，多件精品在省市新闻作品评比中获奖。

江西广电网络奉新分公司加快网络建设步伐，积极拓展网络市场，全县广电网络得到快速发展。有线电视用户由公司成立时的8000余户增加到现在的2万户；数字电视从无到有，目前已发展用户500户。全县农村镇基本实现广播光缆联网，联网行政村达111个。2004年，公司完成了城网改造，将原来的330MHZ电缆传输的单向网改造为全省一流的860MHZ的光缆传输双向综合网。

2005年9月，奉新县广电局投资1000多万元、建筑面积8000多平方米、高12层的广播电视网络信息中心大楼正式投入使用，为广播电视事业进一步发展打下了坚实的基础。

奉新县广播电视局局长、江西广电网络奉新分公司经理刘勇

团结奋进的局、公司领导班子

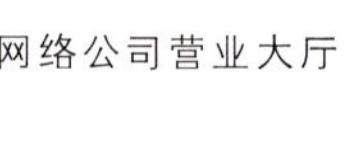

网络公司营业大厅

有线电视传输机房

新闻演播室

广播电视网络信息中心大楼

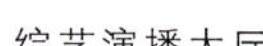

综艺演播大厅

虚拟演播室

概 况

江西省广播电视概况

2005年，全省有省、市两级广播电台12座，电视台12座，县级广播电视台80座。共办公共广播节目95套，全年公共广播播出时间310171小时，全年制作广播节目时间151755小时；共办公共电视节目110套，全年公共电视播出时间558071小时，全年制作电视节目时间79782小时。广播综合覆盖率为93.22%，电视综合覆盖率95.44%。全省有电视发射台和转播台349座，发射功率228.48千瓦。有线广播电视传输网络干线总长5.8万公里，有线广播电视用户328.88万户。全省广播电视从业人员15777人。全省广播电视总收入14.89亿元，其中事业收入6.37亿元，主营业务收入5.26亿元。全省广播电视实际创收收入12.61亿元，其中广告收入6.38亿元，收视费收入4.4亿元，网络传输收入0.15亿元。

2005年，在省委、省政府的正确领导下，全省广电系统以邓小平理论和“三个代表”重要思想为指导，认真贯彻中央和省委重要会议精神，紧紧围绕江西省改革发展稳定的大局，全面落实科学发展观，把握导向，塑造形象，发展事业，壮大产业，加强管理，带好队伍，做了大量扎实有效的工作，较好地完成了全年各项任务。

一、宣传工作引导有力，特色鲜明，营造了加快发展的浓厚氛围

2005年，全省广播电视宣传工作紧紧围绕省委、省政府的工作部署，充分发挥广播电视的特点和优势，围绕中心，服务大局，圆满完成了各项宣传报道任务。

1.重大主题、重要活动的宣传声势大、影响大、效果好。2005年，江西省重大活动多，宣传任务重，报道要求高。全系统密切配合，精心组织，形成了强大的舆论声势，受到了广泛好评。“三个代表”重要思想的宣传，科学发展观的宣传，党的十六届四中、五中全会精神和省委十一届八次、九次、十次全会精神的宣传全面、深入、持久、生动；全国及全省“两会”报道隆重热烈、亮点纷呈；“建设和谐平安江西，共创富民兴赣大业”主题教育活动的宣传浓墨重彩、高潮迭起；保持共产党员先进性教育活动的宣传深入持久、密集厚重；对防汛抗灾、九江地震等突发事件、灾难性事故和重大敏感问题、热点问题等的报道也都做到了主动及时、把握平稳，充分发挥了正确的舆论引导作用。

2.创新报道形式，改进会议报道，宣传的吸引力和感染力增强。各级广电部门注重创新宣传形式和手段，提升了宣传质量和宣

传效果。如对全省领导干部会议的报道，江西人民广播电台在宣传中充分运用音响，丰富了表现形式，深化了报道主题；江西电视台大胆创新，以“精彩点击”的形式对省领导的讲话进行同期声链接，以“举措点击”的形式反映全省各地、各部门贯彻会议的举措。各级人民广播电台、电视台还积极改进会议报道，普遍减少了会议报道，增加了信息量。会议报道的形式更活了，也更有看头了。

3.宣传江西力度加大，外宣工作再创佳绩。2005 年，全系统团结一致、共同努力，广播新闻在中央人民广播电台“新闻和报纸摘要”用稿 177 条，其中头条 10 条，上提要 37 条；电视新闻在中央电视台“新闻联播”用稿 320 条，比上年增加 35 条，其中头条 9 条，上提要 62 条，单条 106 条，创历史最好成绩，较好地宣传了江西。

各设区市台高度重视新闻上省台和中央台工作，在江西人民广播电台“江广早新闻”用稿前 5 名的是：吉安、九江、新余、南昌、抚州；在江西电视台新闻节目用稿前 5 名的是：上饶、宜春、抚州、九江、赣州；在中央电视台用稿前 5 名的是：南昌、九江、吉安、赣州、宜春。另外，吉安人民广播电台与陕西延安、山东临沂、辽宁丹东等地人民广播电台联办的“红色之旅”系列特别直播节目，南昌人民广播电台与沈阳、兰州人民广播电台联办的大型直播节目“共创辉煌”，都起到了很好的宣传江西的作用。

二、打造品牌，铸造精品，广播电视的影响力和竞争力进一步提升

1.强化创新意识，精心打造品牌。各级广电部门积极推进节目栏目改版，加强节目栏目的包装，品牌效应不断显现。江西人民广播电台综合·新闻频率改版后的“政风行风热线”节目，已有 40 多个厅局的领导走进直播室，直接接听群众的电话，为群众解决许多实际问题，深受群众欢迎，省委书记孟建柱还专门为进一步办好该栏目作了批示。

江西电视台各频道大力实施品牌战略，江西卫视在省级卫视全国观众喜爱度排名中列第 8 位；都市频道进一步完善自办栏目品质，平均收视率稳居南昌地区第一、二位；公共频道强力打造“红色情怀、爱心舞台”的品牌定位，频道收视率及创收进入全国公共频道的前三名。

市、县台也加大了节目改版力度。九江电视台推出大型访谈节目“市民议事厅”；景德镇电视新闻与市电台的“大众呼声”实现联动，开出电视版的“大众呼声”。

2.坚持开门办广播电视，实现社会效益和经济效益双丰收。各级广电部门围绕树立频率、频道的新形象和新品牌，开门办广播电视，开展了一系列“服务性、互动性、公益性”的社会活动，取得了良好的社会效益和经济效益。

3.精品生产和节目创优取得好成绩。各级广电部门加大了精品生产和节目创优力度，抓好一批重点片的生产。由省委宣传部和省广电局等单位联合摄制的理论电视专题片《沧桑正道——科学发展观纵横谈》，受到各有关方面领导和专家的好评。国家广电总局批准该片在中央电视台、全国各级电视台播出。南昌电视台重新摄制的《中国南昌》，成为南昌市到沿海和香港等地招商引资的宣传推介名片。

一批节目创优取得好成绩。江西人民广播电台采制的《不法排污企业为何挂上了保护牌》获中国新闻奖三等奖。江西电视台摄制的纪录片《尼西藏陶》获法国蒙彼利埃国际电影电视节提名奖，实现了我省电视节目获国际奖项零的突破；公共频道选送的作品《迟到十九年的荣誉》获全国法制电视节目优秀短片一等奖。《声屏世界》杂志有 5 篇学术论文分别获得中国广播影视期刊优秀论文一、二、三等奖。北京军区政治部战友电视艺术中心、江西电视台等单位联合摄制的《红领章》获“飞天奖”长篇电视剧三等奖。

三、事业建设和产业发展创新思路，稳步推进

全省各级广电部门瞄准媒体发展的新趋势，不断扩展宣传阵地，扩大节目覆盖，拓展产业发展空间，事业产业稳步发展。

1.努力开辟宣传新阵地，增强主流媒体影响力。主要表现在：

⑴广电传统媒体力量增强，阵地扩展。8 月 28 日，抚州人民广播电台正式开播，标志着全省 11 个设区市已全部开办广播节目；7 月 1 日，江西人民广播电台健康·老年频率和科教·农村频率正式开播；11 月 28 日，江西电视台少儿·家庭频道开播，增加了新的宣传阵地。

⑵大力发展网络媒体，抢占网上舆论阵地。今视网开办以来，点击率一直稳步上升。去年又与省文明办合办了“江西精神文明网”，与省委宣传部合办了“中国江西创业网”。

⑶依托技术创新，积极开办新兴媒体。2 月 1 日，江西省正式启动移动电视试验，现已完成出租车移动载体的平台建设，发展了 200 个固定平台、800 个移动平台，并已进入省有线网播出，用户总量超过 10 万户。

2.加快基础设施建设，广播电视覆盖有新的提高。2005 年是江西省广电事业加速发展的重要一年，重点实施了“村村通”和广播电视无线覆盖试点，全省广播电视人口综合覆盖率分别由 2004 年的 92.89%和 94.86%提高到 2005 年的 93.2%和 95.38%。

⑴大力实施 50 户以上自然村“村村通”工程。在各级党政领导的高度重视和各相关部门大力支持下，全省广电系统克服时间紧、任务重、要求高等困难，全面完成了国家下达的 2608 个盲点村的建设任务，受益农户 24.8 万户，受益农民 103.68 万人，得到广电总局的充分肯定和表扬。抚州市“村村通”工作抓得紧、抓得实，成为全省最早完成“村村通”建设任务的设区市，工程综合评分达优级标准。

⑵着力抓好高山骨干转播台和中波台的建设，巩固和扩大全省广播电视无线覆盖。省局一方面自筹资金投入 300 余万元，对高山骨干转播台的调频发射机进行全固态化改造，开播了 6 部 10 千瓦和 2 部 50 千瓦全固态中波发射机；另一方面积极争取国家广电总局在江西省进行农村广播电视无线覆盖试点，现已投入 3196 万元，对全省 17 座广播电视转播台的现有设施进行改造。

⑶积极推进广播电视数字化。江西电视台加大事业建设投入，建立了新的数字播控中心，节目播出实现了数字化。九江电视台、吉安电视台、上饶电视台、赣州电视台都投入 100～200 万元添置数字设备，大大提高了采编播质量。赣州人民广播电台投入 245 万元对音频工作站进行升级改造，实现了制作、播出设备全数字化。省网络公司与中央电视台“中数传媒”等合作开发数字电视，开通了 80 套数字电视节目频道，全省数字电视用户达 5 万户（其中南昌市 1.5 万户），宽带数据网用户超过 3 万户。宜春等地积极推进县级广电网络建设。全省有线广播电视网络线路总长达 6.06 万千米，有线电视用户达 319.52 万户。

3.积极创新经营策略，广播影视产业持续稳步增长。全系统产业发展创新经营策略，完成创收 11.46 亿元，较上年增收 1.08 亿元，增长 10.4%。其中，省本级完成创收 5.17 亿元，较上年增收 7100 万元，增长 16%；设区

市局完成创收 3.54 亿元，较上年增收 1500 万元，增长 4.42%；县市局完成创收 2.75 亿元，较上年增收 4300 万元，增长 18.53%。鹰潭、抚州、上饶增长超过 20%。

4.影视剧产业发展形势喜人。全省影视制作机构共制作完成电视剧 6 部 143 集，其中民营电视制作机构生产的电视剧占据半壁江山。萍乡星宇传媒发展有限公司制作的电视剧《铁色高原》，去年年底在央视一套黄金档播出，这是我省影视剧在创作和播出方面的新的突破。

四、坚持依法行政，管理工作进一步加强

全省广电系统围绕改革发展抓管理，建立健全长效管理机制，狠抓管理工作的落实，确保了导向正确和播出安全，提高了依法行政的能力和管理水平。

1.进一步加强了宣传导向管理。省广电局成立了收听收看小组，重点对省台和南昌市台的新闻类和娱乐类节目从导向、格调、质量及播出效果等方面进行监督、预警，同时编发《收听收看简报》95 期，刊发评议意见 343 条。这项工作加强了对宣传工作的有效监督和管理，促进了节目部门提高宣传水平和节目质量。南昌市广电局还出台了《新闻宣传问责制》，督促相关单位对《收听收看简报》中指出的问题及时作出整改和反馈。

2.进一步加强了行业管理。重点加强了对广播电视播出机构、广告播放、广播电视节目制作经营、互联网传播视听节目等的管理，持之以恒地抓好“创三好”工作，有力地促进了全省广电事业的健康有序发展。

⑴组织了千人下乡整治卫星电视接收设施活动。全省共查处和拆除违规设置卫星电视设施 2573 套，抚州、吉安、新余、赣州、九江、上饶等市局工作抓得紧，成效大。江西省的境外卫星电视传播秩序整治工作受到国家广电总局的通报表扬。

⑵加强了广告播放管理。组织开展“广告播放整治月”活动，重点对黄金时段剧中插播广告、在上级台插播游动字幕广告和角标广告等违规行为进行了整治，取得良好效果，群众投诉量大大减少；配合工商部门开展“打虚假、树诚信”广告专项整治活动，停止了 35 个医疗医药广告播放，得到省工商局的充分肯定。

⑶加强了互联网等信息网络传播视听节目的管理。省局严格审批制度，在今视网上发布清理整顿公告，加强与省有关部门的沟通协调，举办全省信息网络传播视听节目管理培训班，省、市稽查队伍联动，3 次查处违规行为。吉安市广电稽查支队会同市公安局网监支队对光彩娱乐网站非法传播视听节目案件进行了查处。

3.进一步加强了法制建设。省广电局完善了依法行政许可审批工作机制和监督机制，各级广电行政部门及执法人员增强了依法行政的主动性，各项管理得到进一步规范。全省广播电视稽查工作开展 10 年来成绩显著，得到国家广电总局的充分肯定。吉安、赣州、九江、上饶等 4 个市局稽查支队，武宁、高安、婺源、于都、南丰等 14 个县（市）局稽查大队被评为“全省广电稽查工作先进单位”，受到省广电局通报表彰。全省依法行政知识竞赛活动参赛人员达 1.2 万余人次，影响遍及系统内外。全系统圆满完成“四五”普法依法治理工作，通过了国家广电总局组织的抽查验收。萍乡市广电局“四五”普法工作经验得到市政府的充分肯定并在全市推广。

4.进一步加强了安全播出管理。各级广电部门及时完善和修订了广播电视安全播出应急处置预案，建立健全了全省广播电视安全播出预警信息发布系统，对全省所有安全播出在岗人员进行了系统培训。省广电局节传中心自行研制的“自动反干扰数字卫星接收机”通过了省科技厅组织的科技成果鉴定。省网络中心建成了具有防范功能的总前端。江西卫星地球站全年成功抵御了8次非法信号的直接干扰，江西省成为全国少数几个没有出安全播出问题的省份，受到国家广电总局和省委610办的表扬。吉安市广电局强化安全播出管理制度建设，切实做到了“三有”、“四先”、“五定”、“六不用”，确保了安全播出。

五、坚持以人为本，队伍建设得到加强

全省广电系统把保持共产党员先进性教育活动与“三项学习教育”活动、民主评议行风、政务环境评议评价和贯彻落实新闻采编从业人员管理规定紧密结合起来，进一步加强了队伍的思想建设和作风建设。

1.深入开展保持共产党员先进性教育活动。根据中央和省委的部署，各级广电部门深入开展了以实践“三个代表”重要思想为主要内容的保持共产党员先进性教育活动，取得了明显成效，党员的素质进一步提高，党的基层组织得到加强，涌现出一批先进典型：新余市广电局被省委、省政府授予第十届“省级文明单位”光荣称号，并被市委、市政府评为“十佳单位”；鹰潭市广电局被市委、市政府评为“市级文明单位”；省音像资料馆副馆长万江麟被评为“全省先进工作者”；江西电视台广告中心被国家工商总局、中国广告协会评为2004~2005年度“全国广告行业文明单位”；江西电视台新闻主播曲歌被评为“全国优秀新闻工作者”；江西交通广播爱心车队被评为“全省十大杰出青年志愿服务集体”；省网络公司胡蔚星被评为“全省十大IT青年”；江西电视台公共频道两名记者在一次采访活动中毅然中断采访，勇救欲轻生的女市民的事迹，在全国产生了积极反响，树立了江西广电人的良好社会形象。

2.集中开展了政风、行风评议活动。去年，全省广电系统开展了为期3个月的民主评议行风活动，新闻从业人员的政治思想素质进一步提高，作风进一步转变，职业道德、职业精神进一步加强。省广电局按照省政府的统一安排，认真开展了政务环境评议评价活动，推进了依法行政和文明执法。

3.加大了教育培训工作力度。各级广电部门进一步建立和完善了干部培训工作机制，省广电局全年共组织各类培训24期，并成功组织了江西考区广播电视编辑记者、播音员主持人资格全国统一考试。

江西人民广播电台概况

2005年，江西人民广播电台以邓小平理论和“三个代表”重要思想为指导，以科学发展观为统领，以先进性教育为动力，努力推进各项工作，广播事业发展取得新的进步。

一、宣传水平有新提高，扩大了广播影响力

江西人民广播电台始终坚持正确的舆论导向，努力提高宣传水平，大力推进精品战略、创优工程，扩大了广播的影响力，为广播事业发展提供了有力的支撑。

1.改进正面宣传取得新成效

江西人民广播电台把改进正面宣传作为提高宣传水平的核心环节，紧紧围绕省委、省政府的中心工作做好新闻宣传，做出特色，做出影响，在服务省委、省政府工作大局的过程中彰显了广播的魅力，在提高舆论引导水平的过程中增强了广播的吸引力。

主题宣传浓墨重彩、声势强大。“建设和谐平安江西，共创富民兴赣大业”主题教育活动的宣传效果突出。新闻节目从 4 月 1 日开设专栏，启动主题教育活动宣传，采取动态报道与典型报道相结合的形式，充分报道全省各地开展主题教育活动的进展情况以及“和谐创业、富民兴赣”的新举措、新成就、新亮点，着重抓好“和谐创业大型采访”、“和谐创业高峰论坛”、“大型专家宣讲团”等主要活动的报道，大力宣传各地在“和谐创业、富民兴赣”活动中涌现出来的先进集体和先进人物，全年共播发消息、特写、通讯、评论、述评等稿件 1600 余篇。保持共产党员先进性教育活动的宣传主题突出。“实践‘三个代表’重要思想，保持共产党员先进性”着重报道活动的动态、经验、成效，共播发消息、录音报道、专稿等稿件 700 余篇。“时代先锋”着重报道典型，运用录音通讯和录音专稿的形式，宣传了凌美龙、郭远程等一批模范实践“三个代表”重要思想的优秀共产党员的先进事迹。

会议报道形式创新、内容丰富。一方面控制数量和篇幅，另一方面创新报道内容与形式，努力从模式化、程式化的会议报道中摆脱出来，跳出会议程序写新闻，突出人们最关心的信息，会议新闻的信息量增大，可听性增强。省委十一届八次全体（扩大）会议、全省领导干部会议的报道围绕会议主题，组织采写录音专稿、录音述评，生动反映江西省经济社会发展的新变化、新成效。全省“两会”报道重点在深度报道和会场内外互动上突破创新，“今日关注”节目围绕群众关心的话题进行解读；“新闻话题”节目采取电话、短信互动的方式，邀请代表、委员走进直播室，围绕热点话题与听众进行讨论。全国“两会”报道抓数量、攻质量，在中央人民广播电台用稿 40 条，其中录音新闻 21 条，上提要 5 条。由江西人民广播电台策划的省委书记孟建柱的访谈节目《科学发展，和谐兴赣》，在中央人民广播电台播出后，中国广播网也全文作了转载，产生了良好的社会影响。

重大活动报道策划到位、特色鲜明。在组织重大活动的报道中，江西人民广播电台做到策划先行，力求有所创新，有所突破。第二届“9+2”泛珠论坛与包括香港、澳门电台在内的泛珠三角 11 个省区人民广播电台联合直播，扩大了江西在海内外的影响力。江西省党政代表团赴河南省学习考察的报道采取动态报道、背景报道、反响报道相结合，报道既有广度，又有深度。公开选拔厅级领导干部的报道形式多样，新闻节目、热线节目、访谈节目相互配合，扩大了报道效果。

典型报道手法新颖、吸引力强。围绕“和谐创业，富民兴赣”、保持共产党员先进性教育活动等重大报道活动，报道了贵溪市打拐英雄施华山、人民满意的司法助理员廖喜玉、创业明星余建华、当好创业领头雁的全国劳模柳堂新等先进人物。在报道中，充分运用直播互动、访谈对话等更具有广播特色的手法，先后有 30 余位典型人物走进直播室，通过热线电话、短信平台与听众互动交流，谈工作、谈生活、谈人生，激发了听众收听兴趣，收到了很好的传播效果。

突发事件报道反应迅速、准确充分。11

月26日，九江县、瑞昌市发生5.7级地震，江西人民广播电台及时组织记者深入一线，发回大量现场报道、录音报道，充分报道灾区各级干部群众抗震救灾、重建家园、恢复生产和维护社会稳定的情况，大力宣传灾区党员在一线抗震救灾，勇于奉献，为群众排忧解难的先进事迹，大力宣传社会各界支援灾区人民抗震救灾的动人情景。

2.节目创优创品牌有新的收获

各频率、各部门把办好节目、打造品牌作为重中之重，加强受众市场研究，瞄准目标听众，精心打造品牌节目，推进创优工程。

综合·新闻频率9月7日对“行风热线”进行改版，在节目组织、节目策划、节目包装上进行改进。从改版播出到年底，先后有32个厅局级单位的领导走进直播室，为群众解决实际问题1031个，在听众中引起较大的反响，节目的品牌效应开始凸显。省委书记孟建柱专门做出批示，对“政风行风热线”节目给予充分肯定，并勉励该台不断总结经验，再接再厉，围绕老百姓最关心、最现实、最迫切需要解决的问题着手，力争把这个专题节目办得更好。生活·经济频率对餐饮类服务节目“快乐晚餐”全新改版，简化栏目，细分收听人群，为听众提供快捷有效的餐饮信息服务，节目的针对性、服务性和互动性大为增强。信息·交通频率“交通在线”、“交广双声道”、“1054通天下”等交通服务类节目加大交通法律、法规的宣传力度，强化路况信息员队伍建设和交通资讯采集联络网的建设，为听众进一步提供更全面、更及时、更准确、更权威的信息服务。科教·农村频率、健康·老年频率根据频率定位和目标听众设置节目，初步形成了具有频率特色的节目构架，“985致富金桥”、“科普通天下”、“金色年华”、“健康直通车”等节目产生了一定的社会影响。

收听市场调查及节目质量考评工作为节目创优创品牌发挥了重要作用。委托北京美兰德公司开展的听众调查活动，为节目的设置、广告的投放以及技术覆盖等提供了较为科学的依据。通过对节目质量考评体系进行修订，节目考评工作进一步完善，促进了节目整体质量的提高。

节目创优获得丰收。在中国新闻奖评选中，由江西人民广播电台采制的作品《不法排污企业为何挂上保护牌》获中国新闻奖三等奖。在江西新闻奖评选中，5件作品获一等奖，6件作品获二等奖，8件作品获三等奖。在江西广播电视奖评选中，18件作品获一等奖，15件作品获二等奖，26件作品获三等奖，1件作品获新秀奖。

3.开门办广播思路进一步拓宽

江西人民广播电台继续坚持开门办广播的方针，拓宽思路，创新形式，通过举行听众见面会，与企业及其他媒体进行合作等方式，组织策划户外活动，不断扩大广播的社会影响，提高媒体的市场竞争力。

生活·经济频率“百姓热线”节目举办听众见面会，邀请政府职能部门和法律界的嘉宾到现场解答群众咨询的问题，帮助老百姓解决生活中遇到的实际困难，拉近与听众间的心理和空间距离，提高了节目的收听率和频率的知名度。文艺·音乐频率以大学校园为平台，开展了“青春动力·明日之星评选”、“青春动力明日之星”慈善义演晚会等一系列活动。信息·交通频率组织了“高考爱心车队”、“3·15汽车经销商诚信服务承诺签名”、“江西交通广播与交警、出租车司机共创交通文明示范路”、“南昌市公交车普法宣传”等活动，加强了频率与交通参与者和交通管理者之间的沟通和交流。科教·农村频率、健康·老年频率在开播前后，相继组织了“关爱生命，远离毒品——

千名志愿者签名活动”、2005“动感新声”江西高校青春赛歌会暨“动感人气之星”选拔赛、“金色年华”合唱会、“健康你我他”广场纳凉文艺表演活动周、“九九重阳、健康生活”老同志文艺联欢会等活动，为频率开播大造声势，产生了积极的反响。

4.对外宣传和舆情信息工作实现新突破。

新闻上中央人民广播电台工作贯彻“攻头条、抓重头”的要求，围绕省委、省政府的工作大局确定主题，策划选题，收到较好效果，上稿数量稳中有升。全年上稿177条，其中头条10条，上提要37条。

2005年由江西人民广播电台制作的12期《中国之窗·江西专题》节目，优良率达100%，在全国省级台中名列第三。

舆情信息工作取得了较大进展，共向省委宣传部报送舆情信息35条，采用7条，同时有1条作为重大舆情报中宣部。

二、经营创收禁受风险考验，实现了新的增长

各频率认真贯彻全台经营创收条例，积极采取措施，创新经营机制，运行广告定价新机制，同时大力抓好广告结构的调整，做大品牌广告，改善创收结构，拓宽创收空间。由于措施得力，应对得当，抵御了经营风险的冲击，保持了稳定发展的良好势头，全年创收完成4735.5万元，比上年增长9.7%。

在广告创收稳定增长的同时，广告作品创作水平也有新的提高。在全省第11届优秀广告作品评比中，获金、银、铜奖各1件，优秀奖2件。在全省思想道德公益广告评选中，4件作品分获一、二、三等奖。

三、事业建设取得新进展，增强了广播发展的后劲

2005年，江西人民广播电台继续加大事业建设的投入，推动事业建设稳步发展。

在省广电局的关心支持下，经过各方的协调和努力，科教·农村频率和健康·老年频率7月1日成功开播，形成了发展新格局，构建了新的发展平台。

覆盖力度进一步加大，覆盖水平进一步提高。综合·新闻频率的覆盖进一步完善；信息·交通频率全省同频同步覆盖第一期工程除高安、樟树等3个发射机站外，已初步建成；文艺·音乐频率、科教·农村频率、健康·老年频率新增了调频发射、中波发射，覆盖效果进一步提高。

技术装备水平得到提高。2004年启动的播控机房全面装修改造工程进展顺利，2005年6月基本完成，在全国省级台达到较高水平。首次装配的有较高技术水平的移动调频广播直播车，多次完成了移动广播宣传任务。

安全播出取得好成绩。综合·新闻频率、生活·经济频率、文艺·音乐频率、信息·交通频率全年共播出节目31457小时，台内外停播率均为零秒，完成了局下达的安全播出考核指标。安全播出保证期和敏感期各频率未出任何政治、技术事故，完成了技术保障任务。

四、队伍建设得到加强，增强了团队的战斗力

江西人民广播电台以先进性教育活动为契机，以民主评议行风为动力，结合人事制度改革，大力加强队伍建设，收到明显成效。

在保持共产党员先进性教育活动中，江西人民广播电台紧扣学习教育主题，以改善和促进工作为重点，把切实解决存在的突出问题，促进各项工作的开展作为先进性教育的最终目标，党的基层组织建设得到进一步加强。民主评议行风活动做到以评促改，以评促建，整改提高。通过认真整改提高，纪律意识有明显增强，行业作风有明显转变，制度建设有明显加强，各项工作有明显进步。

人事制度改革取得新的进展。按照重新修订的《专业技术职务岗位聘任实施方案》，对高级专业技术人员聘任进行了公开竞聘。坚持“公开、公平、公正”原则，严把人员入口关，共招聘各类专业人员18名。继续发挥《江广讲坛》业务培训的主平台作用，开展业务培训，提高了队伍素质；岗前培训走上规范化轨道，新聘人员全部进行了岗前培训，技术人员、播音员、主持人通过安全播出培训，全部达标上岗。

江西电视台概况

2005年，江西电视台紧紧围绕省委、省政府的中心工作，坚持以邓小平理论和“三个代表”重要思想为指导，全面树立和落实科学发展观，服务大局，做好工作，谋求发展，积极有效地推进自办节目改革等各项工作，全台事业发展迅速，影响进一步扩大，创收进一步增长，实力进一步增强，发展跃上新高度，全台创收历史性地突破了4亿元大关，实现连续高速增长。

一、新闻宣传成绩斐然，亮点不断

坚持正确的舆论导向，唱响主旋律，大力宣传“建设和谐平安江西，共创富民兴赣大业”主题教育活动，在省内媒体中率先推出了“建设和谐平安江西，共创富民兴赣大业”专栏，对中国江西“和谐、创业”高峰论坛进行了集中、及时、准确和全方位的报道。“社会传真”栏目配合主题教育活动，制作播出了“江西崛起，呼唤和谐社会”、“唱响加快发展主旋律，谱写和谐兴赣富民新篇章”、“动感江西，活力十足”等节目，既有时效性，又有深度和广度，为和谐创业、富民兴赣营造良好的舆论氛围。

围绕“建设和谐平安社会，共创富民兴赣大业”主题教育活动，抓好重点经济领域的报道，把这些作为“头条工程”，内容、形式都有创新、有突破，带动了时政新闻的改进。

认真做好保持共产党员先进性教育活动的宣传报道工作。“江西新闻联播”开辟了“实践‘三个代表’，保持共产党员先进性”专栏，全年保持不间断播出。同时开辟了“时代先锋”栏目，介绍模范共产党员先进事迹。

圆满完成2005年全国“两会”、省“两会”、省委十一届八次全会、十次全会、江西省赴河南学习考察团学习考察，“神六”报告团、红博会、乐温高速公路通车典礼直播等重大活动的报道任务。

对九江地震灾害情况进行了报道，多角度地呈现了九江灾区抗震救灾的动人场面，及时、全面地报道了党和政府关心灾区，广大党员干部快速反应、奋力抗震救灾，以及灾区积极开展生产自救等方面的情况，发挥了主流媒体的导向作用。江西电视台的记者编辑深入灾区第一线，出色地完成了报道任务，充分体现了电视新闻工作者高度的社会责任感和在困难面前能打硬仗、善打硬仗的能力。

积极做好江西新闻上中央电视台工作。2005年，江西电视台新闻在中央电视台“新闻联播”用稿320条，创历史最好成绩。

二、节目改革和生产有新进展

1.以栏目为中心，以大型直播活动为突破，提升影响，打造品牌

2005年7月，卫视频道成立了“社教文体中心”，以观众为核心，以收视为目标，重新设置了“明星面对面”、“传奇故事”、“人间写真”等栏目，成立了精品创作组、大型专题组、大型晚会组等科组，打破了以部门为节目生产单元的机构设置，按节目生产要求合理配置生产要素，整体节目布局趋于合理。“传奇故事”已逐渐成为全国颇具影响的品牌栏目。

在抓好自办栏目的同时，一场接一场的大型直播活动的成功举办同样打造了卫视频道的收视亮点。“为江西喝彩”第二场——明星演唱会取得了更大的成功，整场收视率再创新高。现场直播了“中国·江西国际傩文化艺术周”开幕式和踩街表演，凤凰卫视和台湾东森电视台根据该台提供的信号进行了同步直播。与凤凰卫视资讯台联合直播“中国·江西国际傩文化艺术节——直播大中华”特别节目，受到了省领导、专家和凤凰卫视同行的高度评价。“走进泰和”观众见面会，集全台各频道主持人走近观众，取得较大的反响。配合中央电视台“心连心”艺术团在兴国举办了一场大型活动；完成了中国江西红色旅游博览会现场直播；为庆祝建台35周年制作完成了一场别开生面的“金秋嘉年华”晚会；圆满完成了以“和谐创业”为主题的2005年江西省青年歌手大赛。

2.节目购销中心实行节目统一购买，保证了全台电视剧的安排播出。《历史的天空》、《林海雪原》、《苦菜花》、《母亲》以及国庆期间《亮剑》等几部大剧的播出和推广很有成效，提升了江西卫视在全国的影响力。电视剧全国卫视首映礼特别节目，采取“直播推介，观众互动”方式，获得了较好的市场回应；整体宣传逐步规范和整合，江西卫视的屏幕形象有了明显改观。

3. “精品创优”再出力作。大型电视理论片《沧桑正道——科学发展观纵横谈》，题材重大，制作精良，是国内首次运用电视理论片的形式系统地阐述科学发展观理论的上乘之作，得到中宣部、广电总局领导的好评。电视艺术片《情系东江源》，大型专题片《平安和谐江西》，省情宣传片《江西——投资兴业的好地方》、《永远的江西》，分别受到省委、省政府的领导好评。制作了一批优秀的专题纪录片《美丽的江西》、《越冬》、《尼西藏陶》和《三宝印象》等。输送一批外宣电视作品在“长城北美平台”、“长城外宣平台”展播。

4.电视剧初步形成策划、制作和发行一条龙的产业结构。2005年共投拍电视剧4部107集，质量明显高于往年。连续剧《血色誓言》、《欢天喜地七仙女》、《红领章》已顺利完成本利回收，实现了社会效益和经济效益双丰收。

5.一批优秀个人和优秀作品获奖，为江西电视台争得了荣誉。纪录片《尼西藏陶》入闱第五届法国蒙彼利埃国际电影电视节；专题片《三宝印象》获2004年度全国“对外电视节目奖”一等奖，并入闱2005年中国优秀纪录片优秀作品； 电视连续剧《红领章》获2004年度中国电视剧“飞天奖”长篇电视剧三等奖和2004年度“金星奖”一等奖最佳编剧奖。在国家广电总局“金帆奖”获奖评选中，“频道形象片”、“江西新闻联播”栏目、“庐山别墅”、“赣傩的表情”分获新闻类、专题类、综艺类节目制作技术质量奖二等奖1个、三等奖6个。《情系东江源》获中国电影电视技术学会立体声制作一等奖。

广告中心获2004~2005年度“全国广告

行业文明单位”称号，并受到国家工商总局、中国广告协会的表彰；曲歌获“全国优秀新闻工作者”称号；陈吉夫获“全国广播电视技术维护先进个人”。

三、加大投入，技术中心步入全国一流行列

2005年，该台在技术办、播出部、制作部的基础上成立技术中心。设备管理进一步规范，数字化进程加快，技术保障得到加强，全台没有发生台内停播事故。

新数字播控中心通过了国家广电总局电视计量检测中心的合格检测和验收，正式投入使用。新数字播控中心是该台建台以来投入规模最大、设备功能最强、自动化程度最高、安装调试最复杂、具有国际先进设计理念的电视播出系统。

该台利用西班牙政府贷款购置的高标清兼容数字电视转播车，于2005年底完成整车安装调试并顺利运抵国内。该转播车是目前全国第3辆八讯道以上的高清数字电视转播车，同时也是国内第1例成功利用国外政府贷款引进高清数字电视转播车范例。

卫视覆盖工作继续保持好形势，完成了全国30个省会城市和直辖市、4个计划单列市、港澳特别行政区、100多个长三角、珠三角、闽三角的重点地市和央视索福瑞收视调查城市以及部分旅游城市，600多个县级以上城市的落地工作。与新西兰中国卫视传播集团合作，实现了在新西兰奥克兰的落地。

四、地面频道个性突出，特色鲜明

该台地面频道继续呈现快速发展的势头，特色进一步得到彰显，实力进一步增强，节目质量、频道创收和收视全面提高，频道品质得到优化。

1.都市频道围绕金色传媒的概念进一步打造品牌栏目、特色频道。“晚间800”栏目收视率连续四年稳居该时段第一，“都市现场”收视率稳步上升，“传奇”扩版35分钟后，收视率连创“传奇”纪录，3个栏目之间实现了“无缝播出”，形成强势板块，并与紧跟其后的黄金剧构成晚间4个小时的收视强势。一系列的编排手段打造了良好的社会美誉度，形成了晚间占绝对优势的持续高收视。“娱乐地带”、“全纪录”、“前沿讲座”、“茹彬看电影”等栏目取得了较好的播出效果。大型情景剧《松柏巷里万家人》播出2个月后收视率达14%，在南昌市掀起了一股收看情景剧的热潮，收到了非常好的社会效益。开办了“开运夺宝”栏目，使电信增值业务成为频道新的经济增长点。

2.经视频道进一步彰显频道“贴近、服务、沟通”的百姓定位特色，对现有栏目进行了整合，走栏目向产业化方向延伸的路子。“最爱是车”栏目与经销商、厂商结成紧密合作伙伴，“绝对美丽”、“绝对明星”、“绝对英雄——社区擂台赛”等大型群众性参与、短信互动节目，以及每月的团购车展、房展等活动和节目，扩大了栏目和频道影响力，频道收视效益、经济效益都得到增加。

3.影视频道提出了全力提升频道影响力的工作思路，向编排要效益，充分挖掘已有资源的潜力，实现了投入产出效益最大化。自办栏目“娱评天下”特色鲜明，得到了业内人士好评。频道举办了“8分钟交友”、“南北笑星喜乐会”、“送电影进社区”等活动，频道品质进一步提升。

4.公共频道坚持“红色情怀·爱心舞台”的品牌定位，开展了“万民同唱学习雷锋好榜样”、“秋天的微笑”、“我对2005说几句”等一系列爱心活动，既体现了爱心，又得到了广大观众的热心参与，扩大了频道的影响力。“超级童星我最红”、“社区擂台”等大型活动栏目化播出，在观众中反响热烈。自办栏目“第5社区”、“目击者”取得了良好的播出效果。每晚 22:00 播出的“韩剧专场”收视表现突出。

5.少儿·家庭频道于 2005 年 11 月 28 日顺利开播。

五、产业经营有了突破，全台收入再创新高

1.广告经营继续保持快速增长，台广告中心不断强化管理，实行片区经理负责制，突出绩效管理，提高了工作积极性和创造力。加强了对收视基础数据的分析和研究，强化了对各频道的资源管理，提高了各频道的资源利用效率，保证了广告创收的稳步增长。全台创收突破 4 亿元大关，跃上一个新的高度。

2.移动电视等公司经营快速发展，积极探索产业发展新路。传媒移动电视 2 月 1 日开播，经过近一年的运作，市场开拓工作顺利实现战略转移，完成了出租车移动载体的平台建设任务，并发展了部分固定平台，覆盖人群逐步扩大。金色传媒实业公司、电视广告公司、发展总公司、电视购物公司在产业经营方面进行了有益的探索。

六、以台庆为契机，全台凝聚力得到加强，管理规范，保障有力，事业发展更具活力

1.2005 年是江西电视台建台 35 周年，按照局、台领导提出的外树形象、内聚人心、简朴而热闹的要求，系列台庆活动实现了预期效果，台庆活动气氛热烈。

省委书记孟建柱、省长黄智权为台庆大会发来贺信，省委副书记彭宏松，省委常委、宣传部长刘上洋，副省长孙刚、省政协副主席刘运来出席了会议，省委副书记彭宏松到会讲话。中央电视台、国家广电总局社管司、北京军区政治部、北京电视台、凤凰卫视、亚洲电视、台湾东森电视台等 60 余家单位、机构发来贺信、贺电。通过举办台首届职工运动会、台大型职工书画摄影展等一系列台庆活动，进一步增强了职工凝聚力，扩大了江西电视台的影响。

2.规范管理，加大内部改革力度，为事业发展提供保障。2005 年是江西电视台提出的管理年，全台各部门从各方面进行了管理上改革与探索，推出了一些新的管理办法。如：收入实名制的推行，为台里规范财务管理进行了一次有益的尝试。加强了全台对外公务联络、合同签订、公务用车、办公用品采购等各方面的管理规定。逐步启动了全员聘用制度的改革。首次在北京、武汉和南昌三地提前介入高校分配工作，高标准、宽领域、严要求引进高素质人才；与中国传媒大学达成在江西电视台建立“中国传媒大学教学科研基地”的协议；启动了江西电视台北京办事处的工作。

江西省广播电视社会行业管理概况

2005 年，社会行业管理工作围绕中心，加强监管，服务基层，服务事业，依法行政，文明执法等方面取得一定的成绩。社会行业管理趋于规范有序，为基层、用户服务的意识进一步增强，各项工作上了新水平。

一、突出行业特点，创造性开展工作

1.开展了“百千万”活动，进一步调动了全省广播电视从业者的积极性。“百千万”活动即组织培训了百名广播电视社会行业管理人员，组织了千人以上行政执法人员下乡查处违规设置卫星地面接收设施活动，组织万名以上广播电视从业人员开展依法行政知识竞赛活动。此外，加强了有线电视网传送卫星电视节目情况的检查、管理，重新规范了全省宾馆、饭店接传境外电视节目的管理。在境外卫视专项整治工作中，认真做好总局转办交办的任务，落实国家广电总局的专项工作部署，取得较好的成效，国家广电总局整治专刊第 13 期和第 25 期分别作了通报表扬。在千人执法活动中，各地广泛动员行政执法人员投入到查处卫星地面接收设施违规行为之中，密切协调工商、公安等部门配合查处工作，共查处和拆除了违规设置卫星地面接收设施 2573 套。在万人依法行政知识竞赛活动中，除南昌市以外，各设区市广电局精心组织、保证参赛率，全省广播电视报刊登法规知识题达 22 万份，系统内外参赛人员达 1.2 万余人次。经过答题卷的细心评比和综合评定，吉安、赣州、九江 3 个市局被评为组织奖，有 50 个人分获一、二、三等奖，达到了宣传广播电视法规，营造广播电视依法治业、从业、兴业的良好氛围。

2.加强了广告播放管理，全省广播电视广告播放已趋向规范化、秩序化管理。主要抓了四项工作：一是抓查处活动。全年共处理国家广电总局下发的省、市播出机构违规播放广告 52 件，群众投诉 16 件。二是开展“广告播放整治月”活动。4 月份，组织各市局管理部门重点对黄金时段剧中插播广告、在上级台插播游动字幕广告和角标广告的违规行为进行整治。通过整治，各级播出机构规范广告播放管理行为逐步形成自觉性。对 1 个县级广播电视台违规播放广告的行为进行了行政处罚，对各级播出机构起到了警示作用。三是配合工商部门开展“打虚假、树诚信”广告专项整治活动。5 月，江西人民广播电台、江西电视台广告部门负责人在召开省、市广告“打虚假，树诚信”座谈会上分别作了发言。6 月，在专项整治活动中，坚决执行上级的有关规定，停止了 35 家医疗医药广告播放。11月初，省广电局向专项整治活动全国检查组汇报了广播电视部门的专项整治工作情况，省工商局在《专项整治工作简报》中对省广电局的整治工作给予了充分肯定。从 11 月份以后省药监局医疗药品监测报告中显示，各级播出机构播放违法广告明显下降，这充分说明了全省广告播放逐步走向法制化、规范化的轨道。四是抓典型树形象活动。针对江西电视台部分频道和南昌电视台违规播放广告秩序较乱的问题，先后 3 次召开协调会，统一认识，规范管理，已基本消灭违规挂角广告的现象。江西电视台卫视频道始终按照国家有关规定，在广告播放管理上为全省播出机构发挥了典范作用。

3.开展了互联网等信息网络传播视听节目清理整顿活动。一是开展调查摸底。全省共发现 86 个未经批准开展视听节目服务的互联网站。二是开展专项整治活动。在今视网上发布《关于对互联网站开展传播视听节目业务进行清理整顿的公告》，省稽查总队与设区市局稽查支队联合行动，先后 3 次查处了网站非法传播视听业务的行为。三是走访了省通信管理局、省公安厅、省工商局等管理部门，召开了 4 个厅局联席会，就贯彻落实中办国办 32 号文件的工作协作问题进行了沟通，达成了一定的共识，明确了下一步工作意见。四是举办培训班。9 月份举办了全省信息网络传播视听节目管理培训班，培训对象为各设区市广电局分管领导、社管和稽查部门负责人。

4.加强播出机构和广播电视节目制作经营机构管理，积极促进广播影视事业的发展。

认真审核上报增设频率、频道工作，经广电总局批准的有：上饶市电视台更名为上饶市广播电视台，赣州市人民广播电台增设交通音乐频率，赣州市章贡区设立广播电视台。完成了江西电视台“红色经典”频道审核初报工作和少儿频道的覆盖工作。全年认真审核上报和从严审批了广播电视节目制作经营机构。经过业绩考核和跟踪管理，全省拥有《电视剧制作许可证(甲种)》机构1个，拥有《广播电视节目制作经营许可证》机构13个。年内新批准成立了制作经营机构3个，全省广播电视节目制作经营机构已达17个。另外，批准了江西和平影视传播有限公司（独立拍摄）和江西电影制片厂（合作拍摄）等单位申领《电视剧制作许可证（乙种）》2个。

二、开展了年度广播电视“创三好”评选活动，不断推动广播电视宣传、事业、管理上水平

各设区市广电局认真组织开展了评选活动，省广电局组织4个小组深入到33个播出机构进行了实地考察。6月21日至22日，在萍乡市召开了2004年度全省广播电视“创三好”评选工作会议，会上对先进单位评选时着重看组织策划落实和基层的积极性，看班子团结和队伍的创业精神，看节目质量和上稿率获奖率，看新变化和新发展，看事业发展综合实力，比较准确地评出了28个先进单位和31名先进个人。

三、加强全省稽查队伍指导和培训，进一步提高了依法管理和行政执法能力

省稽查总队查处案件9起，行政处罚5起，帮助基层解答法律咨询及难题60余次，先后到吉安、景德镇、武宁等帮助指导办案，2次到设区市授课。为提高行政管理人员和稽查队伍素质，各地采取不同形式进行了培训。据统计，全省受训人员达165人次，无行政复议和行政诉讼案件，无群众投诉、举报等信件。12月份，召开了全省广播电视稽查工作会，认真总结了10年来稽查工作的可贵经验，充分展示了稽查队伍10年来的风貌，推出了一批先进典型，有力地鼓舞了全省稽查人员的士气。

四、加强收费电视管理工作，进一步提高了为基层服务水平

一方面，积极做好签约和收费工作。年初，在与中央卫传中心进行了艰苦和反复的商谈后，达成了2005年新增9万用户的协议。年内陆续为各设区市的30家单位购置了解码器，签订了收视协议。到年底，全省11个设区市基本完成了全年缴费任务，加扰中心为局里创收250余万元。另一方面，积极为用户提供优质服务，共维修更换收视卡30余套、机器设备30余台。

江西省广播电视事业建设概况

2005年，全省广播电视事业建设以“三个代表”重要思想为指针，认真贯彻党的十六届四中全会精神，牢固树立科学发展观，以服务农村为重点，以科技创新为先导，以体制创新为动力，以协调发展为目标，着重提高广播电视安全保障能力、有效覆盖能力、科技创新能力和协调管理能力，各项工作取得可喜成绩。

一、以广播电视村村通工程为重点，加强广播电视事业建设，扩大广播电视覆盖

全省广播电视事业重点实施了“村村通”工程和农村广播电视无线覆盖试点工程，广播电视人口综合覆盖率分别达到 93.2%和95.38%。

1.大力实施 50 户以上自然村“村村通”工程。2005 年全省广播电视村村通工程建设，按照“因地制宜、注重实效”的原则，采用有线电视光缆联网、无线覆盖和小片网相结合的方式，全面完成了国家下达的 2608 个盲点村的建设任务，共投入建设资金 5938 万元，受益农民 103.68 万人。“村村通”工程得到各级领导的高度重视与支持，省、市、县层层签订了《广播电视村村通工程责任书》，落实了建设补助资金，提供了强有力的组织保障。经省级验收，“村村通”工程建设质量普遍达到优良，受到广电总局的充分肯定和表扬。

2.实施农村无线广播电视覆盖试点工程。为进一步扩大中央广播电视节目在我省农村的有效覆盖，探索建立农村广播电视服务体系，更好地满足广大农民群众对广播电视节目的需求，10 月，国家广电总局决定在江西省进行农村广播电视无线覆盖试点工作。本次试点的主要任务是：在 2006 年 3 月底前，完成全省 17 座高山骨干台的改造，配置 34 部电视发射机、16 部调频发射机，并对天馈、配电等配套设施进行改造，新增中央人民广播电台一套节目、中央电视台一套及七套节目的无线覆盖，与原有的江西人民广播电台一套节目、江西电视台一套节目及设区市一套广播、电视节目，共同构成“4T＋2R”农村无线广播电视覆盖网，实现 70%以上的农村人口覆盖。工程建设总投资 3196 万元。

3.广播电视网络建设稳步发展。2005 年，广播电视网络建设以“村村通”工程为契机，大力发展农村广播电视光缆网，共完成 38 个县 1627 个村的“村村通”建设任务，其中 1460 个村采用光缆联网方式，架设光缆 2192.5 千米。同时，广播电视网络建设继续加大城区有线网络的改造力度，截至 2005 年底，改造设区市级用户网 28 万户，新开通光节点 1307 个，改造县级用户网 32 万户，新开通光节点 1245 个。赣州、吉安、九江、宜春、景德镇、鹰潭、抚州 7 个设区市和黎川县、德兴市开展了有线电视宽带接人业务，取得较好的社会效益和经济效益。

4.加大投入，省、市广播电视节目覆盖率得到提高。省广电局投资 300 余万元完成高山台调频广播发射机和 6 部中波发射机全固态更新；九江市广电局完成了八〇三台的搬迁工作，吉安市广电局完成了七〇六台 10 千瓦电视发射机更新。

5.大力发展网络媒体。今视网与省文明办合办了“江西精神文明网”，与省委宣传部合办了“中国江西创业网”，南昌市广电局开办了“南昌新闻网”，鹰潭市局创办了“鹰潭广电”门户网站，实现了广播电视的在线收听收看，进一步扩大了广电媒体的影响力。

二、以提高安全播出保障能力为根本，加强安全播出管理

2005 年，各级广播电视部门全面加强安全播出的管理、狠抓制度落实和技术创新，始终把确保重要节目、重点时段、重要保证期的安全播出和防范“法轮功”干扰破坏工作作为一项重要和长期的任务抓紧、抓好，圆满完成了全年的安全播出任务。

1.加强制度建设。省广电局安全播出指挥部修订和印发了《江西省广播电视安全播出应急预案》，为全省广播电视防范敌对势力破坏及其他突发事件处置提供了有力的保证。

2.加强组织建设。经省编委批准，省广电局在原“检测中心”的基础上，更名成立了“江西省广播电视监测中心”，同时增挂“江西省广播电视安全播出调度指挥中心”，机构级别由副处级调整为正处级。

3.依靠科技创新，加强基础设施建设。2005年安全播出工程主要有：江西省广播电视安全播出预警信息发布系统、抗干扰高功放功率自动调整系统、省有线电视总前端防范卫星非法信号入侵系统等。

2005年，全省中波、调频、电视三大系统共播出365045小时，台内停播率为0秒/百小时；广播电视播控中心播出时间为278549小时，总停播率为27.5秒/百小时；有线电视前端播出978983小时，总停播率为90.4秒/百小时。全年没有发生一起重大播出责任事故和安全事故。省广电局连续5年在全国技术维护运行评比竞赛中获得优秀奖。

三、以发展为第一要务，加快广播电视数字化发展。

1.台内设备数字化程度明显提高。江西电视台投资2000万元建设的“6+1”数字电视播控中心于7月1日正式投入使用。12月30日，江西电视台卫视节目SDI信号上星，卫视节目实现全程数字化。截至2005年底，江西电视台基本实现台内设备数字化目标。

全省各设区市电台、电视台积极实施台内设备数字化更新改造项目，加快台内数字化进程。九江电视台投资160万元建设了自办节目全硬盘播控系统和新闻制作网；吉安电视台投资200余万元完成播控系统和非编网更新改造；宜春电视台组建了容量5000G的文艺节目管理系统；赣州人民广播电台投资245万元对音频工作站进行改造，实现了制作播音设备全数字化。

2.无线移动数字电视试验于2月1日正式启动。该试验项目采用DMB-T标准在南昌市组建一个地面移动数字电视试验单频网（SFN 网络），实现运动车辆的移动接收。单频网主站设在省广电局彩电中心，辅站设在江西七〇二台。截至2005年底，发展固定接收平台200个，移动接收平台800个。

四、加强广播电视科技管理

1.加强广播电视无线电管理，完成广播电视台站数据核查任务，实现所有台站地址GPS定位仪准确定位，形成了比较完善的广播电视台站资料数据库，为下一步地面数字广播电视覆盖网规划打下了坚实的基础。

2.制定和印发《江西省广播电视科技创新奖励暂行办法》，组织开展全省科技创新奖评奖活动，共有16个科技项目和16篇论文获奖，其中科技项目一等奖2个、二等奖4个、三等奖7个、鼓励奖3个，科技论文一等奖3篇、二等奖5篇、三等奖8篇。省节传中心完成的《卫星地球站编码器改造试验及实施》获国家广电总局科技论文奖二等奖，省节传中心地球站完成的《自动反干扰卫星数字广播电视接收机》和江西人民广播电台完成的《广播覆盖效果远程监测记录系统》获国家广电总局科技创新奖三等奖。

3.开展全省广播电视技术维护先进台站和先进个人评比活动，共评出技术维护先进集体22个、先进个人33名。省广播电视卫星地球站获“全国广播电视技术维护先进台站”称号，江西人民广播电台戴宁江、江西电视台陈吉夫被评为“全国广播电视技术维护先进个人”。

4.组织开展全省广播电视（发射系统）技术能手竞赛活动，在全国广播电视（监测系统）技术能手竞赛中，获全国竞赛一等奖1人，三等奖1人，获“全国广播电视（监测系统）技术能手”称号2人。

5.组织开展全省广播电视节目技术质量奖评奖活动。共有18个广播电视节目获奖，其中一等奖5个，二等奖7个，三等奖6个。获国家广电总局电视节目技术质量奖（金帆奖）7个、广播节目录制技术质量奖1个。

6.组织开展全省技术人员安全播出培训工作，对全省所有安全播出在岗人员进行了一次比较系统完整的培训。117 个单位部门进行了集中学习和辅导，823人参加了国家广电总局组织的安全播出知识考试。

五、发挥科技委决策咨询作用，促进广电事业发展

科技委及各专业委围绕广电中心工作，对重大技术措施、技术改造、技术政策进行了科学论证，为广电事业建设发展提供了科学的决策依据。

1.根据总局“十一五”科技发展规划，结合江西省实际，组织委员对《江西省广播影视科技发展“十一五”规划和2020年远景目标》（征求意见稿）进行了认真审阅，提出了较高水平的决策咨询意见。

2.完成《自动反干扰卫星数字广播电视接收机》论证工作，该项目于6月30日通过省科技厅组织的科技成果鉴定。

3.广播、电视、有线、无线专业委分别就《广播数字音频标准和测试方法》、《数字电视原理、标准及测试》、《广电宽带综合网络设计与调试》和《全固态电视、调频、中波广播发射机技术》等组织开展技术学习和技术交流活动，为推进全省广播电视科技创新、科技进步和培养人才发挥了积极作用。

江西省广播电视网络概况

2005年，江西广电网络坚持“以市场为先导、以效益为中心、以管理为关键、以人才为根本”的发展方针，牢固树立“发展意识、效益意识、市场意识、大局意识、法律意识、纪律意识”，紧紧围绕“实现一个目标，推行二级管理，发展三项业务，实施四大工程”的总体目标，在网络业务及网络管理方面取得了较大突破。全省广电网络实现收入3.6亿元，比2004年同期增长16%。

一、大力发展网络业务，超额完成目标任务

1.有线电视基本业务与网络建设

全省共发展基本业务用户9.8135 万户，立项网络改造工程 418 个，城网改造用户14.0807万户，农网改造用户 5.395万户，对68个乡镇和245个行政村实施了联网工程，收编农网用户 3.1354 万户，新建城区管道185.1 千米，城区新布网 3.8327 万户。收购了南丰县乡镇网、七二一矿和江西二化厂等企业网。有线电视基本业务收入3.16亿元，超额完成全年任务。

2.数据业务

省网络公司及时调整市场营销策略，加强互联网用户和带宽管理，增加出口带宽，经过全省各分公司的共同努力，完成收入1277万元，超额完成目标任务。

3.数字电视业务

年初，数字付费电视业务受到社会上广泛宣传“平移免费送机顶盒”的冲击，业务发展遇到了困难，省网络公司采取积极措施，如增加付费节目套数，和中央电视台数字电视节目平台共同开展营销宣传活动，开办导视频道加强宣传，实行优惠促销，试行机顶盒直销，取得较好成效。全省付费电视业务收入达到1212万元，由省网络公司管理的数字电视用户总数达3.6万余户。

3、其他新增业务

2005年，新增业务如外省节目落地业务收入较快增长，连同省公司开展的电视电话会议业务、节目传输收入和光纤出租收入等，合计实现收入2000余万元。

二、加强网络运营管理

公司在统一领导的原则下，建立并完善了二级管理体制，加强了宏观管理，抓大放小，提高了市级分公司对县级分公司业务指导、日常管理的积极性，并认真总结、及时推广好的措施和做法，以点带面，积极主动地解决分公司运作上的实际问题。加强建设项目管理，分公司所有新建项目均签订了项目责任状。同时，新组建了审计监察部，实行定期、定点巡查和重点审计相结合，参与了全省20多个较大工程的验收和财务决算。通过与公司其他部门的通力协作，共为公司节约了300万元资金。

公司加强内部管理，强化服务意识，制定了统一的企业标识，宣传企业形象，并实行了全体员工挂牌上岗，考勤打卡。

三、继续加快网络建设

全省10个设区市城域HFC网的技术改造基本完成，全部达到862MHz带宽；21个县级城域网改造基本完成，达到750MHz带宽；64个县级分公司共完成了745个乡镇光缆联网，乡镇联网率达到55.8%，建设了11400余千米的乡镇村光缆线路。

四、完成了“村村通”任务

2005年，由省网络公司与各县（市）合作完成了1620个村的“村村通”任务。公司成立由主要领导挂帅、分管领导牵头的村村通工作领导小组，分片包干，狠抓落实，自筹资金2000余万元，及时按要求完成了“村村通”任务。

五、确保了网络的安全传输

全省光缆干线网安全维护和网络安全传输工作成绩突出。3月、5月无光缆阻断事故，同比光缆阻断率明显下降。各级网络传输机房按照“不间断，高质量，既经济，又安全”技术维护方针，较好地完成了网络安全传输任务，全省网络干线安全传输无事故，各节点站和中继站的广播电视节目停传（播）率达到了0秒/100小时的良好成绩。省中心传输机房停播时间为0秒，停播率为0秒/百小时。同时，加强了网络安全防范工作，启用了防非法信号入侵系统，以光缆信号为全省各市县前端模拟信号的主信号源，机房值班人员及时发现和处理各种隐患和事故，取得了和“法轮功”非法信号斗争的重大胜利。2005年，省公司运行维护部在省广电局直属台站评比中获一等奖。

江西省广播电视协会概况

2005年，江西省广播电视协会以学术研究为中心，以评奖工作为重点，较好地完成了协会所承担的各项任务。

江西省广播电视学会更名为江西省广播电视协会，这是2005年完成的一项重要工作。按照主管部门的要求，秘书处做了大量的更名前期准备工作。经省民政局批准，江西省广播电视学会从2005年5月25日起更名为江西省广播电视协会，这标志着广电协会从群众性学术团体过渡到中介性行业组织，扩大了职能涵盖范围，任务加重了，服务面更广了。

每年一度的优稿评选是协会的一项重要工作。在省局领导的直接领导和参与下，2004年度的江西广播电视政府奖的评选工作取得圆满成功。到6月底止，2004年度江西广播电视奖——优秀广播新闻奖、优秀电视新闻奖、优秀广电报刊作品奖、优秀广播文艺广播剧奖、优秀论文论著奖、优秀播音与主持作品奖和市县电视新闻奖7项政府奖的评选全部结束。

2005年，省协会举办了3次全省性的理论研讨会。9月13日至16日，在鹰潭市召开了《多媒体时代广播电视受众市场开发和培育》理论研讨会，来自全省各地广播电视一线编辑记者、主持人、播音员和主管领导近50人出席了研讨会，收到论文50余篇。10月25日至28日，在宜春市召开《多媒体时代广播电视报生存抉择》理论研讨会，全省各广播电视报社的社长（总编）、编辑部、发行部主任近40人出席会议，收到论文30余篇。11月29日至12月1日，在南昌召开了《广播电视与文化产业》理论研讨会，收到论文80篇。60多位编辑记者、播音主持及技术人员到会宣读论文。

为学习和借鉴兄弟省市的先进经验，开阔视野，促进交流，进一步提高广播电视社团工作的整体水平，省协会于2005年7月组织各学会领导、秘书长及会员共20余人赴西部地区考察采风，历时10天。

江西省广播电视教育及培训工作概况

2005年，省广播电视学校教职工共同努力，共谋发展，学校各项事业得到进步，在教学改革、学生管理、招生就业及学校发展规划建设等方面开创新的工作局面。

一、狠抓教学改革，积极推进质量立校

学校作为中职学校，始终把自己的办学定位在为社会培养更多合格的有特色的中等应用型人才和技术劳动者，并把这个思想定位作为学校教学的一贯指导思想，贯穿教育教学的全过程。

1.积极深化教学模式改革，突出实践技能培养，加强实践技能训练和考核。2005年，该校组织学生参加各类技能比赛，如职业学校学生技能大赛、全省中高职英语专业口语比赛、全省大中专生普通话比赛，取得了很好的成绩。同时，学校还充分利用社会资源开展实践技能训练，组织播音主持、广播电视节目制作专业、广电技术专业学生到省地市台、省网络公司开展实习实训，组织电子、计算机等工科类专业学生到工厂、公司开展实习实训。学校将在校学习二年半的时间缩短至二年，第三年学生全部安排带薪实习，同时利用寒假首次组织 50 余名学生外出参加社会实践，培养学生的感性知识。通过突出实践技能培养，学生适应社会要求的能力大大增强，缩短了从学校到社会的适应期和过渡期。

2.学校十分重视特色专业的建设，走特色办学之路，做精做专播音主持专业。学校投入20余万元建设演播室，购置设备，从江西人民广播电台、江西电视台聘请名播长年在校任课，同时对播音主持专业学生进行入学面试选拔、确定骨干课程，树立品牌专业。学校还十分注重加强师资队伍的建设，出台了一系列鼓励教师提高学历的政策措施，为教育质量提高奠定了坚实基础。

二、强化学生管理，积极推进素质教育

该校目前大中专学生并存，管理层次较多。针对中专生年龄小、文化素质有差距、大部分学生来自农村这种生源状况，学校改变了过去传统的学生管理和教育模式，积极创新学生管理和教育工作。一方面，学校积极抓实“半封闭式管理”，聘请了专职保安，除规定时间外，学生一概不允许出校园。另一方面，坚持班主任每周一会制，聘请了专职班主任，并实行班主任住宿制，班主任与学生同吃同住同学习同活动，积极营造校园文化氛围，增强校园的吸引力和向心力。全年学校开展大小文化活动达20余次，平均每周有一次集体文体活动，突出的活动有演讲比赛、歌咏比赛、拔河比赛等。学校还设有多个兴趣小组，吸引学生参加，定期开展活动，有助于学生人际交往能力等综合素质的培养。

为把学生培养成才，学校十分注重学生组织纪律和行为规范教育，组织学生观看法制教育片，开展安全教育，学生违纪率明显下降。

学校还十分注重做好学生的思想教育工作。由于学生年龄小，自制力差，有大部分学生来自农村，有些学生有自卑感和社会不适应感，针对这种情况，学校建立班主任、学生科干部、校领导三级谈心制，收到较好效果。

三、狠抓招生就业，积极提升办学地位

招生就业工作是学校工作的“源头”、“活水”。对于学校来说，招生规模大小和就业率高低是关系学校社会声誉，甚至是关系学校生死存亡的大事。学校一直把招生就业工作作为学校整体工作的突破口来抓，在推荐指导毕业生就业方面，建立了毕业就业倾向调查机制，即在每学年的下半年对即将毕业的学生展开问卷调查，涉及工种、薪酬、地区等主要就业信息，为就业推荐工作提前作好准备，建立完善规范就业推荐程序和规定，同时积极探索实习就业一体化。2005年，学校将2002级毕业生10余名全部推荐就业，同时将2003级工科学生推荐至上海、浙江、深圳知名外企实习与就业，播音班的学生推荐到遂川、婺源、广东合源等地，提供的用人岗位大大超过毕业生、实习生人数，同时与周边 7 个兄弟学校建立就业联盟，为零散或需二次就业的学生再次提供就业机会，开创了学校就业新局面。

在招生工作方面，学校采取激励机制，全员参与，同时聘请专职招生人员6名，较好地完成招生工作，学校招生规模有小突破，中专生实际到校人数249人，创历史新高。

四、狠抓基本建设，狠练内功，积极推进学校发展

近几年，社会对职业教育人才的需求与日俱增，学校抓住这一难得机遇，做强做大自已，不等不靠加大基本建设力度，在财力紧张的情况下，多渠道筹措办学资金。积极引进资金860万建设学生公寓和教学综合大楼，赶在新生入校前夕，学生公寓投入使用，既缓解了学校学生住宿压力，又大大改善了学生住宿条件，留住了部分生源。教学综合大楼预计2006年底建设完工，同时修缮、改造老学生宿舍、教学大楼，整治规划了校园环境，学校面貌有了较大改观。同时，投入20余万元添置教学设备，建设多媒体教室。

五、拓宽培训市场，做大成人学历教育规模，增强学校实力

学校始终坚持多元化办学，积极开拓培训市场。2005年完成省广电局专业技术人员相关培训500余人次，同时函授在校生100余人，远程教育在校生300余人，顺利通过了中国传媒大学远程教育学院对我校远程教育的评估。

南昌市广播电视概况

2005年，南昌市广电局以“三个代表”重要思想和十六大精神为指针，牢牢把握正确的舆论导向，与时俱进，发挥主流媒体的宣传作用，紧扣中心，全力跟进，着力创新，把握重点，夯实基础，各项事业持续稳步向前发展。

一、宣传工作亮点频闪

在宣传工作中，紧扣中心，突出重点，进一步开阔报道思路，加强新闻策划，舆论引导水平和新闻宣传质量得到明显提高，为南昌市建设和发展继续擂响最强音，实现了领导和受众的“双满意”。

1.在中央人民广播电台、中央电视台用稿量继续保持全省设区市第一。南昌人民广播电台在中央人民广播电台用稿48条，在中央人民广播电台“中国之声”用稿164条，获“宣传突出贡献奖”，在中央人民广播电台用稿连续三年保持全省设区市第一。2005年，南昌电视台在中央电视台“新闻联播”用稿84条，创历史新高。用稿量连续三年保持全省设区市第一。在江西电视台“江西新闻联播”用稿625条。

2.精心策划创新“两会”宣传。在南昌市召开“两会”期间，南昌电视台精心策划、大胆创新“两会”报道形式，推出了“两会现场演播室”，先后邀请20多位人大代表、政协委员和专家学者现场解读“两会”精神，宣传“两会”新思维和新举措，拉近了市民与“两会”的距离。

3.外宣工作成绩显著。南昌电视台为南昌市委、市政府制作了外宣片《中国南昌》；专题汇报片《魅力南昌》、《一村一品富民路》和《现代文明新村镇》，有效地提升了南昌的知名度，展示了南昌市近年来富民强市和构建和谐社会的建设成就、成果。

4.“文明南昌‘三字经’”宣传有特色、有声势。长达8个月的“文明南昌‘三字经’”宣传活动是“文明南昌行动”宣传报道的一大亮点。南昌电视台在播放“文明南昌‘三字经’”公益宣传片之外，还专门开辟了“传唱文明南昌‘三字经’”专栏，推出文明南昌大使梁爽，走进社区、学校和工地，带领大家传唱文明南昌“三字经”。

5.创新报道形式，异域展示南昌。为了交流不同区域城市改革发展的做法以及经验，南昌人民广播电台积极策划，选定沈阳、兰州人民广播电台联合举办大型直播节目“共创辉煌”，并正式于3月20日正式播出。在节目中，省委常委、南昌市委书记余欣荣，沈阳市委副书记、市长陈正高，兰州市委副书记、市长张津梁通过电波畅谈了各自在东北振兴、西部开发、中部崛起中将如何作为及发展思路。节目播出后，在听众中引起热烈反响，纷纷打来电话盛赞节目主题高、策划强、效果好。省广电局收听收看小组的专家专门发表了《一次宣传南昌的成功实践》评论文章，对节目给予高度评价。南昌电视台通过积极努力争取，在江西电视台的大力帮助下，与中央电视台首次实现了联动式新闻直播，如“开学啦”、“精彩中国·纵横黄金周”等。

6.节目改版备受关注。南昌人民广播电台在节目的“快”字上下功夫，综合节目强化大容量、多元化的服务功能，特别是改版后的“917 新闻”，以快节奏、大容量、充满活力，给听众以听觉上的冲击。交通音乐频率在继续突出专业特点的同时，强化了主持人服务交通、服务听众的意识，在音乐节目的编排上彰显雅俗共赏的风格。南昌电视台各频道全面启动改版，新闻综合频道“每日新闻”编排节奏感明显增强，“链接”、“解读”、“专家点评”、“记者感言”等表现方法的恰当使用，使报道形式更加多样化，受到领导和群众的多次表扬和充分肯定。“新闻说报”改版后，增加了现场短新闻的比重，增强了节目的可看性。2005年，市纪委、市监察局、市广电局共同开办推出“文明行风热线”栏目，63家职能部门及窗口单位领导走进演播室接听市民投诉和咨询。“文明行风热线”开创了广播电视舆论监督节目新模式。9月，“都市屋檐下”栏目推出故事新版，设立了5档故事，强调了节目的故事性和可看性，各档故事播出后取得良好的效果；“阳光行动”栏目先后策划推出了“阳光助学在行动”，帮助15名贫困学子圆了大学梦；策划推出了“阳光敬老在行动”，期间成功举办了数百人规模的“阳光敬老在行动”百姓论坛活动，受到各方广泛好评；策划推出了“阳光赈灾在行动”，为九江地震灾区收集捐款和救灾物资合计价值上百万元。南昌电视台都市资讯频道9月推出一档以纪实的手法，以讲故事的形式，挖掘南昌某一历史时期鲜为人知的历史谜团、内幕的历史纪录片“解密南昌”栏目。栏目开播后，陆续播出了《追捕“二王”》、《南昌击落U—2飞机》等一批得到观众认可的有影响的电视专题。

二、事业建设稳步推进

在事业建设上，南昌市广电局以科学发展观为指导，开拓创新，同时，不断改革现行体制，充分调动积极因素，取得了好成绩。

1.网络发展成绩显著。一是改变用户发展模式，加大有线电视用户发展力度。通过摸清市场动态，把发展用户的目标任务由发展科单独负责分解到各管理站共同负责，充分调动各管理站的积极性，同时采取主动上门的方式，与新开发楼盘、新建高校园区、住宅区、宾馆等集团用户洽谈有线电视安装事宜。新发展有线电视用户2.63万户。二是加大网络工程建设力度。在光缆建设与基站维护方面，新架设光缆108千米，架设支干线同轴电缆33千米，新开挖管道55千米。新楼盘安装31个，整改小区16个，大集团联网10个，新建凤凰城基站，开通该基站信号，完成基站A—D，C—F，C—D等备份主干光链路开通，完成A基站到进贤县长途光链路的全程开通，完成解放东路、上海路、昌北双港路、庐山南大道、青山路等光缆下地工程。

2.数字电视平移工作走上正轨。作为南昌市重点项目，数字电视整体平移工作已经制定了具体的实施方案，项目正在整体推进当中。网络中心完成了南昌有线电视频道的重新调整设置工作，新增部分自办数字频道，为数字电视的整体平移工作奠定了基础。

3.网络增值业务正式启动。南昌广电与江西移动南昌公司合作宽带业务，制定双向业务实施方案，开通20余户有线电视宽带试点。与杭州数字电视公司进行初步接洽，双方拟合作开发网络数字多功能增值业务。

4.南昌新闻网建设稳步有序。南昌新闻网第一期项目建设4月份被列入2005年度市重点项目，并获得了市财政划拨的专项建设经费500万元，网站第一期项目建设正在整体推进。当前网站共设栏目88个，其中4个电视频道节目的新闻栏目27个，自我介绍服务栏目8个，网站自采自编栏目44个，对外宣传栏目9个，网页的页面总数由2004年的8120张增加到2005年的3.3676万张。南广网站也进行了改版和调整。

5.“村村通”工程建设取得成效。根据国务院和省政府的要求，南昌市把“村村通”工程通到行政村，推广到自然村，按时完成了省政府下达南昌市66个盲点村的有线电视建设任务，使南昌市广播电视覆盖全面扫盲。

6.广电中心大楼建设进展顺利。南昌广电中心23层大楼自2003年开工建设以来，累计完成工程投资3.7亿元。电梯、发电机组等设备已全部安装就位；内外部装饰工作正在全面铺开，室外景观道路装饰工程接近尾声，1600㎡演播厅的内装饰以及灯光、音响、机械舞台等安装工程基本完成。

7.实行收入分配制度改革，充分调动职工工作积极性。通过充分的调查研究和借鉴兄弟城市对分配制度改革的经验，制定了《岗位工资分配制度改革方案》，建立“岗位薪酬＋绩效奖金”的分配体系。收入分配制度的改革，彻底打破身份界限，实行同岗不同酬。

8.整合内部资源，发挥频道资源的最大效益。2005年，对4个频道进行了重新整合，将都市、资讯合并为都市资讯频道，同时优化频道运营模式，将广告经营权、收入分配权、人事管理权下放给频道，使其具有管人、管事、管分配的权力。同时，对频道的考核办法由过去的单一考核收视率变为广告创收、收视率、成本控制、内部管理分别占有不同的考核比重，使频道资源充分利用，创造最大经济和社会效益。将文体影视剧中心一分为二，成立文艺中心和电视剧制作中心，各中心的职能更加专业化，为精品文艺节目和精品电视剧的制作奠定了基础。

9.健全目标考核，提高工作效率。年初，由局人事处牵头，着手建立目标考核工作机制，制定了目标管理考核办法。该办法根据各单位、各部门的工作任务和工作性质，确定各单位的年度工作目标，对各单位的目标任务完成情况和工作效率进行月度考核和年度考核，实施奖优罚劣。

三、行业管理严格规范

进一步规范了县（区）宣传管理，对县（区）广播电视台的宣传报道进行跟踪指导和监督，要求各县（区）及时向市广电局宣传处以投稿方式提供新闻线索和宣传报道方案，坚持对县（区）的宣传工作进行全面的检查评比。坚持两个月一次的台长例会，对各台的业务进行研讨，坚持对县（区）广播电视从业人员进行业务培训，提高编辑、记者、主持人的业务水平。

1.严格卫星地面接收设施的管理。认真落实了全年行政检查计划，共出动车辆 220 余台次，人员 60 余人次，对全市宾馆、饭店及相关单位使用卫星地面接收设施情况进行了排查，并组织南昌县文广局对小兰等城乡交界地段非法安装的境外卫星接收设施进行了查处，取缔非法安装卫星地面接收设施单位 1 个，收缴非法卫星接收设施 56 套。

2.认真规范广告播出行为。建立了市广电局、播出机构和广告部门三级管理机制，按国家广电总局 17 号令要求，对广播电视广告播出实行了严格管理。开展“广告整治月”活动，通报查处了个别台播出违规角标广告等问题，使广告监管和播出进一步规范化。

3.加强了对有线电视网络传输节目的管理。根据模拟传输和数字化改造的需要，6 月份对有线电视网络传输的节目进行了重新确认，对相应的传输频道进行了全面调整。

四、安全播出保障有力

新闻宣传部门坚持节目听评制度，市广电局出台《新闻宣传问责制》，对省广电《收听收看简报》提出的问题认真研究，制定措施，加强整改，做到条条有反馈，件件有落实。坚持三级审稿制度，严格遵守新闻宣传纪律，牢牢把握正确的舆论导向，确保节目的安全播出。技术部门在加强业务学习的同时，对播出设备进行技术优化改造，做到设备不出问题，确保安全播出。为防止反动敌对势力对市广播电视的破坏，贯彻落实中央和国家广电总局有关重要指示精神，该局及时制定了《南昌市广播电视安全播出应急处置预案》，建立健全了相关制度，强化安全播出意识，克服松懈麻痹思想，要求各单位结合各自的实际情况，针对不同时段、不同情况制定相应的应急处置预案，建立健全值班、维修等各项制度。加强对技术人员、值班人员的教育和培训工作，坚决杜绝人为责任事故。

五、队伍建设常抓不懈

为强化广电新闻从业人员综合素质，增强干部职工政治意识、大局意识、责任意识，该局在做好经常性思想政治工作的同时，还按照市新闻单位集中学习整改提高教育活动的要求，从 6 月 25 日开始，历时 2 个月，完成了集中学习整改提高教育活动。在教育中，局党委高度重视，把此项工作纳入重要议事日程，成立了领导小组。全系统职工认真对待，按照举一反三，务求实效、不走过场的要求，做到了“规定动作”不走样、“自选动作”有创新，圆满地完成了学习教育活动拟定目标，取得明显的成效。继续做好人才的培训教育工作，定期组织记者、编辑、主持人播音员和工程技术人员进行相关的业务学习，提高他们的工作技能。采取走出去的方式，组织业务人员到湖南等广播电视事业较发达的地区学习考察，采访交流、学习借鉴先进的发展经验和做法，真正造就了一批名记者、名编辑、名播音、名主持及高水平科技工作者和经营管理者。根据历年的评选标准评选出了一批突出贡献者和优秀人才。

九江市广播电视概况

一、基本情况

九江市共有广播电视台14座（其中市级电台、电视台各1座），市电台、电视台自办节目各2套，总播出时间各为每天18小时左右，其余各县台均为1套。1千瓦广播调幅、调频分别为1座和3座，广播人口覆盖率90.3%；1千瓦以上电视发射台3座（其中县级1座），电视人口覆盖率91.5%。有线电视终端户约40万户，其中城区7.6万户。全市广播电视从业人员1808人，经营创收8299万元，其中市级为4035.2万元。

二、新闻宣传

1.九江市广播电视宣传工作，坚持以邓小平理论和“三个代表”重要思想为指导，以科学发展观统领全局，坚持正确的舆论导向。各台站按照围绕中心、突出重点的要求，开展了一系列宣传报道。

2.九江市先后遭受台风“泰利”和5.7级地震灾害。在抗震救灾报道中，九江人民广播电台在震后当天开设了大型直播节目“关注九江地震特别报道”和“今夜无眠”等节目。九江电视台在“九江新闻”节目中开辟了“来自灾区的报道”等专栏，以口播消息、滚动字幕、电话连线以及画面报道相结合的方式，随时进行播报。与此同时，九江人民广播电台、九江电视台还与中央台以及上海、广东、江西、南京、西安、青岛等10余个省市台联线互通，既报道了九江地震情况，同时又为九江的震后救灾起到了推动作用。

3.九江人民广播电台力求节目形式出新，举办了一系列听众参与的互动活动。如：植树节邀请热心听众植树，举办“寻找春天的足迹”踏青等活动。九江电视台对新闻频道、公共频道进行了整合和改版，新闻频道节目将“九江新闻”和“新闻播报”整合为一个节目播出，并新推出了访谈节目“市民议事厅”。将原公共频道改版定名为都市频道，开设了“都市快报”和“缤纷都市”两个板块栏目。举办了“唱响九江”电视歌手大赛，形成了新的收视亮点。

4.全市各级台站在做好对内宣传的同时，积极拓宽对外宣传渠道。九江人民广播电台4月份与中央人民广播电台联合直播了《直播中国·飞越庐山》，进一步扩大了九江和庐山的对外影响。都昌电视台配合中央电视台在该县拍摄新闻和专题片，其中《鄱阳湖绿牌牌让老余绝处逢生》在“新闻联播”中播出。2005年，九江人民广播电台在中央人民广播电台用稿48条，其中报摘31条，头条2条；在江西人民广播电台用稿340条，其中头条29条。九江电视台在中央电视台用稿65条，专题2个；在江西电视台用稿690条，其中头条41条。

5.在2005年度江西广播电视奖——优秀广播电视节目评选中，有17件作品获奖，其中广播长消息《不让孩子们的学习耽误一天》、电视长纪录片《阳光女孩曹华丝》2件作品获一等奖；《我市发生里氏6级左右地震》等5件作品获二等奖；《正科级女村官》等10件作品获三等奖。

三、管理工作

一是推动台站建设。对“创三好”活动

方案进行了修改和调整，并重新印发至各单位，各台站根据市局《方案》也相继制定了方案或措施，使“创三好”工作得到了进一步加强。二是引入竞争机制。2005年九江电视台进行了人事、分配制度的改革，并实行了频道总监负责制。三是引进优秀人才。九江电视台早在“都市频道”改版开播之前，就向社会公开选拔招聘了一批记者、编辑和主持人。各县台也求才若渴，如彭泽县、星子县台也公开招聘了记者、主持人。四是强化业务培训。邀请中央台、省台的专家学者来台里讲课；分期分批派专业人员到北京传媒大学、中央台、省台学习；组织优秀电视节目观摩和业务研讨活动，学习国内外先进的创作理念和表现手法，开展研讨交流；鼓励员工自学成才。五是搞好宣传管理。市广电局总编室定期编发《广电宣传简报》，加强对各台站的宏观指导。六是健全规章制度。九江电视台制定了《加强广告播出监督管理规定》，永修台制定了《永修广播电视台宣传管理制度》等。七是加强行业管理。九江市广电局举办了全市第四期依法行政知识培训班。同时对全市174家乡镇广电站、转播台进行了重新审核登记，查处6家非法设立的乡镇广播电视站、乡镇电视台。全年共出动执法549人次，查处单位和个人977户，收缴非法设施848套，挽回经济损失46万元。市广电局社管科和武宁县广电局被评为“全省稽查工作先进集体”。八是搞好行风建设。市广电局制定下发了《全市广电系统开展行风建设工作实施方案》，开展了爱岗敬业教育活动。市网络中心召开行风整治大会，针对用户提出的服务作风、质量等问题，进行了整顿，提高了服务水平，改善了自身的形象。

四、事业建设

九江人民广播电台自筹资金购置音频工作站整个系统硬件，新增了2台调音台、6台数字采访机、1个编排站和广告管理站。九江电视台改造完善了一批采编播设备，购置了1辆四讯道电视转播车和摇臂。九江八〇三台搬入新址后对2座中波天馈线系统进行了安装调试，架设了调频发射塔1座，现已具备同时播出5套中波节目和若干套调频节目的能力。庐山七〇一台新建47米铁塔，开通了中央电视台一套、七套节目。新架光缆干线24千米，新增光节点36个，并对原有14个光节点安装了避雷器。

九江市网络中心新安装开通了65个光节点，城区205个光节点已全部开通，改造完成了城区49个小区和38处住宅楼的网改工程。2005年，永修县完成全部18个乡镇联网，彭泽县、湖口县乡镇联网分别达88%和86%。在省广电局和市、县政府的支持下，全市完成了159个50户以上盲点自然村的“村村通”建设，经省市验收，合格率达100%。

九江市广电局启动了广电演播中心建设，并已完成了方案设计、地质勘探和征地拆迁等工作，庐山七〇一台二频道新机房基础工程已完成；市网络中心大楼建设已完成项目审批手续和设计规划；德安县、湖口县新广电大楼已投入使用；武宁县新建扩建了6个乡镇广电站综合办公楼，改善了基层广播电视站的工作条件。

景德镇市广播电视概况

一、基本情况

2005年，景德镇市广播电视台有3个电视频道，2个广播频率，1个网站。广播2套节目，每天共播音36小时；电视3套节目，每天共播出48小时；网站有22个栏目，已开通18个栏目。有中、短波广播发射台和转播台2座，实验台8座，微波站1个；电视发射台和转播台6座，1千瓦以上电视发射台和转播台1座。广播人口覆盖率92%，电视人口覆盖率92.63%。网络改造基本实现有线电视节目传输光缆化，管理建设长达61千米，架设光缆总长129.7千米，电视用户达7.3379万户。全局广播电视从业人员309人，其中广播电视台干部职工209人。全局产业经营创收共计2500余万元。

二、广播电视宣传

1.配合党的中心工作，高奏主旋律，打好新闻“三大战役”。

作为抓好主旋律报道的内容，“践行‘三个代表’，科学发展新瓷都”、“贯彻一号文件，促进农民增收”、“主攻工业，加快发展”每天有报道，每周有专题，每月有述评，力度大、声势强、效果好。

与此同时，“三大战役”氛围浓：年初，保持共产党员先进性教育活动在全市拉开序幕，围绕活动的宣传发动和整改工作的步步深入，广播、电视两大媒体均通过开辟专栏加强活动的宣传力度，通过消息、通讯、特写、专访等多种形式拓宽活动的报道面，形成了强大的舆论宣传氛围。广播新闻开辟了“保持共产党员先进性，努力建设和谐社会”专栏，电视新闻开辟了“实践‘三个代表’，永葆共产党员先进性本色”专栏，全年共播发新闻稿700余条。初夏，2005中国景德镇国际陶瓷博览会宣传开始启动，各个频率、频道发挥各自优势，紧锣密鼓地展开地毯式宣传报道，开辟专栏8个。在瓷博会期间，发消息195条，人物专访超过100人（次），在中央电视台用稿9条。年末，“十五”计划成就宣传高潮迭起，景德镇电视台、景德镇综合广播的“景德镇新闻”同时推出了“走过‘十五’，展望‘十一五’”专栏，大篇幅地播发稿件69条，对宣传景德镇市“十五”期间取得的辉煌成就，介绍“十一五”景德镇市的宏伟蓝图，鼓舞人心，激励斗志，起到了积极作用。

2.新闻宣传形式活、力度大、色彩艳、风格异、社会反响好。2005年，电视新闻宣传走出了多年来仅有“景德镇新闻”这一档新闻节目的套路，增设了“昌南对话”、“新闻晚8点”新闻节目。“昌南对话”由原“昌南对话”与“百姓话题”合并而成，属电视谈话类节目，定位于积极配合市委、市政府的中心工作展开宣传。“新闻晚8点”以社会新闻为主，定位于关注民生、聚焦热点、展望生活，宣传内容与老百姓的生活密切相关。

3.广播电视社会类节目宣传异彩纷呈，亮点频频。电视共推出“瓷都房地产报道”、“健康直通车”、“少儿对话”、“陶瓷纵横”、“时尚·生活”、“TV时空”、“瓷都旅游”、“法制档案”、“相聚荧屏”等自办性节目，贴近群众、服务百姓、引领时尚、突出地方特色，使景德镇电视有看点、有亮点、有特点，社会反响好。广播新闻综合频率的“大众呼声”、交通音乐频率的“路况信息”同样广受欢迎。

4.对外宣传工作成绩喜人。2005 年，景德镇市广播电视台在中央人民广播电台用稿 13 条，在中央电视台用稿 22 条；在江西人民广播电台用稿 134 条，在江西电视台用稿 197 条。专题片《亲切勉励，巨大关怀——胡锦涛总书记瓷都行》《世界陶瓷盛会，国际交流平台——景德镇国际陶瓷博览会巡礼》《瓷都景德镇——认识 China，从这里开始》等影响大、质量高，受到一致好评。

三、事业建设

1.市广播电视台改造硬件建设投入 42 万元，其中投入 20 万元，增加数字录播设备和非线编录设备，使广播电视技术保障不断提高，采、编、播设备和节目制作条件得到极大的改善，广播实现了播控数字化，电视实现了数字采编自动播出，并具备了制作大型直播节目的能力。

2.网络改造继续推进。2005 年，网络分公司业务收入同比增长 29%，新装有线电视用户 2504 户，完成分配网改造 45 个光节点，新发展数字电视用户 80 户，同时着手 Cable Modem 业务的启用，进一步扩大了数据业务的覆盖范围，覆盖用户近 2 万户。实现全市光环网开通，网络建设实现重大突破，顺利完成了对省一、二级光缆的维护工作。

3.广播事业发展显见。交通音乐广播购置自主产权工作房达 200 余平方米，价值 50 余万元，新增 1 千瓦调频发射机 1 台，其覆盖面已达乐平、鄱阳、万年、婺源等地区。全年创收达 140 余万元，创历史新高。

萍乡市广播电视概况

萍乡市广电局在 2005 年里，坚持以邓小平理论和“三个代表”重要思想为指导，全面贯彻落实科学发展观，不断开拓进取，致力争先创优，实现了跨越式发展，取得了令人欣喜的成绩。

一、新闻宣传跃上新水平

全市广播电视系统继续抓好十六大精神和“三个代表”重要思想的宣传，突出抓好全市经济和社会发展亮点的报道，大力开展树立科学发展观、保持共产党员先进性、思想道德建设等舆论引导，提升新闻宣传质量，为促进全市经济和社会事业发展营造浓厚氛围。萍乡人民广播电台、萍乡电视台创新报道形式，相继推出了“建设学习型城市”、“保持先进性，争当排头兵”、“时代先锋”、“建设和谐平安江西，共创富民兴赣大业”、“和谐创业在萍乡”等战役性报道和重点主题报道，成功直播了市委书记陈安众所作的保持共产党员先进性教育活动报告实况，为全市保持共产党员先进性教育活动扎实深入开展发挥了强有力的舆论引导作用。萍乡人民广播电台精心策划和打造节目，开办了“百姓热线”、“缘分 968”、“888 大赢家”等听众参与性强的互动栏目，树立了节目品牌。

萍乡电视台新开办的教育频道以贴近学生、家长和百姓生活，服务教育为特色，设立了“家有考生”、“科技大蓬车”等栏目，为学生、家长提供专业指导和政策咨询等服务。萍乡电视台与市残联合作，率先在全省地市电视台开办了手语节目，有效地服务残疾朋友。

二、对外宣传取得新突破

市人民广播电台、市电视台进一步做好对外宣传工作，建立和健全对外报道责任制和考评奖励办法，积极向省台和中央台发稿，上稿创历史最好成绩。萍乡人民广播电台在中央人民广播电台“新闻和报纸摘要”用稿2条，在“新闻联播”用稿32条，在江西人民广播电台用稿262条；萍乡电视台在中央电视台“新闻联播”用稿7条，在江西电视台用稿334条。《萍乡共产党员：上万家门解万家忧》、《江西萍乡启动第三批先进性教育活动》、《上栗县打击地下六合彩》等稿件在省台和中央台播出后，有力地提升了萍乡的知名度。

三、事业产业实现新发展

2005年，萍乡市广电局大力抓好事业、产业发展，做大做强广播电视。通过开办教育频道，建设资讯频道，发展无线数字电视等方式全力推进广播电视事业、产业齐头并进，成效显著。启动新一轮广播电视“村村通”工程，确定了“发展自然村，消除返盲村，建设标志村，实现户户通”的工作目标，全力搭建全市广播电视户户通平台。在“村村通”工程中，采用有线电视光缆扩建联网、无线数字覆盖、新增地面卫星接收小前端、扩大长丰转播发射节目套数等多种措施，解决好偏远山区听广播看电视难的问题。全市广电系统投入资金500余万元，架设光缆220余千米，电缆180余千米，完成省下达的172个50户以上已通电自然村的“村村通”工程。利用无线数字电视发射和地面卫星接收小前端等方式，完成了市广电局自我加压增加的25个行政村162个自然村的“村村通”建设任务，还为10余个乡镇200余个自然村开通了无线数字电视信号，结束了部分山区人民收看不好广播电视节目的历史，为山区老百姓架起了户户通平台。

四、行业管理迈上新台阶

2005年，全市广播电视系统讲政治，抓安全，促稳定，按照思想重视、组织落实、责任落实、制度落实、技术落实的总体要求做好广播电视的管理工作，安全播出创新纪录。市局将安全播出例会扩大到县区广电局范围，形成市、县两级安全播出防范体系，严密防范了非法信号的侵入，确保了重大节日、重要活动、重点时段的安全播出。筹措资金，对凤形山广播电视发射传输设施、八〇五台和长丰发射台技术设备进行改造，保证了全功率安全播出和有效传输覆盖。依法行政，强化职能，严肃管理，对全市播出机构进行了年审并换发了许可证，对全市播出机构进行定期或不定期检查，对广播电视节目不利于未成年人身心健康的内容进行清理，提升了广播电视节目质量和管理水平。加强了广播电视稽查，开展专项整治，坚决制止将广播电视出租、承包给私人经营的违法违规行为，严厉打击私人非法设台建网、非法安装使用卫星地面接收设施的行为，规范了广播电视发展秩序。

五、争先创优创造新业绩

2005年度，市广播电视局争先创优工作取得好成绩。在全省广播电视“创三好”台站活动中，萍乡人民广播电台首次获得全省广电系统“创三好”台站评比一等奖。在全省优秀电视节目评选中，萍乡电视台选送的消息、连续报道、专题片、纪录片等6件作品获江西广播影视大奖——优秀电视节目奖，其中，长消息《萍钢年销售收入突破100亿元》获新闻类一等奖。萍乡人民广播电台有3件作品分获江西广播新闻类、论文类二等奖。局党组书记、局长叶胜萍撰写的《关于我市广播电视改革与发展思考》的文章在省广播电视《声屏世界》发表并获全市领导干部优秀调研文章。

新余市广播电视概况

一、基本情况

新余市现有市级广播电台1座，电视台1座，实验台1座；县级广播电台2座，电视台2座；企业有线电视站5座。有市级广播节目2套，电视节目2套；县级广播节目2套，电视节目2套；企业站电视节目1套。市级广播每天自制节目39小时，电视自制节目1小时40分；县级广播每天自制节目20小时30分，电视每天自制节目2小时30分；企业站每天自制节目40分钟。市级广播全年播出12982小时30分，电视全年播出8050小时；县级广播全年播出8213小时，县级电视全年播出13860小时；企业站全年播出8760小时。全市广播人口综合覆盖率99.9%，电视人口综合覆盖率98.5%。市级广播发射台1座，电视发射台1座，县级广播发射台2座。全市有线电视光缆干线760千米，有线电视用户12.5万户。广播电视从业人员641人，其中市级289人，县级274人，企业站78人。广播电视经营创收3111万元，其中市级1883万元，县级698万元，企业站530万元。

二、把握导向，创新思维，宣传质量有新提高

1.提高引导水平，内宣工作实现了“三好”。一年来，新余市广电局以提高舆论导向水平，深化“创三好”为重点，紧贴市委、市政府中心工作进行宣传，内宣质量有新的提高，实现了“三好”，即舆论导向把握好、围绕中心工作宣传好，各项任务完成好。市广电局坚持定期召开宣传例会，及时传达贯彻上级精神，按期布置宣传任务，精心组织了“保持共产党员先进性教育活动”、“建设和谐平安江西，共创富民兴赣大业”、“加强机关作风建设，优化经济发展环境”等中心工作和重大活动的宣传报道，新余人民广播电台和新余电视台在新闻和专题节目中开辟的专栏和系列报道达31个，圆满地完成了各项宣传任务，有力地配合了市委、市政府的中心工作，多次受到市委、市政府主要领导的表扬。

2.创新思维方式，对外宣传实现了“三超”。对外宣传工作取得历史以来最好成绩，实现了“三超”，即上稿数量超历史，均衡入库超历史，上中央人民广播电台“新闻和报纸摘要”、中央电视台“新闻联播”和省台头条超历史。2005年，广播方面，全市在江西人民广播电台用稿390条，其中头条21条；在中央级媒体用稿28条，其中中央人民广播电台“新闻和报纸摘要”12条。电视方面，在江西电视台“江西新闻联播”用稿329条，其中头条20条；在中央电视台用稿17

条，其中“新闻联播”9 条。广播、电视均全面超额完成市委宣传部下达的上中央台和省台任务。市电台在江西人民广播电台用稿在全省设区市台中排名第三，被江西人民广播电台评为特等奖；市电视台在江西电视台用稿在四个小设区市中排名第一。

3.强化精品意识，作品创优取得好成绩。2005 年，新余市各级媒体进一步强化了精品意识，注重在题材选择和节目策划上下功夫，致力于作品创优。全市广播电视作品获江西广播电视奖 30 个，江西新闻奖 6 个，其中一等奖 1 个，二等奖 6 个，三等奖 29 个，获奖数量比上年增长 63%。在全省宣传质量好、宣传管理好、宣传纪律好的“创三好”评选中，新余电视台获全省一等奖。

三、加大投入，更新设备，事业建设有新成效

2005 年，新余市广播电视局以更新改造设备，扩大广播电视有效覆盖，提高节目传输质量为重点，事业建设有新成效。

1.“村村通”工程进展较快。一年来，市广电局指导、县区广电局落实，完成了以省广电局第二期 37 个“村村通”广播电视为龙头的 206 个自然村通广播电视信号的任务。全市新架光缆主杆线 51.9 千米，新增和改造有线电视用户 7070 户。

2.设备改造力度加大。新余电视台在新余市财政投入 100 万元的基础上，自筹 80 余万元建立并启用了数字化硬盘播控系统，极大地改善了电视播出信号和播出质量；新余人民广播电台、八〇四台、市广电报社也投入资金对部分发射和编辑制作设备、发射场地、天馈线及办公设备进行了更新改造。市级累计投入建设改造资金 320 万元，进一步提高了设备的数字化水平。

四、规范制度，严明纪律，管理工作有新加强

1.在宣传管理上，着力抓节目的过程管理。新余市广电局聘请社会监听监视员对市人民广播电台、市电视台的节目和新余广电报的版面进行评议，每月召开一次监听监视评议会，编发一期《简报》，将监听监视员的意见建议反馈到两台一报，有效地促进了两台一报的节目和质量的提高。

2.在社会行业管理上，着力抓行业规范。一是强化对频率频道资源的管理。开展了播出机构频率、频道检查，各台的台标、呼号、频道标识进一步规范。二是强化对广告播出的管理。建立了广告监管机制，投入资金添置了监看设备，广告播放实行播前、播中、播后审看制度，剧插广告、底游广告等违规行为基本遏制。三是强化对卫星地面接收设施的管理。坚持日常监管与集中整治相结合，建立了职能部门协作和日常监控机制，做到管理工作常抓不懈。

3.在安全播出管理上，着力抓应急预防。健全工作机构和工作制度，坚持每月一次的安全播出例会制度；完善了必要的安全防范措施，对网络前端、传输线路、接入网采取了技术防范措施，层层签订安全播出责任状，充实、健全了安全播出紧急处置预案，全年广播电视安全播出无事故。

五、依托优势，拓宽渠道，产业效益有新发展

为进一步做大做强广电产业，新余市广电局依托广电优势，努力拓宽渠道，着重在节目创作生产、广告、广播电视传输网及广播电视相关产业开发上做文章，取得较好效益。2005 年，市直广电系统累计经营创收总额达 1883 万元，较上年增长 10.8%。

1.稳定广告创收。市人民广播电台、市电视台均实行了广告公司代理运作的广告经营模式，加强重点广告源的培植，强化了以节目（栏目）带动广告的力度，完成广告创收576万元。市广电报社以提高版面质量、增强报纸的贴近性、服务性来促进广告经营和报纸发行，全年实现创收112万元。

2.发展网络经济。市广电网络公司在建设、改造有线电视网络，发展有线电视用户的同时，积极参与数据业务市场竞争，开通了网站短信、彩信等新业务。全年新发展互联网用户801户，数字机顶盒用户82户，实现网络总收入1095万元。

3.开发相关产业。全市各广电媒体均在依托广电优势，延伸产业链上进行了有益的尝试，并取得了一定的效益。市电视台开办了互动点播业务并实现赢利，开设的广电旅行社运行良好，市广电物业管理中心继续托管了天工商城的物业管理业务。全年市直相关产业创收100万元。

鹰潭市广播电视概况

一、基本情况

鹰潭市现有市级广播电台1座，电视台1座，电视发射台1座；县级有线广播电视台2座；企业有线电视站3座。市级广播节目2套，电视节目2套；县级有线电视节目2套；企业电视节目3套。市级广播每天自制节目40小时，电视每天自制节目80分钟；县级电视每天自制节目20分钟，全年播出13648小时；企业每天自制节目15分钟，全年播出8500小时。全市广播人口综合覆盖率93.17%，电视人口综合覆盖率95.46%。全市有线光缆总长1661千米，有线电视用户7.66万户，广播电视从业人员429人。全市广播电视经营创收1301万元。

二、宣传工作上新水平

1.各项主题宣传活动浓墨重彩。鹰潭市广电局围绕鹰潭市委、市政府各项中心工作，先后精心策划了“两会”、“创卫”、“创优”、社会主义新农村建设、招商引资以及保持共产党员先进性教育活动、“告别陋习，树立新风”活动和“建设和谐平安鹰潭，共创富民兴市大业”主题教育活动等系列重点报道，局属两台一报分别开辟了《回眸与展望》、《树立和落实科学发展观》等专栏（专题），采取新闻与专题相结合、系列报道与深度报道相结合的方法，精心策划组织，为各项活动的深入开展营造了浓厚的舆论氛围。一年来，鹰潭人民广播电台共播发本地新闻4200条；鹰潭电视台共播发本地新闻4699条，播出“说不尽的鹰潭”、“法制聚焦”、“七彩年华”等专题185期，拍摄制作《永远的红旗》、《才茂天下春》等宣传专题片5部。

2.对外宣传创历史最好成绩。鹰潭人民广播电台在中央人民广播电台用稿9条；在江西人民广播电台用稿246条，其中头条9条。鹰潭电视台在中央电视台用稿52条；在江西电视台用稿362条，其中头条15条。两台在中国国际广播电台、美国斯科拉卫星电视网及黄河网播出专题8部。

3.广播电视宣传效果进一步扩大。围绕创新、创优、创特色，鹰潭市广电局对市人民广播电台新闻综合频率和交通音乐之声频率进行重新定位，平均每月听众参与量1万余人次；对电视台“晚间播报”进行全面改版，节目质量和收听收视率均有较大提高。鹰潭广电网站开通不到半年，点击数达到50万人次。市人民广播电台与市纠风办联合开办的“行风热线”直播节目6月1日正式开播以来，先后有30余个政府职能部门和窗口单位的负责人走进直播间，与听众进行热线交流，现场答复、解决问题，得到市领导的充分肯定，在社会上引起强烈反响。同时，充分发挥广电媒体的优势，积极组织开展户外宣传活动。2005年，先后成功举办了“鹰潭市旅游形象大使选拔赛”、“龙虎山旅游形象小姐大赛”以及听友见面会等近20余次大型宣传活动，进一步提升了广播电视媒体的影响力和知名度，增强了广播电视的宣传效果。

三、事业发展和产业经营迈出新步伐

1.广播电视节目制作播出逐步实现数字化。市、县（市）广电部门加大投入，对广播电视采编播系统进行升级改造，更新了部分采编播设备，逐步实现了广播电视播出数字化。市局投资50余万元，购置安装了5千瓦全固态电视发射机，进一步扩大电视的有效覆盖。

2.广电网络建设规模不断扩大。建设并开通了刘垦至鹰潭农校光缆网，完成了龙虎山有线电视光缆网联网，开通了立新等社区的有线电视一线通业务。全市共发展广电网络用户2229户，数字电视用户890户。

3.农村“村村通”工程建设步伐加快。贵溪市完成了城区至塘湾、罗河等14个乡镇有线电视光缆网建设；余江县100%的乡镇实现了有线电视光缆网联网，并开通了有线电视信号，其中潢溪镇、杨溪乡广电光缆已经铺设到各行政村；余江县马荃镇自筹资金创办了镇调频广播，并坚持按时播出，丰富了群众文化生活。全面完成了省下达的2005年广播电视村村通建设任务，其中龙虎山完成18个村，余江县完成30个村。省检查组对“村村通”建设进度及工程质量给予了高度评价。

4.基础设施建设不断完善。八〇七台的迁建工作进展顺利，与市城投公司签订了用地协议，落实了新台址建设用地，10月份顺利完成了原台址3座铁塔及5副天线的拆卸。

5.广电报社稳步发展。《鹰潭广播电视报》实现杂志化铜版纸封面印刷，编印质量明显提高，报纸的可读性不断增强，发行量继续扩大。

6.创办“鹰潭广电网”门户网站。实现了广播电视的在线收听收看，通过不断改进页面、更新内容、完善功能，使广电网站成为鹰潭市广电系统的又一新型媒体。

四、行业管理和安全播出取得新成效

鹰潭市广播电视局加大了广播电视法律法规的宣传力度，举办了全市广播电视行政法规知识竞赛，全市广电系统370余名干部职工参加答题竞赛；举办了全市广播电视依法行政培训班，邀请省广电稽查总队领导进行依法行政知识讲座。同时，对境外卫星电视传播秩序进行专项整治，会同公安、工商等部门对全市境外卫星电视传播秩序进行了6次集中整治活动，出动执法人员100余人次，收缴非法接收境外电视节目的设备27套。安全播出工作取得实效。一年来，鹰潭市广电局始终把确保广播电视安全播出工作作为压倒一切的政治任务来抓，健全管理制度，完善应急方案，与全市各播出单位签订安全播出责任状，对全市各播出单位的安全播出进行经常性的检查督促。特别是在全国“两会”等特别保证期间，市、县（市）局机关和各台（站、公司）都实行24小时值班，重要播出时段组织巡查组进行24小时巡查，及时发现和快速处置了“法轮功”非法破坏活动，没有出现一次安全播出事故，确保了广播电视播出和传输的安全。

五、以队伍建设为基础，塑造鹰潭广电新形象

以开展“保持共产党员先进性教育活动”为契机，积极组织开展丰富多彩的宣传教育活动和职工文体活动，大力加强干部职工思想建设和作风建设，充分发挥共产党员的先锋模范作用，广电队伍呈现新的面貌。

各级广电部门把加强队伍建设摆在突出位置，通过举办讲座、培训班和知识竞赛等多种形式的学习活动，不断提高干部职工的政治素质和业务水平。积极选送业务人员参加省、市举办的各类专业培训。

大力开展“立足岗位，创新工作”主题活动，共收到干部职工各类创新工作的建议150 余条，充分发挥了群众的首创精神，广大干部职工的思想得到进一步统一。

按照国家广电总局和省广电局部署，在全市广电系统扎实开展了行风评议活动。聘请了 14 名社会各界代表作为行风评议监督员，向社会各界发放征求意见表 300 余份，并分成4组上门到40多个单位和部门主动征求意见和建议。通过活动的开展，进一步改进了干部职工的工作作风，提高了办事效率和服务水平。在全市行风评议中，市广电局机关和市人民广播电台、市电视台在全市排位名列前茅，全面塑造了鹰潭广电新形象。

赣州市广播电视概况

一、 基本情况

2005 年，赣州市广播电视系统有市级广播电台、电视台各 1 座，县级广播电视台 17 座，中波广播发射台 3 座，调频发射台 62 座，电视转播发射台 46 座。共办广播节目 18 套，播出总时数 50760 小时，其中自制节目 20356 小时；共办电视节目 19 套，播出总时数 105041 小时，其中自制节目 21199 小时。广播人口覆盖率 92.07%，电视人口覆盖率 94.76%。广电传输网络干线总长 11439 千米，有线电视用户 46.3 万户。全市广播电视从业人员 2163 人，广播电视实际创收 1.054 亿元。

二、宣传工作导向正确，基调鲜明，成效显著

1.围绕党的十六届五中全会、“两会”、新农村建设、保持共产党员先进性教育活动各项重大活动，掀起宣传高潮。同时，充分利用传媒优势，深入开展了“优化发展环境，提高机关工作效能”、行风评议、招商引资、市容环境与交通秩序整治、纪念抗日战争胜利 60 周年、客家文化节、脐橙节、中央电视台“心连心”艺术团在赣州的大型演出等重大活动与节庆的宣传，取得了较好的社会效果。

2.狠抓创优，宣传质量明显提高。坚持“三贴近”的原则，打造频率、频道的新形象和知名度，加强节目栏目的选题策划和内容包装，推出了一大批品牌栏目和精品节目。赣州人民广播电台实行频率总监负责制，对“耳听八方”、“百姓热线”、“娱乐大擂台”等节目进行了调整、改版、包装。赣州电视台在重点办好新闻节目的同时，精心打造品牌节目，影响力大大提升。赣南广播电视报新开设了“深度”、“关注”、“晚情”等版面，提高了可读性和品味。

3.上下联动，出精品上大台成效显著。全年广播在中央人民广播电台用稿34条，在江西人民广播电台用稿600余条；电视在中央电视台用稿40余条，在江西电视台用稿530余条。赣州电视台与中央电视台共同摄制的《走遍中国——赣州》专辑在中央电视台播出，和江西电视台共同摄制的艺术片《情系东江源》在省、市多个频道播出，《来自东江源的生态报告》等系列片先后在香港凤凰卫视中文台播出，在美国斯科拉卫星电视网成功举办了“中国赣州”宣传周活动并播出60分钟外宣专题节目。

三、事业建设重点突出，势头强劲

1.光缆网络建设与联网步伐加快，成效明显。全市共新铺设光缆干线1231.7千米，发展用户近2万户。市广电网络分公司完成了城区1.8万户网络改造任务，发展用户5000余户，新增缆线管道10千米，延伸光缆12千米，网内用户近10万户，传送34套基本节目、70余套数字电视节目。安远县实现了100%的行政村光缆联网；大余县实现100%的乡（镇）和83%的行政村光缆联网；石城县、定南县实现100%的乡（镇）联网，大部分行政村进行了整合；上犹、南康、瑞金、会昌、寻乌等县（市）广电局实现了大部分乡（镇）联网。

2.“村村通”工程建设克难攻坚，高效完成。在第二轮“村村通”工程建设中，全市完成了747个50户以上自然村的脱盲任务和94个返盲村的修复任务。寻乌、上犹、瑞金、宁都、于都被省验收组抽验的县（市）广电局以全优的成绩获得验收。

3.广播电视设备设施档次提升，增效明显。市广电局先后投入50万元，建起了市至县新闻双向传输平台，完成了七〇七台、八五二台机房改造。赣州电视台投入120余万元完成了播出机房和制作机房的建设以及非线编工作站的升级改造任务。赣州人民广播电台投入245万元完成了音频工作站升级改造，播出前端、制作设备实现了数字化。各县（市、区）广电局共投入750余万元用于升级改造采编播设施设备。

4.广电基础设施建设投入加大，步伐加快。总投入7000余万元的市广电中心楼已投入使用；瑞金市广电局建起了8000余平方米的广电中心大楼，配合市委、市政府完成了红色中华新闻台旧址的修复土建工程。

四、产业经营更新理念，经营创收稳步上升

1.更新经营理念，挖掘潜力，拓宽经营创收渠道。赣州人民广播电台实行广告分频率经营，对广告的管理、价格、审核、播出、进帐等实行了台长审批制，广告成本连续三年以10%的比例下降。赣州电视台推行广告经营代理制。赣南广播电视报社实行了部门负责人制的目标管理机制。市广电网络公司和各县级分公司在稳定有线电视传统业务的基础上，拓展数据业务、数字电视业务等网络增值空间，实现公司的多元化经营。

2.加大了广播电视产业经营创收力度。赣州人民广播电台完成经营创收280余万元，赣州电视台经营创收1400余万元，广电网络公司经营创收2160万元，广电报社创收180万元，各县（市、区）广电局经营创收较上年均有较大的增长。全市广电系统初步形成了以广播电视广告和有线电视基本业务为主要产业，广告经营、节目经营、网络经营、报刊发行等多种经营形式并进，具有一定规模的产业链。

五、行业管理注重服务，狠抓落实，工作效率不断提高

1.行业和内部管理规范严谨，狠抓了《广播电视设施保护条例》的贯彻落实，配合了市人大常委会组织的对全市贯彻《条例》情况专项检查，有力地促进了依法行政。仅市广电网络公司就查处违章、私接户 1300 余户，挽回经济损失 20 余万元。同时，加强了与工商、公安、国安等部门的合作，颁发了《关于加强卫星电视广播地面接收设施管理的通告》，为加强卫星电视广播地面接收设施的管理提供了强有力的支持。组织实施了全市广播电视依法行政知识竞赛活动，开展了对全市乡（镇）广播电视站的专项整治活动。

2.严密防范，落实措施，安全播出得到有效保障。建立健全和完善播出的各项措施，对全市安全播出人员进行了系统培训。市广电网络公司成立了“赣州市有线电视网络保障应急领导小组”，有效抵御了有害信息对广播电视的干扰破坏，确保了重大节庆、重要活动、重点时段的安全播出。七〇七台，八五二台、兴国微波站等 1 千瓦以上传输播出单位认真抓好机器设备的技术维护保养工作，保证了各发射机时刻处于良好的运行状态，全市未出现重大播出事故。

3.内部管理更加规范，工作效率不断提高。不断通过加强制度建设、狠抓制度落实来规范和约束行政行为。在系统内开展了“优化政务环境，机关效能监察”和“建设节约型机关、节约型单位和班组，争做节约型干部职工”活动。

六、广电改革结合实际有序推进

赣州人民广播电台实行了“频率专业化，管理频率化”的频率总监负责制改革。赣州电视台在全台范围内推行竞争上岗、双向选择、量化考核、绩效挂钩，进一步推进了分配机制、考评机制和管理机制的科学和规范。在人事制度的改革上，以“人才是第一资源”的理念，积极探索选优纳贤和人力资源合理配置的有效途径。全市各级广电部门继续实行了凡进必考、竞争上岗、双向选择、全员聘用和岗动薪变、薪随岗动、绩效挂钩的人事与分配制度改革。各县（市、区）广电局对新闻记者逐步实施绩效考评、重奖重罚制度。

七、班子与队伍建设坚持以人为本思想，队伍素质和凝聚力、战斗力明显增强

1.以保持共产党员先进性教育活动和争做“五型”党员干部活动为载体，深入开展党的建设、组织建设和队伍建设。

2.充分发挥党员的先锋模范作用和工、青、妇组织的桥梁纽带作用，推动各项争先创优活动深入开展。其中，七〇七台获全市“十佳先进基层党组织”，赣州电视台党支部获“五好党支部”。同时，圆满完成了市委、市政府安排的帮扶、新农村建设驻点村和市容整治等各项任务。

3.人才培训和培养工作成效明显。全市广播电视系统按照干部职工教育培训工作实施意见和 2001～2005 年教育培训规划，切实抓紧抓好广电从业人员的教育培训工作。市广电局举办了一期“广播电视管理干部培训班”，组织布置了各新闻从业人员继续教育专业科目的学习。

4.认真做好反腐倡廉工作。进一步加强了思想道德和法纪教育，增强广大党员、干部反腐倡廉的自觉性；严格执行了领导干部廉洁从政的各项规定，严肃处理违规行为；发扬社会主义民主，充分发挥党员群众在反腐倡廉中的重要作用；完善了内部权力运行机制 16 项制度的建立健全；坚持做到了广电中心所有工程项目全部实行公开招标，“阳光”操作；关心支持纪检监察部门的工作，重视加强纪检监察机构建设，为纪检监察部门创造良好的工作环境。

宜春市广播电视概况

一、基本情况

宜春市现有市级广播电台1座，电视台1座，中短波转播发射台1座，电视转播台1座，微波中继站1个；县级广播电视台9座，县级广播、电视节目各9套。市级广播全年制作节目3102小时，市级电视全年制作节目479小时；县级广播全年制作节目3895小时，县级电视全年制作节目4314小时。市级广播全年播出6570小时，市级电视全年播出8789小时39分；县级广播全年播出15025小时15分，县级电视全年播出32494小时3分。全市广播人口综合覆盖率为91.58%，电视人口综合覆盖率为95.06%。全市有线广播电视传输干线网总长8805.82千米，其中地市级干线网总长320千米，县级及县级以下干线网总长8485.82千米。有线广播电视用户28.0834万户。广播电视从业人员1721人，其中市级294人，县级1427人。全市广播电视行政事业单位经营创收2497.08万元，其中市级1098.97万元，县级1398.11万元。

二、宣传工作

2005年，宜春的广播电视宣传工作以新闻宣传为中心，坚持团结、稳定、鼓劲和正面宣传为主的方针，紧紧围绕宜春市委、市政府的中心工作，不断深化宣传改革，加大宣传力度，为宣传、扩大宜春的知名度，为全市的经济建设、全民创业和工农业生产创造了良好的舆论环境。据统计，全市县级以上广播电视台共收到来稿98789篇，用稿78915条，广播新闻在中央人民广播电台用稿1条，在江西人民广播电台用稿50条；电视新闻在中央电视台用稿51条，在江西电视台用稿715条，获得江西电视台“江西新闻联播”用稿第一。

2005年的广播电视宣传，注重扩大自办节目的信息量，增强新闻的时效性，开办了一批适应形势发展的栏目。宜春人民广播电台在“宜春新闻”节目中开办了“实践‘三个代表’重要思想，保持共产党员先进性”、“建立长效机制，创建国家名城”、“时代先锋”等专栏，重点抓了保持共产党员先进性、发展经济招商引资、优化发展环境等方面的报道。宜春电视台在“宜春新闻”中开辟了“2004精彩宜春”、“服务民营经济，加速民企发展”、“实践‘三个代表’，保持党员先进性”等栏目，充分展示了宜春的辉煌，深入报道了宜春开展保持共产党员先进性教育活动各个阶段开展的情况。

2005年，宣传管理的工作重点仍是放在创先评优上，全市各级广播电视台树立质量兴台意识，着力培植了各类名牌节目、栏目和优秀稿件。在全省2004年度“创三好”先进集体和先进个人的评比中，宜春电视台获先进集体特等奖，高安广播电视台获先进集体二等奖，丰城广播电视台获先进集体三等奖；宜春电视台的黎向农、高安广播电视台的单欣和靖安广播电视台的吴运星获先进个人奖。推荐25件（广播11件、电视14件）作品参加江西广播电视奖的作品评选，其中广播作品获二等奖3件，三等奖2件；电视作品获一等奖1件，二等奖3件，三等奖6件。

宜春人民广播电台在创优评比中取得了新的成绩，4 件作品送省参评，其中 3 件作品获省级二等奖，1 件作品获外宣作品三等奖。宜春电视台有 10 件作品分获“江西广播电视奖”、“江西县（市）电视新闻奖”，其中一等奖 2 件、二等奖 2 件、三等奖 6 件。宜春广播电视报有 2 件作品获江西省广播电视报刊类一等奖，创办报 12 年来最好成绩。

三、产业发展

1.“村村通”工程进展顺利。高安、丰城、靖安等 6 县（市）已完成上级下达的 268 个 50 户以上自然村“村村通”广播电视工程建设任务，新装有线电视 5653 户。

2.宜春中心城区的网络改造，2005 年上报 60 个光节点，验收 35 个光节点小区，新布用户网 4000 余户，新设计光节点 4 个。省广播电视网络有限公司宜春分公司还兼顾着国家光缆及省一、二级光缆维护工作，全年共抢修万载、宜丰、上高、靖安等地约 11.2 千米的光缆线路，维护省一级干线 15 千米，二级干线 320 千米，发现存在隐患 3 处，及时排除并完成抢修任务，确保了节目的安全播出。

四、行业管理

2005 年，按照宜春市委、市政府印发的《宜春市区两级开展“规范服务效能年”活动的实施方案》文件要求，结合广电工作实际和党员先进性教育活动主题，宜春市局制定了《行政处罚实施细则》和《行政处罚自由裁量权细化执行标准》，使广电行政处罚行为具体化、透明化、规范化。

为了维护国家的政治、信息、文化的安全，加大境外卫星电视管理力度，宜春市广电局按照国家广电总局和省广电局要求，采取有效措施，严厉打击了非法安装使用“小耳朵”行为。同时，按照国家广电总局 17 号令和省广电局《关于开展“广告播放整治月”活动的通知》文件精神，认真组织了全市广电部门对播出机构进行自查自纠，重点对黄金时段剧中插播广告、在上级台播放游动字幕广告和角标广告的违规行为进行整治。有计划地安排监听监看，将广告监管和播放纳入目标管理，有效地遏制了违规播放广告现象的发生。各县（市、区）广电局加大了对偷装有线电视的查处，加大了对非法销售、安装卫星地面接收设施的查处。

此外，为了促进全市广电行业管理各项工作的顺利开展，结合宜春市广电行业管理实际情况，市广电局分管领导和相关人员深入到县（市、区）广电局了解、布置、督促、指导行业管理工作，加强了市广电局和各县（市、区）行业管理的工作联系。

上饶市广播电视概况

一、基本情况

上饶市现有市级电台、电视台各 1 座，县级广播电视台 11 座，高山台（七〇五台）、中波实验台（八二一台）各 1 座。广播调频转播台 54 座，发射总功率为 27.748 千瓦；电视转播台（站）103 座，电视无线发射总功率为 27.941 千瓦。广播人口覆盖率为 94.95%，电视人口覆盖率为 96.73%。共有有线电视电缆7858千米，光缆3182千米，其中市至县光缆干线850千米。全市248个乡镇中有191个乡镇已联通光缆。有线用户51.21万户，其中市区用户4.33万户。上饶市城区广电网络已完成65.71千米、2.3万用户光缆改造。全系统2005年收入7897.96万元，其中，市本级收入2719.55万元，市本级支出1567.24万元（不含网络公司）。

二、舆论宣传

1.对外宣传保持了强势，充分展示了上饶改革、发展和构建和谐社会的新成就、新形象。2005年，上饶人民广播电台在中央人民广播电台用稿3条；在江西人民广播电台用稿179条，被江西人民广播电台评为上稿先进单位。上饶电视台在中央电视台用稿35条；在江西电视台用稿765条，其中“江西新闻联播”用稿562条，头条32条，头条用稿数取得了历史性的突破，用稿总数列全省第一。

2.服务大局吹响了鼓劲号角。2005年，市广播电视紧紧围绕市、县两级党委政府的中心工作和重大工作部署，为上饶的改革发展提供了强有力的舆论支持，统一了思想，凝聚了人心，激发了斗志。上饶人民广播电台在“五一”“十一”黄金周期间先后推出了大型节目“直播上饶”，与各县（市）台合作，直接连线各县（市）台记者、主持人，口播新闻，形式新、时效强、效果好。上饶电视台先后推出了“聚焦2004”、“回眸展望”、“和谐平安富民上饶”、“主攻工业进行曲”、“建设新农村，促进经济发展”等18个大型专题报道，全年用稿8000余条，较去年增长92%。上饶广电报也积极开展时政宣传，该报开辟的关注百姓创业故事专栏，在社会上引起了较大反响。

3.积极创新提高了宣传质量。市广电局党组以改革和创新意识抓宣传，不断推陈出新，使广播电视宣传常抓常新。一是上饶电视台栏目改版，推出了大型新闻性栏目“天天看上饶”，社会反响强烈，改变了上饶人的收视习惯。二是与民营企业三清山集团共同创办“北纬28”旅游栏目，开创了江西省广播电视利用民营资金创办旅游栏目的先河。三是上饶人民广播电台根据听众需求，多次对节目进行调整，先后推出了“超市大赢家”、“IT资讯网”等新栏目。四是上饶广电报改版为杂志型的“本儿报”，宣传质量、广告收入、发行量等多项可比指标稳居全省前列。

三、事业建设

1.光缆网建设步伐加快。一是县、乡村联网加速。全市191个乡镇已联通光缆，占乡镇总数的83.4%，比上年增加16个，增幅达7.4%。玉山县、广丰县、上饶县、信州区、鄱阳县、德兴市已联通了所有乡镇。二是城网改造加快。市网络公司共铺设地下管道19.3千米，新建城区地下管道9.8千米，完成了中山路、绿景家园、汪家园三处分前端的前期建设，完成全市422个50户以上自然村的“村村通”工程扫盲工作，通过了省局的检查验收。

2.无线覆盖不断扩大。一是争取广电总局的支持。在市广电局的努力下，七〇五台、上饶电视台、婺源县局作为第一批“4T+2R”模式试点单位，争取到了国家广电总局设备资金600余万元，全市广播电视无线覆盖不断扩大，增强了市广播电视的发展后劲。二是上饶人民广播电台在余干县设置了一个1千瓦发射机，加大了对鄱阳县、万年县、余干县的广播覆盖。

3.技术装备不断更新。一是建成了全市新闻网，在全省率先实现了县（市）与上饶电视台新闻回传，大大提高了市广播电视节目制作的数字化和新闻的时效性。二是采编播设备得到更新。上饶电视台投入150万元改造了采编播和音像、灯光等设备，播出质量有了很大提高。

4.安全播出常抓不懈。市局制定了《上饶市广播电视安全播出报告制度》，全市广电系统坚持重大播出期间领导带班和24小时值班制度，严格按照《安全播出指挥预案》抓落实，完善了《广播电视安全播出应急处置预案》，确保了“两会”、国庆等重要时期的安全播出。

四、行业管理

1.加强了卫星地面设施管理。市广电局与信州区广电局一起对市区各单位的卫星设施进行了全面核查，重新登记发证建立档案，并开展了全市转播境外卫星电视节目情况执法检查，对上饶宾馆、龟峰、江光厂等违规接收境外卫星电视节目的问题进行了查处。

2.加强了加扰电视管理。按照二级代理、三级签约的原则，完成了加扰电视的管理和收缴费任务，连续九年获全省加扰电视管理一等奖。广丰县、德兴市、婺源县、鄱阳县等县（市）委、县（市）政府积极支持县局的工作，确保了这项工作的正常进行。

五、产业发展

1.广电中心动工建设。在市委、市政府主要领导的高度关注下，市广电中心正式立项，并列入市重点建设工程。该项目投资约1.2亿元人民币，是上饶市广电史上规模最大的工程，也是上饶市广电局“十一五”期间产业发展最主要的经济增长点。

2.网络经营再创佳绩。全市2005年新增广播电视用户约3万户，总数达到了51万户。市网络公司新增有线电视用户3200户，互联网用户493户，数字电视用户856户，实现经营收入1169.2万元，这也是市网络公司首次年收入突破千万元大关，较去年增长179万元，增长18%。数字电视用户发展数量和经营收入名列全省第一。

3.广告收入再创新高。上饶电视台节目改版后，收视率不断攀升，吸引了大批广告客商。该台两次成功拍卖广告经营权，“天天气象”栏目19个月的广告经营权以88.5万元竞拍成功，同比增长2倍以上。广丰县、玉山县、婺源县、鄱阳县等县广电局广告收入也超过百万元大关。

4.内容产业初试告捷。“北纬28”旅游栏目是该市广播电视首次在内容产业上的大胆尝试，即由三清山集团出资，与上饶电视台合作创办了江西省第一档旅游栏目。该栏目将进入文化市场，在全国各电视台播出。

六、队伍建设

1.思想教育得到加强。全系统高标准、高质量开展保持共产党员先进性教育活动，各级领导带头参加学习，查找不足，进行整改。市广电局党组书记邓少华亲自给党员上党课。省委督导组对上饶市广电局的先进性教育活动给予了高度赞扬。在全市广电系统内大力开展向“全国百佳新闻工作者”张爱明同志学习的活动，积极引导全系统干部职工学习张爱明同志爱岗敬业、吃苦钻研、默默奉献的优秀品质。

2.干部队伍得到壮大。市广电局党组根据省委组织部等4部委局有关人事制度改革的指示精神，在市委、市政府和市委宣传部的大力支持下，在全系统，特别是在上饶电视台实行了全员竞聘上岗，使系统内29名思想好、业务精、肯干事的同志走上了科级领导岗位，充分调动了他们的积极性和创造性。

3.专业人才得到锻炼。市广电局在全市范围内进行播音员、主持人异地换岗交流活动，使广大播音员、主持人有机会进行学习交流，提升业务水平。这一创举得到了各县（市）广电局的欢迎，也得到了省广电局的肯定。

吉安市广播电视概况

一、基本情况

吉安市现有市级广播电台1座，电视台1座，中波转播台1座，实验台1座；县级电视差转台91座，调频转播台81座；卫星收转站1487座，微波站1座。市级广播节目1套，电视节目2套；县级广播节目11套，电视节目11套。市级全年广播共播出6588小时，其中自制节目5693小时；县级全年播出自制节目4861小时30分。电视全年共播出12042小时，其中县级全年共播出68593小时。广播人口综合覆盖率93.91%，电视人口综合覆盖率96.07%。有线电视用户32.1482万户，微波传送84.2千米，市至县、县至乡的有线电视传输网络光缆干线总长4941.78千米（其中租用光缆293千米），市至县585千米，县至乡3770.78千米，有线电视入户率23.78%。广播电视从业人员1969人，其中市级283人，县级1586人。

二、准确把握导向，主动服务中心，较好地完成了全年的宣传任务

2005年，吉安市广播电视局以保持共产党员先进性教育活动为动力，把握正确舆论导向，唱响主旋律，打好主动仗，坚持科学发展观，团结奋进，增加覆盖手段，拓展事业产业，深化行业管理，加强队伍建设，完成和超额完成了各项工作任务。

1.服务中心主动有力。市、县广播电视台站就先进性教育活动、优化经济发展环境、招商引资、红色旅游、全民创业、重大项目、社会主义新农村建设“五通一气”工程等重点工作，以及2005中国井冈山红色旅游文化节、全市第二届运动会、纪念抗日战争暨世界反法西斯战争胜利60周年等重大活动，主动介入，提前策划，取得了良好的宣传效果。特别是先进性教育活动、优化经济发展环境、井冈山旅游文化节的宣传在“全国有声音、全省有地位、全市有反响”，得到市委、市政府领导多次肯定和表扬。组织了“全民创业看泉州”市、县广播电视台站异地采访，从创新观念、创新思维、创新品牌、创优环境四个角度采制新闻在全市播出。

2.重点宣传亮点频闪。对全市第二届运动会进行了全方位、及时的报道，而且分别对开幕式进行了录播和直播；连续进行了井冈山红色歌手大赛和井冈山红色旅游文化节“激情广场”文艺演出的现场直播；在北京活动周期间，吉安电视台还首次成功实现了异地远程传输图像，迅速播出刘云山部长到井冈山展区参观的新闻。吉安人民广播电台主动出击，先后与陕西延安、山东临沂、江苏常熟、辽宁丹东等红色根据地所在地的电台联合举办“红色之旅”系列特别直播节目，为推介吉安红色旅游做出了积极贡献。在“和谐·创业”大型采访、新闻宣传“百日会战”中，市、县两级台站抽调宣传骨干深入到全市各地进行采访，采制出来自基层、生动活泼、主题深刻、寓意深远的好稿件。

3.名牌栏目建设有新进展。吉安人民广播电台“行风热线”、吉安电视台“直通百姓”、“今晚八点”相互借鉴，取长补短。“行风热线”、“今晚八点”分别被评为全省广播、电视十佳栏目。吉安人民广播电台

还完成了二套节目——交通娱乐广播的筹办，12 月 28 日正式开播。

4.对外宣传超历史、创新高。市人民广播电台、市电视台在中央人民广播电台“新闻和报纸摘要”、中央电视台“新闻联播”用稿 91 条，其中吉安电视台上“新闻联播”首次突破 50 条大关，达到 53 条；在江西人民广播电台、江西电视台用稿 1043 条，其中头条 55 条。在全省设区市台中，吉安人民广播电台上稿排第一，被江西人民广播电台授予上稿特等奖。全系统有 14 件作品获江西广播电视奖。

三、确立发展规划，提出“442”概念，稳定有线电视，主攻多路微波，推进“村村通”，构建了事业发展新格局

1.按照科学发展观和统筹城乡发展，完整形成了“十一五”吉安市广播电视发展总体规划。明确提出“442”概念，即 40%的城乡通过有线电视覆盖，40%通过多路微波覆盖，20%偏远山区待国家直播卫星上天后，启动卫星直播工程覆盖，通过有线、微波、卫星覆盖手段互为补充，和谐共进，到 2010 年在全市形成有序高效的广播电视覆盖网络。各县（市）广电局根据总体规划，结合实际情况，对各自规划进行了修订、完善，永新等县的广播电视发展规划还通过了政府批准，增强了权威性、严肃性。

2.招商引资顺利启动了“多路微波＋数字机顶盒”工程。经市政府批准，9 月份通过招商引资，与江西新和技术有限公司签订协议，引进资金、技术，成立吉安地面数字电视有限公司，合作进行吉安市地面数字电视无线传输覆盖网络建设和地面数字电视用户业务开发。目前合作进展顺利，已发展了 600 余户地面数字电视用户。

3.提前、优质完成“村村通”建设任务，并通过省验收。全市共有 10 个县（市）348 个 50 户以上自然村“村村通”工程建设任务。在市、县两级党委、政府的高度重视和支持下，经过全市广电系统干部职工的艰苦奋斗、齐心协力，于 11 月 30 日宣布完成任务。整个“村村通”建设采用了光缆联网、多路微波、小前端覆盖三种方式，其中光缆联网 323 个自然村，占 92.8%，传送 26 套以上的节目，惠及了 12.91 万农村群众。

4.顺利完成有线电视进村入户任务。借助市、县推进农村“五通一气”工程建设的契机，各县市采取多种办法筹集资金，加快农网建设，市网络中心和 11 个县市新发展农村有线电视用户 2.0128 万户，新联网行政村 104 个。目前，乡镇联网率达 89.2%，行政村联网率达 40.9%，农村有线电视入户率达 16.7%。

四、集中财力投入技术改造、设备更新，持续抓岗位练兵、技术培训，技术设备水平和科技创新能力上新台阶

一是制订了《吉安市广电局三年技改规划和实施方案》。二是重点支持了市人民广播电台、市电视台的数字化改造项目。三是在全省设区市中首家实施广播电视监测工程，市监测中心建成并试运行。四是抓技术培训、岗位练兵结出硕果。省广电局公布“江西省广播电视局 2005 年度科技创新奖”获奖名单，在 16 个获奖项目中，吉安市广电局获 4 个，成为获奖最多的设区市广电局。

五、围绕“把握正确导向，确保安全播出，推进事业发展”三项基本任务，广播电视管理工作在全国、全省创出经验

1.通过总结近几年的社管工作，确立了围绕“有利于履行好广播电视的宣传职能，有利于广电事业健康有序地发展，有利于确保安全播出”来开展广播电视社会行业管理的思路，并在实践中积极探索和总结了一套切实解决好中央精神的权威性与管理方式多样性，加强管理与加快事业发展，整顿广电秩序与优化经济发展环境的矛盾的新经验。这些经验得到省广电局高度评价和国家广电总局的肯定与推广。

2.围绕安全播出，建立健全了一系列切实有效的规章制度，大大提高了全系统预防非法信号攻击的水平，6 次及时粉碎了非法信号攻击，确保了安全播出。

3.广电法制建设进入先进行列。市广电局组织参加全省广播电视依法行政知识竞赛活动，获设区市广电局组织奖。

抚州市广播电视概况

一、基本情况

抚州市共有市级广播电台 1 座，市级电视台 1 座，县（区）级广播电视台 11 座，调频转播发射台 148 座，电视转播发射台 11 座。有线电视用户 24.78 万户，有线广播电视传输网络干线总长 3854 千米。广播综合人口覆盖率为 90.19%，电视综合人口覆盖率为 93.92%。广播电视从业人员 1173 人。抚州人民广播电台于 2004 年下半年新建，2005 年 9 月正式开播，现已经开办了 27 个栏目，每天播出 17 小时 30 分。抚州电视台现有 2 个频道（综合频道、公共频道），开设了 20 个栏目，每个频道每天播出 16 个小时。

二、突出重点，加强一系列的管理

1.抓目标管理。年初将全年工作任务进行了分解，对县（区）文广局、局属单位、局机关内设科室分别下发了工作目标责任书，制定了考评办法，规范了要求和管理。南丰、南城、东乡工作成效明显，经考评，分别被评为县（区）局一、二、三名，市人民广播电台、八三一台、电视台分别被评为局属单位目标考评一、二、三名。

2.抓制度管理。建立健全了工作、学习、财务、接待、车辆、播出、安全、奖励等八项制度，制定了加强广播电视新闻宣传制度建设的九项规定，做到有章可循。

3.抓政务管理。力求做到公开、公正、公平。做到建设项目一律公开，每个项目都有责任领导、责任人，整个过程纪检监察室进行监督。物品采购一律公开，有计划、有预算、统一采购。广告竞标公开，对 2006 年、2007 年的广告代理公开竞标，从而使广告收入有了一个较大幅度的增长，比上一轮的两年收入增长了 36%。改革方案、竞聘全过程公开，电视台所进行的人事制度改革，方案自下而上反复酝酿和讨论。工作认真仔细，进展非常顺利，做到了改革、工作两不误、两促进。重大事项公开，专门设置了公开栏，全年出刊达到 24 期。

4.抓安全管理。在安全播出方面，安装安全播出监测预警系统，开办培训班，规范了安全播出值班记录，得到省广电局肯定，并向全省推广。在安全生产方面，七〇八高山台的设备设施改造、市城区的网络改造，施工量比较大，由于措施到位，杜绝了安全事故的发生。在抓安全环境方面，安装了监控探头，每栋楼都有安全责任人，办公大楼每层都有安全员。

5.抓廉政管理。专门开设了廉政宣传专栏，建立了干部廉政档案，全面开展了财务自查，持之以恒地对“九条禁令”执行情况进行督查，人心顺，风气正。

三、突出特色，组织一系列的活动

1.开展了“两树”活动。即在全系统范围内开展了以“忠诚、敬业、创新、奉献”为主要内容的树广电人新形象和以“讲职业道德、讲社会公德、讲文明美德”为主要内容的树广电行业新风活动，邀请全省新闻战线的“十佳”代表温燕霞、曲歌等同志作先进事迹报告，邀请市系统内的10名优秀党员介绍经验，树立了正气。

2.开展了“行风评议”活动。通过广电报，发放4万余份调查问卷。通过市、县、乡三级广电部门，分不同层面、不同行业，向社会各界的重点对象发放了5000余份征求意见表。在市区多处设点，现场面对面进行调查问答。对所收集到的情况和问题进行了全面的归类和梳理，有针对性地提出整改意见，促进了行风的好转。

3.开展了多项技能培训活动。在全系统上下，开展了争当技术能手的活动，选拔了一批能手参加全省的竞赛，七〇八台获得全省技术维护一等奖，一批个人获得了较好的名次。

4.开展了走出去和跟班相结合的学习活动。组织局台骨干分别到周边各市广电系统考察学习，取他人之长，补自己之短。特别是在新建人民广播电台之后，人员全部面向社会公开招聘，为在较短时间内适应工作需要，将抚州人民广播电台的全部人员送到赣州跟班学习，使大家很快掌握了电台各个岗位的工作技能，从试播到正式播出进展顺利。

5.开展了对乡镇广播电视站人员的培训。分2期对全市乡镇广播电视站的人员进行了轮训，取得了比较好的社会效果。

6.开展了学新知识的活动。举办了电脑知识学习班、安全播出培训班、新闻业务学习班，不断地提高广电队伍人员素质。

四、尽力而为，抓好一系列实事

1.市城区赣东大道、玉茗大道、临川大道等主要干道的有线电视网线全部埋入地下，同时，全面架通了工业园区的有线电视。

2.加强行业管理，对违规安装电视接收设施的现象进行了整治，清缴了1554套违规设施。省广电局专门向全省广电系统发文，介绍抚州的经验，南丰县广电局还受到省广电局的表彰。

3.投入150万元，新建了硬盘播出和非线性编辑系统，使电视台的播出条件大为改善，为提高节目播出质量打下了基础。

4.农村无线数字电视项目建设进展顺利，已开通了25套节目，使有线电视覆盖不到的农村，也能有条件收看到电视节目。

5.加大了跑项目争资金的力度，争取到了一批资金和设备，对王仙峰高山台进行了全面改造。新建了一座45米的铁塔，新安装了一台250千伏安的发电机和一台300千伏安的变压器，新增了2套10千瓦的电视发射机和1台10千瓦的调频广播发射机，改造了机房等设施。

五、强化管理，有力地实现了“四个促进”

1.促进了广播电视宣传数量和质量的提高。全年制作播出抚州电视新闻5326条，比上年增加936条。在中央电视台“新闻联播”用稿8条；在江西电视台“江西新闻联播”用稿707条，其中头条24条。广播电台3月份开始试播，9月份正式播出，共播出抚州新闻1658条。全年在中央人民广播电台用稿14条；在江西人民广播电台用稿977条。在所播出的稿件中，头条多、重稿多，质量明显提高。

2.促进了工作作风的转变。抚州电视台新闻部在没有增加人员、资金、设备的条件下，自我加压，把“抚州新闻”从一周六播增加到一周七播，每播从 12 分钟增加到 15 分钟，每周新闻量增加了 45%，特别是对防汛抗洪的专题宣传，得到省台的高度重视。

3.促进了广播电视覆盖率的提高，社会效果好。采取有线、无线、卫星接收等各种形式，解决了 301 个 50 户以上自然村通广播电视问题，成为全省第一个完成和顺利通过验收的设区市，全部为优等工程。全市的广播人口覆盖率达到 90.1%，比上年增加了 0.69%；电视人口覆盖率达到 93.93%，比上年增加了 0.92%。

4.促进了产业的发展，经济效益明显提高。在做好网络、广告等主业的同时，不断延伸产业链，新办了“农村无线数字电视”、“广电旅行社”、“广电汽车销售公司”、“广电艺术团”等实体。2005 年，全市广电产业收入达到 4210 万元，比上年增长 12.6%，特别是抚州电视台对下一轮广告的经营，通过公开竞标，明、后两年的收入达到 1173 万元，比上一轮（2004、2005 年）增加了 313 万元，跃上了一个新台阶。乐安县网络分公司，在全省县级公司率先第一个提前完成全年收入任务，得到省公司的表扬。与此同时，2005 年的招商引资实际进资 2040 万元，超额完成任务，特别是突破了一直没有工业项目的空白，单独引进 1 个工业项目，另外，还与市审计局合作引进 1 个工业项目，2 个工业项目进资达到 740 余万元。

大事记

2005年江西省广播电视大事记

综合记事

1月

1日

△由江西广电今视网和江西省文明办共同倾力打造的江西精神文明网上教育基地——江西精神文明网正式开通。该网开设了文明聚焦、思想道德建设、群众心语、关注未成年人、爱国主义教育、民心工程等13个频道26个栏目。

6日

△由中共江西省委组织部主办、江西省广电局、江西电视台协办的党建栏目《井冈先锋》在江西卫视推出。

10日

△丰城电视台启用硬盘自动播出系统。该系统包括四套硬盘自动播出机、上线机、非编辑线等设备，累计投资28万多元。

13日

△中央电视台《走遍中国》栏目《赣州专辑》的拍摄工作在赣州电视台全程协助下，圆满结束。此次拍摄，央视共派出6个摄制组，足迹遍及赣州市15个县（市、区），拍摄《客家赣州》、《宋城地下迷宫》、《兴国记忆》、《战云下的赣州》、《水上人家》、《梅关古道》、《走出围屋》等7集专题，每集时长30分钟。

△省委常委、南昌市委书记余欣荣在市委常委、宣传部长蔡社宝的陪同下来到南昌广电大楼工地，实地查看南昌广电大楼施工进展情况。市领导一行兴致勃勃来到建设中的1600平方米演播室、同声传译新闻发布厅、开放式新闻演播室、观光平台、排球馆、健身房、游泳池等地，详细了解这些工程环节的施工进展和实际功能情况。

14日

△省委常委、宣传部长刘上洋在省广电局党委书记何庆怀和萍乡市领导邝小平、晏德文、舒仁庆的陪同下，到萍乡广电局考察工作。

22日

△经九江市委研究决定，董群任九江市广播电视局党组书记。

24日

△省委书记孟建柱来到设在江西饭店的今视网省“两会”新闻展示台看望江西广电今视网的工作人员，并浏览两会新闻，他称赞今视网反应快，网站做得好。孟建柱还对今视网推出网络妈妈典型表示赞赏。

2月

1日

△江西移动数字电视开播仪式在南昌隆重举行。省委副书记、常务副省长吴新雄，省委常委、宣传部长刘上洋，清华大学副校长龚克，省广电局党委书记何庆怀、局长黄晔明，以及省发改委、国资委、信息产业厅等单位主要领导与社会各界嘉宾共 100 多人参加了开播仪式。

△上高县广电局在全系统上下隆重推出评选“十佳员工”活动。

3日

△经过南昌广电大楼建设者和电视工作者连续数月的奋战和精心周密的策划，新建成的红谷滩南昌广播电视中心 1600 平方米演播大厅首次掀起盖头，隆重举行的 2005 年南昌市迎新春文艺晚会，以国际一流的声光电效果、创新出彩的节目编排，为全市人民送上了一份精美的新春“视听大餐”。

6日

△省委书记孟建柱，省委副书记彭宏松，省委常委、省委宣传部长刘上洋等领导来到省广电局，慰问正在忙碌着的新闻工作者，向大家致以新春的问候。孟建柱说，建设先进文化要抓好六个字，第一是导向，第二是形象，第三是产业。受到今视论坛广大会员的强烈关注。

18日

△由赣州人民广播电台采制的新闻专题《客家亲，摇篮情》在中国国际广播电台华语台《中国之窗》节目中用 38 种语言播出。

△莲花县广播电视局整体搬迁至文化广电中心办公，该办公楼主体工程总面积 3000 平方米。

23日

△上饶市广电局召开全市广播电视工作会议。市委书记姚亚平，市长刘和平，市委副书记、常务副市长肖天连，市委常委、宣传部长熊良华，市人大副主任周华北，市政府副市长胡汉平，市政协副主席李一帆到会指导。姚亚平在讲话中充分肯定上年的广电工作，对做好当前广电工作提出明确要求。

28日

△省电台召开 2005 年工作会议。省广电局党委书记何庆怀、局长黄晔明到会并讲话，副局长、省电台台长杨玲玲作工作报告，全台中级职称和副科以上干部共 140 余人参加了会议。

3月

5日

△江西电视台(五套)公共频道在南昌八一广场组织万人共唱“学习雷锋好榜样”。主会场的歌声刚刚在壮美的音乐喷泉中结束，同一首歌又在英雄城南昌的 20 多个分会场同时唱响。省广电局党委书记何庆怀、南昌市副市长罗慧芬等领导应邀出席。

△抚州市委书记钟健华，市委副书记甘良森，市委常委、宣传部长王晓媛到市广电系统考察。

14日

△21 点 34 分，亚洲 3S 卫星的 6 个 C 波段转发器先后被非法电视信号蓄意干扰，致使租用该转发器的几个省级电视台正常的电视节目中断。江西省节传中心地球站立即按照应急预案挫败了非法电视信号的攻击。在此后的 3 月 17 日、3 月 18 日、3 月 20 日和 3 月 21 日的四次非法电视信号攻击中，江西省各级广电部门高度警惕、处置得当，保持了安全播出无事故，受到国家广电总局表扬。

△当亚洲 3S 卫星电视转播信号遭受非法信号攻击时，景德镇市网络分公司的工程

技术人员仅用 8 秒钟就成功地阻截了非法信号的攻击，确保了广播电视节目安全优质播出，受到了国家广电总局和省广电局表扬。

16 日

△ 九江市人民政府任命：杨鸿敏为九江市广电局局长，任命廖孝安为九江市广播电视网络中心主任（正处级）。

20 日

△上午 9：00 至 10：00，南昌人民广播电台联袂沈阳电台、兰州电台举办大型异地直播节目——《共创辉煌》。节目围绕“东北振兴、西北开发、中部崛起”这个主题，展现三个中心城市经济发展的强劲幅射。

25 日

△省委、省政府信访局负责人专程来到省广电局，送来省委办公厅、省政府办公厅授予省广电局“2003、2004 年度全省信访工作先进单位”的铜匾，并与有关负责同志进行座谈。

31 日

△新余市市长汪德和到市广电局考察。

4 月

8～10 日

△江西电视台召开 2005 年工作会议。省广电局副局长、江西电视台党组书记杨松，台党组全体成员，台属各频道、部室正科级以上干部共 70 余人参加了会议。

9 日

△抚州市市长谢亦森在市委副书记、纪委书记罗建华，副市周琪陪同下，考察了抚州市人民广播电台。

14 日

△中央人民广播电台、中央人民广播电台驻江西记者站、九江市人民广播电台联合举办了大型直播节目《直播中国 ·飞越庐山》。

15 日

△省广电局召开全省广播电视人事人才统计会，贯彻落实国家广电总局有关会议精神，部署全省广电系统人事人才统计工作。

20 日

△中央人民广播电台台长杨波在江西瑞金视察红色中华新闻台陈列馆。

5 月

2 日～4 日

△中共中央宣传部副部长、国家广电总局局长王太华在省委常委、宣传部长刘上洋、省广电局党委书记何庆怀、局长黄晔明的陪同下，先后到赣州市广电局、兴国县、南康县、赣县广电局视察工作。

本月

△投资 500 多万元，占地面积 4200 平方米的安源区文化广电中心于 5 月 19 日全部竣工并正式投入使用。

6 月

1 日

△国家广电总局副局长张海涛在省广电局局长黄晔明、副局长王柱清的陪同下，到兴国县、瑞金市广电局考察工作。

21 日

△全省广播电视“创三好”工作评选会在萍乡市召开，评出了 28 个先进单位和 31 个先进个人。

7 月

1 日

△江西人民广播电台举行科教·农村频

率、健康·老年频率开播仪式，省领导刘上洋、全文甫、孙刚等出席。

12日

△省电视台举办播音主持业务培训，中国传媒大学播音主持艺术学院播音发声教研室主任、副教授、硕士生导师吴宏毅为播音主持专业人员作专题讲座。

12～16日

△省广电局副局长梁勇带领江西广播电视报社有关负责同志一行4人到黑龙江、山西等省广播电视报社学习、考察。

18日

△省广电局召开局党委扩大会议，学习贯彻全国广播影视对外工作会议精神。局党委书记何庆怀介绍了全国广播影视工作会议情况，传达了国家广电总局王太华局长的重要讲话精神，并结合本省实际就贯彻落实会议精神提出了意见。

26日

△江西人民广播电台同四川、广东等泛珠三角区域内的其他十家广播电台一起，在四川成都成功举行了大型直播活动——“站在9+2最前沿”。

8月

11日

△省人大常委会副主任万学文率部分省人大代表，在省广电局党委书记何庆怀、副局长王柱清等陪同下，先后到五六一台、七〇二台及南昌市广电局微波发射台，察看发射场地、机房设施及职工生活区，深入了解中央台和省台广播电视节目在江西，尤其是在广大农村的无线覆盖情况。

22～24日

△监察部驻国家广电总局监察局副局长、国家广电总局民主评议行风活动领导小组办公室副主任刘剑一行3人，对省广电局、南昌市广电局、景德镇市广电局、婺源县广电局及所辖的电台、电视台的民主评议行风工作进行了检查。

29日

△副省长、九江市委书记赵智勇在有关人陪同下，到九江市广播电视局进行调研。

9月

3日

△受台风“泰利”影响，省七〇二台发射机房后的山体出现滑坡，造成部分广播电视传输设备、敲诈损毁，致使中一电视、中三广播和省经济生活频率停播。灾情发生后，七〇二台职工齐心协力，抗灾救灾，9月27日，七〇二台的所有节目全部恢复正常播出。

3～4日

△受台风“泰利”袭击，瑞昌、庐山、永修、德安、九江、星子、靖安、奉新、安义等地广电网络灾情严重。省网络公司成立了三个抗洪救灾组，分赴受灾地区协助当地网络分公司，做好广电线路修复工作。

8日

△奉新县新广播电视大楼正式投入使用。该大楼高12层，建设面积8800平方米，总投资达1300多万元。

10日

△省委常委、赣州市委书记潘逸阳在市委副书记庞鸣、副市长林泽华等陪同下视察了七〇七台。

13～14日

△全省信息网络传播视听节目管理培训班在九江市举行，全省各设区市广电局分管领导、部门负责人等40多人参加了培训。

17日

△萍乡电视台教育频道正式开播。

26 日

△九江市人民广播电台举办建台 20 周年庆典活动。

10 月

18～20 日

△中央电视台“心连心”艺术团赴赣州市（于都、瑞金、兴国）慰问演出，赣州电视台对主场演出进行了现场直播。

20 日

△江西电视台新数字播控中心投入正式播出。

25～31 日

△赣州电视台在美国斯科拉卫星电视网两个频道举办了《中国赣州》电视宣传周，播出节目有《赣州欢迎您》、《长河溯源》、《大树寻根》、《乡土乡风》、《围屋沧桑》、《宋城的地下迷宫》、《依墙傍水宜人居》。

28 日

△中宣部副部长、国家广电总局局长王太华在省委副书记彭宏松、省委常委、宣传部长刘上洋，副省长孙刚的陪同下，到省广电局视察，先后视察了江西卫星地球站、省网络公司、省电台、移动电视、今视网、省电视台，并与局、台领导及中层干部合影。

29 日

△江西电视台隆重庆祝建台 35 周年。省委书记孟建柱、省长黄智权分别发来贺信。省领导彭宏松、刘上洋、孙刚、刘运来以及局台领导和员工代表 200 多人出席庆祝大会。中央电视台、省级兄弟台、凤凰卫视、亚洲电视、台湾东森台等发来贺信、贺电。

11 月

8 日

△8 集理论电视专题片《沧桑正道——科学发展纵横谈》在江西电视台都市频道首播，此后，该片又分别在江西电视台三套、四套、五套不同时段播出，在观众中引起热烈反响。

18 日

△省委书记孟建柱在有关材料上批示，勉励中国江西创业网：“不断总结经验，愈办愈好。”

26 日

△在瑞昌市与九江县之间发生里氏 5.7 级地震，九江市人民广播电台交通音乐频率打破常规当晚开播了通宵特别节目《今夜无眠》，从晚上 8：00 到次日早上 7：00 直播了 11 个小时。

△由新余市渝水区政府投资 16 万多元购置的电视硬盘播出系统在渝水区电视台正式投入使用，大大提高了电视播出质量。

28 日

△江西电视台少儿·家庭频道开播，省人大常委会副主任万学文启动频道开播按钮，省政协副主席金异为频道标识揭幕，省委宣传部为频道开播发了贺信。

△上饶市委市政府下发[2005]22 号文件确定上饶人民广播电台为副县级机构。

△总投资 180 万元的新余电视台数控硬盘播控系统建成并进入调试阶段。

12 月

6 日

△泰和县隆重举行文化广电大楼落成庆典。

8 日

△新余市委书记钟利贵到新余市广电局考察工作，市委常委、宣传部长丛文景等随同考察。

10 日

△省委书记孟建柱在省电台新闻中心的有关汇报材料上做批示，高度评价《政风行风热线》节目。

△由中国广播电视协会电视法制节目委员会主办、江西电视台承办的全国卫视品牌栏目理论与实践暨江西卫视《传奇故事》研讨会在南昌举行。

13 日

△国家教育部、国家语委和江西省语委城市语言文字工作评估检查团一行莅临南昌市广电局，对广播电视语言文字工作进行检查评估。检查评估结果顺利达标。

14 日

△省广电局召开会议，学习贯彻省委书记孟建柱的重要批示，部署进一步办好《政风行风热线》节目，不断提高广播节目质量和舆论引导水平。

19 日

△在全国“争创广告行业精神文明先进单位”活动总结表彰大会上，江西电视台广告中心荣获 2004～2005 年度“全国广告行业文明单位”称号，受到国家工商总局、中国广告协会的表彰。

19～25 日

△由中央电视台和新余电视台联合摄制的大型专题系列节目《走遍中国·新余》专辑在央视四套热播。

22 日

△由江西电视台主办，以“放歌江西，喷薄乡情，魅力制造江西最美的音画”为主旨的《美丽江西——田信国电视歌曲欣赏会》在南昌举行，省委常委、宣传部长刘上洋，省广电局领导何庆怀、杨松等出席了欣赏会。

△省政府副省长孙刚专门听取省广电局工作汇报，并与局党委书记何庆怀、局长黄晔明等一起，研究 2006 年广电发展思路。

26 日

△赣州市广电局总投入 7000 余万元的广电中心大楼竣工。市广电局机关及局属部分单位陆续迁至新大楼办公。

28 日

△新余电视台举行“建台 20 周年”座谈会，新余市委副书记周建华，市委常委、宣传部长丛文景，副市长万筱明等和社会各界人士共 100 多人参加了座谈会。

30 日

△九江市委副书记、市长蔡晓明，副市长彭泽洲、张华等到九江市广电局调研。

会议记事

全省广播电视科技工作会议

全省广播电视科技工作会议 4 月 1 日至 3 日在赣州召开。会议的主要任务是：学习贯彻全国广播影视科技工作会议、科技委会议和全省广播电视工作会议精神，总结 2004 年全省广电科技工作，部署 2005 年科技工作的各项任务。省广电局局长黄晔明、副局长王柱清出席会议并讲话。全省 11 个设区市广电局、省广电局直属各单位的技术工作主管领导和技术部门负责人共 120 多人参加会议。

会上，黄晔明从安全播出、网络建设、扩大覆盖、新业务开发等方面肯定了去年全省广播电视科技工作取得的新成绩及一些工作的突破性进展，提出了四方面的工作要求：一是要深刻认识广播电视科技工作的重要性，进一步增强做好广播电视科技工作的责任感和紧迫感；二是要密切关注科技进步的新成果，全力推进广播电视从传统媒体向现代媒体转变；三是要坚持科技创新，突出重点，大力推进广播电视事业和产业协调发展；

四是要加强领导，建设一支高素质的科技工作队伍。

王柱清回顾和总结了 2004 年全省广播电视科技工作，部署了今年广播电视科技和科技委工作任务。他强调了广播电视安全播出工作的重要性和以建立农村公共服务体系及“村村通”广播电视工作为重点、提高广播电视有效覆盖的紧迫性和艰巨性。他要求全省广电系统加快推进广播电视数字化进程，全力推动有线电视从模拟向数字的整体平移；加强科技行业管理，保障广播电视事业健康有序发展。

全省电视剧题材规划暨管理工作会

3 月 31 日，全省电视剧题材规划暨管理工作会在南昌召开。省广电局党委书记何庆怀，副局长梁勇，副局长、省电视台党组书记杨松出席会议并讲话。省委宣传部文艺处、省局总编室、社管处、省电视台、电影厂负责人，各设区市广电局分管副局长、总编室宣传科负责人、市电视台负责人，社会影视制作机构负责人，省广电局电视剧审看小组专家等 70 余人参加会议。会议传达全国电视剧题材规划工作会议精神和广电总局有关文件精神，回顾总结 2004 年全省电视剧工作，研究部署 2005 年电视剧的创作、生产和管理，7 人作了大会发言。

何庆怀在讲话中指出，对我省影视剧工作来说首先是繁荣问题，第二是管理问题，我们要一手抓繁荣，一手抓管理。电视剧是非常重要的一个产业，但是这一块我们下力气下得不够，是弱项，是潜力很大的一块。要把它作为发展文化产业、广电产业的一个重要内容下力气去抓。用心去抓是能抓出一点成效的。我们江西有资源的优势、题材的优势。要解放思想，转变观念，敢于探索，发挥好资源，占领市场份额。我省民营影视制作机构少，可以跟北京、上海大的公司联合。在政策上、管理上有什么问题、建议都可以提出来，省广电局尽力做好服务工作。

梁勇总结了 2004 年度全省影视剧创作、生产和管理情况，指出了电视剧创作、生产、营销、播出、审查等方面存在的问题，要求全省影视管理机构和影视艺术工作者进一步强化社会责任意识和使命意识，加强现实主义题材剧口的创作、生产，多出精品佳作，关心、扶持和引导民营影视制作机构，使其在影视创作生产中发挥更大作用，共同努力开创电视剧健康发展新局面。

杨松从电视剧的历史和现状入手，分析了电视剧发展态势、面临的机遇和挑战，结合江西电视台的实际，讲了发展思路和战略构想，给与会者以深刻启迪。

省广电局收听收看工作会议

7 月 7 日，省广电局召开收听收看工作会议，总结交流前一阶段的收听收看工作，布置下一阶段的工作。

局党委书记何庆怀代表局党委充分肯定了收听收看工作。他说，收听收看工作开展得卓有成效，负责收听收看的同志非常辛苦，绝大多数意见都提得很好，很准确，很中肯，促进了节目部门办好节目，提高节目质量；而且现在形成了一个很好的互动机制，节目部门认真对待收听收看意见，反馈态度也很诚恳。大家都是围绕一个共同的目标，把节目办好，把宣传质量搞好。

副局长梁勇在会上也肯定了收听收看小组同志们的工作。他说，收听收看工作是省局加强宣传管理、提高宣传质量的一项重要举措，在各方面的共同努力下，起步快，开局好，有成效。这有赖于收听收看小组各位同志的辛勤工作，希望大家继续努力，不断完善，把这项工作搞得更好。

省广电局学习贯彻全省领导干部会议精神大会

7月19日，省广电局召开学习贯彻全省领导干部会议精神大会，传达学习、研究部署、贯彻落实全省领导干部会议精神。全局副处以上干部、副高职称以上人员出席会议。省委“百姓创家业、能人创企业、干部创事业”专家宣讲团成员、省广电局党委书记何庆怀进行了首场宣讲。局长黄晔明主持会议。

会上，何庆怀根据7月18日局党委扩大会议研究的初步意见，就贯彻落实全省领导干部会议精神进行了部署。

一是要认真传达会议精神，统一思想认识。组织全局干部职工特别是各级领导干部和新闻采编人员，仔细研读会议文件，认真领会和把握会议精神，肩负起广播电视部门在推动全民创业中特别是培育创业文化和营造创业氛围上的使命和责任。

二是要大力宣传会议精神，为全民创业营造良好的舆论氛围。电台各频率、电视台各频道和今视网等媒体要坚持正面宣传为主，为和谐创业、富民兴赣加油鼓劲。全面准确地宣传“和谐创业、富民兴赣”的本质和内涵，及时报道各地、各单位贯彻落实全省领导干部会议精神的具体举措，宣传“三创”的典型，在全社会形成“尊重创业、理解创业、支持创业”的舆论环境；要充分发挥广播、电视和网络媒体的优势，为全民创业提供各类创业信息服务。

三是要着力推进广播电视自身创业，加快发展广播电视事业和产业。要以“村村通”为重点建设好广播电视公共服务体毛，不断满足人民群众日益增长的精神文化和资讯信息需求；要做强传统媒体，精心培育独具竞争力、较高知名度的品牌频率、品牌频道和品牌栏目，使它们成为传统媒体的核心资源，手以此构建事业发展基础和产业发展链条；要积极实施. 多元投资，引进战略投资，寻求外界资本的合作，推进新媒体运作和之展；要进一步完善省广播电视网络传输公司运营体制和公司台理结构，加快推进城市有线电视数字化整体平移，为广电网各产业创造良好的发展环境；要大力发展内容产业，积极推进广电相关产品、后产品、衍生产品的开发以及跨行业发展，通过进一步整合资源、优化结构，形成以广电为龙头、多业并举的产业发展新格局，在更广阔的市场领域谋求更大的发展。

四是要切实提高广播电视管理水平和服务水平，为广播电视从业、治业、创业创造良好的政策环境、政务环境和市场环境。要进一步解放思想，敢于从固有的思维模式、思想观念中解放出来，敢于冲破观念性障碍，敢于摈弃在计划经济体制下形成的、在市场经济条件下已不适用的老方式、老办法，始终把解放思想、更新观念、创新思路摆在十分突出的位置，贯穿于工作的始终，体现在工作的方方面面；要进一步加强行风建设，认真抓好全省广播电视系统民主评议行风活动，提高队伍素质，强化服务意识，为推进全民创业提供更好的服务；要依法行政，科学管理，认真履行法律赋予管理职责，坚持依法行文，公正执法，确保广播影视各项法规、政策、措施的落实到位，促进广播影视业健康发展；要牢固树立为和谐创业服务的理念，根据广播电视政策法规，认真研究制定具体、明确、可操作的措施，加强规范、引导，注重科学规划、合理布局，不断治理、巩固、提升、创优发展环境；要着力扶持、培育广播电视活动中新的创业主体，鼓励系统内外能人领头创办电影、电视剧和大众娱乐类、社会服务类广播电视节目制作公司，同时，大力推进社会力量、民间资本参与广播影视节目的生产，培植、扶持社会上的广播影视节目的生产基地，开发、做大、丰富和活跃广播影视节目市场。

省广电局、省政府纠风办召开民主评议行风活动工作会

7月13日，省广电局、省政府纠风办联合召开全省广电系统民主评议行风活动工作会，进一步研究和部署全省广电系统民主评议行风工作。

省广电局纪委书记、局民主评议行风活动领导小组副组长徐吉玉在会上强调，要切实加强组织领导，狠抓落实，务求实效，要重点把握总体要求、评议内容、方式方法等方面问题，要着重在“改”字上下功夫。各设区市广电局要按照省广电局和省政府纠风办的要长，认真规范评议程序、评议方法，严格按照要求和步骤开展平议活动。

会议还传达了全国广电系统开展民主评议行风活动动员友会的主要精神，要求各地纠风部门积极支持、配合广电系统发展好民主评议行风工作，特别是在一些关键环节，如制定工乍方案、选聘评议代表、对评议人员进行培训、问卷测评、召千评议大会、落实整改等，一定要加强组织协调和监督检查。

全省广播电视稽查工作会议

12月13日至14日，省广电局在吉安市召开全省广播电视稽查工作会议，总结全省广播电视稽查工作10年的经验，表彰先进，部署工作。省广电局局长黄晔明、副局长刘怀强出席会议并讲话。国家广电总局社会管理司副司长罗建辉、外事司副司长曹寅及自关部门负责人应邀出席会议。各设区市广电局分管领导、稽查支队长、14个县广电局稽查大队长以及省广电局有关部门负责人等50多人参加了会议。

黄晔明在会上充分肯定了10年来全省广播电视稽查工作的成绩，一是行政执法工作形成了体系，二是行政执法地位得到了显现，三是行政执法能力得到了提升，四是行政执法机制得到了完善。经验是：领导重视，思路明确；组织到位，训练有素；服从中心，严格执法。黄晔明强调指出，各级广电行政部门要在加强行政执法队伍建设，不断提高依法行政的水平、能力和效益上下功夫。第一，要进一步强化依法行政意识、明确在新形势下行政执法的着力点。第二，要切实履行依法行政职能，不断拓展行政执法的有效途径。第三，要切实规范依法行政行为，不断塑造行政执法良好形象。

国家广电总局社管司副司长罗建辉和外事司副司长曹寅在讲话中高度肯定了江西广播电视行政执法工作的成绩，江西的稽查队伍建设走在了全国的前列，值得向全国推广。

刘怀强在总结讲话中对10年稽查工作作了基本评价，即队伍建设标准化，行政执法专业化，上下协作一体化，工作作风严谨化。并强调，今后要进一步树立依法行政的理念，进一步明确行政执法的职责，进一步认识行政执法的任务，进一步完善行政执法的硬件，进一步提高行政执法的能力。

会议通报表彰了吉安、赣州、九江、上饶市局4个稽查支队和分宜县局、武宁县局等14个稽查大队以及廖远兴、刘希平等29名先进个人。会上，赣州市广电局、上饶市广电局、分宜县广电局、武宁县广电局、南丰县广电局、吉安市广电局先后作了典型发言。

文件选载

省委书记孟建柱致中国江西创业网开通的贺辞

2005年10月25日

创业是发展之基、安民之本、富国之源。江西要谋求在新的起点上实现又快又好的发展，加快实现在中部地区崛起，最有效的途径就是要激发全社会的创造活力，鼓励创业，支持创业，成就创业，真正在全省形成百姓创家业、能人创企业、干部创事业的生动局面。

在全民创业的大潮中，网上宣传担负着加强舆论引导、营造创业氛围、服务创业活动的重要使命。要充分利用互联网这一广阔阵地，增强主动意识和服务意识，为全省改革发展稳定的大局服务，为广大人民群众的创业实践服务。

建设和办好中国江西创业网，是推动全民创业、加快富民兴赣的一项重大举措。要坚持以服务全民创业为宗旨，以帮助创业者成功为目标，不断丰富宣传内容，拓宽宣传渠道，提升宣传水平，在服务全民创业、加快江西发展过程中发挥积极的作用。

值此中国江西创业网开通之际，谨表示热烈祝贺！

省长黄智权致中国江西创业网开通的贺信

2005年10月25日

值此中国江西创业网开通之际，谨向你们致以热烈的祝贺！

随着时代的发展、社会的进步，网络的作用和影响越来越大。在推动全民创业、加快富民兴赣的进程中，网上宣传大有可为。希望你们以服务全民创业为宗旨，不断创新形式，创新内容，及时传播创业信息，介绍创业经验，提供创业咨询，开展创业交流，帮助和引导广大人民群众积极投身于全民创业的火热实践，努力在全省形成一个全民创业、和谐创业的生动局面。

祝愿中国江西创业网办出特色、办出活力、办出影响！

省委书记孟建柱致江西电视台建台35周年的贺信

欣悉江西电视台建台35周年，谨代表省委、省政府，向你们表示热烈祝贺，并致以亲切的慰问。

35年来，江西电视台积极宣传党的路线方针政策和省委省政府的决策部署，热情讴歌我国、我省社会主义建设特别是改革开放和现代化建设的巨大成就，为丰富全省人民的精神文化生活、激励干部群众投身建设中国特色社会主义的伟大实践做出了积极贡献。特别是进入新世纪以来，江西电视台充分发挥重要舆论阵地和对外窗口的作用，紧紧围绕省委、省政府的中心工作，服从服务于全省加快发展、实现崛起的工作大局，与时俱进，开拓创新，周密策划，精心组织，制作播出了一系列精品节目，充分展示了江西发展的新态势，展示了江西人的新形象，展示了全省人民解放思想探新路、众志成城促崛起的风貌，为促进经济社会发展、扩大江西的知名度和影响力，起到了很好的宣传和推动作用。

“雄关漫道真如铁，而今迈步从头越”。新阶段新目标对办好电视台提出了新要求。希望江西电视台始终坚持以邓小平理论和“三个代表”重要思想为指导，牢固树立和落实科学发展观，按照“导向正确、形象优良、产业发展”的要求，坚持贴近群众、贴近实际、贴近生活，牢牢把握正确的舆论导向，围绕中心，服务大局，唱响主旋律，打好主动仗，全面提高新闻宣传水平，努力推动江西电视文化事业的蓬勃发展，为促进我省经济社会发展又快又好提供强有力的舆论支持，为“建设和谐平安江西，共创富民兴赣大业”作出新的更大贡献。

省长黄智权致江西电视台建台35周年的贺信

值此江西电视台建台35周年之际，我谨代表省人民政府表示热烈祝贺！向全体电视工作者及干部职工致以亲切的问候！

35年来，江西电视台始终坚持正确的舆论导向，锐意进取，艰苦创业，积极宣传党的路线方针政策，热情讴歌社会主义建设的巨大成就，为满足和丰富人民群众的精神文化需求作出了积极贡献。

在新的世纪里，希望你们以“三个代表”重要思想为指针，紧紧围绕党和国家的中心工作，立足江西，面向全国，与时俱进，开拓创新，继续做好服务全局和自身发展两篇文章，办出特色，办出品牌，为实现江西在中部地区崛起、全面建设小康社会作出新的更大的贡献。

省委书记孟建柱高度评价“政风行风热线”节目

12 月 10 日，省委书记孟建柱在省电台新闻中心的有关汇报材料上批示：“省人民广播电台开设‘政风行风热线’专题节目，很有必要，她对密切党群关系，架设政府与群众沟通的桥梁，推动政风行风建设都很有意义。为了办好这个节目，省广播电台的同志们付出了辛勤劳动，特向全体同志致以亲切的问候!望广播电台的同志们不断总结经验，再接再厉，围绕老百姓最关心、最现实、最迫切需要解决的问题着手，力争把这个专题节目办得更好。衷心祝愿大家取得更大的成绩!”

江西省广播电视局关于贯彻落实《中共中央宣传部关于当前思想理论领域的情况和需要采取的工作措施》的实施方案

《中共中央办公厅转发〈中共中央宣传部关于当前思想理论项域的情况和需要采取的工作措施〉的通知》(中办发〔2004〕29 号)，要求全党从提高党的领导水平和执政能力、巩固党的执政地立的高度来认识和加强意识形态工作。全省广播影视系统要认真学习领会文件精神，把思想和行动统一到中央的要求和部署上来，充分认识当前意识形态领域积极健康的主流，充分认识意识形态领域斗争的长期性、复杂性和尖锐性，进一步增强政治敏锐性和政治鉴别力，自觉从提高党的执政能力、巩固党的执政地位的政治高度认识做好广播影视宣传工作的重要意义。要紧密结合我省广播影视工作实际，围绕文件对广播影视提出的重点任务，一项一项认真研究，逐一落到实处。要切实加强对薄弱环节的管理，坚持守土有责的原则，坚决制止噪音、杂音的出现，为改革发展稳定的大局，构建社会主义和谐社会，为建设和谐平安江西，共创富民兴赣大业，在新的起点上实现江西经济社会更快更好的发展，提供有力的思想保证和舆论支持。

一、全面加强和改进广播影视舆论宣传工作

1.积极推进宣传工作创新。全省各级广播影视部门要以邓小平理论和“三个代表”

重要思想为指导，积极推进广播影视宣传工作的形式创新、内容创新、手段创新，努力探索广播影视宣传工作的新思路、新方法，开拓新途径，开创新局面，不断增强广播影视宣传工作的说服力、战斗力、吸引力和感染力。要加强马克思主义理论研究和建设成果的宣传工作，加强马克思主义执政理论建设的宣传工作，深入揭示党的执政规律，为加强党的执政理论建设提供良好的舆论氛围。

（责任单位：总编室、省两台、《声屏世界》）

2.加强正面宣传，唱响主旋律。全省各级广播影视部门要深入宣传中国共产党的领导是历史的选择、人民的选择，深入宣传中国特色社会主义制度的优越性和光明前景，深入宣传人民民主专政的强大生命力，深入宣传人民代表大会制度是我国的根本政治制度、中国共产党领导的多党合作和政治协商制度是我国的基本政治制度，深入宣传我国司法制度、新闻出版制度是符合我国国情、能够充分反映和保障最广大人民群众根本利益的制度。要加强党的基本理论、基本路线、基本纲领、基本经验的宣传教育，开展党和国家的方针政策的宣传教育，开展国情教育，开展思想道德教育，开展民主法制教育。要帮助人们牢固树立以人为本、全面协调可持续的科学发展观，弘扬以爱国主义为核心的民族精神和以改革创新为核心的时代精神，弘扬集体主义、社会主义思想，使全体人民始终保持昂扬向上的精神状态。

(责任单位：总编室 、省两台、《声屏世界》)

3.坚持“贴近实际、贴近生活、贴近群众”的原则，紧紧围绕省委省政府的中心工作，努力提高广播影视舆论宣传工作的针对性、实效性、吸引力和感染力。全省各级广播影视部门要全面落实用邓小平理论和“三个代表”重要思想武装全党、教育人民的战略任务，切实推动广播影视“三个代表”重要思想宣传入耳、入脑、入心。

（责任单位：总编室、省两台、《声屏世界》）

4.加强公民道德建设工程宣传力度。全省各级广播电台、电视台要在全社会倡导爱国守法、明礼诚信、团结友善、勤俭自强、敬业奉献的基本道德规范，发扬中华民族传统美德，反对拜金主义、享乐主义、极端个人主义，消除封建主义残余影响，抵御资本主义腐朽思想文化的侵蚀。在新闻、专题、文艺和少儿节目中，加强弘扬民族精神、宣传公民道德、报道先进典型、倡导社会文明的内容，提倡树道德正气、做守法公民的内容。要结合 9 月 20 日“公民道德日”的宣传报道，大力推动公民道德建设的新高潮。要充分发挥广播影视系统报刊、网络、出版社的作用，为社会主义精神文明建设营造良好的舆论氛围，为“建设和谐平安江西，共创富民兴赣大业”营造良好的舆论氛围。

（责任单位：总编室、省两台、今视网、《声屏世界》、广电报）

5.切实抓好未成年人思想道德建设工作。全省各级广播影视管理部门要高度重视、积极推进广播影视加强和改进未成年人思想道德建设“四大工程”的深入发展，切实做好指导、协调、管理和督察工作；要认真抓好江西电视台开办少儿频道和各设区市电台、电视台开办少儿栏目、节目工作；利用“六一”、“七一”、“八一”、“十一”等重大节庆纪念日，大力开展爱国主义教育、革命传统教育、道德教育等一系列大型宣传活动。

（责任单位：总编室、社管处、科技处、广电协会、省两台、今视网、广电报）

6.弘扬科学精神，传播科学知识，提高干部群众抵制封建迷信和识别伪科学的能力。全省各级广播电台、电视台要按照“三贴近”的原则，以大众易于理解、接受、参与的方式，切实办好“播电视科技节目、科普节目、科教节目、农村节目和少儿节目，在全社会营造学科学、讲科学、用科学的氛围，提高广大干部群众抵制封建迷信和识别伪科学的能力。

（责任单位：总编室、省两台）

7.加强宣传阵地建设。各级广播影视部门要牢牢把握正确舆论导向，对错误的思想政治观点和言论，要理直气壮地予以批驳，不为其提供传播渠道。全省各级电台、电视台要坚持正确的舆论导向，旗帜鲜明，坚决与党中央保持一致，认真贯彻党的十六届四中全会精神，坚持解放思想、实事求是、与时俱进，在广播电视宣传中，巩固马克思主义的指导地位。坚持守土有责，加强广播电视及报刊的管理，规范节目生产流程，严格把关，严肃播出纪律，增强编播人员的政治意识和政治敏锐性，使广播电视始终为党和人民服务。

（责任单位：总编室、省两台）

8.加强对广播电视谈话类节目、现场直播类节目的管理。全省各级广播影视管理部门和播出机构要强调政治导向、强调社会责任、强调宣传纪律，在谈话类节目和现场直播类节目中，严格执行选题计划送审制度和直播文稿播前审读制度。谈话类节目要把握选题，观点正确，主题鲜明；节目播出前要坚决把好审查关；重点节目要由上级主管负责人批准才能播出；对访谈嘉宾要严格筛选，对有思想倾向问题的人，所有节目一律不得采访和播发其观点。直播类节目要严格执行有关纪律，电台、电视台所有直播节目，必须按规定使用延时装置，对于重大活动、重大新闻事件、重要赛事的直播，以及有听众、观众参与的直播节目，在发生政治、技术、安全事故时，要及时切换处理，不得将错误言论播放出去；直播节目一律不得采用直接接听热线电话的方式；重大现场直播节目要设立严格的安全检查制度；加强责任追查制度，对违反有关规定的部门、节目负责人及相关人员必须处罚。

（责任单位：总编室、省两台）

9.各级广播影视管理部门要加强对广播影视宣传工作的管理和宏观指导，及时通报有关情况和需要注意的问题。巩固和加强原有的信息渠道，准确、及时地将中央、中宣部及省里的有关宣传部署传达到各级广播影视机构。

（责任单位：总编室、省两台）

二、进一步繁荣和发展广播影视文艺创作

10.积极引导广播影视文艺工作者深入实际、深入生活、深入群众，坚持“三贴近”原则。在广播影视文艺创作中，要坚持党的文艺方针，牢牢把握正确导向，防止出现噪音、杂音。广播电视大型文艺晚会、文艺专题、文艺创作等要发挥倡导主旋律、弘扬时代正气的主导作用，杜绝低级庸俗、格调不高的节目。影视剧创作要把着力点放在满足人民群众精神文化需求和促进人的全面发展上，力求思想性、艺术性和观赏性紧密结合、完美统一。同时，要高度重视重大革命和历史题材影视剧的创作，坚持正确的历史观，坚持在创作中尊重基本史实，坚持弘扬民族精神和民族优秀传统文化，反对编造历史、歪曲历史，杜绝出现存在错误历史观的作品。严格执行题材申报制度、审查制度，净化银幕荧屏，创作出更多贴近群众、贴近生活、贴近实际，群众喜闻乐见、无愧于时代精神的广播影视文艺作品。

（责任单位：总编室、省两台、电影厂）

三、积极拓展和提高广播影视传输服务

11.加强广播影视基础设施建设，提高基层特别是农村广播影视服务能力。全省各级广播影视管理部门要切实做好村村通广播电视工程的巩固和建设工作，全面落实国办发[2004]60号文件精神，建立健全“村村通”工作组织领导机构，落实“村村通”工作责任和运行维护经费，建立有利于“长期通”的长效机制。2005年我省要完成50户以上已通电自然村和新通电行政村的“村村通”工程建设任务，把“村村通”建设标准由“2_T+2_R”提高到“4_T+2_R”，即增加中央电视台第七套和少儿频道节目。

（责任单位：办公室、科技处、计财处）

四、大力促进广播影视业健康发展

12.深化广播影视体制改革，解放和发展广播影视生产力，促进广播影视事业和产业全面繁荣发展，增强我省广播影视的总体实力。各级广播影视管理部门要依法规范各项广播影视活动，规范行政行为，保障广播影视业的健康发展。加强广播影视发展战略研究。要紧紧围绕广播影视改革发展的重大问题、关键问题、热点问题和难点问题，积极展开调研，理清广播影视改革发展的总体思路、任务、重点和措施。

（责任单位：办公室、总编室、社管处、科技处、计财处）

五、加强广播影视互联网站的建设与信息网络传播视听节目活动的管理

13.加快建立和完善对广播影视系统互联网站和信息网络传播视听节目机构的行政监管体制。全省各级广播影视管理部门要针对互联网的传播特点和视听节目管理的规律，在广播影视互联网站和《信息网络传播视听节目许可证》持证机构全面建立节目总编负责制，在内容上实施严格的事前审查，建立内容监管体制。

（责任单位：社管处）

14.进一步加强广播影视互联网站的技术保障和管理。重要的广播影视互联网站要建设备份系统或备份IP地址，保证网站在受到攻击时仍可保持运转。各广播影视互联网站要依据国家有关互联网建设规范和安全保护要求，对照检查各自的网站设备配备、网络安全防护、运行维护等方面是否满足要求。

（责任单位：科技处、社管处、今视网）

15.迅速建立广播影视网上宣传队伍，形成广播影视网上正面舆论的强势。广播影视互联网站要建立健全并完善网站编辑部工作运行机制，建设一支政治强、业务精、作风正、纪律严的工作队伍，确保上网信息采集审核和上载发布在规范的制度下运行；确保网站信息编辑部的每项工作责任到位、质量到位、效果到位，形成广播影视网上正面舆论宣传的强势。

（责任单位：总编室、今视网）

16.对广播影视互联网站进行集中清理整顿，形成强大的舆论声势，营造良好的广播影视网络环境。要通过加强对系统内互联网站的链接形式，实施对广播影视互联网站集中清理整顿，同时有效地实施监控，及时报告处理。广播影视管理部门要根据国办即将出台的《政府互联网站管理办法》，对广电系统内的“gov.cn”网站域名进行规范清理；非政府职责单位一律不得使用“gov.cn”域名。

（责任单位：社管处、办公室、今视网）

17.进一步完善广播影视网络管理机制。广播影视系统互联网站要建立健全信息通报制度、处罚联动制度，对互联网络上的广播影视内容进行年度审核，向行业主管部门提供审核意见。省局政府网站要完善上网信

息的审核审批制度，上网信息实行分组审核，终审把关制度，建立健全信息提供单位审核、网站编辑审核和办公室领导终审三级负责制度，确保网站信息的准确性和权威性，对系统内网站起到引导示范作用。

（责任单位：社管处、办公室）

18.加强网上广播影视舆情收集工作。广播影视系统要形成统一协调、反应灵敏、高效畅通的广播影视网上舆情收集反馈机制，准确把握社会思想动向，敏锐捕捉倾向性、苗头性问题，研究分析网上广播影视舆情的原因、发展趋势及社会影响，提出舆论引导建议。省局政府网站要建立舆情收集、反馈机制，网站编辑部要确定专人登录电子信箱，浏览网民反映，及时下载相关信息并对信息进行分类整理，将有关信息向领导小组和相关业务处室反馈。要集中力量对有害信息及时进行清理、封堵，有效防止有害信息扩散。同时，广播影视系统各网站每周要向总局报送本网站的“舆情综述”，以便及时掌握网上舆论动态，研究分析广播影视网上舆情产生的原因、发展趋势及社会影响，提出舆论引导建议，制定相应措施。

（责任单位：总编室、办公室、今视网）

19.主动组织协调开展网上广播影视舆论斗争。广播影视系统各网站要尽快建立一支高素质、高水平、懂网络的广播影视专职网上评论队伍，组织网评人员开展“网上对话”，积极开展网络评论工作，主动引导舆论，宣传广播影视各项方针政策，为广大网友解疑释惑，扩大广播影视的影响；要正确引导网民对广播影视的讨论，批驳网上谣言，清除网上噪音、杂音，掌握网上舆论工作的主动权。在网络建设上，要大胆创新，增加网站的魅力和吸引力，努力把广播影视网站办成生动活泼、作用突出、影响巨大的网站。

（责任单位：今视网）

20.进一步完善检测和监控广播影视有害信息工作机制，及时予以封堵和删除。广电系统各网站要派专人对有害信息及时进行清理、封堵，有效防止有害信息的扩散，保持广电系统网站正确的舆论导向。同时，要尽快建立一套信息反馈系统，把监看封堵和反馈回应结合起来。在技术上，一方面要规范网站的建设，防火墙系统要切实发挥作用，防止非法、恶意更改网站内容等行为，另一方面政府和网络运营商在内容发布之前要加强审查，对网站所发布的内容定期定时进行检查，发现有害信息插播要及时删除，严重时要及时关闭服务器。

（责任单位：社管处、总编室、办公室、科技处、今视网）

21.加强广播影视政府管理电子政务建设，充分发挥政府网站的作用。全省各级广播影视管理部门要加强电子政务建设，整合信息资源，调整网页信息结构，完善应用支撑功能，建设一个更加高效、实用的电子政务应用平台。要严格控制新闻类信息，扩充服务类信息，增加互动性，拓展链接，并可在网上实时开展业务办理。

（责任单位：办公室、今视网）

六、努力抓好广播影视队伍建设工作

22.积极探索新方式、新方法，加强和改进广播影视队伍思想政治工作。全省各级广播影视部门要采取多种形式，开展生动活泼、行之有效的思想政治工作，切实加强形势教育，建立和完善思想政治工作联席会议制度，加强对广电系统广大职工的思想政治学习和业务培训，提高各级领导干部的政治素质和理论水平。要充分发挥广播电视、报刊、互联网等载体的作用，切实把握导向，努力丰富内容，不断提高思想政治工作的针对性和有效性。通过召开“创建学习型党组织经验交流会”等形式，总结经验、推广典型，把创建学习型党组织活动不断引向深入。在深入学习马克思主义基本理论的同时，加强广播影视业务和现代经济、科技、法律等方面知识的学习，形成重视学习、重视理论、推动实践的良好氛围。

（责任单位：直属机关党委、组织人事处）

23.认真实施广播影视“四个一批”人才培养工作，努力造就一支政治强、业务精、作风正、纪律严的广播影视工作队伍。全省各级广播影视部门要继续深入开展“三项学习教育活动”，从思想上、制度上、机制上、纪律上进一步加强建设，加强马克思主义新闻理论的教育和培训，使广播影视新闻宣传工作者牢固树立马克思主义新闻观和党性原则，加强新闻宣传队伍的政治意识、大局意识、责任意识、阵地意识和把关意识，真正做到立场坚定、导向正确、引导有力、群众满意。要进一步加强对编辑记者、播音员主持人的管理和培养，积极组织广播影视系统广大职工对《广播电视编辑记者职业道德准则》和《广播电视播音员主持人职业道德准则》的学习，严格实行广播影视系统编辑记者、播音员主持人的考试准入、审核发证和持证上岗制度。要加快培养一批 50 岁以下、政治强、业务精、作风正、纪律严的编辑记者播音员主持人和工程技术人员领军人才，为推动广播影视的发展提供有力的人才支持。

（责任单位：组织人事处、直属机关党委）

24.切实加强广播影视系统各级领导班子建设。广播影视系统要进一步提高各级领导班子的思想政治水平，加强思想作风建设和廉政建设，强调各级领导班子成员的“德、能、勤、绩、廉”和思想政治素质。加大对各级领导干部的培训和考察力度，把马克思主义、毛泽东思想、邓小平理论和“三个代表”重要思想作为干部考核和培训的首要内容。在选拔任用干部上，必须把政治素质放在第一位，强化培训考察，要把考察的重点放在思想政治素质、工作能力和水平上，确保领导干部队伍的纯洁性，确保广播影视事业的领导权牢牢掌握在忠诚于党、忠诚于人民的马克思主义者手中。

（责任单位：组织人事处、直属机关党委）

七、加强广播影视报刊出版管理

25.进一步改进广播影视报刊宣传。江西广播电视报要加强正面宣传力度，弘扬主旋律，坚持“三贴近”原则，把体现党的主张和反映人民心声统一起来，关注热点和焦点问题，关注人民群众最关心的问题，配合广播影视节目，做好深度宣传报道工作，切实防止低俗炒作倾向，增强广播影视报刊的吸引力、感染力。

（责任单位：广电报）

26.深入开展“扫黄”、“打非”斗争，严厉打击非法广播影视出版物。各级广播影视管理部门要密切与各级“扫黄”、“打非”工作领导小组的联系，及时传达有关“扫黄”、“打非”的部署和工作要求，加大对非法出版物的监控和打击力度。

（责任单位：社管处）

八、加强境外广播影视节目管理

27.加强对境外广播电视的监测。要进一步加强对非法落地卫星电视信号源头的监测和清理，甄别我国上空通信卫星转发的明显不利于我国家安全的境外信号，会同有关部门运用各种机制、手段、资源等加以解决；加强对合法落地境外卫星电视信号源头的监管。进一步完善境外卫星电视监管平台，改进平台体制和工作机制，提高监管能力，加强队伍建设，挖掘平台潜力，为有效地拦截境外卫星电视媒体的有害信息，提供符合意识形态管理工作特点的组织保证、机制保证、手段保证和人员保证；建立健全境外卫星电视监管及舆论信息汇集和分析机制，建立和完善信息协作和沟通机制，掌握卫星电视监管及舆情动态，及时发现和处理倾向性、苗头性问题。

（责任单位：科技处、检测中心）

28.加大综合治理力度，进一步清理整顿私自接收境外广播电视节目问题。各级广播影视管理部门要发挥总体牵头作用，重点推动有关主管部门加大对扰乱我境外卫星电视传播秩序的源头问题的整治力度；要会同综治办加强对非法卫星电视接收设施的综合治理和报商有关立法、司法部门，加大对非法卫星接收设施问题的惩戒力度。

（责任单位：社管处、科技处、检测中心）

29.严禁擅自安装卫星电视广播地面接收设施。各级广播影视管理部门要探索对卫星电视接收设施的闭环管理机制。以“小耳朵”专产、专营、专装、专用为方向，对其生产、进出口、运输、供货安装、使用维护直至最后拆除销毁等各环节实行全程监控。

（责任单位：社管处、计财处、科技处）

九、加强广播影视制作机构管理

30.加强对民办广播影视（包括动画）制作机构的管理。要认真贯彻落实《广播电视节目制作经营管理规定》，建立健全有效的监管机制，加强对民营广播影视节目制作经营机构的监管工作。要着重落实好对民营广播影视节目制作机构制作节目范围的管理和节目内容的审查把关工作，禁止民营广播影视制作机构制作新闻类专题、专栏节目，确保导向正确。要建立严格的违规处理机制，加大节目市场的监管力度，建立健全业务档案。强化各级管理部门的日常监管和规范管理工作，严厉打击和查处各种违规违纪行为，引导民营广播影视制作机构遵纪守法、诚信经营。

（责任单位：社管处、总编室）

十、加强广播影视对外宣传工作

31.有效整合广播影视对外宣传资源，形成广播影视大外宣格局。要发挥广电部门的总体牵头作用，省两台要加大对外宣传力度，坚持以我为主，以正面宣传为主的原则，及时、充分地宣传报道我对外政策。加强频道建设，加强队伍建设，提高节目质量，发挥广播电视的优势，占领对外宣传的主阵地。

（责任单位：总编室、省两台）

32.抓好重大事件的外宣报道。全省各级广播电视播出机构要按照中央的对外宣传部署，严格执行对外宣传纪律，准确把握对外宣传口径，同时，进一步提高对外宣传报道的质量，改进广播电视对外宣传的内容、形式和手段，使外宣工作贴近中国发展变化的实际，贴近海外听众、观众的需求和收听收看习惯。

（责任单位：总编室、省两台）

江西省广播电视局
事业单位新进人员公开招聘暂行规定

第一章 总则

第一条 为了规范广播影视事业单位新进人员招聘工作，提高广播影视事业单位人员素质，把好选人用人关，根据国务院办公厅转发人事部《关于在事业单位试行人员聘用制的意见》(国办发〔2002〕35 号)和省委组织部、省委宣传部、省人事厅、省广播电视局《关于推进广播影视事业单位人事制度改革的实施意见》(赣人发[2003]59 号)，制定本规定。

第二条 本规定适用范围为本省广播影视事业单位；适用对象为新应聘进入广播影视事业单位工作的人员。

事业单位新进人员实行人事代理制度。

第三条 广播影视事业单位新进人员的招聘工作，应当遵循德才兼备的标准，坚持公开、平等、竞争、择优的原则，采取公开招聘的方法。

第四条 事业单位在编制或岗位限额内出现空缺岗位，需要补充工作人员，实行公开招聘。

法律、法规、规章和政策另有规定的，从其规定。

第五条 广播影视行政主管局对所属广播影视事业单位新进人员的公开招聘工作进行指导和监督。

广播影视事业单位公开招聘工作在单位领导下，由单位人事部门具体组织实施。

第六条 公开招聘工作的基本程序：

(一)制定招聘方案；

(二)发布招聘公告；

(三)报名与资格审查；

(四)考试（包括笔试、面试等）；

(五)组织考核；

(六)体检（健康标准参照公务员录用体检标准）；

(七)单位领导集体研究确定拟聘对象；

(八)将拟聘对象的有关考试考核材料报上级行政主管局审核；

(九)办理聘用手续，签订聘用合同。

第二章 招聘方案和公告

第七条 招聘方案由招聘单位制定，在每年一月底之前完成，并报上级行政主管局核准。

第八条 招聘公告由招聘单位对外发布，其主要内容：

(一)招聘的范围、对象、岗位、人数等；

(二)报名条件与资格；

(三)招聘程序及考试方式；

(四)报名与考试时间安排；

(五)聘后待遇等其他相关内容。

第三章 报名条件和资格审查

第九条 应聘人员应具备以下基本条件：

(一)遵守国家法律、法规；

(二)具有履行岗位职责的能力、文化和专业知识。应聘的岗位实行执业资格制度或持证上岗制度的，必须持有相应的，执业资格或上岗资格证书；

(三)身体健康，年龄在35周岁以下；

(四)不属于禁止在广电行业聘用的人员。

第十条　应聘人员的学历和资历应当符合聘用岗位所需资格的要求，报名时应出示以下有效证件：

(一)身份证明；

(二)学历（学位）证书（应届毕业生凭学生证和学校证明）；

(三)专业技术职称资格（或执业资格、上岗资格）证书；

(四)其他能说明学历、资历的证件。

第十一条　招聘单位人事部门按照公布的报名条件和资格进行资格审查，审查合格者准予参加考试。经资格审查合格参加考试的人数与招聘岗位的比例一般不低于4：1，达不到这一要求的，原则上应予取消该岗位的招聘，允许报考该岗位人员报考其他岗位。因专业特殊达不到招聘比例的，经广播影视行政主管局批准可适当放宽招聘比例。

第四章　考试

第十二条　招聘考试主要是测试应聘者对招聘岗位所要求的专业知识水平、业务素质与工作能力。

第十三条　招聘考试，应按照拟聘岗位的专业和任职要求，分级分类组织。招聘考试一般采取笔试和面试的方法综合进行。

第十四条　笔试主要测试应聘者对招聘岗位所要求的基本理论和专业知识水平。面试主要是根据招聘岗位的专业特点，测试应聘者的业务素质、个性特征及潜在能力。

第十五条　笔试、面试的试题可由单位组织相关专业的专家进行命题，也可委托省人事厅考试中心或相关院校进行命题。

第十六条　根据笔试的成绩，从高分到低分确定面试人选。面试人选与招聘岗位的比例一般为3：1，专业特殊岗位的比例可为2：1。

第十七条　面试由面试小组负责考试和评分。面试小组由招聘单位的有关领导、专家、组织人事干部等人员组成，一般不少于7人。

第十八条　根据笔试、面试成绩确定应试者的考试综合成绩，并在适当范围内公示。

第五章　体检与考核

第十九条　根据考试综合成绩，从高分到低分等额确定参加体检的人员。

因体检不合格造成缺额的，由招聘单位根据考试综合成绩依次等额递补人员参加体检。

第二十条　体检由招聘单位负责组织实施，需在县级以上综合性医院进行。

体检合格人员名单由招聘单位予以公布。

第二十一条　对体检合格者，招聘单位应当确定其为考核对象。

第二十二条　考核由招聘单位负责实施，主要考察考核对象的政治思想、道德品质、业务水平、专业知识、工作能力及遵纪守法等情况，对考核对象是否适合和胜任招聘、岗位要求做出评价。考核应做到全面、客观、公正。

考核合格人员名单由招聘单位予以公示。

第六章　聘用

第二十三条　对体检、考核合格的，由招聘单位领导集体确定拟聘人员，并张榜公示。

第二十四条　招聘单位将拟聘人员的考试成绩及排名和体检、考核材料报上级主管局审核同意后，办理人事代理聘用手续，并签订聘用合同书。

第七章 纪律和监督

第二十五条 事业单位新进人员公开招聘工作必须遵守以下纪律：

(一)确保公开招聘的公开、公平、公正，不准事先内定人选；

(二)严格按照公开招聘工作方案规定的内容和程序操作，不准在实施过程中随意更改；

(三)有关人员要严格遵守人事工作纪律，特别要严格执行保密制度和回避制度，不准泄露考试试题、评分情况、考核情况和单位领导讨论情况等；

(四)面试小组成员要客观公正，不准打人情分；

(五)参加考核的人员要公道正派，不准隐瞒或者歪曲事实真相。

第二十六条 对公开招聘工作要加强监督。单位的纪检(监察)部门负责对公开招聘工作进行监督。没有设置纪检(监督)部门的单位，由上级主管局的纪检(监察)部门派员到单位对公开招聘工作进行监督。

第二十七条 对公开招聘工作中的违纪行为，干部、群众可以向上级组织(人事)或者纪检(监察)部门检举、申诉。受理部门应当按照有关规定认真核实处理。情节严重的，上级主管局可宣布单位公开招聘结果无效，并追究有关人员的责任，按照有关规定给予相应的行政处分。

第八章 附则

第二十八条 本办法若与国家和省有关政策不一致的，以国家和省有关政策为准。

第二十九条 本办法由省广播电视局组织人事处负责解释。

第三十条 本办法自印发之日起施行。

(赣广人字［2005］2号)

江西省广播电视科技创新奖励暂行办法

第一章 总 则

第一条 为奖励在广播电视科学技术工作中做出贡献的集体和个人，促进广播电视科学技术事业的发展，制定本办法。

第二条 本办法适用于广播电视系统内的集体和个人及受省广播电视局委托进行科技工作的集体和个人。

第三条 广播电视科技创新奖的奖励范围包括：

(一)应用于广播电视事业发展中的新的科技成果（包括新产品、新技术、新设计、新材料、新工艺等）；

(二)在推广、应用已有的广播电视科学技术成果工作中，做出创造性贡献并取得较好经济效益或社会效益；

(三)在工程建设、设备研制和技术改造及技术创新中，采用新的科学技术，做出创造性贡献并取得重大经济效益或社会效益；

(四)在引进、消化、吸收、开发、应用国内外先进的广播电视科学技术中，做出创造性贡献并取得了重大经济效益或社会效益；

(五)在为社会公益服务的广播电视科学技术基础（标准、计量）工作中，做出创造性贡献并取得了显著的成果；

(六)为广播电视决策科学化与安全运行管理现代化而进行创造性研究并取得显著效果的软科学成果。

第四条 广播电视科技创新奖由省广电局科技处归口管理。

第五条 广播电视科技创新奖评审委员会负责广播电视科技创新奖的评审和争议处理等工作。广播电视科技创新奖评审委员由9~11人组成，评审委员会主任由省局科技委主任担任，成员由省广电局科技处在省广电局科技委委员中遴选，报省广电局审批确定。广播电视科技创新奖评审委员会每届任期4年。

第六条 广播电视科技创新奖每年评审一次。

第二章 奖励标准和办法

第七条 广播电视科技创新奖按科学技术水平和技术能力、经济效益和社会效益、推动科技进步的作用三个条件进行综合评定。

第八条 广播电视科技创新奖分为一等奖、二等奖、三等奖三个等级。一等奖项目在技术上有重大创新，技术难度大，总体技术水平和主要技术经济指标应达到或接近同类项目的国内领先水平，推动行业科技进步的作用很大，并取得重大的经济效益或社会效益；二等奖项目在技术上有较大创新，技术难度较大，总体技术水平和主要技术经济指标应达到或接近同类项目的国内先进水平，推动行业科技进步的作用显著，并取得较大的经济效益或社会效益；三等奖项目在技术上有创新，有一定的技术难度，总体技术水平和主要技术经济指标应达到或接近同类项目的省内先进水平，推动科技进步的作用较大，并取得了一定的经济效益或社会效益；

第九条 凡申报广播电视科技创新奖的项目，必须应用于实践一年以上，证明其功能和性能可靠，并由使用单位出具证明。凡属于标准项目的，必须在标准正式颁布实施一年以上，并有实施单位出具证明；凡属软件科学研究项目，必须被使用部门接受，并应用于决策和管理实践中。

第十条 获利科技创新奖的项目，由省广电局授予证书。

第十一条 获得二等奖以上的项目，由省广电局择优推荐申报江西省科学技术进步奖或国家广电总局广播影视科技创新奖。

第十二条 广播电视科技创新奖获得者，其业绩记入本人档案，作为业绩考核、职务晋升、专业技术职称评审的重要依据之一。

第三章 申报

第十三条 申报项目的主要完成人是指对该项目的完成做出突出贡献的主要人员。具备下列条件之一的，可以作为申报项目的主要完成人：

(一)提出和确定总体方案设计；

(二)在研制过程中直接参与并对关键技术和疑难问题的解决做出重要贡献；

(三)直接参与并解决在投产、应用或推广过程中的技术难点。

第十四条 申报项目的主要完成单位是指在项目的研制、投产、应用或推广等工作中提供技术、经费和设备条件，并直接完成该项目的基层单位。

第十五条 各申报项目的主要完成人的限额为：一等奖6人；二等奖5人；三等奖5人。

第十六条 申请广播电视科技创新奖的项目，应当按照国家有关科学技术成果鉴定管理办法的规定，经有关科技成果管理部门进行成果鉴定、验收并进行成果登记后方可申报评奖。

第十七条 申报广播电视科技创新奖应当按下列程序进行：

(一)承担项目的集体或个人按行政隶属关系逐级上报至各设区市广电局、省广电局直属单位（以下简称推荐单位）。

(二)推荐单位负责审查和汇总申报项目，并对申报项目及奖励等级提出推荐意见。推荐单位对各申报项目应准备推荐书一式二份、有关附件一式四份。

(三)推荐单位审查并备齐有关材料后，每年于4月1日至6月30日期间向省广电局科技创新奖励办公室申报本年度广播电视科技创新奖，逾期一律不予受理。受省广电局委托进行科技工作的非广播电视系统的单位、集体和个人完成的项目，符合本办法的，可直接向省广电局科技处申报。

第十八条 项目申报须使用《江西省广播电视局科技创新奖推荐书》，并按照《江西省广播电视局科技创新奖推荐书填写说明》的要求填写。由两个以上单位共同完成的项目，应当按贡献大小顺序排列，由第一完成单位填写申报书。

第四章 评审

第十九条 广播电视科技创新奖评审工作按下列程序进行：

(一)初审：省广电局科技处审查申报项目是否符合本办法第三条现定；推荐书是否符合要求，附件是否齐全；主要完成单位和主要完成人是否符合本办法第三章规定。

(二)评审：1.召开省广播电视科技创新奖评审工作会议，须有三分之二以上评审委员到会。主审员对所审项目向评审委员会介绍情况。2.会议期间参评项目完成人（1到2名）需到场候审或答辩。评审委员会视情况提请参评项目完成人对项自进行介绍或答辩。3.评审的项目中有评审委员会成员参与的，评审时该成员应回避。4.评审委员会进行评议，评审委员会对评审的项目以无记名投票打分的方式产生评审结果。

(三)复审：评审结果报送省广电局科技处复审。

(四)终审：复审结果报送省广电局主管局长审批。

第二十条 接触申报项目文件的单位和个人，对项目内容负保密责任。

第五章 公告和异议处理

第二十一条 省广播电视科技创新奖评审委员会审定的获奖项目应当于审定之日起一个月内在行业内予以公告。项目异议受理期为自公告之日起一个月。如无异议，即行授奖。

第二十二条 对省广播电视科技创新奖获奖项目有异议的，应当按下列程序处理：

(一)对获奖项目有异议的，应以书面形式将异议理由、有异议的项目名称、工作单位、联系地址和电话等报省广电局科技处。需要保密的，应当同时在函中注明。

(二)科技处接到异议函件后，应及时将异议意见通知获奖单位和申报单位；获奖单位和申报单位应在15个工作日内提出答复意见；如在限期内未答复，视为放弃获奖资格。与异议问题有关的任何一方，均需如实提供有关异议的旁证和补充材料。广播电视科技创新奖评审委员会依此进行审议和裁决，并将处理结果答复有关各方。涉及项目主要完成单位、主要完成人或名次异议的，应在获奖项目公告后一个月内，由申报部门负责处理，并将结果报省广电局科技处审批。

第二十三条 发现获奖项目属于弄虚作假的，可向申报部门提出，由申报部门负责调查核实，提供调查材料，报送省广电局科技处，经省广播电视科技创新奖评审委员会复议，提出是否撤销奖励的建议，报省广电局审批。对于撤销奖励的项目，推荐单位要负责追回荣誉证书并退还省广电局。对于弄虚作假者，按情节轻重和有关规定给予批评或向有关单位提出处分建议。

第六章　附则

第二十四条　本办法由省广电局科技处负责解释。

第二十五条　本办法自公布之日起实施。

（赣广技字［2005］10号）

江西省广播影视统计工作先进集体和先进个人评比暂行办法

第一章　总　则

第一条　为贯彻《中华人民共和国统计法》及其实施细则和《广播电影电视行业统计管理办法》，进一步做好广播影视统计工作，保证统计资料的准确性，不断提高统计工作质量和水平，调动统计工作者的积极性，结合我省广播影视统计工作的实际，根据《广播电影电视行业统计管理办法》的相关规定，制定本办法。

第二条　评比工作以全面完成统计工作任务为主，坚持高标准、严要求，公开、公平、公正的原则。

第二章　评比范围和标准

第三条　评比范围：各设区市广电局、省广电局直属有关单位和系统外从事广播影视业务活动的单位。统计工作情况年度计分办法，采用统一标准实行百分制，按分值大小顺序排列，分为一等奖、二等奖、三等奖三个等级。

第四条　评比标准：

(一)机构与统计人员（满分5分）

重视统计工作，保持统计工作的稳定性，有主管领导负责统计工作，配备有与统计业务相适应的专职或指定兼职的统计人员。

(二)广播电视定期统计报表（满分80分）：年报（30分），快报（20分），半年报（10分），月报（20分）

1.时间性标准：按统计报表制度规定时间上报，邮件以当地邮戳为准，网络上报文件以接收单位网络时间为准。

年报（5分）：迟报1天扣1分，迟报5日以上不计分；

快报（5分）：迟报1天扣1分，迟报5日以上不计分；

半年报（3分）：迟报1天扣0.5分，迟报5日以上不计分；

月报（5分）：当月报表迟报1天扣0.1分，迟报5日以上不计分。

2.准确性标准：指标含义理解正确，统计范围、计量单位、口径及方法按照统计制度规定执行，基础数据准确，无逻辑差错。

年报（20分）；年报上报后，发现错误在5日内更正，并正式发文更正的不扣分。

5 日后每出现一处错误扣 0.1 分；

快报（10 分）：快报上报后，发现错误在 3 日内更正，并正式发文更正的不扣分。3 日后每出现一处错误扣 0.5 分；

半年报（5 分）：半年报上报后，发现错误在 3 日内更正，并正式发文更正的不扣分。3 日后每出现一处错误扣 0.5 分；

月报（10 分）：当月月报上报后，发现错误在 3 日内更正，并正式发文更正的不扣分。3 日后每出现一处错误扣 0.1 分。

3.完整性标准：按照统计制度规定上报的报表各项内容完整，不重不漏，书面文件按规定要求有说明（年报要有年报总结），有主管领导签字，印章齐全。

年报（5 分）：如有缺页、漏页扣 1 分，书面报表与网报文件、软盘不配套的扣 2 分，领导签字、单位公章不全扣 1 分，无报表说明的扣 1 分；

快报（5 分）：如有缺页、漏页扣 1 分，书面报表与网报文件、软盘不配套的扣 2 分，领导签字、单位公章不全扣 1 分，无报表说明的扣 1 分；

半年报（2 分）：如有缺页、漏页扣 0.4 分，书面报表与网报文件、软盘不配套扣 0.8 分，领导签字、单位公章不全扣 0.4 分，无报表说明扣 0.4 分；

月报（5 分）：如当月月报有缺页、漏页扣 0.1 分，书面报表与网报文件、软盘不配套扣 0.2 分，领导签字、单位公章不全扣 0.1 分，无报表说明扣 0.1 分。

(三)统计分析报告（满分 5 分）：能够结合本地区、本单位广播影视业务的实际情况，积极开展调查研究和统计分析，有 2 篇以上统计数据为基本分析依据的调研报告或统计分析报告，每篇 2.5 分（必须有一篇是自己撰写的）。

(四)年度统计工作总结（满分 10 分）主要内容：

1.日常统计工作情况，包括贯彻统计法、统计行业管理办法及报表制度的执行情况；

2.制度建设情况；

3.统计培训工作情况；

4.主要统计工作完成情况；

5.下一年度工作设想（安排）等。

以上每项内容 2 分，随年报一并上报。

第三章 表彰、奖励和批评

第五条 省广电局对获得全省广播影视统计工作的先进集体和先进工作者进行表彰，授予全省广播影视统计工作先进集体、先进工作者称号，在全省通报表彰。

第六条 省广电局向全省广播影视统计工作的先进集体和先进工作者颁发荣誉证书，给予一定的物质奖励。

第七条 根据《统计法》和《广播电影电视行业统计管理办法》有关规定，省广电局对在统计工作中虚报、瞒报、伪造、篡改、拒报或多次迟报统计报表，阻扰统计人员行使法定职权的行为给予通报批评，情节严重的按有关规定移交相关部门处理。

第四章 附 则

第八条 本办法由省广电局计划财务处负责解释。

第九条 本办法自发布之日起施行。省广电局 2002 年印发的《江西省广播电视统计工作先进集体和先进个人评比暂行办法》同时废止。

(赣广计字［2005］17 号)

频率频道　节目栏目

频率频道

江西人民广播电台
科教·农村频率

江西人民广播电台科教·农村频率2005年7月1日正式开播，是江西惟一以农村和教育为服务方向的专业广播频率。该频率以“关注农村，服务教育”为宗旨，为广大农民朋友提供专业的农业技术服务。主要节目有“985致富金桥”、“成长攻略”、“科普通天下”、“动感校园秀”、“人在他乡”等。频率为调频98.5兆赫和中波927千赫（赣州）。每天播出18小时。

江西人民广播电台
健康·老年频率

江西人民广播电台健康·老年频率2005年7月1日正式开播。该频率宗旨为“服务民众健康，关爱老年身心”。节目内容贴近老年生活，融健康资讯、老年信息、新闻、音乐、综艺为一体。主要节目有“金色年华”、“健康直通车”、“民乐飘香”、“经典老爷车”、“心灵家园”、“天籁村”、“性福生活”等。每天播出18小时。

江西电视台少儿·家庭频道

江西电视台少儿·家庭频道2005年11月28日正式开播。该频道核心理念是“温馨、和谐、快乐、健康”，即关注人与社会、人与自然的和谐发展，搭建人与人之间爱的桥梁；为每个家庭提供温馨的生活空间；让每个家庭都充满快乐与欢笑；倡导健康的生活方式，尤其关注未成年人的健康成长和中老年人的健康生活。频道的主题词是“缤纷童心，浓浓亲情，江西电视台少儿·家庭频道”。目标受众以未成年人和家庭中的离退休老人为主，边缘受众包括未成年人的父母和教育工作者。节目类型有少儿新闻、教育类、益智游戏类、科普类、综艺类、动画片、影视剧等。在节目编排方面，频道本着“贴近家庭，分众播出”的编排理念，在双休日、寒暑假和法定长假推出特别编排，努力做到把特定节目安排到特定时段，服务特定的观众。主要栏目有“江西小记者”、“生日快乐”。每天播出15小时。

九江人民广播电台
新闻综合频率

九江人民广播电台新闻综合频率前身为九

江人民广播电台， 2004年6月1日正式开播。节目宗旨是“以新闻为主体，综合为特色，及时传播时政新闻和实用信息，为听众服务”。主要栏目有“新闻直通车”、“校园大联盟”、“浔城音乐先锋榜”、“百姓热线”等。每天播出18小时。

九江人民广播电台
交通音乐频率

九江人民广播电台交通音乐频率2001年8月1日正式开播。节目宗旨是“倡导交通，服务交通，为广大听众提供全面的出行服务”。节目内容紧扣交通新闻、交通信息、娱乐、体育、汽车等，随时插播路况信息。主要栏目有“车友俱乐部”、“方圆服务站”、“一路畅通”等。每天播出19小时。

九江电视台新闻综合频道

九江电视台新闻综合频道2001年1月1日正式开播，2004年1月12日改版。节目宗旨是“以新闻类节目为主，注重新闻性、文化性，突出地方特色，打造九江文化品牌，扩大九江对外影响”。主要栏目有“九江新闻”、“市民议事厅”、“白鹿论坛”等。每天播出17小时。

九江电视台公共频道

九江电视台公共频道2001年1月1日正式开播。节目宗旨是“关注民生，贴近百姓，注重经济、生活报道，强调社会服务功能”。主要栏目有“都市快报”、“吃遍九江”、“百姓家居”、“九江房地产”等。每天播出18小时。

景德镇广播电视台
新闻综合频道

景德镇广播电视台新闻综合频道1983年12月开播，发射功率3千瓦，覆盖全市。主要栏目有“景德镇新闻”、“昌南对话”、“健康直通车”、“瓷都房地产”、“少儿大舞台”、“陶瓷纵横”等。每天播出17小时。

萍乡人民广播电台
新闻综合频率

萍乡人民广播电台新闻综合频率1994年1月20日开始正式呼号，是以新闻宣传为主体，以文艺娱乐休闲类节目为铺垫的主流媒体。传输形式是1千瓦（96.8兆赫）调频发射机和300瓦（106.8兆赫）多频传输，信号覆盖萍乡各县区及宜春、万载、浏阳、株洲、醴陵等周边县市的城市乡村。主要节目有“萍乡新闻”、“萍广专题”、“萍广整点新闻”等。每天播出18小时。

萍乡人民广播电台
交通文艺频率

萍乡人民广播电台交通文艺频率2002年1月20日开始试播。该频率与市公安局、市交通局、市交警支队、市公路运输管理处合办，以交通话题节目为主，以生活服务和娱乐节目为辅。主要栏目有“车行天下”、“交通大看台”、“信息留言册”、“整点、半点交通路况信息”、“点点酷”、“倾听夜色”等。使用频率FM88.8兆赫，调频立体声传送。每天播出17小时10分。

萍乡电视台新闻综合频道

萍乡电视台新闻综合频道 2003 年 7 月 1 日正式呼号。该频道以新闻栏目为基本框架，荟萃“萍乡新闻”、“九点一刻”、“丰收”、“萍乡经济报道”、“资讯荟萃”、“新七天”等栏目。该频道通过有线和无线双重发射，综合覆盖率达98.5%。每天播出 16 小时。

萍乡电视台都市频道

萍乡电视台都市频道 2003 年开播，是一个贴近百姓生活，满足市民需求的综合频道。频道宗旨为“办老百姓自己的频道”。主要栏目有“百姓坊”、“生活在线”、“七色光”、“星时空”。每天播出 17 小时。

萍乡电视台教育频道

萍乡电视台教育频道 2005 年 1 月 3 日开播，是萍乡首个专业化频道。频道立足教育，以专业的视角服务广大观众。主要自办节目有“教育在线”、“青春百分百”等。每天播出 16 小时。

鹰潭人民广播电台信江之声频率

鹰潭人民广播电台新闻综合频率 2005 年 1 月正式更名为信江之声频率。节目突出本土化，立足新闻，兼顾信息、音乐、娱乐、游戏和互动沟通，内容丰富，受众面广，力求打造大气、清新、快捷、亲和的风格。主要节目有“鹰广新闻”、“市民热线”、“新闻故事”、“信息金桥”、“天籁部落”、“信江夜话”等。通过调频播出，发射机功率 3 千瓦，东至弋阳、横丰、上饶，西到抚州、进贤、南昌，北抵余干、万年，有效覆盖人口 1000 余万人。每天播出 18 小时。

鹰潭人民广播电台交通音乐之声频率

鹰潭人民广播电台交通音乐之声频率 2003 年 12 月 28 日正式开播，是一个以“传播交通文化，共享音乐人生”为理念的专业电台。全套节目通过 1 千瓦立体声调频发射，覆盖了月湖、贵溪、余江、龙虎山以及周边十几个县市 500 余万人口，满足 15～45 岁最具消费力都市人群和广大司乘人员的收听需求。播出频率 FM95.6 兆赫，每天播出 20 小时。

鹰潭电视台新闻综合频道

鹰潭电视台新闻综合频道1987年12月开播，呼号为“鹰潭电视台”。2001年9月，鹰潭电视台设立新闻综合频道，并以“鹰潭电视台新闻综合频道”代替“鹰潭电视台”呼号，发射功率5千瓦，传播方式为无线和有线相结合。该频道主要报道鹰潭新闻资讯，展现经济发展脉搏，反映鹰潭与时俱进的现代化进程。主要栏目有“鹰潭新闻”、“七彩年华”、“法制聚焦”、“东方神韵”、“鹰潭党建”等。每天播出17小时。

鹰潭电视台公共频道

鹰潭电视台公共频道 1998 年开始自办节目，前身是鹰潭有线广播电视台城市频道。鹰潭电视台与鹰潭有线广播电视台合并后，城市频道更名为鹰潭电视台经济生活频道，2002 年 9 月，再次更名为鹰潭电视台公共频道。该频道全方位关注百姓生活，贴近实际，服务群众，全面反映鹰潭地域人文特色。主要栏目有“晚间播报”、“说不尽的鹰潭”、“娱乐新视听”、“娱乐眼”、“环球新闻杂志”等。每天播出17小时。

赣州人民广播电台 交通音乐频率

赣州人民广播电台交通音乐频率2005年1月1日开播，播出频率FM99.2兆赫。该频率发布权威、准确的交通信息，以维护赣州市交通秩序，增强全民交通安全意识，方便广大人民群众出行，促进交通事业建设、管理和发展。坚持“宣传、疏导、服务、娱乐”的办台方针，以高密度、大容量、及时迅速的交通信息服务和音乐欣赏节目为主线，以小时段、快节奏、轻松活泼的服务类节目、娱乐类节目为辅线，为听众提供服务。该频率的办台口号是“听交通台，走畅通路”。每天播出18小时。

节目栏目

2005年新开办的节目栏目

江西人民广播电台

拇指大赢家

综合·新闻频率2005年2月创办。该节目内容丰富多彩，吸引听众通过手机发短信的方式来回答问题，从不同角度考验听众知识水平，传递最新娱乐信息。每天15:30播出，时长30分钟。

非常男女

综合·新闻频率2005年7月创办。该节目由主持人在节目中传达听众意愿，并通过节目找到自己的一片缘分天空。在特别的日子组织听众见面会，增加节目的亲和力，听众可以在见面会现场交朋友。每天15:00播出，时长30分钟。

玫瑰故事

生活·经济频率2005年1月创办，是一档以年轻人为主的情感交友节目，为听众提供一个交友的平台。周一至周四，节目听众通过发短信参与交友，节目环节有“爱情测试”、“讲述爱情故事”、“恋爱技巧”。周五的节目主题是“爱情话题讨论”，听众用短信互动交友，并且在节目中讲述爱情故事，传递恋爱技巧。周六、周日，节目让听众通过拨打热线和发送短信的方式参与交友。每天14:00播出，时长60分钟。

汽车生活

生活·经济频率2005年1月开办，是省内第一档主要针对有车族的兼具专业性和生活性的汽车类节目。节目内容为发布汽车专业信息，报道汽车新闻，评测汽车。主要子栏目有“汽车资讯”、“汽车导购”、“车主说车”等。每天18:00播出，时长60分钟。

八点听天下

生活·经济频率2005年7月开办，是一档新闻杂志节目。节目主要对当天发生的国内外重要新闻进行梳理，特别注重国内、国际新闻的最新报道。同时，对本地热点、新闻人物或重大新闻进行深度报道、追踪报道、背景分析或反馈报道。主要子栏目有“天天有历史”、“天天有新闻”、“天天有人物”、“天天有焦点”、“天天有点题”。每天8:00播出，时长60分钟。

百姓故事

生活·经济频率2005年9月为增加节目的可听性与多样性，在频率品牌节目“百姓热线”基础上，设置“百姓故事”访谈环节，邀请不同行业经历丰富的嘉宾谈自己的故事。节目氛围轻松，内容生动，可听性强。每周日9:00播出，时长60分钟。

动感校园秀

科教·农村频率2005年7月1日创办，是一档互动型综艺节目。节目用生动、活泼的方式，展示丰富多彩的校园文化和校园生活。学生可以通过电话、短信或走进直播室展示才艺，彰显个性。节目不定期走进校园举办校园歌手、校园主持人大赛。周六、周日推出的“校园DJ SHOW”环节，让学生走进直播间，圆当主持人的梦想。主要子栏目有“校园强IN派”、“校园风行者”、“校园非主流”、“校园DJ秀”等。每天12:00播出，时长60分钟。

科教通天下

科教·农村频率2005年7月1日创办，是一档科普益智类节目。节目从科普知识入手，为听众介绍世界最新的科学发明、学术探索和大千世界的一些未解之谜，用科学讲述真相，用科学解释生活中的困惑和不解，让听众在趣味中了解科学，热爱科学。主要子栏目有“资讯点击”、“科普生活”、“神秘之旅”、“科普文摘”等。每天15:00首播，次日8:00重播，时长60分钟。

成长攻略

科教·农村频率2005年7月1日创办，是一档教育专题节目。节目内容包括儿童早期教育、心理教育、基础教育、特色教育、家庭教育、生命教育等，为听众提供科学、有效的教育方式。节目风格轻松、活泼、寓教于乐。周日版“985家教热线”关注家教市场，为家长和高校学生、社会名师架设沟通的桥梁。每天18:00首播，次日7:00重播，时长60分钟。

人在他乡

科教·农村频率2005年7月1日开办，是一档晚间情感诉求类热线节目。节目宗旨是“给生活在城市的边缘人、打工族一个倾诉、交流的空间”。通过主持人亲切、温馨的话语，让听众获得真诚的关怀和情感的释放。主要子栏目有“都市寻梦”、“单身俱乐部”、“职场人生”、“心情减压站”等。每天22:00播出，时长60分钟。

985致富金桥

科教·农村频率2005年7月18日开办，是一档针对农民听众的科技服务类节目。节目以“帮助农民致富，共建小康生活”为宗旨，倡导科技致富，重点报道农业科技新成果、新产品、实用技术和生产决策信息，发布农副产品及农业生产资料的供求信息和市场行情，向农民朋友推荐名、特、优、新农产品。节目坚持“一对一”

的服务理念，及时为农民释疑解惑，受到农民朋友的广泛欢迎。主要子栏目有“气象资讯”、“三农问答”、“实用技术”、“致富故事”等。每天6:00首播，19:00重播，时长60分钟。

健康直通车

健康·老年频率7月1日与江西省卫生厅共同主办，是江西省首个权威、正规、公益性的热线导医节目，为听众朋友提供就医指导服务。该节目建立了全省三级甲等医院及其他正规医院的详细的医疗信息资料库，专业主持人与有关医疗专家在节目中当场回答听众的提问。每天10:00播出，时长60分钟。

金色年华

健康·老年频率7月1日与省老龄委办公室联合举办，是一档专为老年人量身定做的专题节目。该节目融知识性、娱乐性为一体，兼顾老年听众的情感生活。主要子栏目有“乐陶陶”、“家春秋”、“行走天下”、“人物周刊”、“经典回放”、等。每天17:00播出，时长60分钟。

江西电视台

井冈先锋

卫星频道2005年1月开办，是一档由中共江西省委组织部和江西电视台联合开办的党建栏目。该栏目以党的中心工作为主要内容，选择丰富题材，把握党员干部的思想脉搏，尽量运用电视声、光、色等方面的现代艺术表现手法，关注“人”，力求从人性、人文的角度撷取生活中的点滴细节和讲述可歌可泣的故事，展现优秀共产党人不平凡的人生，讴歌共产党人的崇高精神。用事实说话，用镜头语言传神，从点到面传播各行各业各级党组织活动的最新动态，在选题上与时俱进，体现时代特色，以达到党员和群众的认可和共鸣，从而增强亲和力、感召力。每周四21:45播出，时长15分钟。

江西小记者

少儿·家庭频道2005年11月28日开办，是一档属于孩子的少儿新闻栏目。该栏目以少儿的立场及独特儿童的视角来观察社会，记录生活。栏目的宗旨是“使参与节目的小记者获得更多接触、了解社会的机会，帮助小记者提高观察力、写作能力、语言表达能力、社交能力，培养他们的自信心、创造力，满足孩子展示才华的愿望”。每天18:45播出，时长15分钟。

生日快乐

少儿·家庭频道2005年11月28日开办。该栏目以生日为切入点，不分年龄，提倡“百姓生日，百姓祝福”的服务理念，以“关注您的生日，关注您的生活”为宗旨，全方位展示现代家庭的温馨和谐及浓浓亲情，倡导文明、健康、积极向上的生日庆祝方式。节目以365天所有过生日的普通百姓或是名人明星为拍摄对象和服务对象。每天19:00播出，时长15分钟。

南昌人民广播电台

917生活在线

新闻综合频率2005年1月1日开办。节目定位为服务类，内容为城市百姓提供贴身服务，服务项目全面，服务内容实用。节目受众为城市居民，以家庭主妇、中老年听众为主。每天9:30

播出，时长30分钟。

本周话题

新闻综合频率2005年1月1日开办。节目定位评论类，内容纵论热点新闻，嘉宾参与谈观点，听众热线谈看法。节目受众为中老年人、知识分子。每周五 10:30播出，时长30分钟。

体育快车

新闻综合频率2005年1月1日开办。节目定位体育新闻类，内容纵览体坛风云，点评赛事球星，贴近赛场，贴近球星，贴近听众。节目受众以学生为主，兼顾中老年体育爱好者。每天14:30播出，时长60分钟。

生活驿站

新闻综合频率2005年1月1日开办。节目定位服务类，内容为中老年人提供生活百科、养生保健、饮食营养服务，贴近生活，有益实用。节目受众为中老年人。每天16:00播出，时长30分钟。

南昌电视台

文明行风热线

新闻频道2005年7月29日开播。该栏目由南昌市纪委和南昌广播电视局主办，南昌电视台承办。通过电视平台，南昌市各职能部门主要领导在直播现场接听热线电话，与观众面对面的交流，为群众现场办公，排忧解难。每周一、三、五20:30播出。

资讯180

都市频道2005年9月19日开播。该栏目以介绍当天全国主要城市及华东部分地区天气预报和有关飞机、火车、汽车的班次、票价等出行信息为主，以介绍一些生活小常识和一本好书，一部影片为辅，以女主持人串播的方式服务于广大观众。节目具有很强的时效性和较多的信息量，给人一种轻松、休闲的感觉。每天18:50首播，时长5分钟。

都市夜话

都市频道2005年9月19日开播。该栏目通过向观众征集散文、随笔等满意作品，将他们自己描述的心情故事，配上以南昌及其他城市的优美风景作背景，加上温馨、亲和的女声画外音，将声音、画面、内容融为一体的独特效果传递给更多的人一起分享。同时，还将当天全国各主要旅游城市的天气预报，以字幕形式贯穿其中告诉观众。每天21:40首播，时长5分钟。

解密南昌

资讯频道2005年9月19日开播，是南昌地区第一个当代名人大事解密性栏目。该栏目是一档历史纪录片，以纪实的手法，讲故事的形式，挖掘在南昌发生或者与南昌有关的历史事件及人物。节目穿越历史时空，掸去岁月的灰尘，撩开一层层神秘面纱，通过当事人的回忆，知情者的讲述，历史资料的解密公开，记者的深入采访，挖掘一段段鲜为人知的内幕，揭秘一个个历史谜团，讲述一个个被人遗忘的感人至深的故事。每周六20: 20首播，时长20分钟。

九江人民广播电台

晚报早读

新闻综合频率2005年12月开播。该节目是与《浔阳晚报》合作推出的一档第一时间播报本地新闻资讯的栏目，主持人由本台与九江电视台主持人共同担任。每天7:40播出，时长20分钟。

红领巾播音室

新闻综合频率2005年1月30日复播，是一档以少年儿童为听众的对象性节目。该节目宗旨是“为小朋友课余生活展示自我提供平台，同时也为老师、家长和社会架起沟通的桥梁”。主要子栏目有“拉拉小耳朵”、“芝麻屋”、“姗姗姐姐讲故事”等。每周日12:00播出，时长60分钟。

平安小精灵

交通音乐频率2005年1月开播。节目针对交通广播的收听群体大多数为司机的特点，采用直播室和户外电话连线的形式直播主持人和场外听众实时互动。节目融参与性、娱乐性于一体，拉进了主持人和听众之间的距离。每天早中晚三档，时长10分钟。

九江电视台

市民议事厅

新闻综合频道2005年7月9日开播，是一档新闻类谈话栏目。该栏目以“关注百姓生存状态，瞩目政府施政方略，见证九江社会进步”为宗旨，为普通百姓提供一个诉说心声的平台，为专家学者提供一个传播前沿学术成果的渠道，为政府和市民之间搭建一座沟通的桥梁。每周六20:15播出，时长45分钟。

都市快报

公共频道2005年8月8日开播。该栏目以“直击浔城百事，展现人间万象，关注百姓心声，报道身边故事”为主题，凸显新、快、鲜、活、多的特点，全方位、多视角将新闻触角伸至社区、家庭和百姓之中，具有本土化特征和人本色彩。每天20:00首播，23:00和次日8:30、12:00重播。时长30分钟。

修水县广播电视台

9988新闻眼

2005年1月开播的一档电视栏目。栏目宗旨是“说身边事件，做百姓新闻”。每周一、三、五21:00首播，二、四、六12:00重播，时长10分钟。

走进修水

2005年4月开播的一档电视栏目，主要介绍修水县自然风光、人文景观、风土人情。每周六19:35首播，周三至周五19:35重播，时长8分钟。

景德镇广播电视台

新闻晚8点

新闻综合频道2005年1月10日开播，是一档与“景德镇新闻”风格迥异、互为补充的以社会新闻为主的栏目。节目定位为“关注民生、聚焦热点、展现生活，以全新的理念打造出一个全新的节目样式”。主要子栏目有“记者目击”、“现场同期声”、“大众呼声”、“DV眼”等。每周一、三、五首播，二、四、六重播，时长15分钟。

少儿大舞台

2005年1月1日正式开播。主要子栏目有“校园小精英”、“家家有宝”、“星星看台”、“共读时刻”。 每天新闻综合频道18:10、经济生活频道10:50、公共频道12:00播出。

法制档案

2005年1月1日开办，是一档全新的法制类栏目，讲述百姓身边的法案故事，内容涉及公、检、法大案要案及老百姓关心的政治、经济、文化和社会多个层面。栏目采用主持人在演播室外讲述的方式，同时注重各种电视元素的表现形式，每期栏目基本一案一事或一人。节目开播半年，被团市委和市委政法委评为“全市优秀青少年维权岗”。每天经济生活频道10:35、公共频道19:40播出。

萍乡人民广播电台

百姓热线

萍乡人民广播电台新闻综合频率2005年11月开办的一档节目。主持人在直播室接听听众反映的问题后，派出记者前往有关部门采访，并将问题处理结果及时告知听众。节目宗旨为“倾听百姓呼声，追踪社会热点”。每周一、五 11:00播出，时长60分钟。

交通大看台

萍乡人民广播电台交通文艺频率2005年11月开办，是一档联合市交警支队、市公路运输管理处开办的知识性、服务性节目。该节目为司机答疑解惑，排忧解难。每周一、二、五10:00播出，时长60分钟。

新余电视台

每周质监报道

2005年4月开办的杂志类新闻栏目。该栏目主要以百姓日常生活中接触到的产品、商品为报道对象，以厂家、商家的生产经营活动为报道内容，以质量监督、卫生、食品、工商等执法部门的市场监管为平台。每周六19:56播出，时长10分钟。

七彩贝·音乐舞台

2005年开办的少儿音乐艺术栏目。该栏目以繁荣本地少儿音乐艺术事业，促进音乐考级为目的，内容包含琴艺展示、名曲介绍、专家教学等。每周六、日15:45播出，时长15分钟。

鹰潭人民广播电台

行风热线

2005年6月1日，鹰潭市政府纠风办和鹰潭人民广播电台信江之声频率借鉴外地先进经验，结合实际，联合推出的一档热线直播栏目。栏目宗旨是“替百姓说话，为政府分忧，将社会监督、舆论监督、行政监督三者有效结合，创新思路，取得较好社会效益”。开播半年来，共有32个政府职能部门和有关单位负责人走进直播间，听取群众意见、建议。该栏目密切了党和政府同人民群众的联系，已成为党和群众的连心桥，纠正部门和行业不正之风的监督岗，成为创建和谐社会的一个有效载体。每周三7:30首播，12:00重播，时长30分钟。

赣州人民广播电台

耳听八方

新闻综合频率2005年1月1日开办，是一档集奇闻轶事、气象服务为一体的社会新闻类节目。每天8:00播出，时长30分钟。

古典也流行

新闻综合频率2005年1月1日开办，是一档欣赏性音乐节目。节目内容以中外经典音乐歌曲为主。周一至周五9:00播出，时长30分钟。

百姓热线

新闻综合频率2005年1月1日开办。节目宗旨是“倾听民声，反映民意，与听众沟通，与听众交流”。周一至周五16:00首播，20:30重播，时长60分钟。

飞越城市

新闻综合频率2005年1月1日开办，是一档以“推介城市文化，增进城市交流”为宗旨的旅游综合类节目。节目宣传各个旅游城市的历史、文化、风土人情、游览圣地等内容。主要子栏目有“城市名片”、“城市链接”、“城市热线联盟”等。周六10:00播出，时长60分钟。

娱乐大擂台

新闻综合频率2005年1月1日开办，是一档娱乐性节目。节目通过和听众短信互动，与听众进行零时空的接触。主要子栏目有“歌手打擂”、“拇指英雄”、“彩铃打榜”。每天12:00播出，时长60分钟。

房产在线

城市之声频率2005年1月1日开办，是全新打造的房产家居服务类节目。节目面向广大待购房、待装修的听众，采用热线直播、短信互动等形式推介房产政策、楼盘行情、家装案例等。周一至周五9:30播出，时长60分钟。

维权热线

城市之声频率2005年1月1日开办。节目宗旨是“为各类商家开辟市场，促进商品的快速流通，让群众获得优质消费，让商家获得更大的利益”。同时，积极参与揭露和打击经济生活中的各种违规现象，努力为整顿市场经济秩序服务。周一至周五11:30播出，时长30分钟。

城市聊天室

城市之声频率2005年1月1日开办。聊天室通过对人们生活中关注的焦点，以聊天及接听热线，开通短信的形式相结合，感悟生活，升华主题。每天22:30播出，时长60分钟。

992早班车

交通音乐频率2005年1月1日开办。节目宗旨为“关注交通动态，了解时政、体育、文艺和本地的社会新闻，轻松驾乘，快乐出行”。每天8:00播出，时长40分钟。

一路顺心

交通音乐频率2005年1月1日开办的直播节目。该节目聚集生活热点，关注身边焦点，接听听众投诉，帮助驾车人、乘车人从交通法规、政策的角度认识问题、分析问题，化解交通管理者与被管理者之间的矛盾，架起市民与政府交通职能管理部门双向沟通的桥梁。周一至周五9:30首播，16:00重播，时长60分钟。

992汽车服务热线

交通音乐频率2005年1月1日开办。节目宗旨是“为有车族提供供求平台，并邀请专家坐客直播室，现场解答汽车维修中的疑难点，汽车美容、零部件更换等相关问题”，是赣州最大的交通物流信息中心，最大的空中汽车交易市场。每天11:00播出，时长60分钟。

娱乐先锋

交通音乐频率2005年1月1日开办，是一档集游戏、休闲为一体的娱乐性节目。节目设有“情趣笑话”、“智力抢答”等关卡，每天都会产生娱乐先锋奖。每天12:00播出，时长60分钟。

音乐自驾游

交通音乐频率2005年1月1日开办，是一档音乐欣赏类节目。主要子栏目有“最爱音乐”、“音乐舞主题”、“纯净音乐天空”。每天19:00播出，时长60分钟。

虔城不眠夜

交通音乐频率2005年1月1日开办。节目设有“姓氏起源”、“市井百态”、“夜夜笙歌”、“品书散记”、“狂人日记”、“心灵左岸”、“也未央”等7种风格迥异的栏目。每天0:00播出，时长60分钟。

赣州电视台

红土清风

赣州电视台一套2005年4月3日开办，是一档由中共赣州市纪委和赣州电视台共同开办的杂志栏目。节目宗旨为“反腐倡廉，激浊扬清”，秉承贴近实际、贴近生活、贴近群众、平实公正的风格。每周日20:50首播，次日12:15重播，时长10分钟。

章贡区广播电视台

群众之声

2005年11月开办的一档广播节目。节目紧紧围绕章贡区委、区政府的中心工作，以“听取群众呼声，帮助百姓解难，密切党群关系，接受社会监督”为主题，架设了政府与群众沟通的桥梁，推动了政风建设，创优了发展环境。每周一至周五12:15播出，时长15分钟。

虔城视点

2005年2月6日开播，是一档以深度报道章贡区政治、经济、文化、社会事件及百姓生活的综合性专题广播节目。节目开播以来，以“聚焦赣州魅力，打造赣江亲情，解说重大政策，追踪新闻热点”为宗旨，以平民的视角反映百姓关注的热点、难点、焦点问题，受到观众的一致好评。每周日19:35播出，时长12分钟。

全南县广播电视台

周末传真

2005年5月开办的一档新闻类广播节目。节目宗旨是“针砭社会时弊，弘扬时代新风，感悟人生真谛，建设美好生活”。每周六20:00首播，次日12:40重播，时长15分钟。

赣县广播电视台

赣县警示

2005年7月1日开办，是一档播报全县社会综合治理、创建“和谐平安赣县”系列活动的电视栏目。每周五20:30首播，次日20:30重播，时长10分钟。

于都县广播电视台

于都人在南粤

2005年2月14日开办，是一档社会新闻电视专题栏目。该栏目针对于都县特点，面对众多南方打工族、创业族，从多方位、多层次反映他们在他乡弘扬老区精神，不忘红土地的养育之恩，努力拼搏，艰苦创业，既为他乡建设奉献力量和智慧，又为家乡脱贫致富尽自己所能。每周一、三、五19:10首播，21:40和次日19:10重播，时长15分钟。

校长访谈录

2005年8月23日开办的一档教育教学电视专题栏目。宗旨为“探讨教育教学改革，总结教学创新机制，开拓培育新人能人路子，加快全民义务教育发展速度，改善和完善教育育人环境”。每周二、四19:10首播，21:40和周六19:10、21:40重播，时长15~20分钟。

龙南县广播电视台

保持共产党员先进性教育

2005年1月开办的一档电视栏目。栏目旨在配合全县各单位开展“保持共产党员先进性教育和党的先进性建设”活动，反映活动动态和典型事例。每周一20:20首播，周四20:20重播，时长15分钟。

上犹县广播电视台

人口与发展

2005年6月4日，由县广播电视台与县计划生育委员会联合创办。该电视专题栏目以“宣传计生政策，服务育龄群众，提高计生水平”为宗旨。每个季度第一个月的周六20:10首播，周日、下周一12:40和20:10重播，时长10分钟。

石城县广播电视台

有话·咱聊

2005年4月创办，是一档不定期播出的电视访谈式栏目。栏目侧重于围绕全县中心工作或群众普遍关心的热点、难点问题，以主持人邀请有关方面负责人到演播厅进行专题访谈形式，以“实现宣传县党政决策意图，推动工作进程，为群众解难释惑，促进创建和谐平安社会”为宗旨。每天20:00首播，21:30、次日12:40重播，时长30分钟。全年共制作播出20期。

和谐平安石城

2005年4月12日开播，是一档访谈式临时系列电视专题栏目。该栏目以主持人围绕创建和谐平安石城为主题，对有关方面负责人进行专访，宣传创建活动的目的、意义、工作重点和举措，旨在推动全县创建活动地深入开展。每周二20:00首播，21:30、次日12:40重播，时长30分钟。全年播出12期。

会昌县广播电视台

电视医院

2005年2月21日开办的一档电视栏目。该栏目以时令季节易发、常见疾病及各种疾病的预防、治疗为主要内容，“关注百姓生命与健康”为宗旨。每周一20:40播出，时长10分钟。

瑞金市广播电视台

红都警视

2005年9月9日，由瑞金市广播电视台与市公安局政治处联合开办的一档电视栏目。栏目宗旨是“追踪大案要案，聚焦治安热点，传递警方信息，解读百姓话题，讲述公安故事，展示金盾风采”。每周五20:15首播，周六、日11:30、20:15重播，时长10分钟。全年播出15期。

崇义县广播电视台

竹乡广角

2005年6月开办的一档电视栏目。栏目宗旨是“丰富荧屏，活跃生活”。每周五20:10播出，周六12:40重播，时长10分钟。

兴国县广播电视台

故事

2005年11月12日开办的一档电视栏目。栏目定位于关注平民百姓的生活、工作以及人生旅途上的酸甜苦辣，通过介绍普通人的平凡故事，让观众从中感悟并学习和借鉴。每周六20:05首播，周日20:05重播，时长10分钟。

寻乌县广播电视台

果农天地

2005年3月1日开办，是一档配合全县大力发展绿色果品战略，全面增强果农管理技能和提高管理水平，促进果业向绿色、环保的轨道健康发展的科技电视栏目。由县果业局农艺师现场讲授每月果树的管理要点及果农需要特别注意的技术难点。每月1至7日20:30首播，21:40重播，时长15分钟。

宜春人民广播电台

百姓热线

该节目是2005年1月1日继“政风行风热线”后开办的一档服务咨询节目。节目宗旨为“贴近生活，关心民生，发布服务信息，倾听百姓呼声”。针对听众投诉的问题，现场连线相关职能部门，实现三方通话，将问题正面、直观地摆出，并当场找出解决的办法。对不能当场解决的，可做后续监督和反馈。每天11:30播出，周日重播周六节目，时长30分钟。

缘分天空

2005年6月20日开办，是一档交友节目。听众通过短信发布交友、征婚信息。节目宗旨是“全心全意为听友服务，提供更好更完善的交友平台，让听友找到感情的寄托”。每天9:00播出，周日重播周六节目，时长60分钟。

宜春电视台

交通与法

2005年3月中旬，宜春电视台与交警直属大队合作开办的一个栏目。栏目宗旨是“为了提高广大市民遵守交通法律法规的意识，构建和谐平安的交通环境”。口号是宣传交通法律知识，提高遵守法律意识。栏目开播以来，制作播出了7期节目，反映了宜春城区存在的一些交通问题，报道了交警部门开展的集中整治活动，分析了交通事故的原因和危害。每周四20:50首播，次日12:45重播，隔周同一时段重播，时长12分钟。

奉新县广播电视台

七彩时光

2005年9月10日，奉新电视台以乔迁新广电大楼为契机，在全市县级电视台率先推出综艺类节目“七彩时光”。该节目贴近实际、贴近群众、贴近生活，以播出自办文艺和娱乐节目为主。每两周播出1期，每周二、四、六20:08首播，21:10重播，时长10分钟。

上高县广播电视台

政法在线

2005年5月16日，上高电视台配合上高县委政法委员会、上高县治安综合治理委员会工作推出“政法在线”。该栏目以事说法的形式，宣传普及公民法律知识，全面展示全县政法、综治队伍精神风貌、报道全县社会治安综合治理工作人与事。该栏目每月2期，每周一19:45首播，21:30重播，时长10～15分钟。

聚集工业园，发展开放型经济

2005年4月8日，上高电视台推出“聚焦工业园，发展开放型经济”专栏，配合县委、县政府的"海纳百川"、"一山三城"经济发展战略，大力宣传招商引资发展园区经济以及发动全民创业，以更好地推进县域经济发展进程。栏目以最快的速度传递招商和民营经济发展动态，推介招商项目、招商信息，发现创业典型。每周播出3期，周一、三、五19:40首播，周二、四、六、日21:40重播，时长5分钟。

樟树市广播电视台

政法纵横

2005年8月21日开办，是一档政法类专题电视节目，由中共樟树市委政法委员会和樟树电视台共同主办。主要子栏目有"政法动态"、"法制天地"、"红绿灯下"等。节目主要从深层次报道樟树市政法战线的动态、中心工作、新典型、新经验，同时向观众宣传普法知识。每隔两周周三21:45首播，周日21:45重播，时长15分钟。

宜丰县广播电视台

花开的声音

2005年6月28日开办，是一档情感综艺类广播节目。节目宗旨是"走进校园，针对学生感兴趣的热门话题展开谈话，让学生打开心灵的窗口，放飞心灵的声音，让心灵得到抚慰，困惑得到排解"。每天19:30首播，次日12:30重播，时长30分钟。

上饶电视台

天天看上饶

2005年1月1日开播。该栏目内设子栏目有"时政要闻"、"天天播报"、"天天看点"、"热线回音"、"今日资讯"、"天天气象"，以新闻杂志类的形式向观众展现发生在上饶的新闻事件。每天18:00一套首播，20:30二套重播，时长60分钟。

北纬28

2005年11月28日开播。该栏目宗旨是"推介上饶旅游景点，打造上饶旅游品牌，提供各类旅游资讯"。每周六、日19:35首播，周三、五12:30重播，时长15分钟。

吉安人民广播电台

麻辣小问号

2005年8月25日开播，是一档娱乐益智类节目。节目宗旨为"收获知识，分享快乐"。每天17:30播出，时长30分钟。

百姓心声

2005年4月8日开播，是"行风热线"的子栏目。节目宗旨为"增强'行风热线'的舆论监督作用，为政府分忧，替百姓解难"。每周一、三、五9:00播出，时长45分钟。

小陈故事

2005年1月1日开播，是一档情感故事类节目。节目宗旨是“说生活柴米油盐，品人生苦辣酸甜”。每天22:00播出，时长60分钟。

炫铃乐翻天

2005年8月15日开播，是一档娱乐互动类节目。节目宗旨为“自娱自乐，想唱就唱，就要你最红”。每天20:00播出，时长30分钟。

短信歌会

2005年1月1日开播，是一档音乐互动类节目。节目宗旨为“手机就是话筒，听众就是DJ”。每天15:00播出，时长120分钟。

吉安电视台

家住吉安

2005年10月7日开办，开设了“时尚家居”、“房产热线”、“买房点睛”、“房产资讯”、“楼盘写真”、“业界精英”、“交易广场”等子栏目。栏目以关注百姓居家生活，引领房地产消费时尚为定位，全面反映吉安市房地产发展状况，市场购房行情以及群众关心的购房热点问题。每周五21:00一套首播。

永丰县广播电视台

周末法治

2005年10月正式开播，是一档在政法委的指导下，与公、检、法、司等10余个相关部门合办的电视栏目。该栏目采取外景短片和演播室嘉宾访谈的形式，以案说法，寓情、理、法于一体。每周日19:30、21:30播出，次日12:30重播，时长10分钟。

2005年有较大改进的节目栏目

江西人民广播电台

政风行风热线

综合·新闻频率2005年9月7日开播，至12月6日完成了新一轮播出，由原来每周1期增加为每周4期（含1期反馈版）。该节目由江西人民广播电台和江西省纠风办主办的原“行风热线”直播节目更名而来，并改由江西省人民政府纠风办和江西省广播电视局主办，江西人民广播电台承办。节目宗旨是“听取群众呼声，帮助百姓解难，密切党群关系，接受社会监督”。每周二至周五12:10播出，时长50分钟。

快乐晚餐

生活·经济频率2005年7月1日对“快乐晚餐”进行全新改版，进一步加强节目的服务功能。在服务百姓、贴近生活方面作了有益的尝试，增设了“帮您选饭店”这一环节，同时与南昌市各大餐馆酒店开展合作，建立会员制酒店。改版后的“快乐晚餐”受到了各方人士的好评，在丰富百姓餐饮生活的同时，也产生了较大的经济效益。每天17:00播出，时长60分钟。

九江人民广播电台

新闻直通车

新闻综合频率2004年6月开办，是一档新闻类专题节目，以反映本地的新闻及消息为主。2005年2月1日进行了改版，新增了“九江新闻广播听”，与记者连线，报道身边正在发生的热点新闻。每周一至周五9:00播出，时长60分钟。

校园大联盟

新闻综合频率2004年10月25日开办，是一档以大学生为收听对象的校园节目。2005年10月8日，该节目在双休日“卡拉PK秀”的基础上推出了音乐套餐“联通MUSIC我唱我的”。每期节目有6~8位选手进行现场表演，通过短信投票，从6期节目的42名参赛选手中选取排在前三位的选手参加电台直播复赛。每天9:00播出，时长60分钟。

景德镇广播电视台

昌南对话

2005年7月3日，原“昌南对话”和百姓话题节目合并，新“昌南对话”为一档谈话类节目，旨在积极配合市委、市政府的中心工作展开宣传，大力弘扬陶瓷文化，展现瓷都崭新风采，紧扣社会热点、难点，服务百姓生活。栏目坚持“内容高品位，嘉宾高层次”的定位，着力为观众提供丰富的“精神大餐”。新闻综合频道周日19:40首播，公共频道每天19:00重播，时长20分钟。

新余人民广播电台

供求金桥

新闻综合频率1994年开办，是一档老牌栏目。节目宗旨为“关注百姓生活，引导经济生活，传递市场动态”。2005年新增“房产大世界”、“人才市场”、“生活一点通”等子栏目。每天10:30播出，时长90分钟。

鹰潭电视台

晚间播报

2005年2月26日改版。改版后的“晚间播报”以民生新闻为主，重点报道百姓身边发生的新闻事件，关注百姓关心的问题，反映百姓的愿望、要求和呼声，并开展有奖短信互动活动。该栏目主要设有“今日关注”、“记者调查”、“声音”、“晚间简报”等子栏目。公共频道每天21:00首播，新闻综合频道22:40重播。时长12分钟。

宜春人民广播电台

青苹果时代

2005年6月20日改版，是一档青少年思想道德教育节目。该节目以“配合和加强青少年思想道德”为主旨，以当代学子学习和生活为素材，以蓬勃发展的青春校园为主线，为广大青少年提供丰富的精神文化产品。节目尊重青少年成长规律，反映青少年心态，具有思想性、娱乐性、趣味性和知识性。每天22:00播出，时长60分钟。

吉安电视台

今晚八点

该栏目由原来10分钟扩版为12分钟。栏目宗旨为“关注百姓冷暖，展示百姓人生，服务中心工作，强化服务功能”。每天20:00二套首播，22:00和次日12:00一套重播。

2005年有特色有影响的节目

江西电视台

沧桑正道——科学发展观纵横谈

为认真贯彻中央关于树立和落实科学发展观的精神，形象、生动、通俗地宣传科学发展观，省委宣传部组织江西省广电局、江西电视台联合中央电视台拍摄理论专题电视片《沧桑正道——科学发展观纵横谈》。该专题片从2004年11月启动，江西电视台摄制组分五路赴全国各地采访，完成了全国第一部宣传科学发展观的政论片。2005年10月7日，重大题材电视专题片创作领导小组审看了由中共江西省委宣传部和中央电视台联合出品、江西电视台承制的大型理论电视专题片《沧桑正道——科学发展观纵横谈》。专家们认为该片以高度的政治洞察力和政治敏锐性把握了时代脉搏，准确、生动、形象地宣传了科学发展观，是我国第一部有分量的诠释科学发展观的政论片，为普及宣传科学发展观作了贡献。该片播出后，在观众中引起了强烈的社会反响，被誉为宣传科学发展观的电视力作。该片共8集，分别为《发展新篇》、《以人为本》、《城乡共荣》、《区域协调》、《合力奋进》、《天人相依》、《内外互动》、《和谐中华》。每集25分钟。

传奇故事

卫星频道2005年1月1日创办。该栏目整合全国各电视台的法制专题节目，再运用纪实电视剧的手法进行二度创作，力求给人以全新的感觉，是一档社教类专题栏目。栏目来源主要是部分省级台的精彩纪录片、专题片，全国各地城市台相关栏目的节目，社会影视机构和个人的优秀作品。除此之外，还对一些重点题材进行选择性自拍，作为节目源的补充。周一至周六22:00播出，时长20分钟。

万载县广播电视台

国庆农民踩街

2005年国庆期间，万载县通过政府引导，农民自发组织举行了农民踩街活动。万载电视台组织了新闻报道、工程技术两支队伍，进行了全程录像及现场直播。此次活动的内容在中央电视台“新闻联播”用稿2条；中央电视台新闻频道“精彩中国·纵横黄金周”栏目以“各地农民多种形式庆国庆”对万载农民踩街活动进行了专题报道；中央电视台二套、四套、七套、九套先后8次对万载农民踩街活动进行了报道。江西电视台“社会传真”播出专题片《踏歌而行——万载县农民国庆踩街活动侧记》。

2005年江西省省级、设区市级广播电台、电视台节目时间表

广 播

江西人民广播电台（综合·新闻频率）

（2005年7月1日起执行）

4:00 赣江晨曲 收听指南
4:15 养生之道
5:30 对农村广播
6:00 生活参考
6:30 转播中央人民广播电台新闻和报纸摘要
7:00 早间新闻
7:20 新闻广角
7:30 今日关注
7:50 每周一歌
8:00 走进直播室
9:00 淼姐咨询
9:40 新华天地
10:00 新闻广角（重播）
10:10 真情相伴
10:30 音乐无界
11:00 报刊浏览
11:20 为民服务台
11:30 健康百分百
12:00 新闻现在时
12:10 新闻话题
政风行风热线（周二至周五）
13:00 长篇小说连播
13:35 寻医问药
14:00 新闻
14:10 空中科技学校
14:40 为民服务台
14:50 精彩推介
15:00 休闲时光
16:40 英语快行道
听众与广播（周一）
成长总动员（周六）
17:00 新闻
17:05 为民服务台
17:10 新华天地
17:30 空中百花洲
18:00 全省新闻联播
18:20 时空连线
19:00 祝您健康
19:30 杏林漫步
21:20 投资与理财
21:50 生活新天地
23:00 新闻
23:10 相约午夜

江西人民广播电台（生活·经济频率）

6:00 音乐自驾游
6:30 转播中央人民广播电台新闻和报纸摘要
7:00 你爱的老歌
7:30 评书快餐
8:00 八点听天下
9:00 百姓热线
10:00 音乐旅馆
12:00 消费时代
13:00 我为球狂
14:00 玫瑰故事
15:00 快乐乐翻天
15:30 广播书场
16:00 动感调频
17:00 快乐晚餐
18:00 汽车生活
19:00 缤纷音乐盒
19:30 健康伴你行
20:00 赣江夜话
21:00 空中门诊
22:00 真情放松
23:00 健康乐园
0:00 你听我说

江西人民广播电台（文艺·音乐频率）

6:30 单田芳书场
7:00 V乐逍遥
7:30 真情岁月
9:30 城市零距离
11:00 彩铃乐翻天
11:30 音乐与健康
12:00 中国先锋榜
13:00 音乐与健康
13:10 缘分天空
14:00 先锋音乐
音乐排播（周日）
15:00 耳朵王国
艺术人生（周日）
16:00 音乐牧场
空中1860（周六、日）
17:00 青春快乐岛
18:00 青春动力秀
18:30 音乐快递
19:00 音乐与健康
22:50 走进伊甸园
23:30 音乐与健康
0:00 温馨旋律
2:00 热播剧场
2:30 老式汽车
3:30 真情岁月
4:30 中国先锋榜
5:30 音乐牧场

江西人民广播电台（信息·交通频率）

6:00 交通晨曲
6:30 转播中央人民广播电台新闻和报纸摘要
7:00 交通晨曲
7:30 交通在线
交通晨曲　轻松相伴（周六、日）
9:00 开心一刻
轻松相伴（周六、日）
9:30 一路飞扬
轻松相伴（周六、日）
10:00 汽车服务热线
11:00 都市风景线
阳光加油站（周六、日）
12:00 正午时光
阳光加油站（周六、日）
12:30 每天说不停
13:00 音乐巴士
阳光加油站（周六、日）
14:00 方向盘俱乐部
假日俱乐部（周六、日）
15:00 一路好心情
假日俱乐部（周六、日）
16:00 交广双声道
17:00 平安同行
快乐直通车（周六、日）
19:00 转播中央电视台新闻联播
19:30 电波传情
21:00 星光有约
22:00 相伴到子夜
1:00 温馨祝福
2:00 交广剧场
3:00 星星点点
4:00 相邀黎明
5:00 交广书场

江西人民广播电台（科教·农村频率）

（2005年7月1日起执行）

5:50 早安朋友
6:00 985致富金桥
7:00 成长攻略（早间版）
8:00 科普通天下（早间版）
9:00 乐过往事
985玩乐大搜捕（周六、日）
10:00 笑遨江湖
10:30 非常开心派（早间版）
985超级明星演唱会（周六、日）
11:30 天天听评书
12:00 动感校园秀
13:00 乐过往事（午间版）
14:00 要发烧
发烧榜（周六、日）
15:00 科普通天下
16:00 笑遨江湖（下午版）
16:30 天天听评书
17:00 非常开心派
18:00 成长攻略
19:00 985致富金桥（晚间版）

20:00 英语大听说
20:30 健康新主张
22:00 人在他乡
23:00 雷式外语风
23:30 子夜蓝调
0:00 全天播音结束

江西人民广播电台（健康·老年频率）

（2005年7月1日起执行）

6:00 健康晨曲
6:30 转播江西新闻
7:30 民乐飘香
8:30 长篇评书
9:30 真好听
10:00 健康直通车（上午版）
11:00 经典老爷车
12:00 健康生活 DIY
13:00 长篇评书
14:00 爱心小屋
15:00 健康直通车（下午版）
16:00 好戏锵咚锵
17:00 金色年华
18:00 转播晚报浏览
18:30 天籁村
20:00 心灵家园
21:30 今夜不设防
22:30 性福生活

南昌人民广播电台（新闻频率）

（2005年10月15日起执行）

4:50 开台
5:00 服务热线
6:30 转播中央人民广播电台新闻和报纸摘要
7:00 917 新闻
8:00 服务热线
9:30 生活在线
10:30 服务热线
11:00 音乐卡片
12:00 917 新闻
12:30 大众呼声
13:00 长篇联播
13:30 服务热线
14:00 体坛快车
15:00 服务热线
15:30 岁月如歌
16:30 服务热线
17:00 开心泡泡
17:30 大众呼声
18:00 917 新闻
18:30 服务热线
19:00 长篇联播（重播）
19:30 服务热线
22:30 温馨港湾
23:30 服务热线
0:00 红森林剧场
0:30 新闻故事
1:00 全天播音结束

南昌人民广播电台（交通音乐之声频率）

（2005年9月1日起执行）

6:00 生活与健康
6:30 转播中央人民广播电台新闻和报纸摘要
7:00 半点路况 951早班车
轻松早晨（周日）
8:30 半点路况 超级逗翻天
9:00 整点资讯 半点路况 一路顺风
星期天的娱乐（周日）
10:00 整点资讯 半点路况 车世界
周末点击（周日）
10:30 951房地产
周末点击（周日）
11:00 整点资讯 半点路况 Fun享音乐
周末点击（周日）
12:00 整点资讯 滚石音乐坊
周末点击（周日）
12:30 新闻故事
13:00 主流
14:00 整点路况 完全出行手册
东广新闻故事（周日）
14:30 半点路况 听书馆
15:00 整点资讯 快乐兜兜风
动听生活（周日）
16:00 整点资讯 半点路况 小寒的天空
边界2005（周日）
17:00 整点资讯 951车友热线
边界2005（周日）
17:30 半点路况 951晚班车
音乐无周末（周日）
18:30 半点路况 红森林影音剧场
19:00 转播中央电视台新闻联播
19:30 超级逗翻天
20:00 整点资讯 铿锵音乐航班
亚太音乐榜（周日）
21:00 音乐
21:30 商业专题
22:00 轻谈浅唱不夜天
十点的天空（周六、日）
23:00 音乐
0:00 商业专题
1:00 168互动点歌

九江人民广播电台（新闻综合频率）

6:00 开始曲 预告节目
6:10 专题
6:30 转播中央人民广播电台新闻和报纸摘要
7:00 九江新闻 天气资讯
7:20 专题（周一至周六）
8:00 百姓热线
浪漫调频（周六、日）
10:00 我爱我家
苏凝爱车（周六、日）
11:00 信息广场
企业精英风采（周日）

12:00 听觉日记
红领巾播音室（周日）
13:10 专题
13:30 小说连播
14:00 轻松调频
15:00 星动娱乐
不了情（周六、日）
16:00 体育在线
17:00 浔城音乐先锋榜
18:00 生活大观园
19:00 九江新闻 天气资讯
19:20 心情留声机
音乐流域（周六、日）
20:00 转播全省新闻联播
20:25 缤纷资讯
20:35 爱一个人好难
21:00 校园大联盟
21:45 专题
22:00 蓝调夜倾情
轻轻唱 浅浅谈（周六、日）
22:45 专题
23:00 晚间剧场
0:00 全天播音结束

九江人民广播电台（交通音乐频率）

6:30 主流
6:45 九江新闻
7:00 转播中央电视台二套第一时间
8:00 好运伴你行
阳光风景线（周六、日）
8:30 飞扬音乐
一路听风（周六、日）
8:50 信息快车道
9:30 车友俱乐部
9:50 信息快车道
10:00 一路畅通
汽车 CD（周六、日）
11:00 开心巴士
11:50 信息快车道
12:00 转播中央电视台五套体育新闻
12:15 爱在路上
13:30 红森林影音剧场
14:00 供求双通道(周二14:00至16:55休机）
14:50 信息快车道
15:00 天方日谈
假日秀（周六、日）
16:00 一路好听
音乐（周六、日）
16:50 信息快车道
17:00 资讯晚餐
城市书吧（周六、日）
18:00 音乐也流行
我有我民乐（周六、日）
19:00 转播中央电视台新闻联播
19:30 华灯初上
20:00 一路畅通
转播同一首歌（周六、日）
21:00 夜话体坛
22:00 乐色人生
转播娱乐晚会（周六、日）
23:00 11 点音乐杂志
884 音乐馆（周六、日）
0:00 全天播音结束

景德镇广播电视台（新闻综合频率）

6:00 开始曲　预告节目
6:05 健康之声
6:30 转播中央人民广播电台新闻和报纸摘要
7:00 景德镇新闻　天气预报
7:20 大众呼声
8:00 新闻视野
新闻透视（周六、日）
8:30 健康之声
9:00 景广供求热线
10:05 百姓消费
飞越城市（周六）
DJ 荐碟（周日）
11:05 午间新闻超市
12:05 电信伴你行
13:05 健康之声
13:35 广播书场
14:05 走遍东西南北
戏曲拼盘（周六、日）
14:35 广播剧场
15:00 生活全接触
16:05 新闻全搜索
相声小品专辑（周六、日）
17:00 车行天下
17:20 健康之声
17:45 大众呼声回复
少儿天地（周六、日）
18:00 景德镇新闻　天气预报
18:15 移动时空短信息点播台
20:00 转播中央台新闻联播
20:35 娱乐百分百
21:30 男士时间（周一、五）
人生留言簿（周二、六）
都市丽人（周三）
轻轻地告诉你（周四）
往日情怀旧时歌（周日）
22:00 965 聊天室——你的故事我的歌
0:00 全天播音结束

景德镇广播电视台（交通音乐频率）

7:00 新闻早班车
8:00 欢乐方向盘
9:00 907 帮忙热线
10:00 新闻现场
10:30 电信之窗
10:40 市交警务通
12:00 午间说报
13:00 七度诱惑
14:00 广播书苑
14:30 城市擂台
16:00 动感旋律
17:00 健康直通车
17:30 交通信息网
18:30 健康直通车
19:00 转播中央电视台新闻联播
19:30 锵锵兄妹行
20:30 与法同行
21:30 健康直通车
22:00 人在旅途
0:00 零点音乐

萍乡人民广播电台（新闻综合频率）

5:55 开播
6:00 早间晨曲
6:30 转播中央人民广播电台新闻和报纸摘要
7:00 萍乡新闻
7:15 天气预报
7:30 萍广专题
7:40 每日话题
8:00 第一时间
9:00 空中门诊
9:30 昭萍艺苑
9:50 科技博览
10:00 萍广整点新闻播报
10:15 生活时空
11:00 百姓热线　信息快车
12:00 萍乡新闻
12:15 萍广专题
12:35 法制时空
13:00 萍广整点新闻
13:35 娱乐新天地
14:30 小说连播
15:00 萍广整点新闻播报
15:10 星夜港湾（下午重播版）
16:40 全球资讯榜
17:35 军事科技
18:00 萍乡新闻
18:15 天气预报
18:20 萍广专题
18:30 转播中央人民广播电台全国新闻联播
19:00 电台情歌
20:30 康健指南
20:45 每日话题
21:00 萍广整点新闻播报
21:10 健康空间
22:00 萍广整点新闻
22:10 健康生活
22:30 星夜港湾
0:00 全天播音结束
周六、日上午：城市音乐互动空间
周六下午：阳光少年
周日下午：校园广播大联盟

萍乡人民广播电台（交通文艺频率）

6:55 节目预告
7:00 交广早班车
一路好听（周六）
8:00 转播中央电视台新闻早8点
8:30 快乐心情泡泡龙（周一至周三）
闲聊时代（周四、五）
城市日记（周六）
9:00 快乐心情泡泡龙（周一至周三）
闲聊时代（周四、五）
一路好听（周六）
9:30 音乐榜样
一路好听（周六）
10:00 交通大看台
假日大赢家（周六）
11:00 潮流音乐秀
走马看天下（周六）

12:00 转播中央电视台新闻 30 分
12:30 只想听音乐
13:00 淘碟部落（周一、三、五）
生活进行时（周二、四）
周末读报（周六）
14:00 欢乐正前方
音乐榜样（周六）
14:30 信息留言册（周一、三）
娱乐时尚秀场（周四、五）
魅力下午茶（周六）
15:30 魅力下午茶（周一、三）
媒体连接（周四、五）
欢乐正前方（周六）
16:00 魅力下午茶（周一、三）
媒体连接（周四、五）
美食共享（周六）
16:30 交通直播室
美食共享（周六）
17:00 交通直播室
信息留言册（周六）
17:30 转播 VS 逍遥
信息留言册（周六）
18:00 一听钟情
一路好听（周六）
19:00 转播中央电视台新闻联播
19:30 娱乐界
VS 逍遥（周六）
20:00 点点酷
闲聊时代周末版（周六）
21:00 主流 + 城市日记
音乐榜样 + 主流（周六）
22:00 驿动我心

新余人民广播电台（新闻综合频率）

8:00 94MUSIC
非常假日（周六、日）
9:00 超级访问
9:30 主流
10:00 广播书场
10:30 供求金桥
11:30 开心泡泡
12:00 新余新闻
12:15 只想听音乐
12:30 彩铃酷地带
音乐第七天（周日）
14:00 七嘴八舌
音乐第七天（周日）
15:00 往事随风
音乐第七天（周日）
声像天地（周日）
17:00 小说连播
17:30 移动天地
18:00 缤纷音符
19:45 新余新闻
20:00 男左女右
绝对现场（周六、日）
20:30 开心泡泡
21:00 关注生活
21:45 健康在线
22:00 午夜的收音机
零点幻听（周五至周日）
0:00 情感方程式
0:30 广播剧苑
1:00 夜夜 IVR

新余人民广播电台（交通文艺频率）

6:00 音乐榜样
6:30 超级逗翻天
7:00 第一时间
8:00 一路好心情（早间版）
9:00 开心 TAXI
10:00 交广前沿
11:00 信息快车道
12:00 炫彩新时代
13:00 一路好心情（午间版）
14:00 心动碟中碟
15:00 昨日黄牌
15:30 欢乐正前方
16:00 交通在线
17:00 六楼的音乐麦田
18:00 正在流行
19:00 味出新余
19:30 弹指神功
20:30 一路好心情（晚间版）
21:00 专题
22:00 Love Radio
23:00 男生宿舍
0:00 都市夜归人
1:00 城市日记
1:30 情感剧场
周六、日 7:00 至 2 :00：城市音乐日

鹰潭人民广播电台（信江之声频率）

6:00 早安鹰潭
6:30 转播中央人民广播电台新闻和报纸摘要
7:00 鹰广新闻
7:30 市民热线
8:00 新闻早八点
8:30 新闻故事
音乐休闲街（周六、日）
9:00 音乐风情
音乐休闲街（周六、日）
10:30 信息金桥
音乐休闲街（周六、日）
11:30 鹰广新闻
12:00 转播中央电视台新闻 30 分
12:30 市民热线
13:00 开心一点
音乐休闲街（周六、日）
14:30 小说连播
15:00 1032 金曲馆
音乐休闲街（周六、日）
16:30 晚报浏览
17:00 新闻故事
音乐休闲街（周六、日）
17:30 快乐联通你我他
七色花（周六、日）
18:00 快乐联通你我他
音乐休闲街（周六、日）
19:00 转播中央电视台新闻联播
19:30 晚报浏览
20:00 小说连播
20:30 天籁部落
22:00 信江夜话

真情相约（周六、日）

注：9:00、10:00、11:00、15:00、16:00、17:00为5分钟整点新闻；周二下午15:00至17:30为停机检修时间。

鹰潭人民广播电台（交通音乐之声频率）

（2005年8月22日起执行）

5:50 开始曲
6:00 节目预告
6:30 全球通听世界
8:00 交通在线
音乐直通车（周日）
10:00 都是开心人
梦想AB剧（周日）
10:30 福爵留声地带
11:50 畅游龙虎山
12:00 笑傲江湖
13:30 音乐自驾游
音乐直通车（周日）
14:30 左转右转
音乐直通车（周日）
16:00 左转右转
第五元素（周日）
16:30 美乐地
第五元素（周日）
18:00 祝福驿站
音乐直通车（周日）
20:00 移动开心百分百
音乐直通车（周日）
21:00 移动开心百分百
亚太音乐榜（周日）
22:00 幸福时光（周一、三、五）
珊珊有约（周二、四、六）
一起聊吧（周日）
0:00 音乐魔力吧（周一、三、五）
心灵沙滩（周二、四、六）
一起聊吧（周日）
2:00 全天播音结束

赣州人民广播电台（新闻综合频率）

5:30 健康广场
6:30 转播中央人民广播电台新闻和报纸摘要
7:00 赣南新闻 每周一歌
8:00 耳听八方
8:30 笑口常开
9:00 古典也流行
影视金唱盘（周六、日）
10:00 新闻十点在线
飞越城市（周六）
937中间站（周日）
11:00 生活空间
法制生活（周六、日）
12:00 娱乐大擂台
13:30 赣南客家之窗
14:30 评书联播
15:00 937点唱机
16:00 百姓热线
17:00 爱乐人时间
18:00 赣南新闻 每周一歌

18:30 新闻十点在线（重播）
19:30 乡村纵横
20:30 百姓热线（重播）
21:30 妇产科论坛
22:00 心灵相约
23:00 幸福生活
1:00 全天播音结束

赣州人民广播电台（城市之声频率）

6:00 开始曲 节目预告 广播书场
6:30 转播中央人民广播电台新闻和报纸摘要
7:00 康乐园
7:30 说报 30 分
8:00 清早起来听音乐
9:00 娱乐双响炮
9:30 房产在线
心动点歌（周六、日）
10:30 大众服务台
11:30 维权热线
12:00 转播中央电视台新闻 30 分
12:30 娱乐双响炮
13:00 幸运星游戏
14:00 流淌的歌声
亚太音乐排行榜（周六、日）
14:30 男左女右
15:00 心动点歌
16:00 热播剧场
16:30 股海观潮
小铃铛（周六、日）
17:00 资讯晚餐
18:00 音乐榜样
感受流行（周六、日）
18:30 秀歌场
19:30 男性夜话
20:00 女性健康乐园
20:30 花仙子
21:30 肛肠健康之声
21:50 娱乐双响炮
22:10 孕育论坛
22:30 城市聊天室
23:15 步步高成长一刻
23:30 男性时空
0:00 零点深蓝
1:00 全天播音结束

赣州人民广播电台（交通音乐频率）

6:00 健康之声
6:30 虔城早安
7:00 第一时间
8:00 992 早班车
8:40 体坛在线
9:00 边走边唱
城市动力（周六、日）
9:30 一路顺心
城市动力（周六、日）
10:30 超级逗翻天
城市动力（周六、日）
11:00 992 汽车服务热线
12:00 娱乐先锋
13:00 V 乐逍遥
13:30 一路顺心（重播）
好歌伴你行（周六、日）

14:30 好歌伴你行
15:30 红森林影音剧场
16:00 超级逗翻天
开心巴士（周六、日）
17:00 乐坛经典
开心巴士（周六、日）
17:30 吃遍赣州
开心巴士（周六、日）
18:00 体坛在线
乐坛经典（周六、日）
18:30 转播中央人民广播电台全国新闻联播
19:00 音乐自驾游
20:00 长安名医谈健康
20:30 992 交通热线
21:00 回春健康导航
21:30 汽车 CD（上）
22:00 空中健康之音
22:30 汽车 CD（下）
23:00 博爱天空
23:30 体坛在线
0:00 虔城不眠夜
1:00 全天播音结束

宜春人民广播电台（FM101.1 兆赫）

（2005 年 8 月 1 日起执行）

6:20 预告节目
6:30 转播中央人民广播电台新闻和报纸摘要
7:00 话说宜春
7:15 中脉健康之声
7:45 宜春新闻
8:00 交通早班车(周日，重播)
9:00 小说连播
9:30 阳光九点半(周日，重播)
10:30 缘分天空(周日，重播)
11:00 都市点击(周日，重播)
12:00 宜春新闻（重播）
12:30 互动点播
14:00 开心大擂台(周日，重播)
15:00 海燕热线(周日，重播)
16:00 车来车往(周日，重播)
17:00 音乐时间(周日，重播)
18:00 转播江西人民广播电台新闻联播
18:30 宜春新闻
18:45 话说宜春
19:00 转播中央电视台新闻联播
19:30 我的唱片行
21:30 情爱夜话
22:30 相约到零点
0:00 全天播音结束

上饶人民广播电台（新闻综合频率）

6:00 早安上饶
6:30 转播中央人民广播电台新闻和报纸摘要
7:00 上饶新闻联播 向快乐出发
8:00 整点新闻 与你同行
9:00 整点新闻 音乐流行风

10:00 整点新闻 商行导航
11:00 整点新闻 开心 TAXI
12:00 整点新闻 上饶新闻联播
爱心点歌台
13:00 整点新闻 月兔阳光快车
14:00 整点新闻 爱的主打歌
15:00 整点新闻 好戏连台
15:30 934 广播剧场
16:00 整点新闻 超市大赢家
17:00 整点新闻 校园任我行
18:00 整点新闻 小月兔点歌台
19:00 转播中央电视台新闻联播
19:30 凤凰健康驿站
20:00 移动欢乐时空
21:00 江湾心灵有约
22:00 三清山夜话
0:00 上饶新闻联播

上饶人民广播电台（交通音乐频率）

6:00 早安 TAXI
7:00 妙色音乐早餐
8:00 路况新闻 交通新闻
月兔春幸运大搜索
9:00 交通新闻 交广双通道
10:00 交通新闻 经典老爷车
11:00 交通新闻 时尚汽车生活
12:00 路况新闻 交通新闻 快乐碰碰糊
13:00 交通新闻 966 挚爱金典排行榜
14:00 路况新闻 交通新闻 欢乐正前方
15:00 交通新闻 音乐非主流
16:00 交通新闻 天南地北交通人
17:00 交通新闻 移动一点通
18:00 路况新闻 交通新闻
欢乐夜晚顺风车
19:00 动感地带音乐我最红
20:00 昨日黄牌
20:30 曙光健康在线
21:00 一路真情一路歌
22:00 “菲”凡音乐磁场
23:30 午夜广播剧场
0:00 零点零距离

吉安人民广播电台

5:40 开始曲 节目预告 天气预报
6:00 中脉之声
6:30 转播中央人民广播电台新闻和报纸摘要
7:00 吉安广播新闻
8:00 一路顺风
9:00 百姓心声（周一、三）
行风热线（周二、四首播，周六、日重播）
回音与点评（周五）
10:00 空中服务台
11:00 主流
12:00 吉安广播新闻
12:30 动感地带
13:00 社会万象
13:30 健康之声
14:00 中国笑星
14:30 健康之声
15:00 短信歌会
17:00 广播书场

17:30 麻辣小问号
18:00 吉安广播新闻
18:30 健康之声
19:00 转播中央电视台新闻联播
19:30 健康之声
20:00 炫铃乐翻天
20:30 健康之声
21:00 晚报浏览
21:30 子时温馨港湾
22:00 小城故事
23:00 1+1 夜话
0:00 全天播音结束

抚州人民广播电台

5:55 开始曲
6:00 老年天地
怀旧歌曲（周六、日）
6:30 转播中央人民广播电台新闻和报纸摘要
7:00 转播江西人民广播电台早间新闻
7:30 抚州新闻
8:00 交通在线
中华典故（周六、日）
9:00 炫彩新时代
9:30 信息快报
曲艺放送（周六、日）
10:00 娱乐双响炮
10:30 健康你我他
走进心灵（周六）
地方戏（周日）
11:00 流行音乐风
11:30 小说连播
12:00 抚州新闻
12:15 政风行风热线（周一、三、五）
文艺节目（周二、四、六）
13:00 缤纷校园
眉开眼笑（周六）
开心快乐秀（周日）
13:30 快乐车行
（周二 13:30 至 17:00 停机检修）
14:00 乡村大世界
广播剧（周六、日）
14:30 交通在线
中华典故（周六、日）
15:30 健康你我他
地方戏（周六、日）
16:00 老年天地
走进心灵（周六）
怀旧歌曲（周日）
16:30 信息快报
曲艺放送（周六、日）
17:00 欢乐点歌台
18:00 抚州新闻
18:15 政风行风热线（周一、三、五）
文艺节目（周二、四、六）
19:00 转播中央电视台新闻联播
19:30 幸运猜猜猜
20:00 乡村大世界
广播剧（周六、日）
20:30 炫彩新时代
21:00 魅力碟中碟
22:00 倾情夜话
重案出击（周六、日）
23:00 流行音乐风
23:30 全天播音结束

电　视

江西电视台（卫星频道）

5:55 台标　晨曲
6:00 新闻早报
6:20 社会传真（重播）
6:37 生活新发现（重播）
7:00 新闻早报（重播）
7:20 汇正早市导航
稻花香里（周六，重播）
井冈先锋（周六，重播）
专题片（周日）
7:30 万盛实战赢家
稻花香里（周六，重播）
井冈先锋（周六，重播）
专题片（周日）
7:40 投资新思路
稻花香里（周六，重播）
井冈先锋（周六，重播）
江西人口（周日）
7:58 动感剧场
9:53 新闻
动感剧场（周六、日）
10:07 动感剧场
12:00 午间新闻
12:16 怀旧剧场
13:12 人间写真
怀旧剧场（周日）
13:36 传奇故事
怀旧剧场（周日）
13:57 宣传片
稻花香里（周日）
14:03 激情剧场
稻花香里（周日）
14:15 激情剧场
拳王争霸赛（周日）
14:55 激情剧场
西班牙斗牛（周日）
明星面对面（周日，重播）
16:48 新闻
激情剧场（周六、日）
16:58 新闻
汽车时代（周六重播，周日首播）
17:28 系列室内情景剧
18:06 生活新发现
18:30 江西新闻联播
18:51 江西天气预报
19:00 转播中央电视台新闻联播
19:31 转播中央电视台天气预报
19:39 首选剧场
21:30 新闻夜航
井冈先锋（周四）
21:48 社会传真
22:00 传奇故事
明星面对面（周日）
22:23 人间写真
明星面对面（周日）
22:46 明星剧场
0:27 不夜剧场（首选剧重播）
2:05 江西天气预报（重播）

江西电视台（都市频道）

6:00 都市现场（重播）
7:00 电视剧
12:00 传奇（重播）
12:35 多彩 DV
12:50 家家有房（重播）
13:10 晚间 800（重播）
13:30 娱乐地带（重播）
14:00 电视剧
17:20 传奇
18:00 娱乐地带
18:20 传奇
19:00 都市现场
20:00 晚间 800
20:20 首播剧场
22:10 家家有房
22:30 江西新闻联播（重播）
22:50 晚间电影
0:35 多彩 DV（重播）
0:45 晚间 800（重播）
1:00 都市现场（重播）
2:00 全天节目结束

江西电视台（经济生活频道）

6:50 测试信号
7:00 江西房地产（重播）
7:30 体彩之夜（重播）
7:41 医药有方
8:11 股海罗盘（重播）
电视剧（周日）
8:38 电视剧
11:27 最爱是车
11:48 消费 GOGOGO（重播）
12:00 天天健康（重播）
12:31 江西房地产（重播）
13:02 教育在线
13:18 医药有方
13:58 电视剧
15:40 电视剧
绝对英雄（周日，重播）
16:30 动画片
16:55 股海罗盘
17:15 教育在线（重播）
17:30 天天健康
18:03 经典重温
19:43 精品展厅
绝对英雄（周六）
绝对男人（周日）
20:33 精品展厅
21:26 江西天气预报
21:30 江西房地产
21:55 消费 GOGOGO
22:08 最爱是车
22:24 体彩之夜
22:40 健康夜话
23:50 晚间剧场
绝对英雄（周三，重播）
0:37 江西天气预报
0:39 全天节目结束

江西电视台（影视频道）

6:58 开播
7:00 健康家园（重播）
7:30 消费新主张（重播）
7:45 娱乐中心
8:20 早间剧场
10:00 早间剧场
超级巨星演唱会（周六、日）
11:40 消费新主张
12:00 娱评天下（重播）
12:20 午间影院
14:15 娱乐现场
14:50 午后影院
16:40 综艺放送
17:36 消费新主张（重播）
17:56 傍晚剧场
19:35 娱评天下
19:53 黄金剧场
21:30 娱乐现场
21:53 22点晚间影院
23:39 健康家园
0:14 午夜影院

江西电视台（公共频道）

7:00 标识
7:01 第五社区（重播）
7:31 目击者（重播）
7:51 专题
8:16 电影
11:46 专题
12:00 第一地产（重播）
12:15 专题
12:20 午间动画
12:50 专题
13:00 健康你我他（重播）
13:30 专题
14:00 科学探索
14:50 专题
15:05 我爱厨房
15:25 电影
17:20 动画片
17:52 经典剧场
18:45 第五社区
19:17 社会故事
19:35 目击者
20:00 好剧直通车
21:50 江西风采
21:58 都市气象
22:00 第一地产
22:25 港台剧场
23:20 专题
23:30 健康你我他
0:00 科学探索
1:51 全天节目结束

江西电视台（少儿·家庭频道）

（2005年11月28日起执行）

8:00 开始曲 频道形象片
8:05 宝宝乐乐园（重播）
8:35 动漫东西（重播）
9:05 我们的世界（重播）
9:30 动物奥秘（重播）
10:00 江西小记者（重播）
10:15 家庭影院
动画影院（周六、日）
12:00 精彩动画
12:45 江西小记者（重播）
13:00 缤纷剧场（重播）
14:30 亲情剧场（重播）
16:00 我们的世界
16:30 动物奥秘
17:00 宝宝乐乐园
17:30 动漫东西
18:00 酷炫动画
18:45 江西小记者
19:00 生日快乐
19:15 缤纷剧场
21:00 亲情剧场
22:30 江西小记者（重播）
22:45 生日快乐（重播）
23:00 全天节目结束

南昌电视台（一套）

7:00 开播曲 节目预告
7:05 新闻说报（重播）
7:25 电视剧
9:00 每日新闻（重播）
9:30 新闻说报（重播）
9:50 移动第一现场（重播）
10:03 电视剧
12:27 开车看房
12:50 电视剧
18:00 今晚节目介绍
18:05 打捞岁月（重播）
18:30 每日新闻
19:00 转播中央电视台新闻联播
19:35 新闻说报
19:59 天气预报
20:06 移动第一现场
20:21 电视剧
22:28 每日新闻
22:58 天气预报
23:03 电视剧
0:39 新闻说报
0:59 移动第一现场
1:09 节目预告

南昌电视台（二套）

6:56 开播曲 节目预告
7:00 阳光行动（重播）
7:30 笑笑吧（重播）
7:55 电视剧
12:00 都市屋檐下（重播）
12:30 解密南昌（重播）
12:55 开车看房（重播）
13:20 电视剧 电影
18:23 今晚节目介绍
18:30 阳光行动
19:00 笑笑吧
19:40 电视剧
21:30 都市屋檐下
22:00 解密南昌
22:30 阳光行动
23:00 电影
0:47 都市屋檐下
1:12 节目预告

南昌电视台（三套）

6:56 开播曲 节目预告
7:00 今夜侃侃侃（重播）
7:27 电影
13:00 解密南昌（重播）
13:25 打捞岁月（重播）
13:55 电影
16:26 今日荧屏
16:27 动画片
16:51 电影
19:30 今夜侃侃侃
20:00 解密南昌
20:30 打捞岁月
20:59 开车看房
21:29 阳光行动
21:59 电影
23:44 今夜侃侃侃
0:09 电影
1:48 节目预告

南昌电视台（四套）

6:56 开播曲 节目预告
7:00 电影
8:50 电视剧
13:33 电影
15:09 电视剧
17:43 收视指南
17:44 电视剧
22:00 今夜侃侃侃
22:30 都市屋檐下
23:00 打捞岁月
23:30 电视剧
1:45 节目预告

九江电视台（新闻综合频道）

8:29 台标曲　节目预告
8:30 九江新闻（重播）
9:08 早间剧场
12:00 法治中国（重播）
12:30 九江新闻（重播）
14:18 午后剧场
18:15 晚间节目预告
18:30 法治中国
18:50 九江天气预报
19:00 转播中央电视台新闻联播
19:35 九江新闻
20:00 九江天气预报
20:12 黄金剧场
22:00 九江新闻（重播）
22:29 大片影院
0:00 电影预告
1:30 全天节目结束

九江电视台（公共频道）

8:29 台标曲　节目预告
8:30 都市快报（重播）
9:00 早间剧场
12:00 都市快报（重播）
12:30 缤纷都市（重播）
14:00 午后剧场
18:00 动画片
19:30 缤纷都市
20:00 都市快报
20:30 缤纷都市
21:00 900 剧场
23:00 都市快报（重播）
23:30 夜归人剧场
2:30 全天节目结束

景德镇广播电视台（新闻综合频道）

7:00 新闻晚 8 点（重播）
7:15 瓷都房地产报道
7:30 时尚生活
7:45 健康直通车
8:00 连续剧
11:00 午夜影院（重播）
12:30 景德镇新闻
13:00 连续剧
18:00 少儿大舞台
18:25 蓝猫淘气 3000 问
18:45 瓷都房地产报道
19:00 转播中央电视台新闻联播
19:40 景德镇新闻　天气预报
20:05 连续剧
22:00 新闻晚 8 点（重播）
22:15 瓷都房地产报道
22:30 健康直通车
22:45 午夜影院

景德镇广播电视台（经济生活频道）

7:29 节目预告
7:30 景德镇新闻
7:45 连续剧
9:30 瓷都房地产报道
9:50 昌南对话
10:05 瓷都旅游
10:20 健康直通车
10:35 法制档案
10:50 少儿大舞台
12:30 昌南对话
12:50 热线点播
18:50 节目预告
18:51 健康直通车
19:08 奇趣宝典
19:30 时尚生活
19:50 天气预报
19:55 TV 时空
20:15 电视剧
22:30 景德镇新闻
22:55 电视剧
23:50 8826 热线点播

景德镇广播电视台（公共频道）

7:30 瓷都旅游
7:45 陶瓷纵横
8:00 景德镇新闻
8:20 连续剧
9:50 电影
12:00 少儿大舞台
12:15 瓷都房地产报道
12:30 昌南对话
12:50 新闻晚 8 点（重播）
13:05 健康直通车
13:30 电影
19:00 昌南对话
19:20 TV 时空
19:40 法制档案
20:00 新闻晚 8 点
20:20 连续剧
22:00 景德镇新闻
22:20 时尚生活
22:35 电影
23:50 健康直通车

萍乡电视台（新闻综合频道）

8:15 节目预告　新片预告
8:16 专栏
8:28 少儿节目（重播）
8:48 电视剧（重播）
10:35 经典影院（重播）
12:00 转播中央电视台新闻 30 分
12:38 转播中央电视台今日说法
13:00 专栏（重播）

13:17	电视剧	19:31	转播中央电视台天气预报
17:10	财富人生（重播）	20:00	专栏
17:40	奇趣宝典	20:20	第一剧场
18:00	节目预告	21:15	九点一刻
18:02	专栏	21:30	电视剧
18:27	少儿节目	22:25	晚间剧场
19:00	转播中央电视台新闻联播	23:15	专栏节目

萍乡电视台（都市频道）

8:20	节目预告	19:10	电视剧
8:25	精品剧场	20:00	生活气象
11:40	午间影院	20:05	电视剧
13:31	电视剧（重播）	21:00	专题栏目
16:02	栏目（重播）	21:13	电视剧
16:32	电影（重播）	22:03	专题栏目
18:40	节目预告	22:16	萍乡新闻
18:44	少儿节目	22:27	电影

萍乡电视台（教育频道）

8:20	早间精品剧场	19:03	电视剧
12:30	开心剧场	19:53	天气预报
13:00	黄金剧场（重播）	20:00	专栏
15:30	栏目（重播）	20:15	电视剧
15:45	电影专场	21:52	专栏
18:30	情景剧	22:07	电视剧

新余电视台（新闻·综合频道）

8:30	台标　今日导视	12:35	房产　汽车视界
8:37	早剧场	12:40	今日导视
12:13	新余新闻（重播）	12:48	午后剧场
12:25	关注（周二、四、六，重播） 家园（周一、三、五、日，重播）	14:35	午后剧场 欢乐英雄（周日，隔周重播）

17:50 少儿天地
18:20 环球新闻杂志
18:53 天气预报
19:00 转播中央电视台新闻联播
19:40 新余新闻
19:55 关注（周一、三、五）
家园（周二、四、六、日）
20:05 房产 汽车视界
20:10 今日导视
20:15 黄金剧
党的生活（周五）
科普天地（周六）
20:25 黄金剧
22:00 新华纵横
黄金剧（周五、六）
22:10 新华纵横
22:15 经典剧场
新华纵横（周五、六）
22:25 经典剧场
23:20 经典剧场
欢乐英雄（周六）
0:05 天气预报（重播）
经典剧场（周五）
欢乐英雄（周六）

新余电视台（公共频道）

18:10 开播
18:25 台标 收视指南
18:35 娱乐现场
19:10 都市气象
19:12 收视指南
19:15 电视剧
21:05 电视剧
欢乐英雄（周五）
22:00 新余新闻
22:15 关注（周一、三、五）
家园（周二、四、六、日）
22:28 房产 汽车视界
22:33 都市气象（重播）
22:35 财富前沿
23:10 奇趣宝典
0:00 节目预告

鹰潭电视台（新闻综合频道）

（2005 年 4 月 1 日起执行）

6:50 测试卡
7:00 台标 节目预告
7:02 奇趣宝典
7:25 环球新闻杂志
7:58 音乐流行风
8:30 鹰潭新闻（重播）
8:48 环球流行电影精选（周一）
娱乐新视听（周二）
华东神韵（周三）
鹰潭党建（周四）
法制聚集（周五）
说不尽的鹰潭（周六）
七彩年华（周日）
9:10 单本剧
10:57 绝对故事
11:23 午间开心园

12:00 晚间播报（重播）
12:21 电视剧
15:53 消费时代
环保前线（周六）
市长访谈（周日）
16:25 娱乐眼
16:50 台标 节目指南
16:51 绝对故事
17:11 奇趣宝典
17:33 少儿节目
18:00 音乐风
18:30 娱乐新视听（周一）
华东神韵（周二）
鹰潭党建（周三）
法制聚集（周四）
说不尽的鹰潭（周五）
七彩年华（周六）
环球流行电影精选（周日）
18:55 荧屏导视
19:00 转播中央电视台新闻联播
19:31 转播中央电视台天气预报
19:38 鹰潭新闻
19:53 鹰潭天气预报
19:59 电视剧
22:40 晚间播报
22:55 生活气象
23:03 电视剧
23:50 全天节目结束

鹰潭电视台（公共频道）

（2005年4月1日起执行）

7:20 台标 节目预告
7:21 消费时代
8:10 电视剧
11:47 环球流行电影精选
12:05 娱乐眼
12:30 晚间播报（重播）
12:50 音乐流行风
13:25 电视剧
16:45 中国警务报道
17:00 台标 节目预告
17:01 开心园
17:36 环球新闻杂志
18:10 财富前沿
财富大家（周六）
新财富周刊（周日）
18:46 电视剧
20:30 娱乐新视听（周一）
东方神韵（周二）
鹰潭党建（周三）
法制聚焦（周四）
说不尽的鹰潭（周五）
七彩年华（周六）
环球电影精选（周日）
我爱十二郎（周日）
20:48 环球流行电影精选
每日金曲
21:00 晚间播报
21:15 生活气象
21:20 电视剧
22:00 鹰潭新闻（重播）
22:12 鹰潭天气预报
22:26 单本剧
0:00 全天节目结束

赣州电视台（一套）

6:58 台标 节目预告
7:00 中央电视台新闻联播（重播）
7:30 今晚播报（重播）
赣南聚焦（周一，重播）
7:50 好日子（周一、六，重播）
引进栏目（周二、四，重播）
与法同行（周三，重播）
警视传真（周五，重播）
荧屏内外（周日，重播）
8:05 动画片
8:15 电视剧
11:45 赣州房地产（重播）
12:00 赣南新闻联播（重播）
12:17 三农天地（重播）
红土清风（周一，重播）
赣州供电（周一，重播）
12:27 黄金剧场（重播）
14:40 电视剧场
17:00 请您欣赏
17:35 引进栏目（重播）
18:05 七彩欢乐园（周一、日，重播）
今晚播报（周二至周六，重播）
18:20 少儿新闻
18:25 动画片
18:40 节目预告
18:45 赣州经济报道（周一、三、五）
与法同行（周二）
警视传真（周四）
荧屏内外（周六）
安全之路（周日）
人口与发展（周日）
18:55 赣南天气预报
19:00 转播中央电视台新闻联播
19:31 转播中央电视台天气预报
19:55 黄金剧场
20:50 三农天地
红土清风（周日）
赣州供电（周日）
21:00 黄金剧场
22:00 今晚播报
赣南聚焦（周日）
22:20 我是客家人（周一，重播）
与法同行（周二，重播）
好日子（周三，重播）
警视传真（周四，重播）
社会广角（周五，重播）
荧屏内外（周六，重播）
赣南党建（周日，重播）
22:35 引进栏目
23:45 互动点歌

赣州电视台（二套）

6:58 台标 片花宣传
7:00 怀新解盘（重播）
7:30 引进栏目
8:00 白金剧场（重播）
9:37 时尚剧场（重播）
12:00 赣州经济报道（重播）
七彩欢乐园（周一，重播）
12:15 好日子（周一、六、日，重播）

我是客家人（周二、四，重播）
与法同行（周三，重播）
警视传真（周五，重播）
12:30 电视剧
双休播不停（周六、日）
15:00 互动点歌
双休播不停（周六、日）
15:50 引进栏目
双休播不停（周六、日）
16:40 引进栏目（重播）
双休播不停（周六、日）
17:10 动画片
17:45 赣州房地产（重播）
18:00 怀新解盘
18:35 白金剧场
20:30 我是客家人（周一至周三）
好日子（周四至周日）
20:45 赣州经济报道
七彩欢乐园（周日）
21:00 引进栏目
荧屏内外（周六、日）
21:15 赣南新闻联播
21:32 赣州房地产
21:47 今晚播报
赣南聚焦（周日）
22:07 时尚剧场
23:47 互动点歌

宜春电视台(新闻综合频道)

（2005 年 5 月 2 日起执行）

7:24 开始曲　收视指南
7:25 新闻直通车
8:45 精选剧场
9:35 新闻直通车
9:50 精选剧场
11:45 专题讲座
12:00 相声　小品
12:30 宜春新闻
12:45 纪录宜春（周一）
百姓生活（周二）
宜春房地产（周三、四）
交通与法（周五）
消费（周六、日）
13:00 相声　小品
14:10 午后剧场
14:57 TV 购物
党旗飘飘（隔周五）
15:07 午后剧场
15:59 专题讲座
16:50 相声　小品
18:40 新闻直通车
18:59 收视指南
19:00 转播中央电视台新闻联播
19:35 宜春新闻
19:55 天气预报
20:00 首播剧场
21:50 宜春房地产（周一、二）
党旗飘飘（周四）
消费（周五、六）
22:07 中外影院
23:42 全天节目结束

宜春电视台（生活服务频道）

（2005年5月2日起执行）

8:00 开始曲 收视指南
8:05 明星剧场
12:00 收视指南
12:20 相声 小品
14:35 经典剧场
17:05 相声 小品
18:30 童心谷
19:00 收视指南
19:05 情感剧场
20:50 百姓生活（周一、二）
消费（周三、四）
宜春房地产（周三、六）
交通与法（周四）
记录宜春（周五）
21:07 天气预报
21:14 情感剧场
22:00 宜春新闻
22:20 情感剧场
23:15 奇趣宝典
23:35 全天节目结束

上饶电视台（一套）

（2005年12月1日起执行）

7:00 天天看上饶
8:30 电视剧（重播）
12:00 上饶房地产
12:30 金色童年（周一、日）
音乐无边（周二、四、六）
北纬28（周三、五）
13:10 电视剧
16:00 引进栏目
17:10 动画片
18:00 天天看上饶
19:00 转播中央电视台新闻联播
19:35 天天剧场
22:28 节目宣传片
22:30 天天看上饶

上饶电视台（二套）

（2005年12月1日起执行）

7:00 开播
8:15 电影天地
12:00 天天看上饶
13:30 午间剧场
16:40 引进栏目
17:30 金色童年（周一、二、三）

引进栏目（周四、五）
音乐无边（周六、日）
18:00 音乐无边
18:37 超级模特（周二）
勇者总动员（周三）
欢乐总动员（周四、五）
我爱十二郎（周六、日）
19:35 消费时代
北纬 28（周六、日）
20:10 天天看上饶
21:15 上饶房地产
21:33 祝您健康
21:51 财富前沿
宣传片（周六、日）
22:25 百姓影院

吉安电视台（一套）

8:30 节目预告
8:32 看世界（重播）
8:50 早间剧场
12:00 今晚八点（重播）
12:13 健康伴你行（重播）
12:28 财富前沿（重播）
13:03 娱乐眼
13:30 午后剧场
17:45 游乐园
18:50 天气预报
19:00 转播中央电视台新闻联播
19:38 吉安新闻联播
20:00 晚间剧场
20:55 看世界
21:10 晚间剧场
22:00 今晚八点（重播）
22:15 健康伴你行 旅游天气预报
22:39 晚间剧场
0:58 全天节目结束

吉安电视台（二套）

8:30 节目预告
8:32 财富前沿（重播）
9:08 早间剧场
11:47 栏目
12:00 节目预告
12:02 吉安新闻（重播）
12:15 午间剧场
14:01 栏目（重播）
14:36 午间剧场
18:00 法制播报
18:30 疯狂学英语
18:45 青原新闻 吉州新闻
19:00 晚间剧场
20:00 今晚八点 晚间剧场
21:10 吉州新闻 青原新闻
21:25 天气预报
21:36 健康伴你行
21:51 财富前沿
22:30 吉安新闻（重播）
22:45 晚间剧场
23:43 引进栏目或法制播报
0:26 全天节目结束

抚州电视台（综合频道）

8:30 节目预告
9:20 早间剧场
12:00 社教栏目(重播)
12:30 抚州新闻联播（重播）
12:45 午间天气预报
13:00 中国警务报道（重播）
13:55 电视剧
18:00 节目预告
18:32 少儿节目
19:00 转播中央电视台新闻联播
19:31 转播中央电视台天气预报
19:38 社教栏目
19:55 抚州新闻联播
20:14 抚州天气预报
20:20 电视剧
22:20 抚州新闻联播（重播）
22:38 抚州天气预报
22:45 中国警务报道
23:10 财富前沿
新财富周刊·大家(周六、日)
23:40 晚间剧场
0:27 全天节目结束

抚州电视台（公共频道）

8:30 节目预告
8:45 抚州新闻联播（重播）
9:00 科技全方位
9:30 电视连续剧
11:18 传奇
12:00 消费时代
12:25 专题节目 (周一、日，重播)
城市快递（周二至周六，重播）
12:40 每日世界体育报道（重播）
13:45 奇趣宝典
14:20 电视剧
18:00 节目预告
18:06 娱乐眼
18:36 电视剧
20:15 每日世界体育新闻
20:30 国际时尚前沿
生活在线（周六、日）
20:55 城市快递
专题节目（周六、日）
21:10 社教栏目
21:25 传奇
22:00 晚间剧场
23:55 映影特攻

文章辑览

论点摘编

交通广播核心竞争力的价值再造

周俊杰在《声屏世界》2005年第1期撰文认为：

交通广播在面对不断运动变化的生存环境时，也将面临着严峻的挑战与考验。首先从政策和资源层面上看，交通广播的频率资源、特有的信息内容与信息服务资源将难以垄断控制。其次，从科技发展的趋势来分析，面对科学技术的日新月异，数字技术、网络科技、卫星通讯技术迅猛发展，交通广播很快将面临新一轮竞争的压力。再次，从资本因素及盈利模式上判断，情况也不容乐观。大多数交通广播现行的盈利模式基本上是单一的广告，同时，交通广播占媒体市场总份额还不大，这些都决定了交通广播抗风险的能力还不强。

要实现交通广播核心竞争力价值再造，必须以争取产业政策为前提；以建设先进权威的信息网络为基础；以科技创新为先导；以融合多媒体功能为重点；以规模经营、产业发展为方向；以实施品牌战略为中心。因此，面对不断运动变化的媒介生态环境，交通广播只有持续进行核心竞争力的价值再造，才能提升自身的核心竞争力，实现可持续的发展。

创新服务意识　创造品牌价值

杨　松在《声屏世界》2005年第2期撰文认为：

电视界新一轮竞争正在以品牌为突破口向纵深发展，因此，“品牌至上，节目第一，创收为主”作为电视发展的理念应该形成共识，因为这是一个涉及根本性的问题。这三者相互关联，相互依存，相互促进，缺一不可，也可以说是三位一体。品牌要靠节目来支撑，节目要靠创收来维持，创收又要靠品牌来拉动，也就是说节目托起品牌，品牌增加创收，收入保障节目。这是电视事业最终能做强、产业最终能做大、市场综合竞争力最终能不断提高的基本原则和根本保证，将直接关系到电视的市场竞争力，关系到电视长远的发展大计。

对组合报道的再认识

余福梅　余富友在《声屏世界》2005年

第 2 期撰文认为：

组合报道的作用同样不可小看。首先可以扩大信息的有效传播，增加受众接收的概率。其二，由于组合报道量多面广，可以上下关照，左右兼顾，相关方面都有反映，对新闻事件的报道就会比较清晰、详实、充分和完整，因此也就可能做得较为深刻。其三，有利于彰显主题，形成共同的话语空间和收视强势，容易在观众大脑中烙下印记。

同时新闻组合的方式可以不断创新。逐篇单列是一种方式，现场播报加专家访谈是一种方式，口播过渡、配发背景资料也是一种方式。方式要服务内容，也要突出特色，常变常新。

坚持新闻综合　打造品牌特色

王志奇在《声屏世界》2005 年第 3 期撰文认为：

对当前省级卫视来说，走“综合频道特色化方向”，应该是一条切实可行之路。即在保证当好喉舌、服务大众的同时，积极开拓自办节目，办出自己的特色。自办节目包括栏目生产与一些品牌活动的打造推广，通过栏目与品牌活动大力推介主持人，提升频道的满意度与美誉度，进而提高本频道的识别力。特别是品牌活动，能较有效、迅速地吸引人气，扩大影响。

而自办栏目方面要想取得突破，恐怕还得从新闻资讯类节目入手。卫视之所以大多定位于新闻综合频道，把新闻也综合进去，正是由于新闻的特殊地位决定的。

追求传播效果的最大化

郭文华在《声屏世界》2005 年第 3 期撰文认为：

广播作为一种特殊的产业，要做好节目定位与栏目运营的文章。因为：在市场经济的大环境下，节目只有定位准确，才能产生良好的品牌效应，全面提升媒介核心竞争力，从而实现社会效益和经济效益双丰收。

同时，节目的设置和组合要遵循市场经济法则，按照新闻规律对节目资源实行配置和重组，这是节目获得细分化市场高占有率的有效保证。

当然，树立精品意识，倾力打造名牌栏目，也是实现传播价值最大化的有效途径。

此外，新时期广播节目的运营，应以传播市场需求为目标，认真研究广播的营销策略，持之以恒地追求传播效果的最大化。

“泛珠”区域合作与作为

邓学锋在《声屏世界》2005 年第 3 期撰文认为：

随着泛珠三角区域合作走向全面实施的新阶段，区域内广播电视媒体意识到，泛珠三角区域合作给区域内的广播电视媒体开展合作带来了难得的机遇。

1.开展泛珠三角区域广播电视媒体合作，既是广播电视作为各省区主流媒体推动泛珠三角区域合作所应该担负的职责所在，也是广播电视媒体自身加快改革、寻求发展的需要。

2.开展泛珠三角区域广播电视媒体合

作，具备有利的政策条件，拥有良好的合作基础，有着巨大的发展潜力。

3.开展泛珠三角区域广播电视媒体合作，必须坚持优势互补、互利互惠的原则，立足当前，着眼未来，逐步扩大合作领域，共同构筑多赢共同体。

传媒文化：广播媒体的缺失与建构

周 图 曾学优在《声屏世界》2005年第4期撰文认为：

广播传媒文化的建构，目前的一个重点是要在深化改革过程中，建立并完善一种有效的竞争机制，促使每一个职工能够得到全面发展，从而带动整个广播传媒的发展。

要使广播传媒形成良好的传媒文化，还要在广播传媒推崇积极向上的价值观念，要在广大员工中推崇以人为本的思想，以奉献为荣的价值观念，这样才会形成一切有利于人的自觉性发挥的评价体系和管理模式。

广播传媒文化还需要建构制度文化，使每一个成员都有一个共同遵守的办事规程和行动准则。

对电视文艺晚会“平民意识”的几点思考

陈 琳在《声屏世界》2005年第4期撰文认为：

电视文艺晚会的“平民意识”，就是电视人从办晚会的指导思想到具体运作上都要体现老百姓的需要，为老百姓所接受，为老百姓服务。

首先，主持人要放下架子，说老百姓的话，融入自己的真情实感。其次，多让平民唱主角，弘扬民族精神。要多歌颂人民群众，歌颂人民群众的首创精神。第三，要有创新精神，不断推出新人、新作、新的表现形式。第四，观众是主人，不是道具。要树立为观众服务的意识。第五，莫让“奢华”衬托“清贫”。电视晚会要做到平民化就要摒弃功利色彩。

舆论引导要正确把握辩证思维

朱 海在《声屏世界》2005年第5期撰文认为：

舆论引导要把握正确导向与引导艺术的关系。

一是要研究受众的心理和需求，注重对社会心态和舆情的调查研究。舆情分析，就是从政治上估量人们的意愿、信息需求和精神需求。

二是要保持舆论常态，不刮风，不起哄。正确掌握报道规模、数量与频率，努力营造良好的舆论环境。

三是要讲究辩证法，切忌“木匠斧子一面砍”。既要看到事物的正面，又要看到事物的侧面、反面；把握好报道的“度”，切不可追求所谓“轰动效应”。

四是引导要循循善诱、春风化雨，切忌居高临下、发号施令。要着眼于疏导，采取平等相待的态度，晓之以理，动之以情。

五是注意舆论分流，切忌千报（千台）一面。要针对不同的社会阶层，注意舆论引导的层次性，实施舆论分流。

让广播成为少儿的良师益友

卢昌汉在《声屏世界》2005年第5期撰文认为：

新时期的广播少儿节目应更好地发挥自身的特点和优势，巩固和扩大听众群，增强服务功能，在加强和改进未成年人思想道德建设的宣传中显示其独特的地位和作用。

一要注重宣传细节，在体现少儿文化特征上下功夫。节目的设置要有童趣，切忌说教味，要符合未成年人的认知水平、思维习惯和兴趣爱好。

二要注重宣传方法，在体现少儿心理特征上下功夫。少儿的特点是好动、随意性大，因此少儿节目应该抓住孩子“好奇”、“爱新鲜”的特点，以“趣”字吸引孩子，让孩子在兴趣盎然中接受教育。

三要注重宣传效果，在体现少儿理想特征上下功夫。要结合少儿身边的人和事，以他们易于接受的方式，由近及远，由浅入深，由感性到理性，循序渐进。

增强电视时政新闻的可视性和吸引力

张龙在《声屏世界》2005年第6期撰文认为：

增强电视时政新闻的可视性和吸引力，要做到以下几点。

第一，报道内容要主次分明，主题突出。即多报道有亮点的内容；领导讲话、会议文件应择其要而用之；解读重大事件要纵向拓深与横向展开相结合。

第二，报道手法要突出电视特征。电视是声画的结合体，现场声、背景声和同期声的恰当使用是突出电视特征的重要手法。

第三，语言文字表达更通俗易懂。作为电视新闻来说，领导调研也好、走访基层群众也好，软性的话语更具贴近性、接近性，也更能为广大电视观众也接受。

媒介核心竞争力与现代广播节目运营

戴志霞在《声屏世界》2005年第6期撰文认为：

可以从以下几个方面提升广播节目的独特竞争力。

一、以声音为特色，结合自身优势，生产更加专业化的广播节目。

二、以地域为基点，充分利用当地人文资源，制作富有地域特色，又具有市场潜力的节目。

三、以人才为本位，充分发挥专家学者的社会影响力以及名主持人名记者的品牌效应，制作独具个性特色的节目。

四、以服务为宗旨，针对流动的人群制作服务类、资讯类节目。

五、以市场为目标，抓住新兴媒介使用者的需求，制作适合新的传播方式的特殊节目，做音频内容供应商。

六、开掘节目之外的价值，延伸产品的竞争力。

频道专业化需要厘清的关键问题

上官海滨 徐 剑在《声屏世界》2005年第7期撰文认为：

频道专业化以后，我们的机制应该如何跟上去，如何创新，这是频道专业化是否可行是否成功的关键所在。因此在频道专业化过程中，需要厘清以下几个关键问题：

1.专业化频道如何定位，是按受众的群体还是按节目的内容不同来划分。

2. 专业化的重点是受众分众化还是培育受众市场？

3. 专业化的重心落在哪里，是电视自身解困还是满足受众需求？

4. 频道专业化后，专业化节目源在哪里？

5. 频道专业化后，收看节目是否收费？

频道专业化绝不仅仅是传播形式和内容上的变化，频道专业化将带来电视市场和电视产业结构上的变革，还有我们在经营管理、经营理念上的革新，我们的运作机制如何适应频道专业化的发展，这些都是关乎频道专业化生死兴衰的问题。

民生新闻应有固守的职业道德底线

曾素萍在《声屏世界》2005年第7期撰文认为：

民生新闻应有固守的职业道德底线即：首先，主张平民化但要固守新闻本位。"民生新闻"的平民化追求是对的，但是不能庸俗化。要把社会责任放在第一位，始终坚持正确的导向与较高的品位。

其次，强调舆论监督，但要防止"滥权""越位"。新闻媒体只是一个信息传输和交流的平台，而绝不是也不能成为政府的一个职能部门，它的作用应局限于表达民意层面，而不能代替行政执法。

第三，追求人文关怀，但要警惕负面报道误导受众。

在真正的"民生新闻"中，权利与义务、效益与责任、批评与亲和力等都是紧密联系在一起的。无论办什么内容的节目，节目的形式如何，都必须责无旁贷地配合党和政府展开工作，承担起疏导舆论，协调不同利益主体关系，化解社会阶层之间矛盾，推动社会成员素质提升的神圣使命。

影响力，媒体广告经营的"撑杆跳"

张晓建在《声屏世界》2005年第7期撰文认为：

经营好媒体影响力，取决于两个方面，一是媒体品质和社会公信力所构建而成的影响力平台,这是经营影响力的战略基础；另一方面,要将影响力转化市场销售力,实现影响力的市场效益化。只有两者完美结合，媒体才能保持竞争力，实现可持续发展。这就需要媒体经营者在经营中研究和注重媒体影响力的营销，找准它的支点，从而突破市场，赢得跳跃式发展。要完美起跳，首先要把握住撑杆的受力点。对媒体广告经营而言，就是要明确媒体的战略市场在哪。要实现跨跃，降低栏杆的高度是最直接，也最省力的。对媒体广告经营来说，降低折扣确实能够吸引客户的投放，也会带来广告收入的上涨，但这种低折扣充其量起到一个短期促销的效果。要成功跳跃，还必须善于“补位”营销，为客户广告投放提供一些差异化的传播平台。

总之，要想跳得高，跳得远，就要善待、善用影响力。

浅谈隐性采访的活动空间

肖叶飞在《声屏世界》2005年第8期撰文认为：

隐性采访的操作规范应遵守以下原则：

一、“公共利益”原则，公共利益原则是新闻侵权的一个重要的抗辩事由，它具有对于个人隐私权的某种优先，也是衡量隐性采访是否合情合法的重要标准。

二、“三公”原则，即公众人物、公开场合、公务活动。

三、别无他法原则。

四、善意和追求真相原则。

隐性采访作为公开采访的必要的有益的补充，要注意把握道德界限和法律禁区，规范化运作。

鼓足干劲 爬坡越坎 再创江西省广电网络大业

戴劲军在《声屏世界》2005年第9期撰文认为：

江西省广电网络今后一个阶段的发展概括起来就是“三大业务、四件大事”。

“三大业务”是坚持做到三个“不放松”：一要紧抓基本业务不放松；二要推进数字电视业务不放松；三要发展数据业务不放松。

四件大事，即尽快实施全省广电网络人事管理体制改革；加快推进全省有线电视数字化整体转换的相关工作；争取国家开发银行贷款；适时引进战略合作伙伴。

广电网络发展要紧紧围绕发展这个主题，牢记效益这个中心，盯住做强做大的目标。

地市级广播电视新一轮改革与发展的思考

叶胜萍在《声屏世界》2005年第9期撰文认为：

面对目前的发展态势和存在的困难和问题，地市级广播电视在激烈的竞争中求生存，并保持稳步发展趋势，应注意处理好以下几种关系：提高应变能力，处理好挑战与机遇的关系；强化服务意识，处理好事业与产业发展的关系；坚持和谐发展，处理好局部利益与大局利益的关系；发展数字电视，处理好高新技术应用与老百姓承受能力的关系。

跨区域合作：打造现代广播新思维

邓季芳 王征球在《声屏世界》2005年第10期撰文认为：

同电视、报纸等媒体如火如荼的跨区域合作相比，广播媒体的跨区域合作还显得相对欠缺，合作的力度还远不能适应打造现代广播的需要，有必要用新的理念由浅入深进一步进行探索。

1.以联合宣传为抓手打造广播合作的平台和通道。广播媒体合作最简便易行的方式也是宣传的合作。而主题活动和重大事件的报道以其独特的魅力成为宣传合作的首选。

2.以资源共享为核心拓展广播合作的领域和范围。广播媒体进行跨区域合作，核心问题就是如何提高资源利用效率与信息共享水平。这需要广播媒体相互之间建立长效合作机制，如技术保障机制、节目交换机制、资源共享机制。

3.以资本运作为纽带提升广播合作的广度和深度。这种深度合作，除了股份制的合作形式，还可以利用资本探索联合兼并之路。

午间电视新闻栏目的生存之道

程 鹏在《声屏世界》2005年第11期撰文认为：

午间新闻栏目实现发展变革的一个基本前提是：获得必要的政策和投入，按照策划意图独立运行。在这个基础上，通过对受众和市场的分析研究，针对栏目现状，按照回归新闻本质和电视特性的要求，来探讨午间新闻的生存制胜之道。

第一，突出时效性，实现快捷化。具体来说，就是要做到“当天新闻的第一播报”和“重大新闻的第二落点”，及时追踪事件的最新进展，并作出具有延伸性的递进式报道。作为对时效性最高境界的追求，直播应当成为午间新闻栏目努力的方向。

第二，突出贴近性，实现本地化。要充分发挥区域性、地缘性优势，深入挖掘老百姓喜闻乐见的本土新闻，增强新闻的贴近性。

第三，突出差异性，实现个性化。既可以突出某一类型的新闻，也可以用某一个主题元素为核心来编排节目。此外，还可以在新闻的加工整理上下功夫，挖掘新闻事件的另一面。

这样，午间新闻就将成为电视媒体开掘中午时段资源的利器，融化午间的收视冰点，创造白天的收视亮点。

进一步加强农村广电无线覆盖，积极探索农村广电服务体系

王桂清在《声屏世界》2005年第12期撰文认为：

看电视、听广播已经成为农民群众了解党和国家方针政策、学习科技知识、了解外面世界、提高自身素质的主要渠道和方式，广播电视已经成为构建和谐社会的重要手段。

包括电视、调频、中波等在内的地面无线广播是一种传统而有效的覆盖方式。相比较而言，地面大功率无线方式具有覆盖范围大、效率高、接收成本低、便于实施与管理等优势。因此，对现有无线覆盖体系加以完善，充分发挥以高山骨干台为主构成的无线覆盖网优势，通过有限的投入来增强实际覆盖效果，对巩固扩大“村村通”工作成果，提高农村广播电视公共服务质量具有重要的积极意义。

论省级卫视的定位回归

樊辉璐在《声屏世界》2005 年第 12 期撰文认为：

大多数省级卫视的定位应坚持以下几点：

第一，坚持地域性定位、省级特点，不盲目争所谓全国前列。

第二，坚持地方特色的自办节目，眼光长远，不能仅盯电视剧的经济效益。一个电视台有没有足够分量的有地方特色的自办节目，是衡量一个电视台有没有自身特点、有没有文化底蕴的主要标准之一。

第三，建立合理的节目架构，以电视剧获得广告收入，用自办新闻和娱乐两条腿走路。光有电视剧这根脊梁骨矗立着，电视事业即使不倒也只能是原地不动，只有靠着新闻和娱乐这两条腿有力地迈动，一家电视台才能随着时代的步伐前进而不是固步自封。

坚持地域特色是省级卫视频道的大趋势。无论是称之为回归还是革新，总之，建立在独特性基础上的多元化、建立在地域化基础上的广域化的省级卫星电视文化必然形成。

农村广播网亟待巩固和发展

罗庆恩 胡 云在《声屏世界》2005 年第 12 期撰文认为：

农村广播网依然有其不可替代的重要作用。首先，广播的传统优势是成本低、覆盖范围广、通俗易懂。其次，基层干部通过广播解决了新形势下的“开会难、宣传难、思想工作难”的三难问题。第三，广播作为应对突发事件、自然灾害的重要通讯工具和组织手段，越来越凸显重要性。在农村这块宣传阵地上，广播仍然是主力军，是传递党和政府声音的主流媒体，是传播上级各种政治、经济、文化信息的重要渠道，是乡镇、村组用于组织、动员、引导群众的重要手段，也是救灾、防疫等的救助网络，仍然有着其他媒体无法替代的作用。

巩固和发展农村广播网：一是争取政府的支持、领导的重视。二是市、县广电局要抓住机遇，着手制订农村广播网巩固和发展的规划，明确目标，分步实施，并多渠道筹措资金，加大投入力度。三要在技术上加强研究，通过技术手段的提升，使广播这个网络能够具有更多的服务功能，增强对农村干部群众的吸引力。

篇目辑览

《声屏世界》2005 年业务文章要目

第1期

强化网上正面宣传 掌握舆论引导主动权 廖望劭
试论我国现代广电监管体系建设 陈共德
牢牢把握好导向是媒体把关人的重要职责 彭福元
交通广播核心竞争力的价值再造——对交通广播可持续发展战略的思考 周俊杰
电视媒体“短信互动”模式的失范与分析 曹 飞
建立和完善中国电视行业的退出机制 郭五林
理性看待境外频道入粤——从星空卫视节目存在的问题谈起 曹 艳
黎瑞刚：从 SMG 透视定位转型与资源整合 王永亮 李 岚
中国新闻媒体事件大写真——首届广播电视特别节目评奖综述 张君昌
从穆青、范敬宜的报道失误说开去 熊丽萍
广播如何办好舆论监督性节目 黄喻绯
短新闻能够做出大文章 李华慧 尤佳倬
故事性支撑着纪录片的星空 秦维清
网络犯罪的法律取证探讨 刘新华 李顺进
从东方卫视看电视媒体的CI设计 李 杰
地方电视台新闻产品的生存策略——由安徽经济生活频道《第一时间》栏目说起 李其名 朱 天
对成人动画片的分析和思考——从《蜡笔小新》谈起 姜焕琴
优化与提高——浅谈新时期经济类电视节目主持人的素质 赵平喜 刘思齐
演播室中小主持人之培训 江映虹
发展中的都市报营销策略 曹小英
我党对广播电视产业经营的认识过程研究（上） 黄金良
另类选择 传奇银屏——从《电影传奇》看中国电视节目的创作与经营 李丽丽
电视广告传播中心理噪音的产生与控制 唐晓玲
把话说到农民心窝里——浅谈对农节目怎样才能成为农民的知心朋友 孟 玲
城市电视台频道专业化发展的对策 李建晟 聂晶磊
浅谈乡镇广电站的收编管理 夏彬彬 夏军平
管理机制创新带来竞争 赵敬丹
同质化竞争中的个性化发展——以北京电台音乐频率与中央电台音乐之声为例 王 宇 姜纳新
关于江西传媒移动电视有限公司未来五年发展战略概述 阙维伟
以太网接入在萍乡的发展——兼论互联网用户的竞争态势 张竹生 张 颖
关于县级广电网络值得关注的几个问题

第2期

第3期

第4期

第 5 期

第6期

做好新形势下广播电视舆论监督工作廖望劭
黄勇：做冷静、清醒的思考者 王永亮
城市电视台新闻节目需要孵化新思维杜晓晶
与新媒介联动与听众互动——论广播创新的思路 涂晓路
传媒参与民主政治的新趋向：党内监督、人大监督与舆论监督结合 黄 斌
营造和谐社会环境下舆论监督的新变化 谢鼎新
解构转型期社会背景下的舆论监督 王艳丽
付费频道与数字电视现阶段关系透视张传庆
论新媒介在农业信息传播中的应用 牛新权
让重大主题报道“动”起来 李盛之
注重新闻规律 张 龙
满足受众需求——也谈如何增强电视时政新闻的可视性和吸引力电视新闻要重视背景材料的运用 李建国
选准角度 贴近受众 黄校庆
地方台电视英语节目亟待解决的问题及对策 陈 蕾
怎样保护记者参与舆论监督的积极性熊江萍
论《记者档案》特色与新闻职业精神培育 周 毅 柳 毅
链接·整合·解读——从《目击者》看类型化栏目的表现特征 唐济生
展现民族精神 挖掘文化宝藏——谈大型系列广播节目《倾听江西》的编辑构想 赵云龙 余 学
浅析广播电视节目不规范播音现象 孙 力
情感化 口语化 交流感——浅议《今日关注》节目主持人的语言特点 王 霖
播音创作中的“激情” 徐晓梅
横店集团的“好莱坞”之梦 高 菲
做别人无法复制的节目——浅谈媒介核心竞争力与现代广播节目运营 戴志霞
电视纪录片网络市场的发展前景探析王寿苹
做好“三农”报道 服务农村经济 李小旋
节目宣传应树立五种意识 姜 焱
广电媒体应为构建和谐社会尽心尽力蔡凤宜
管好用好有线广电网络 欧阳晓波
借助多方力量搞好广电社管工作 李文彬
从“中广学会”到“中广协会”转变如何完成 邱一江 支庭荣 林如鹏 肖 伟
节目评优谈 廖平儒
影视频道要走大专业化之路张建利 苑志强
西方公共广播电视现状透视 张 钗
自动播出系统标准时间校时的思考 吴智勇
自制演播室用TALLY指示驱动器 张国南 吴东明
广播电视安全播出预警信息发布系统的几种方案探讨 韩盛国 喻学仁 韦霞芬 谢 婷

第7期

弘扬民族精神 凝聚民族力量 廖望劭
国有传媒控股集团公司的模式选择与风险管理 陈共德
市场成熟否？机制创新否？——关于频道专业化需要厘清的关键问题 上官海滨 徐 剑
以特色活动提升交通广播品牌价值 杨永刚 蔡 静
六种力度如何体现在“中国经济年度人物评选”新闻策划中？ 于正凯
民生新闻应有固守的职业道德底线 曾素萍
汪良：广播是怎样成为强势的？ 樊瑞平 王艳丽
寻找深度电视新闻报道的良性基因 张海涛

第 8 期

第 9 期

第 10 期

第 11 期

第 12 期

经　验

2005年，全省广播电视系统以邓小平理论和“三个代表”重要思想为指导，认真贯彻中央和省委重要会议精神，紧紧围绕改革发展稳定的大局，全面落实科学发展观，把握导向，塑造形象，发展事业，壮大产业，加强管理，带好队伍，做了大量扎实有效的工作，较好地完成了各项任务，得到省委、省政府和国家广播电视总局领导的充分肯定。在2005年1月19日至20日召开的全省广播电视工作会议上，九江、抚州、宜春、吉安等市广播电视局和江西人民广播电台新闻中心、江西电视台新闻部、江西电视台公共频道分别就有关工作介绍了经验。本文为各单位的经验摘要。

牢记宗旨　不辱使命

——九江地震灾害期间广播电视宣传工作

2005年11月26日8时49分，九江市的瑞昌市和九江县之间发生5.7级地震，共造成12人死亡，70余人受伤住院，200余间房屋倒塌，1.8万余间房屋不同程度受损，30余万群众暂时无家可归。面对九江有史以来发生的最强烈、损失最重的地震灾害，九江广播电视新闻工作者在市委、市政府的正确领导下，牢记新闻工作者的宗旨，快速反应，主动出击，先声夺人，以及时、准确、生动、感人的报道，积极引导舆论，有效地稳定了人心，凝聚了人心，增强了信心，为坚决贯彻党中央、国务院和省委、省政府，市委、市政府的重要指示精神，万众一心，战胜困难，夺取抗震救灾的最后胜利提供了强有力的舆论支持，体现了广播电视新闻工作者高度的责任感和使命感。

一、快速反应，在第一时间内发布地震消息

11月26日地震发生时，九江市的广播电视媒体在第一时间内作出快速反应，迅速对地震情况作出了报道。地震发生后，九江人民广播电台记者在9时15分赶往市地震台，通过短信将消息发往台里。10时30分，九江人民广播电台新闻直播室通过手机与在地震台的记者取得联系，报道了“北纬29.7度，东经115.8度，位于江西北部的瑞昌市和九江县之间发生了里氏5.7级地震”的消息，成为全省第一家报道九江地震消息的媒体。与此同时，九江电视台在外采访的记者立即回到地震灾区，将当时的场面记录了下来。九江广播电视台领导和记者也纷纷赶往单位，在台里统一调度下赶到灾区采访。瑞昌市和九江县广播电视台的记者迅速从强震后的恐慌中恢复过来，立刻赶回台里拿起未损坏的摄像机赶在第一时间对灾情进行报道。当天，中央和省级媒体及省外其他媒体对九江地震的报道都取材于九江广播电视媒体的拍摄素材，及时地将九江地震的情况向全国进行了报道。

二、打破常规，以最快的节奏报道地震灾情

地震发生后，九江人民广播电台迅速调整节目播出，把原来板块式节目打通，将新闻频率和交通音乐频率原有 18 个小时的节目大幅度延长。当天下午就推出了大型直播节目“新闻直通车特别节目：关注九江地震”和“地震特别节目”，请来了从事地震研究30余年的老专家徐业春作客直播室谈地震知识和预测。电话连线灾区，了解地震情况，回答听众关心的问题，通过节目向听众解释手机一时中断的原因，提供供水、供电方面的情况。九江电视台在当天下午对节目进行了调整，以游走字幕、口播消息、插播节目的方式将比较权威的、准确的消息及时告诉群众。瑞昌广播电视台当天停止了所有广告和文艺节目，实行 24 小时滚动播出制。只要是有关地震的信息和新闻，随编随播，即时更新，以便让广大灾民在第一时间了解到准确信息。

三、彰显主流，为党委政府抗震救灾服务

地震发生后，九江市人民政府启动了应急预案一级响应，省、市两级均成立了抗震救灾指挥部，广播电视媒体主动配合，积极引导舆论，为抗震救灾工作发挥了重要作用。地震当天，九江人民广播电台、九江电视台以滚动形式反复播出省地震网发布的震情公告，及时报道省、市领导深入灾区一线看望慰问灾区群众，全方位报道市委、市政府为抗震救灾采取的强有力的措施和全国各地捐款和物资支援情况，很好地发挥了解疑释惑、稳定人心、维护秩序的积极作用。为充分发挥灾区党组织和共产党员的战斗堡垒和先锋模范作用，广大记者围绕主题深入挖掘新闻，推出了大批的先进典型报道。如《临时党支部——灾区群众的贴心人》、《一个党员一面旗帜》、《党员医生》、《情洒社区——好干部董肇丽》等。截至 12 月 6 日，九江人民广播电台和九江电视台共播发消息 477 条，是平时报道量的一倍多，有力地支持了全市的抗震救灾工作。

四、发挥优势，创造一流的宣传报道效果

在这次地震灾害的宣传报道中，广播电视媒体充分发挥了自身的优势，创新了很多宣传手段。九江人民广播电台 2 个频率利用热线直播、短信平台，与听众互动交流。全市各地的群众纷纷打进热线电话、发来短信，询问地震信息，了解亲人的安危，并互相进行安慰和祝福，共度危难。特别是 26 日当晚，在瑞昌市、九江县灾区和九江市湖滨公园、长江大堤、大专院校等城区空旷处，到处都是在外躲避地震的群众。为了让广大灾区群众在寒冷的夜晚过得安心，及时了解地震情况，九江人民广播电台交通音乐频率紧急开通“今夜无眠”大型直播节目，主持人和听众互动交流，谈地震感受，报道最新地震消息，节目一直持续到次日 8 点。一位瑞昌市听众说：“我们一家人睡在外面的帐篷里，听着广播，感到特别温馨。”另一位瑞昌市听众说：“我就睡在自己临时搭建的帐篷里，听着广播，知道有那么多的人在关心我们，心里一阵阵暖意，感谢那些关心我们的人，也感谢九江人民广播电台！”瑞昌广播电视台在方式上不拘一格，针对当时的特殊情况，紧急制作了一批有关地震信息及抗震救灾知识的光碟，在宣传车和电视上反复播放，还在人口密集的临时安置点架起了电视机，供市民观看，被群众誉为“流动的电视台”。在那段不平凡的日子里，瑞昌市市民见面常常第一句话就是：“电视上怎么说？”在这次地震报道中，记者采访出现场，见人见事，大量运用鲜活的镜头语言和富有感染力的同期声，收到了良好的效果。在后期制作当中，运用电视的各种视觉元素，如字幕、图表、音乐等，用感性的人物，理性的数字，有张力的画面，最大限度地展现和发掘干群、军民抗震救灾的精神和事迹。同时，广播、电视还积极和上海、湖北、湖南、南京、西安、青岛、温州等省外台连线互动，既报道了九江地震情况，又传递了外地群众对九江灾区的关爱，为全国各地支援灾区起到了良好的推动作用。

总结此次抗震救灾的宣传报道工作，有以下几点体会：

1.坚强的组织领导是做好抗震救灾宣传报道的保证。在这次地震灾害宣传报道中，广播电视系统各级组织发挥了重要的组织领导作用。在市委宣传部和市广电局的直接领导下，九江人民广播电台、九江电视台和瑞昌市、九江县广播电视台的班子面对地震临危不乱，调度有序，有效地组织了宣传报道。一是集中人力、物力、财力，确保宣传报道的顺利开展，把最好的记者、最好的设备和车辆配备到采访一线，编辑设备优先保障抗震救灾新闻的制作。二是突出重点，把握报道方向标。在地震发生的当天，把所有的力量集中在震情的报道上，真实、客观、全面地反映灾区的情况；把报道重点放在震情预测和安置灾民上，稳定人心；把报道重点放在党和政府的关怀、有关部门的行动和社会各界的支持援助上，进一步增强灾区群众战胜困难、重建家园的信心；把重点放在自救互助、灾后重建上，集中展现一批自救互助、恢复生产的先进典型和成功经验。

2.广播电视人的责任感和使命感是做好抗震救灾宣传报道的基础。在地震发生的当天，通讯工具一时无法畅通的情况下，广大新闻工作者凭着良好的新闻敏感和职业素质，通过不同途径赶回单位，拿起设备在第一时间采访报道灾情。第一个赶到市地震台的是九江人民广播电台的记者，利用短信将准确的地震消息发回台里；第一个赶到灾区的是瑞昌市和九江县广播电视台的记者，利用仅有的几台未受损的设备，第一时间拍下了当时的场景；通宵达旦陪伴灾民和群众度过寒冷的不眠之夜的是九江人民广播电台的主持人。正是许许多多这样具有高度责任感和使命感的广播电视人，才使地震灾害的宣传报道取得了最佳的效果，开创了九江广播电视宣传工作的新局面。

3.过硬的新闻队伍是做好抗震救灾宣传报道的关键。在地震灾害中，广大记者、编辑、主持人始终战斗在采访报道的一线，冒着各种危险，舍小家，顾大家，涌现了一批可歌可泣的先进人物和先进事迹。瑞昌广播电视台由于房屋受损严重，全台的设备和人员被转移到救灾帐篷里工作，被形象地称为“帐篷电视台”。正是在这样的环境下，全台的干部职工依然保持旺盛的工作热情，记者 24 小时连轴转，编辑人员经常是通宵达旦。许多在录音间里录制节目的女同志，她们的孩子只有两、三岁，既要当编辑，还要兼播音，每天十几个小时盯着显示器，根本就没工夫照看孩子。九江县广播电视台的记者和台领导，在余震不断的情况下，冒着生命危险，近距离拍摄被震塌房子的断墙残壁，留下了许多灾情镜头。九江人民广播电台待产在家的方圆27日在播音室连续做了3小时的“支援灾区”直播节目。主持人文琦在“今夜无眠”直播节目中一人播了12小时。正是这样一批忘我工作、默默奉献的新闻工作者，撑起了抗震救灾宣传报道的大梁。副省长、九江市委书记赵智勇同志称赞这是一支“党性强，顾全大局，特别能战斗的新闻队伍”，对广播电视在地震灾害宣传报道中所起的作用给予了高度的评价。

在这次地震灾害中，九江广播电视人不辱使命，经受住了考验，圆满完成了地震灾害的宣传报道，为广播电视树立了全新的形象，得到了市委、市政府的充分肯定以及社会各界和广大人民群众的高度赞扬。

建民心工程　为“三农”服务

——抚州市“村村通”工作

抚州市11个县（区）2005年共有“村村通”建设任务301个。一年来，抚州市广播电视局将“村村通”工作作为广播电视工作的重中之重，多方争取各级领导支持，在11月30日，提前完成301个盲点村的“村村通”建设任务，并成为全省第一个通过省局抽查验收的设区市。该局的主要做法是：

一、领导重视，高位推动

抚州市委、市政府高度重视“村村通”工作。市委、市政府主要领导和分管领导多次听取了市广电局的工作汇报，召开市政府常务会议，专题研究“村村通”工作有关事项，强调要把实施“村村通”工程作为各级党委政府服务“三农”的民心工程和全市重大社会公益事业基础设施建设落到实处。市广电局要做好工程配套，落实好配套资金。为此，专门成立了“村村通”广播电视工作领导小组，由副市长周琪任组长，市政府副秘书长李萍和市广电局局长杨大进任副组长，市委农工部、市发改委、财政局、文明办等相关单位领导任成员。各县（区）也相应成立了县（区）“村村通”领导小组。

市广电局多次召开会议，部署“村村通”工作，与各县（区）局签订目标责任书，将“村村通”工作纳入县（区）广电局全年工作目标考核的主要内容。市广电局“村村通”办公室定期调度各县（区）建设进展情况，协调解决各地在建设中遇到的实际困难。

同时，加强督查工作，确保“村村通”工程进度和质量。建设初期，市广电局组织5个小组，由局领导带队，对全市11个县(区)进行督查指导，并明确要求各督查小组今后要对督查县（区）进行长期跟踪、督查服务；建设期间，市人大副主任吴凤雏、市政府副市长周琪还先后深入“村村通”工作任务较重、困难较大的宜黄、乐安、金溪、东乡等县实地督查，现场解决工程配套资金、相关协调等诸多难题。10月下旬，市政府又组织专门力量，对11个县（区）的“村村通”建设工程进行专项督查，市人大组织了部分人大代表视察“村村通”工程，对工程质量提建议，有效地促进了全市“村村通”工程建设步伐。

二、因地制宜，科学实施

此次“村村通”工程，存在点多面广、地形复杂、资金不足等实际困难，全市各级广播电视部门紧紧依靠党委政府的重视支持，依靠国家和省广电局的帮助，依靠广大干部职工的奋力拼搏，结合自身实际，因地制宜，科学规划，分类实施，全力以赴，攻坚克难。

为进一步提高农村广播电视网络质量和覆盖效果，抚州市采取了以光缆联网为主，以小前端、MMDS 为补充的方案实施“村村通”工程建设，全市 301 个盲点村，采用光缆联网建设形式的有 247 个，占总数的 82%，其中东乡县、金溪县、资溪县、黎川县、南城县全部采用光缆联网方式建设；南丰县、宜黄县以光缆联网为主，特别边远地区则采用小前端的方式建设。南城县、南丰县、东乡县以“村村通”为基点，以“户户通”为标准，以长期通为目标，投入大量资金，架设县至乡、乡至村的广播电视光缆 644 千米；黎川县、资溪县、金溪县、宜黄县、乐安县在上级资金尚未下达前，不等不靠，想方设法筹集资金，租用电信光缆至各乡镇，架设乡至村广播电视光缆 503 千米，逐步实现全县光缆联网，既减轻了资金投入的压力，又加快了工程建设进度。采用小前端、MMDS 方式建设的 54 个自然村，传送的节目有 8～10 套，其中包括上级要求转播的中央电视台一套、中央电视台七套、少儿频道和江西电视台一套等节目。

在这次“村村通”工程建设中，全市共投入资金 586 万余元，其中省级补助 131 万元，市本级配套资金 48.5 万元，县（区）配套资金 57 万元，各地自筹资金 350 万元。

三、热情服务，好事办实

“村村通”工程是一项民心工程，市、县、乡三级政府把“村村通”建设摆上了重要议事日程，列为民办实事内容之一。东乡县黎圩镇把实现“村村通”与保持共产党员先进性教育活动有机结合，该镇党委书记夏日新在架设光缆的关键时期，冒着高温酷暑陪同技术人员跋山涉水勘测线路，腾出镇党委会议室，装上空调供技术人员住宿。在“村村通”工程建设中，他多次做群众思想工作，为该镇“村村通”工程费尽了心血。

为高质量、高标准完成“村村通”建设任务，全市广播电视技术人员翻山越岭，走村串户，架设光缆，测试信号，将电视信号传送到千家万户。特别是 2005 年，时逢乡镇事业单位机构改革，全市各乡镇广播电视站工作人员白天顶烈日、冒风雨，不怕苦、不叫累，连续作战，安装广播电视设施；晚上拖着疲惫的身躯回到家，还要看书学习，为迎接机构改革的考试而努力，体现了基层广播电视工作者爱岗敬业、默默奉献的精神风貌。

四、强化管理，优质服务

全市“村村通”工程建设任务完成后，解决了 9 万农民看电视难问题，共有 10413 户农民新安装了有线电视，电视入户率达 50%。

为充分发挥“村村通”工程的社会效益，让“村村通”长期通，各地制定和完善了安全播出技术维护、检修维护、机房值班、财务监督等制度，确保播出安全和农村广播电视网络长期、稳定运行。同时，加强了乡村一级维护管理员的技术培训工作，努力造就一支精干、实效的基层网络建设维护队伍。为优化服务，各地采取了许多便民措施。南城县向用户发放用户联系卡，卡上写清了片区电话、站长电话、投诉电话、承诺服务等内容，做到随叫随到、上门服务、限时解决。在接待用户和受理投诉方面，南丰县推行“首问责任制”，极大地方便了群众。

尽心指导服务 力促县网发展

2005年，宜春市广电局在宜春市委、市政府的正确领导和省广电局的精心指导下，兼顾围绕“服务县（市）基层，促进农网发展”这一重心，进一步转变观念，尽心指导、尽力服务，使县（市）网络公司取得了长足发展。2005年，全市农网开通9个乡（镇），969个村，增加农村用户19235户，县（市、区）网络实现经营收入3927万元，比上年增长862万元，增长率达27.25%。经营收入绝对数在全省县级分公司列前10位的就占5个：高安市、上高县、宜丰县、丰城市、万载县，其中高安市、上高县、宜丰县分别列居第一、二、三名。回顾去年县（市）网络发展取得的成绩，有以下三点体会：

一、在指导观念思路上做文章，成就一批勇于创新的县网带头人

促进县（市）网络发展，关键是围绕观念、思路，成就一批视野宽、观念新、思路对的网络带头人。

1.重视抓学习，支持外出考察。市广播电视局领导亲自带领各县（市、区）广播电视网络老总赴湖南省广电局、长沙市广电局、浏阳市广电局考察学习。学习湖南省广电局资本运作的先进理念，学习长沙市广电局与中信合作的经验、学习浏阳市广电局放开竞争的创新做法，支持参加上级部门组织的出国考察和到其他先进广电局学习，使其深明观点新、迈大步，深感思路对、走财路，深知要创新、靠头人，从而明确了方向，找准了目标，增强了信心，激发了拼劲。

2.发掘本地经验，推陈出新带动一大片。方法是经验，方法的发掘既可以起到解惑释疑之功效，又可以起到带动一片之功力。县（市）网络发展的重点在农网，乡（镇）站是枢纽。宜春市广电局及时发现推广了宜丰的乡镇发展管理新模式——“分类管理、核定基数、经费包干、超收分成、百分考核”；推行以普及率、入户率、巩固率和网络运行成本相对应的“三率一成本”为中心的网络经营考核机制，把发展权的重心下移到乡镇站，让各乡镇站有权、有责、有利。这些措施的推广大大激发了县（市）农网的发展。该局还积极推广了上高广电局与县公安局合作模式，成立广播电视警务区，有力地促进了县（市）城网的入户收费率。2005年，仅上高县广播电视警务区主动出击查处各类案件就达133起。2005年，全市县（市）入户率均达95%以上，较好地堵塞了跑、冒、滴、漏。

3.树典型引路，形成你追我赶的浪潮。典型是先进模范的代表，是标杆、是楷模、是希望、更是动力，能激励县（市）网络争先创优、奋发进取。2005年，该局树立了高安市网善拓展、上高县网善经营和奉新县网善管理的典型，组织其他县（市、区）广播电视网络公司进行参观学习，以点带面，充分发挥先进典型的示范作用，从而形成全市广播电视网络学先进、赶先进、争先进的浪潮，使个体的积极因素转化为倍增的群体效应。

二、在帮助协调沟通上下功夫，营造县网发展的良好氛围

有了新的观念和好的思路，关键还要看能不能营造企业发展的良好氛围，从而实现企业的超常规发展，该局的做法是：

1.保护带头人。带头人犹如领头雁，把握了企业运行的航向。既要注意培养，也要进行保护，使其在实践中不断提高完善。某县网络公司主要负责人在工作中由于某些原因，引起了一些猜疑和误会，工作阻力较大。市广电局知道后，就多次找该县党政主要领导，进行沟通和解释，消除猜疑和误会，从而使该县网络公司负责人可以继续大刀阔斧地开展工作，扭转被动局面。帮一个等于帮一批，对一个领头雁予以保护，等于向一批领头雁示爱心，有市广电局的理解和支持，县（市）网络的带头人就可以甩开膀子大力发展网络建设。

2.协调出台政策。发展县（市）农网既要市场运作，还需行政推动。有一个县对农网发展整体的构思非常好，急需县政府的行政推动力，在其自己主动沟通的基础上，请求市广电局出面协调。宜春市广电局立即与该县政府主要领导沟通协调，讲透利弊、讲明轻重、讲清趋势，促使县政府果断拍板，把广播电视农网发展列入全县三个文明考核范畴，明确下达全县各乡（镇）农网发展指标，县政府的一个决策文件，使该县农网户数一年净增 3568 户，为该县大幅度超额完成省网任务奠定了坚实基础。

3.倡导支持县（市）网的激励机制。宜春市广电局倡导支持县（市）网实行两个激励机制，即：对外激励机制，对发展农网好的乡（镇）和村班子及主要领导、分管领导实行重奖，以扩大理解、支持、推动的行政层面；对下激励机制，以绩效论英雄，拉开档次，增加竞争力度。宜春市有一个县广电局实行对外激励机制，使农网发展越炒越火，起到了滚雪球效应，外界支持广播电视农网发展的势头一浪高一浪。有的县（市）对下激励档次相差几百元，形成了用高待遇留人才的良好氛围。

三、在服务基层上严要求，形成全市一盘棋的县网发展格局

竞争是服务和品牌的竞争，县（市）网的发展是局网合拍的发展，高质量的服务，一盘棋的合拍，是县（市）网发展的重要条件。

1.强化市级分公司的服务意识。市广播电视局明确要求市网络分公司对县级分公司做到“指导基层、服务基层”，要求市级公司努力做好协调县级分公司与省网络公司的工作，及时做好上传下达的信息沟通与交流。同时，认真指导、检查好各县级分公司的财务工作，规范各分公司工程立项、施工及验收等网络工程建设，协助各分公司建立并完善内部管理及考核制度，使各县级分公司提高了管理水平。对县（市）分公司急需的技术支持予以全力保障。2005 年 1 月份，为确保高安市 22 个村在年前开通信号，使农村群众能在新年看到电视，市公司派出 2 名技术人员到高安，与高安市广电局的技术人员一起冒着严寒熔接光缆，连续工作 7 天，赶在春节前全面开通了信号。

2.急县之所急，帮县之所难。排急服务暖人心，解难服务见真情。宜春市有一个县急需添置编辑设备，宣传资金缺口大，准备万不得已动用网络资金贴补；另外有一个县级市也急需添置编辑设备，宣传资金缺口大，动用网络资金又完不成省网任务，他们先后告急求助到市广电局。该局考虑到两个县（市）急需编辑设备是事实，困难也是事实，动用网络资金又违反原则，该局存有一些农运会更换下来的较好编辑设备，原是准备拍卖。排难在排急，解难在暖心，市广电局在统一领导思想之后，毅然决定无偿调拨 2 台价值 30 余万元的编辑设备给这两个县(市)，既排了宣传所需之急，又严守了不挪用网络资金之规。

3.不分彼此，共同完成一个目标任务。网络是一家，局网是大家，网离不开局，局也离不开网。宜春市广电局一直信守这个理念，局网相互信任、相互支持。该局在建大楼、办农运资金十分拮据困难的情况下，每年向下属单位分派缴交任务，2002 年、2003 年、2004 年，该局把局资产变现资金作为网络公司目标任务，2005 年资产变现完了，该局没给网络公司下目标任务，并向局干部员工反复作说明解释工作，坚持不违规操作，为县（市）做了榜样。为了县（市）网络分公司完成省网络公司的目标任务，从 2003 年起，该局领导会同市级网络分公司老总下到每个县（市）商量对策、采取措施、确保任务完成。近三年来，该局拿出 6 万元资金，用于奖励完成省网任务的县（市）网络分公司。

坚持“五个到位” 确保播出安全

抓好安全播出工作，是广播电视部门的重要职责，也是新形势下广播电视管理面临的严峻考验。这些年，吉安市广电局围绕确保安全播出，不断积累经验，指导实践，取得了一定成效，得到省广电局和市委、市政府肯定，因安全播出工作比较出色连年被市综治委评为“综治先进单位”。该局的具体做法是：

一、安全教育到位，提升防范意识

搞好安全播出教育，营造安全播出氛围，是抓好安全播出工作的前提。近年来，该局时刻紧绷安全弦，强调安全播出是广播电视的生命线，把安全播出列入向上级汇报和本系统逢会必讲的内容，既在市、县各级营造广播电视安全播出浓厚氛围，采取多种形式强化本系统干部职工安全播出意识。该局建立了广播电视重要播出保证期督查通报制度，每次保证期期间的市、县播出情况，都通报到市、县党委、政府主要领导和分管领导。在系统内，该局一是坚持例会制度，开好每月一次的安全播出例会。二是每年组织安全播出培训。特别是去年下半年的全国广播电视系统安全播出培训，该局组织了市、县 452 人参加培训，是历年来规模最大的全员培训，安全播出培训考核优秀率达到 80%。三是有针对性地开办短训班。2004 年，针对“法轮功”攻击卫星信号的新情况，该局及时对市、县机房工作人员分批培训，提高识别非法信号的能力，2005 年又在遂川县召集安全播出现场会，以会代训，再次明确了对出现异常信号时值班人员应遵循的处置原则和程序。

二、组织领导到位，强化第一责任

加强组织领导，强化第一责任，是确保

安全播出的关键。该局在安全播出的组织领导方面提出了高标准、严要求。一是健全了领导责任制。市广电局由党组书记、局长担任安全播出领导小组组长，党组成员和直属台网正职、稽查支队长为成员，下设安全播出指挥部，由分管副局长任总指挥，稽查支队负责指挥部的日常工作，并承担值班室和应急分队的工作。各县市广电局也相应成立了一把手任组长的安全播出领导小组。二是把安全播出列入综治工作范围。由县（市）广电局和市广电局直属各单位的一把手向市广电局签订责任状，实行一票否决。目前，在吉安市，安全播出实行领导带班已成为惯例，特别是市广电局及五台一网每逢安全播出重点保障期，都由班子成员轮流领班，每位领导每年安全播出值班都在 50 个工作日以上。三是坚持“四个纳入”。在 2003 年，该局就提出了要把安全播出工作纳入单位年终考评内容；纳入领导任期责任制；纳入单位和个人评先评优；纳入干部的提拔使用和职工的调薪晋级。四是把安全播出工作与社会行业管理工作紧密结合，统筹力量，统一部署。如在许可使用卫星电视设施时，把安全播出关口前移，要求使用单位的法人代表签订《安全播出责任状》。实践证明，这是加强安全播出一个行之有效的办法。

三、防范措施到位，加强平时监管

加强平时监管，完善各项防范措施，是确保安全播出的基础工程。在这方面该局主要抓了这几项工作：一是建立健全各项制度。这些年来，该局针对安全播出出现的新情况、新问题，多次对安全播出制度进行修改和完善，出台了安全播出保证期局党组、局安全播出指挥部、各播出机构领导、机房双人双岗四级值班制度，以及机房安全播出保障制度、重大（突发）事件报告制度、监听监看制度、群防群治和安全播出奖惩制度等一系列制度。二是实施广播电视监测工程。2005 年，该局在加强“人防”的同时加强“技防”，在省广电局指导下，按地市级标准建成了监测中心，开始对市广电局直属台网的广播、电视无线发射频率和有线电视节目进行实时记录监测。三是建立有线电视网络报警点。市网络中心在中心城区按照网络结构，联系了 300 余个政治觉悟较高，平时喜爱看电视、思维较敏捷、联系也方便的离退休老同志作为网络义务报警员，并且在各个住宅小区设立了监控、报警、处置三位一体的巡逻点，确保一旦发生异常情况，能以最快的速度得到信息，赢得主动权。四是开展了多层面的整治。坚持下大力气整治境内外卫星电视传播秩序，在市政府协调下，扭转了多年来教育系统卫星地面接收设施游离于广播电视部门管理之外的现象。还与市公安局制订了《吉安市互联网等信息网络传播视听节目管理意见》。2005 年，该局查处了吉安市首例在互联网上非法传播视听节目的案件。

四、工作部署到位，严把重点关口

抓好重点人员的把关和重要岗位工作的落实，是确保安全播出的根本保证，也是该局这几年在抓安全播出工作上总结的基本经验和做法。归纳起来叫做“三有四先五定六不用”。“三有”，即要求各单位有一个科学可靠、便于操作的应急预案；有一支召之即来、来之能战的应急分队；有一个指挥灵敏、工作协调的指挥系统。安全播出的指挥调度做到“四先”：准备在先、发现在先、进入在先、处理在先。对关键岗位的人员要求做到“五定”：定人、定岗、定位、定时、定责。对机房等重点岗位人员按“六不用”的要求配备：不用临时工、不用与邪教有牵连的人、不用有思想情绪的人、不用社会关系复杂的人、不用责任心不强的人、不用业务不熟或文化素质太低的人。同时，完善了各项安全设施。要求所有播出频道必须配备监视器，并将这项要求列入年终考评内容。播出机房必须配备八路以上切换开关，并且保持联络畅通。所有光节点和放大器必须安全可靠。做好了群防群治工作，经常保持与政法、综治、公安等有关部门的联系，较好地坚持了每年召开2次协调会，开展一次联合行动。

五、应急处置到位，提高实战能力

能否应对安全播出突发情况，是检验安全播出工作的试金石。要提高应急处置能力，就必须建立一整套完备的处置办法和程序，做到心中有数，这样才能急而不乱，沉着应对，果断处置。为了确保应急《预案》的科学性、针对性、操作性，该局对各县市的应急《预案》进行了认真的论证把关，在此基础上转发了市网络中心的《预案》，要求各县（市）对照市网络中心的《预案》再次修订，并要求县级网络中心的《预案》要与市级网络中心的《预案》在技术上相互衔接，设备上相对统一，措施上相互借鉴，方法上认真参考，并在群防群治等方面展现各自的特点。该局还按照《预案》反复演练，查找问题，不断完善，做到演练不合格不放过、技术操作不达标不放过、设备不到位不放过，形成了一套处置复杂情况行之有效的机制。为了应对突发事件的发生，各播出机构还挑选了年轻、懂技术、有责任心的人组成应急分队，平时抽出时间对他们进行特别训练，提出特别要求。进入保证期，应急分队队员除了在重点部位、重要地段巡视和检查外，还要24小时处于待命状态。

“政风行风热线”：构建政府与群众沟通的新平台

以胡锦涛为总书记的新一代中央领导集体，提出以科学发展观统领经济社会发展全局，更加关注民生民利，倡导一切工作以人民利益为出发点和归宿点的执政新理念和亲民为民的为政新风。“政风行风热线”作为一档开放式的舆论监督类广播热线直播节目，体现了党和政府执政新理念和理政新风，努力在政府机关与人民群众之间架设双向沟通的桥梁，成为倾听民声民情，打造服务型政府的理政新平台，有力地促进社会的和谐与发展。

2005年，共有47家省直单位和窗口行业部门的领导走进“政风行风热线”直播室，共接听热线电话1016个，回复短信1836条，为群众解决了许多实际问题，引起了社会广泛关注，得到国家广电总局和省委领导的高度重视和肯定。该节目被评为“全省十佳广播栏目”，其具体做法是：

一、注重节目创新，调动多方参与，拓展节目的覆盖面和影响力

“政风行风热线”节目，是在2004年4月江西人民广播电台和省政府纠风办联合开办的“行风热线”直播节目基础上改版更名而来的。2005年9月，节目改由省纠风办和省广电局主办，江西人民广播电台承办，确立了“听取群众呼声，帮助百姓解难，密切党群关系，接受社会监督”的节目宗旨，并在节目组织、节目策划、节目运作、节目包装上不断改进与完善。

1.积极组织政府部门参与节目。“政风行风热线”节目，每周4期，每期45分钟，在12点黄金时段播出。为了办好这一节目，省纠风办、省广电局向省直各部门（窗口行业）及各设区市纠风办、广电局下发专门文件，要求各单位积极参与节目，并排出了节目播出的时间表，把各单位参与节目情况纳入相关的考评体系，有效地推动了政府部门参与节目、利用媒体改进工作的积极性。很多省直厅局委办（窗口行业部门）的主要领导率相关部门负责人走进江西人民广播电台直播室，接受主持人访谈并接听听众电话，听取投诉和建议，解答群众提出的问题，解决群众的困难。

2.场内场外互动。“政风行风热线”节目，既保留了“行风热线”节目请嘉宾单位领导进直播室，与听众进行对话交流的常规做法，又推行了网状、块状结合的全方位上下互动形式。如9月23日的公安篇、10月12日的国税篇、11月18日的银监篇，省公安厅和国税局的主要领导率相关处室的负责人，省银监局领导率省工商银行、农业银行、中国人民银行、建设银行的负责人在直播室接听电话、解答问题，各市、县、区的系统单位和营业网点组织公开收听的同时，还分别在当地公众场所现场接受群众的咨询、建议、意见和投诉，并通过短信平台与直播室互动，从而大大地拓宽了节目的容量和影响力，实现了广播优势的最大化。

3.实行多种媒体联动，扩大和延伸节目影响。为扩大和延伸广播宣传的影响，该人民广播电台邀请《都市消费报》、《江西广播电视报》、今视网、江西电视台公共频道作为合作媒体。《都市消费报》在每期节目播出的第二天刊发节目播出内容；今视网对大多数“政风行风热线”节目进行了同步视频直播，并供播出后随时点播；《江西广播电视报》刊发相关消息；江西电视台公共频道预告了所有的节目，并作了相应的宣传。节目组每半个月编印一期《“政风行风热线”简报》，反映各单位参与节目情况，解决问题的效果及节目反响，上报省委、省政府领导，并发给各参与节目单位。

二、加强追踪与反馈，彰显节目的吸引力和公信力

“政风行风热线”节目，平均每期接听电话22个，收到短信39条，大量的互动信息中，咨询占22%，建议占40%，意见占20%，投诉占18%。参加节目的政府各部门，对群众提出的意见和投诉的问题，敢于面对，认真解答，积极解决。“政风行风热线”及时进行反馈和追踪报道，引起了社会较好的反响。

有的问题，是在节目进行当中就得到解决。如在9月8日的省环保局节目中，高安市龙潭镇万善村村民打来电话,反映村里的水渠受到上游养猪场的污染，参与节目的省环保局领导当即责成省环保局监察总队和高安市环保局负责人到现场进行调查，该台派出记者进行跟踪采访。当村民得知政府有关部门将采取措施尽快解决水污染问题时，所有在场的群众报以热烈的掌声。

有的问题引起有关部门主要领导的高度关注，并在主要领导的过问、督促下，得到较快解决。9月23日省公安厅的节目中，樟树市农村一位老人反映女儿户口迁移，当地派出所收取费用65元，公安厅党委副书记、副厅长彭焕恭在节目直播室当场表示：这是乱收费的错误行为，一定纠正，在当天就派治安总队负责人前往督查处理。公安部门把多收这位老人的59元户口迁移费如数退回，责令派出所所长停职检查，还向全省公安机关通报批评，该台在第二天的新闻节目中播

发了现场录音报道。

还有的问题，虽不是参加节目的部门的责任，但也在参加节目部门的领导重视下，得到了解决。如，12月2日省审计厅节目中，珠湖农场盲人朱女士反映丈夫已故，本人和两个孩子均无工作，一直未享受低保，参与节目的桑昌武副厅长深表同情，表示此事虽不属审计厅分管范畴，但一定尽力为其排忧解难。随后，省审计厅积极向珠湖农场的主管部门省监狱管理局反映情况，并反复协调，最后终于解决了朱女士的低保和子女就业。该台也对此事进行了追踪报道。

同时，该台将每周二的“政风行风热线”节目设计为反馈版，由上一周参加节目的单位代表再次走进直播室，分别向听众回复每一个问题的核实情况、解决措施和整改结果，并再次接听电话和接收手机短信，听取群众意见，接受社会监督。这一做法深得嘉宾单位和听众的认可。

“政风行风热线”反映民情民声，及时报道各相关部门改进工作的措施和成效，大大提升了节目的收听率和社会美誉度。同时，一个为民政府、责任政府、服务政府的形象也在人们心中树立起来。

三、注重正面引导，精心策划，节目达到“四满意”的效果

“政风行风热线”是舆论监督类节目，又是热线直播节目，为了让节目做到群众满意、参与单位满意、专家学者满意、各级领导满意。该台注重加强以下几方面工作：

1.接受省纠风办、省广电局的指导。省纠风办、省广电局和江西人民广播电台成立了节目领导小组，明确了主办单位、承办单位的职责。省政府纠风办领导多次听取节目情况汇报，召集有关会议，协调节目运作中的多种问题，解决了许多具体困难。

2.积极做好与听众和嘉宾单位的对接、沟通。该台每期节目都力图从受众的视角、嘉宾单位的属性职能、工作重心出发，围绕群众关心的问题做策划，加强与群众兴趣点、利益关联度的对接，找准两者都感兴趣的结合点——即老百姓对嘉宾单位有什么期待？有什么问题需要帮助解决？嘉宾单位又有什么政策（法规）等内容需要向听众解释，求得群众的认可或理解，从而促进政府与群众的沟通，在二者之间搭建一座连心桥。

3.注重节目进行中的引导、把关。精心研究制订了节目实施方案，挑选了10位工作责任心强和业务能力强的编辑、记者、主持人。节目中主持人注意引导参与节目的听众和嘉宾实事求是、心平气和地面对问题、解决问题，节目导播注意把握和疏导打进电话听众的情绪。

由于“政风行风热线”节目加强了对接与沟通，受到群众欢迎、领导肯定、社会各界的好评。一位广西听众打来电话说：“江西人民广播电台办这样的节目，真是办到了群众心坎上去了。”参加节目的嘉宾单位认为，通过节目中的互动，了解了社情民意，宣传了国家的法律法规及相关政策，化解了矛盾，展示了政府执政为民的形象和参与节目的领导的个性风采。省广电局《收听收看简报》、省委宣传部《新闻阅评快报》评价“政风行风热线”节目“张扬了广播优势，搭建了政府与百姓直接沟通的平台”。省委副书记、常务副省长吴新雄在省直单位政务环境评议评价总结表彰电视电话会议上，国家广电总局副局长胡占凡在全国广播电视系统行风评议总结大会上，分别对“政风行风热线”节目给予了表扬。

10月28日，中宣部副部长、国家广电总局局长王太华视察了江西人民广播电台新闻中心，对“政风行风热线”节目给予了充分肯定。他说：“这个节目很重要。我们媒体要和省委、省政府的工作结合在一起，和老百姓的要求结合在一起，这就是三贴近。”12 月 10 日，省委书记孟建柱对“政风行风热线”节目作出了重要批示。他说：“江西人民广播电台开设‘政风行风热线’专题节目，很有必要，她对密切党群关系，架设政府与群众沟通的桥梁，推动政风行风建设都很有意义。为了办好这个节目，江西人民广播电台的同志们付出了辛勤劳动，特向全体同志致以亲切的问候！望江西人民广播电台的同志们不断总结经验，再接再厉，围绕老百姓最关心、最现实、最迫切需要解决的问题着手，力争把这个专题节目办得更好，衷心祝愿大家取得更大成绩！”

努力做好宣传江西大文章

江西新闻上中央电视台“新闻联播”，是江西电视台新闻部的一项重要工作。2005 年，江西新闻上中央电视台“新闻联播”总数突破 300 条，达到 320 条，其中头条 9 条、提要 63 条、单条 106 条，总数列全国第五，仅次于江苏、山东、辽宁、湖北，创历史最好成绩。

这个成绩的取得来之不易。2005 年，中央电视台“新闻联播”每天 30 分钟容量基本没有延长，而且时政报道、中宣部指定的主题报道、典型报道在增加，留给地方台的空间更加狭小。一些省则占据了不少题材优势，比如湖北、重庆，每年三峡工程的报道就要上几十条。在这种情况下，该新闻部能取得这样好的成绩，得益于江西省去年发展势头强劲，得益于局台领导高度重视，也得益于各市广播电视局领导大力支持。

一、重视和加强与中央电视台新闻中心的全面合作

中央电视台“新闻联播”的稿件主要来自地方部、采访部、社会部。按照中央电视台的规定，各地方台传给中央电视台的稿件主要由地方部负责编辑处理。因此，对地方部交办的任务，该新闻部总是积极主动与其联系，沟通信息、了解情况、掌握动态，尽最大能力完成好。

在稳定地方部上稿数量的同时，该新闻部进一步拓展上“新闻联播”的渠道，加强与采访部和社会部的联系，每周定期向采访部和社会部报题、提供新闻线索，邀请这两个部门的记者来江西采访。一年中，中央电视台采访部和社会部来江西采访的记者有 80 余批次，通过他们在中央电视台“新闻联播”发稿达到 54 条，比往年有大幅度增加，而且基本是分量比较重的单条甚至头条。

另一方面，该新闻部不仅要求上“新闻联播”，还积极向其他各档新闻供稿。一年中，该新闻部向中央电视台各档新闻节目提供了近 2000 条新闻，被采用的就有 800 余条，超过以往任何一年。对中央电视台新闻中心的各类节目，比如“开学典礼直播”、“国庆特别节目”等，该新闻部也都是全力以赴，积极主动无条件地进行配合。

二、工作主动、努力

该新闻部能吃苦、敢打硬仗的作风已给中央电视台留下了非常深刻的印象。中央电视台每逢有什么急难险重的任务，首先就会想到江西电视台，而该新闻部也从未让他们失望过。比如 7 月 5 日中央电视台“新闻联播”急需一条关于节约型社会的稿件，但手头没有合适的内容，上午 9 点给新闻部紧急电话，下午 3 点就要稿子。该新闻部当即商量确定把“江铜循环经济”这条稿子报上去，并将详细的报道拍摄方案传给江铜电视台，请江铜电视台马上完成送过来，终于赶在下午 3 点前顺利向中央电视台发稿，成为当晚单条上提要稿《江西贵溪冶炼厂：变环境包袱为企业财富》。

在上“新闻联播”的稿件中，有些是属于慢工出细活的。比如 3 月 30 日在“落实科学发展观，中部崛起”栏目开篇播出的《江西在对接中开放》一稿，时长 4 分 30 秒，是一条分量重、影响大的重头稿，报道了江西省主动对接长珠闽，把区位优势转化成开放优势。在采访这条新闻时，该新闻部记者多次走访省内知名经济专家，与外企老总、开发区管理人员座谈，了解掌握了大量的新闻素材，四易其稿，反复补拍画面，才使这条新闻以厚实的内容、丰富的画面在“中部崛起”栏目的开篇播出。

10 月 23 日，中央电视台“新闻联播”中播出了该新闻部采制的新闻《江西——对接东部产业，促进中部崛起》，这是该新闻部的记者历时一个月采拍制作的。中央电视台新闻中心新任领导梁晓涛对经济报道很有研究，看了江西电视台这条新闻后，他感慨地说：“看来不仅经济发达省份能出好的经济稿，像江西这样经济欠发达地区同样也能出好稿。”这条新闻在全国电视新闻通联会上受到表扬，作为范例在会上交流。

三、报道创新是抓上中央电视台工作的一个突破口

每个台都想多上稿，可是上的内容又有限，而且大多都是相似的。比如全国“两会”的报道就是这种情况，无非是开会讨论，代表委员活动，场景也多是会场和驻地，十分雷同。2005 年，该新闻部想了个新招，创新报道形式，赢得了中央电视台的青睐。如：农民工待遇问题是去年全国“两会”讨论的热点之一，人大代表、南昌市长李豆罗利用休息时间，到工地搞调研，实地了解农民工生存状况，该新闻部就此进行了认真策划。中央电视台认为很有新意，但又觉得仅发江西电视台一条片子少了点，便要求其他电视台照着模式去做，由此带动了“两会”报道的形式创新。

总结 2005 年江西新闻上中央电视台的工作，不仅仅是超额完成了任务指标，新闻宣传能力和水平也得到了提高。比如正面报道、主题宣传的手法在与中央电视台高手的切磋、交流、融合中不断改进。正因为这样，2005 年，江西电视台的宣传工作上了一个新台阶，多次获得省委、省政府的肯定和表扬，收视率也持续攀升。

红色情怀 爱心舞台

——回顾江西五套的品牌定位之旅

早在1995年，哈佛大学商学院汉斯教授曾预言：“15年前，各公司在价格上竞争，今天在质量上竞争，明天将在品牌上竞争。”还有一位学者说：“农业时代竞争土地，工业时代竞争机器，信息时代竞争品牌。”

的确，电视媒体没有品牌定位，就好比一个人没有灵魂，江西电视台公共频道（简称“江西五套”）两年来的品牌定位之旅充分说明了这一点。

央视索福瑞调查数据表明，两年来，江西电视台（五套）周收视率总点数从2004年的300多点强劲上挺800点，屡创新高。2005年下半年开始，连续5个月超1000点（最高周平均1350点）。央视索福瑞和一些广告公司惊呼：“江西又杀出了一匹黑马。”江西五套广告创收每月刷新记录，2004年提前2个月完成2500万元年度任务，2005年9月又提前3个月完成了2800万年度任务，年度进帐3669万元，比两年前增长68%。

纵观全国公共频道建设与发展，从历史来说，江西五套不是成立最早的（与福建相比）；从经济发展来看，江西五套不处经济最优的地区（与浙江、江苏、广东相比）；从设备条件来看，江西五套不是硬件最好的频道（与河南、江苏相比）。当前，全国都在探讨公共频道出路，有的改弦易辙，有的被兼并，但江西五套在相对收视率、创收、品牌效应上，在全国名列前三位。这有力地说明，江西五套坚持“红色情怀，爱心舞台”的品牌定位是十分正确有效的。

该频道的品牌定位探索之旅始于2004年。当时，该频道提出：坚定地走品牌发展之路，把江西五套做大做强。做大做强江西五套，首先要明确，究竟谁是观看节目的主体？怎样吸引更多的成分加入、扩充这个主体？这个收视主体爱看什么节目？该频道派人多次北上南下考察周边兄弟江西电视台，虚心学习他们的成功经验，走遍江西各地，根据江西省的历史文化底蕴、本频道的媒体特征与观众群体走势，多番研究之后，于2004年4月确定了具有里程碑意义的品牌定位——红色情怀，爱心舞台，以此为江西五套的品牌核心。如果说前面更多的是为识别VI，是外在、形式、表象，那后面则更多的表现为核心、内容、实质。

江西五套在塑造“爱心”品牌工作中，精心打造了品牌的四大要素：一是打造高品质的节目；二是构建独特的定位；三是建立优质的识别VI体系；四是丰富高度的社会责任内涵。经过两年的不懈努力，江西五套运用新闻话语权，关注百姓的生活，能对社会发出传媒自己的声音，初步成为一个有精神、有情感、有灵魂的形象，成为群众有血有肉、活生生的朋友，还赋予了鲜明的“爱心”个性。

一、以爱心组织构建各种活动

“南昌市首届江西五套爱心购物节”是江西五套品牌战略中的经典范例，一年一度的江西五套爱心购物节使南昌多了一个节日，市民奔走相告等着节日购物，厂家、商家热烈参与，沃尔玛因此创全球日销量最高记录，远在国外的总裁也发来贺信；“送百部爱心电影进社区”活动，是江西五套品牌战略活动中的又一个亮点，该频道把品牌推广融入爱国教育活动中，寓教于乐，受到了社区群众热烈响应； 2005 年 3 月 5 日，该频道举办“万人同唱学习雷锋好榜样”活动，掀起了英雄城学习雷锋新高潮；“罗布泊越野”江西五套本可获冠军，但因为中途为救人弯路近 700 公里而误时，获亚军及精神奉献奖、组织奖。“第五社区”下社区服务，各社区积极参与，一位领导风趣地说：“你们是第五社区的爱心区长啦！”

爱心活动，观众广泛参与，相关节目的收视率也很高。该频道举办的“超级童星我最红”、“社区擂台赛”等活动及与此相关的节目，广大群众热情参与，及时收看。

二、以爱心构建栏目

帮忙不添乱、适度不过度、贴近更贴心、好看更耐看——这是该频道在节目制作，特别是新闻类节目制作上，坚持的管理原则，具体来讲，就是从选材上把握高度，从表现形式上探索角度，从主题提炼上体现深度，从社会效果上实现力度。

系列报道“关注贫困大学生”、“死亡线上的涂志强”等，找准定位，催人泪下，引起了社会的共鸣。每次节目刚播完，来信来电要求捐款帮助他们的人络绎不绝。百名贫困大学生在媒体宣传下、在社会支持下得以跨入大学校门；白血病患者少年涂志强因家境贫寒被迫放弃医治，“第五社区”弘扬爱心情怀，发起社会捐助活动，用爱延续年幼的生命。

三、以爱心贯穿管理

一位来五套工作不到一年的员工的子女脑瘤开刀，总监刘建芳得知后，动员全体职工：“一个苦字再小，一个人承担它就很大很大，一个苦字再大，大家一起来分担，它就很小很小，爱心不分级别，孝心没有大小。”全频道一个上午就募捐 1.6 万，大家还纷纷前往看望，同病房的室友为之感慨：“江西五套太温馨啦！”

每个员工不会忘记温馨的生日祝福——200 余员工，两年无一例外，都会在生日来临的时候接到频道领导温馨的祝福。记者古水林多年来几乎没有过生日的概念，但在刚来第一天，就接到频道领导的生日祝福，他感慨不已。他说，要对得起鲜花、蛋糕、短信，要播撒更多的爱心……职工病了，工会主席和鲜花礼物一起来到床前；员工思想忧郁，办公室主任、女工委员陪伴到深夜；保持共产党员先进性教育，请来了方志敏烈士的女儿讲党课，“第五社区”主播小童说：“我高中入党，大学转正，刚参加工作就参加先进性教育，太及时了！”凡过年过节休假日，共产党员总是带头值班！频道思想政治空气浓厚，要求入党、递交申请书的人越来越多。一位职工由衷地说：“原来我把别人当做魔鬼，世界如地狱，现在五套爱心感召之下，我把别人看做天使，世界如天堂。”一位员工打架，按制度要开除，临走时他深深鞠躬，说：“我没爱心，不配在江西五套，希望江西五套今后会接纳我。”

江西五套张扬“爱心大旗”，不是作秀、不是虚拟，而是切切实实落实到爱心组织活动、爱心构建栏目、爱心贯穿管理等每个环节中，具体深刻反映在每个人、每件事上。

调查研究

2005年江西人民广播电台听众收听状况调查报告

2005年1月至6月，北京美兰德媒体传播策略咨询有限公司为江西人民广播电台展开了一次大规模的听众抽样调查。抽样城市有南昌、九江、宜春、吉安、赣州、上饶，包括其市区、县城、农村。调查对象为在抽样城市中居住三个月以上，年龄12～74岁的居民。北京美兰德媒体传播策略咨询有限公司采取电话访问、入户面访、街头拦访等调查方法，共调查听众样本量2236人。6月20日，美兰德媒体传播策略咨询有限公司向江西人民广播电台提交了一份详尽的调查报告，以科学、权威的数据展示出江西人民广播电台的“产品形象”、“市场形象”和“服务形象”。报告的主要结论如下：

一、江西城镇广播听众概况

1.听众规模分析

⑴江西城镇潜在听众规模

本报告将拥有收音设备的居民定义为潜在听众，这是某地区可能的最大听众规模。调查数据显示，江西城镇居民拥有收音设备的占62.4%，没有收音设备的占37.6%。这表明，江西城镇潜在听众达893.6万人，占12～74岁江西城镇居民1432.9万人的62.4%。

⑵江西城镇现实听众规模

本报告把近一个月内收听过广播的听众定义为现实听众，他们是常态的听众，是某地区广播的实际听众。本次调查表明，江西城镇现实听众达448.6万人，占江西城镇12～74岁居民的31.3%。

调查结果表明，江西人民广播电台听众规模大，占有主导地位。调查中，有327.6万的听众收听江西人民广播电台，占江西城镇听众448.6万人的73%。

⑶江西城镇稳定听众规模

本次调查中，江西城镇现实听众收听广播的频次各有不同，本报告将每周收听广播三天（含三天）以上的听众定义为稳定听众，他们经常收听广播，是该地区广播的“忠实”听众。江西城镇听众收听广播不同频次显示：每周6～7天（几乎每天听）占23.9%，每周3～5天（经常听）占27.7%，每周1～2天（有时听）占31.6%，每周1天以下（很少听）占16.8%。这表明，江西城镇稳定听众达231.8万，占现实听众的51.7%。

2.听众构成分析

评价广播、节目不仅要看吸引听众的数量，还要看听众质量。因此，研究听众构成分析是十分有必要的。调查结果表明，江西城镇听众具有以下特点：性别以男性为主，比城镇居民中男性比例高出 10%；年龄比较年轻，其平均年龄为 32.4 岁；文化程度高，大专以上的高等文化程度的比例达 35.6%，高于全省城镇居民同类比例近 10%。本次调查中，大学生和中学生的听众最多，所占比例为 22.2%；其次是城市职工，比例为 18.3%；医生、教师等专业技术人员比例为 12.7%，居第三位。与城镇居民相比，江西城镇听众中政府工作人员、企业管理人员和专业技术人员的比例均高于全省城镇居民相应比例。

二、江西人民广播电台各频率特色分析

1.综合·新闻频率以新闻为主，听众评价高

通过观察听众收听新闻节目的频率选择可以看出，江西综合·新闻频率在新闻方面具有一定优势，是江西城镇听众收听新闻类节目的首选。

调查结果表明，综合·新闻频率得到听众好评，特别是新闻节目更得到听众的认可。有 89.2%听众对综合·新闻频率的“新闻报道及时、准确、可信、贴近”表示同意；听众认同“新闻报道内容丰富，信息有价值”的比例为 88.4%。

2.生活·经济频率注重民生，得到听众认可

通过观察听众收听医疗保健类节目的频率选择可以看出，江西生活·经济频率具有一定优势，选择该频率的听众规模居第一位。

调查结果表明，生活·经济频率在贴近群众方面，得到听众的认可，有 84.5%的听众对生活·经济频率的“节目内容丰富，有实用价值”表示同意；听众认同“节目内容关心老百姓”的比例为 67.9%。

3.信息·交通频率服务交通，兼收并蓄

通过观察听众收听节目的频率选择可以看出，江西城镇听众在收听新闻节目和文艺节目时，选择信息·交通频率的比例进入前三名。

调查结果表明，84.5%的听众对信息·交通频率的“节目内容丰富有价值”表示同意；听众认同“开阔眼界、陶冶情操”、“喜欢本频率的节目时间安排”和“时间安排恰当，适合我收听”的比例较高，在 70%以上。

4.文艺·音乐频率主打文艺，具有特色优势

通过观察听众收听节目的频率选择可以看出，江西文艺·音乐频率在文艺方面具有优势，江西城镇听众在收听这类节目时，选择文艺·音乐频率的比例居首位。

调查结果表明，文艺·音乐频率听众选择该频率“节目娱乐性强，欣赏性强”的比例为 81.7%，选择“节目内容丰富有价值”的比例为 80.6%。

2005 年省级卫视频道在 10 城市收视简析

2005 年，AC 尼尔森公司在北京、上海、天津、沈阳、南京、杭州、成都、重庆、武

汉和广州10大城市进行了电视收视调查，共调查了39750千人，调查数据显示：

1.在所有省级卫视频道中，2005年在10大城市中收视排名中，湖南、北京、安徽、上海东方、重庆、浙江、江西、江苏、广西和辽宁排在前10位。其中湖南和北京的优势比较明显，而且排名一直比较稳定，基本保持在前3位；安徽作为第3名，全年的平均收视率与前两者存在明显的差距，但是它后期走势比较强劲，差距明显缩小；而另外7个频道，它们之间的差距逐步缩小，优势也不是很明显，竞争非常激烈，波动较大，稍一松懈就可能被后来者取代。它们全天的平均收视情况具体见下表。

频道	收视千人数	收视率	占有率
湖南	139	0.4	3
北京	104	0.3	2
安徽	66	0.2	1
上海东方	58	0.1	1
重庆	52	0.1	1
浙江	51	0.1	1
江西	43	0.1	1
江苏	39	0.1	1
广西	37	0.1	1
辽宁	32	0.1	1

2.2005年，江西卫视在10大城市中取得了较好的收视效果，在所有省级卫视中排行第7位，贡献最大的是22:00的“传奇故事”和“明星剧场”，由于两者的良好表现，夜间（22:00～24:00）时段的收视千人数达到90，排名达到第5位，具有较强的竞争力。“传奇故事”年初推出，就吸引了不少观众，在10城市中的收视千人数达到90上下。随着时间的推移，收视率一路稳步走高，在同时段所有省级卫视自办栏目的收视排行由30位后逐步进到20位前，并在10月份达到了前10位，收视千人数超过了200，对频道的贡献越来越大。“明星剧场”则利用其操作的灵活性，弥补了黄金时段种种限制带来的不足，通过精心的组织、编排剧目，取得了不错的收视成绩，收视千人数超过100的有10部剧（其中《亮剑》的收视千人数达到269）。贡献较大的是黄金剧，尽管它的编排受到很多限制，但通过对首轮上星权的积极争抢，强剧、经典剧的挖掘，剧集的精编等种种努力，使得黄金时段能取得较好的收视效果。另外，午间的“怀旧剧场”和下午“激情剧场”也具有一定竞争力，但上午的“动感剧场”表现较弱。最不具竞争力的时段是傍晚18:00～19:00，受地域限制，以本地新闻为主的“江西新闻联播”难吸引外地观众，专栏“人间写真”也明显缺乏竞争力。

3.在10城市中表现较强的频道各有各的优势。湖南卫视全天表现都不错，它最明显的优势有三个：一是包括“超级女声”在内的各种活动类节目取得了很好的收视效果，2005年度20:00～22:30时段所有的省级卫视频道自办节目50强中，湖南卫视进榜25个，其中22个是活动类节目。二是韩剧《大长今》创造的收视奇迹，在22:00播出的收视率达到3%以上，远远高于黄金时段电视剧，对频道贡献巨大。三是湖南卫视的自办节目仍然具有较强的竞争力，在晚间常规的自办节目10强中，7个节目上榜。北京卫视的优势在于它的新闻类节目，中午的“世界报道”、“特别关注”和18:00档的“体育新闻”具有明显的竞争优势。安徽卫视则真正做到剧行天下，“第一剧场”、“雄风剧场”、“周末大放送”都不放松。上海东方卫视的竞争优势来自黄金剧和自办节目，“东方夜谭”、“律师视点”在全国有相当影响，大型活动“莱卡我型我秀”、“创智赢家”都为其带来了不错的收视成绩。重庆卫视的优势主要在于其方言节目“生活麻辣烫”和“雾都夜话”具有很强的竞争力，同时从下半年开始，重庆卫视加大了对电视剧的争抢。其他频道的优势就不明显。

4.江西卫视2005年表现不错，但是要在2006年继续保持并进一步提升其收视效果，不能有半点松懈，在巩固现有竞争优势的基础上，必须拓展新的收视来源。目前，最为可行的是重视白天剧场的编排，找准定位，形成风格，打造特色剧场，吸引观众。比较长远的是要创新自办节目，提高节目吸引力和竞争力，进而提高频道竞争力。

（陈四芳）

2005年南昌地区收视分析

2005年，“超级女声”的火爆、民生新闻的坚挺、韩剧的大行其道等，都给南昌电视市场带来了相当的影响。本文将利用CSM的收视数据对2005年南昌地区的收视情况作一简要分析。

一、总体情况

1.经过多年的萎缩后，南昌观众对电视的热情再度高涨，主要表现在开机率出现了明显回升。从2001年开始，南昌地区开机率持续走低，到2003年达到了最低点，6:00～24:00的平均开机率由17.5%跌到了15.9%，2004年也保持低水平，维持在16.1%，但2005年走出了低谷，开机率大幅走高，已升到了17.6%，全天的不同时段都有不同程度的提高，涨幅最大的是傍晚（18:30～19:00）时段，由2004年的30.4%上升到了2005年的35.4%，绝对涨幅达到5%，聚集了更多人气。

2.与2004年相比，2005年南昌地区不同电视台（频道）间的竞争格局基本稳定。江西电视台继续保持了在南昌地区的领先地位，5个频道的市场份额之和由2004年的42.6%上升到2005年的43.6%，竞争优势进一步增强。中央电视台紧随其后，13个频道市场份额之和由2004年的30.4%上升至2005年的30.8%，保持并巩固了在南昌较强的竞争力。南昌电视台的竞争力则明显走弱，4个频道的市场份额之和由2004年的12.4%下降到了2005年的9.5%，未能体现本地媒体的优势。外省卫视则打破地域限制，在南昌的竞争力明显提升，总体份额由2004年的9.2%上升到了2005年的11.1%，全面超过南昌电视台，成为本地频道不可轻视的竞争对手。而包括各级教育频道、落地境外频道和数字电视等在内的其他频道，继续处于弱势的地位，在南昌的市场份额仅维持在5%。

3.与电视台竞争格局的相对稳定不同，频道间的竞争比较激烈，出现了明显的波动。竞争力明显增强的有江西五套、江西四套、湖南卫视、中央三套和中央八套；竞争力明显减弱的有南昌一套、中央五套和南昌四套。总体而言，2005年南昌地区竞争力强劲的是江西二套、中央一套和江西五套3个频道，市场份额在10%以上；具有较强竞争力的是江西一套和江西三套，市场份额在6%以上；具有一定的竞争力的是江西四套、湖南卫视和中央三套，市场份额在3%到5%之间；竞争力较弱的是南昌一套、中央五套、中央八套、南昌四套、中央少儿频道、中央新闻频道、南昌二套和南昌三套，市场份额在2%到3%之间；其他频道的竞争力更弱。

二、具体表现

1.江西电视台在南昌地区整体上具有很强的竞争力，是多个频道共同贡献的结果，5个频道全部进入南昌地区的前6位，但贡献最大的仍是江西二套，其市场份额超过总体份额的三分之一，而相比2004年整体竞争力的提升则主要是江西四套和江西五套的贡献，它们2005年的市场份额相比2004年有明显的提高。

2005年，江西卫视在南昌的竞争力有所走弱，全天的平均市场份额由2004年的8.8%降至6.7%，一是整个白天表现都不理想，上午、下午两大剧场相比2004年都有走低，特别是下午降幅较大，平均份额由2004年的6.3%降到了2005年的3.5%。中午"怀旧剧场"虽然仍保持了较强竞争力，但片目选择受定位所限，经过几年的辉煌后，2004年开始转弱，2005年弱势更加明显。二是傍晚时段（18:00～19:30）受到地面频道强势的民生新闻和电视剧的冲击，竞争力明显下降，"江西新闻联播"的收视率由2004年的4.4%降至2005年的3.9%，转播中央电视台的"新闻联播"受冲击更大，收视率由2004年的6.1%降至2005年的4%。三是黄金剧有所走低，受独家上星权、首播上星权及广电总局编排的诸多限制，卫星频道晚间黄金时段电视剧的竞争压力越来越大。为配合纪念抗战胜利60周年的宣传，在中央电视台垄断大部分片源的情况下，2005年8月，该频道以大局为重，编排老版的《青春之歌》、《野火春风斗古城》等抗战题材片，受信号、画面、观众审美口味的变化等诸多因素影响，收视效果受到了很大影响。但从9月下旬开始，通过精心挑选剧目、电视剧精编、抢首轮上星等多种努力，收视效果大幅度上升，特别是10月以来，7部剧的收视率都保持在4%以上，全年的平均收视率达4.3%，相比2004年降幅不是很大。不过在22:00以后，该频道保持了较强的竞争力，"明星剧场"弥补了黄金剧的编排弱势，取得了较好的收视效果。自办节目也有较好表现，"传奇故事"在全国市场收视一路走高，并成为业界研究的对象。"明星面对面"则在南昌一枝独秀，全年的平均收视率达4.2%，成为同时段最具竞争力的节目。

江西二套全天的市场份额由2004年的16%降为2005年的15%，有小幅走低，但保持了南昌地区竞争力第一的位置，并且优势比较明显，主要是自办节目和黄金剧的贡献。在2004年取得了良好收视效果的基础上，2005年"传奇"扩版移至18:20播出，"都市现场"改版为60分钟的直播节目，收视率稳步上升，并从3月份开始一直保持着高收视点，全年的平均收视率分别达到8.35%和12.43%，市场份额均接近25%，明显提高了该频道在该时段的竞争力（2004年同时段的市场份额为16.9%）。"晚间800"作为老牌优秀栏目，依然具有很强的竞争力，虽然收视率小幅走低，由2004年的14%降为2005年的13%，但市场份额保持在24%以上，居同时段所有频道之首。黄金剧全年的平均收视率高达8.5%，与2004年（8.7%）相当，同时在南昌地区收视率最高的10部电视剧中，该频道占有9部（另一部为江西五套的《刁蛮公主》，以9.22%的收视率居第7位），表现仍然强势。从10月开始，周末推出的方言情景剧《松柏巷里万家人》，吸引了众多观众。该频道2005年竞争力的下降主要是白天和夜间22:00以后走低所致。2005年该频道将双休剧场理念扩展到工作日，天天10集连排，容量的放大带来了质量的下降，进而导致竞争力的减弱，剧场的市场份额由2004年的9.3%降到了2005年的6.3%，同时中午则由于电影的退场，市场份额也由2004年的13.7%降至2005年的8.3%。在22:00以后，新开办的“全纪录”、“消费前沿”无法替代强势的“传奇”，而电影播出时间的移后又流失了部分观众，使得22:00～24:00时段的竞争力大幅走低，平均市场份额由2004年的17.2%降到了2005年的7.7%。值得注意的是，从10月份开始，频道全天市场份额开始大幅走低，优势在逐步缩小，黄金剧和自办节目都出现了不同程度的走弱。

江西三套全天的市场份额由2004年的7.4%降至2005年的6.6%，全天的大部分时段都走低。黄金剧小幅走低，全年的平均收视率由2004年的4.3%降为2005年的4%。年初延续2004年底的强势，前4个月10部电视剧的表现都较强，收视率大多在4%以上，但从5月开始，剧型变化较为频繁，导致收视率逐步走低，一直到10月份韩剧《爱情的条件》的播出，才开始转强。黄金剧收视的波动直接影响频道整体竞争力的强弱，在9月电视剧的收视率达到低点（平均收视率仅2.1%）时，频道在南昌的排名也由平时的第5位跌到第9位。18:00档降幅较大，市场份额由2004年的9%降为2005年的7.5%，电视剧的表现有所走弱，更主要的是大型选秀节目“绝对明星超级大选”未能延续2004年的辉煌，收视率大幅走低，由2004年的4.7%降到了2005年的2.2%，不仅没有提升，反而削弱了该时段的竞争力。白天虽整体走弱，但仍具有一定竞争力，特别是上午，市场份额仍在8.5%以上，仅低于江西五套。而22:00以后，改电视剧为电影，竞争力明显提高，平均市场份额由2004年的2.6%升至2005年的5.1%，抑制了频道整体竞争力的进一步下降。

江西四套全天市场份额由2004年的3.7%升至2005年的5%，竞争力的提升主要在于从18:00开始整个晚间都走强。一是18:00档的“傍晚剧场”走港台剧路线，取得了很好的收视效果，市场份额由2004年的2.6%提升到2005年的6.1%，成为该频道2005年的一大收视亮点。二是22:00档的电影，通过精选、精编，形成了品牌，全年平均收视率达到2.3%，市场份额达到11.5%，在该时段具有绝对的竞争优势，成为频道另一收视亮点。三是黄金剧的表现相对其他频道虽然仍较弱，但相比2004年则有明显提升，平均收视率由2004年的1.5%升到了2005年的2.2%。遗憾的是，该频道上午、下午的剧场，市场份额都不到3%，竞争力极弱，直接影响了频道的整体竞争力。

江西五套2005年的竞争力大幅提升，全天的市场份额由2004年的6.7%上升到2005年的10.3%，在南昌的排名由第5位上升到了第3位，大部分节目都有不错表现。一是黄金剧走强，全年的平均收视率由2004年的4.3%升至2005年的5.6%，年底的《刁蛮公主》更以9.22%的成绩入选南昌地区电视剧十强。二是22:20开辟的“韩剧专场”带来了稳定而有优势的收视效果，并且带动后续节目走强，使得22:00～24:00该频道的市场份额由2004年的6%升至2005年的8.6%。三是包括“超级童星我最红”、“社区擂台”活动在内的自办节目取得了很好的收视效果，特别是从10月份开始，“第5社区”扩版，聚集了更多人气，到12月收视率超过6%，与“都市现场”形成激烈竞争。四是白天竞争力的提升尤为明显，上午的电影和下午的电视剧（由于频道重播剧所需数量很少，使得编排更为从容）收视率都稳居同时段南昌地区首位，市场份额也由2004年的不到

7%上升到了2005年的15%以上。

2.中央电视台在南昌地区具有较强竞争力，主要是中央电视台一套的贡献，它的份额接近总体份额的40%。与2004年相比，2005年中央电视台整体竞争力虽比较稳定，但是几个主要频道都出现了明显波动。

中央电视台一套全天平均份额由2004年的14.2%降至2005年的12.2%，竞争力下降主要在于优势新闻节目走弱，包括早、中、晚档的“新闻早八点”、“新闻30分”、“新闻联播”的收视率都有降低，降幅尤为明显的是“新闻联播”，收视率由2004年的22.1%降到了2005年的17.8%。但是黄金时段电视剧明显走强，平均收视率由2004年的3.6%提高到了2005年的5.1%，给南昌本地频道带来了不小冲击。

中央电视台三套和八套的改版都取得很好的效果，市场份额分别由2004年的2.7%和1.4%提高到了2005年的3.7%和2.4%。中央电视台三套在“同一首歌”和“艺术人生”的基础上，又推出“星光大道”、“欢乐中国行”等节目，对观众具有很强的吸引力。中央电视台八套虽然黄金剧改3集连排，收效却一般，全年的平均收视率不到1.2%，其竞争力的提升主要是15:00和22:00两档韩剧的贡献。

新推出的少儿频道也有一定贡献，它全天的市场份额达到2.4%，在中央电视台众多频道中排第5位。

中央电视台五套由于大型活动的减少，竞争力明显下降，市场份额由2004年的3.9%降为2005年的2.4%。

其他新闻、经济、电影等专业频道由于受众的稳定，收视表现平稳，波动幅度很小。

3.南昌电视台竞争力的下降主要是南昌电视台一套和四套的影响。作为主频道的南昌电视台一套全天的市场份额由2004年的4.5%降到了2005年的2.7%，在南昌的排名已跌到了第9位，完全丧失了本地频道的地域、资源优势，它不仅黄金剧大幅走弱，平均收视率由2004年的3.3%降至2005年的2.3%，而且一度比较有影响的“每日新闻”、“新闻说报”、“第一时间”等新闻类自办节目都无优势，18:30的“每日新闻”收视率由2004年的1.5%降到了2005年的0.6%。

南昌四套的份额也由2004年的3.2%降到了2005年的2.4%，比较有竞争力的22:00的夜间电影受到冲击，竞争力走弱，市场份额由2004年的5.7%降至2005年的4.7%；另一较有竞争力的18:00档的电视剧走弱的幅度更大，市场份额由2004年的4.9%降到了2005年的3%，已基本不具竞争力。

4.外省卫视在南昌竞争力的大幅提升主要是湖南卫视的贡献，它全天的市场份额由2004年的3.2%上升到了2005年的4.3%，在南昌的排名也上升到了第7位，对本地频道已构成不小的竞争压力。其竞争力的提升主要在于非黄金时段的开发，一是通过电视剧的精心编排巩固白天的优势，市场份额平均在5%以上，超过大部分本地频道；二是通过独家引进韩剧《大长今》，大幅提高了22:00档的竞争力，平均市场份额由2004年的4.8%升到了2005年的10.2%，播出期间更是收视率高达8%，超过本地大部分频道的黄金剧。而更为关键的是“超级女声”赛事的马拉松式设置和资源的多重开发与频繁利用，不仅提高了收视率，而且聚集了超高人气。

其他外省卫视在南昌的表现仍比较弱，目前还不构成威胁。

三、2005年收视特点与2006年竞争形势预测

随着2005年的过去，各电视台和频道收视成绩尘埃落定，2006年电视媒体新的竞争也拉开了序幕。2005年电视市场所表现出的收视特点可以帮助各电视台更理性、更从容地迎接2006年的挑战。

1.电视剧在2005年总体收视依然比较稳定，但单部剧的优势在减弱，全年表现最好的《小鱼儿与花无缺》平均收视率仅13.2%。特别是从9月底开始，南昌所有频道中没有电视剧的收视率达到10%。2006年电视剧仍将是各电视台和频道竞争力的主要来源，随着电视台特别是中央电视台对首播权独播权抢购力度的加大，电视剧的竞争力将进一步加剧。

2.各电视台在2005年对黄金时段争夺之余，非黄金时段特别是22:00以后深夜时段资源得到了充分开发。2006年，重视和开发非黄金时段资源的动作已经启动，特别是湖南卫视将22:00剧场定位为以独播剧为主的黄金剧场。黄金时段的有限性，使得频道整体竞争力的提升将更多地依赖于非黄金时段的有效利用。

3.在2005年，“超级女声”、“社区擂台”等节目取得了很好的收视效果，为频道带来了超强人气。有消息称，中央电视台三套将于2006年3月启动在上海、北京、成都等10城市的综艺主持人海选活动，而湖南卫视有关“超级伙伴”、“超级男声”的信息也频频见诸各种媒体。2006年，选秀活动类节目无疑仍将活跃荧屏。

4.民生新闻是南昌地区2005年一大收视亮点，2006年“都市现场”和“第五社区”的竞争已经展开，大家都在期待能延续辉煌。

5.中央电视台三套和八套的改版成功将更加坚定中央电视台将改版进行到底的决心，经过半年时间准备，全新改版的国际频道于1月30日正式与观众见面。中央电视台持续不断的改版势必对其他频道带来更大的冲击。

6.虽然2005年的开机率有所回升，但是新型媒体的渗透、数字电视的扩张是趋势，对传统电视媒体的冲击将会越来越大。

（陈四芳）

余江县马荃镇创办调频广播站情况调查及有关建议

余江县马荃镇自筹资金建起了调频广播站，面向基层，创新办站机制，把镇广播站办成了宣传党的政策、传播致富信息、普及科技知识、正确引导农民构建和谐社会的有效平台，取得了较好的社会效果。根据鹰潭市政府主要领导的指示，9月中旬，鹰潭市广电局局长周佐明，副局长徐光友，鹰潭市广播电台台长黄忠，省网络公司鹰潭分公司总经理徐群胜会同余江县文广局的同志前往余江县马荃镇，就该镇创办调频广播站一事进行调研。本文是鹰潭市广电局呈报给鹰潭市政府的调研报告。

一、基本情况

马荃镇位于余江县最南端，辖12个村委会，108个自然村，全镇总人口2.8万余人。今年3月份，该镇自筹资金建起了调频广播发射台和105个自然村的调频广播音柱信号接收点（有3个自然村因地处偏远山区无法接收信号而没有安装）。4月6日，该镇的调频广播正式开播，每天播出150分钟（周

六、日除外），目前播出时段为：早上 7:30～8:30，中午 12:00～12:30，晚上 5:30～6:30，播出时间随季节变换作适当调整。

二、基本经验

1.领导重视是创办广播站的前提条件。马荃镇经济状况不是很好，随着农村体制改革的不断深入，党和国家非常关注和关心农村、农业和农民问题。特别是近年来国家取消农业税的政策出台，使农村、农业工作发生了翻天覆地的变化。在新的形势下，镇党委和政府充分认识到，要把工作着力点从过去向农民要钱、要粮转移到现在的抓服务、抓发展和保稳定上来，必须创新工作形式。该镇在财政十分困难的情况下，投资 7.2 万元创办了调频广播站。党委书记亲自担任总编，分管副镇长担任副总编，负责来稿审定和广播设施的检查维修工作。现在，广播站成了宣传党的政策、传播致富信息、普及科技知识、正确引导农民构建和谐社会的有效平台。

2.创新机制是广播站得以生存的内在动力。要使广播站办起来、办下去，必须有一支长年累月，持之以恒，素质高，有一定能力，甘于奉献的队伍。该镇按人事编制设置只有一人隶属广播站，其他干部都有各自分工。创新机制是广播站得以生存的内在动力，该镇决定，司法所长、综治办主任、农技站长、计生办秘书长、党政办主任为广播站常年采编供稿人员，每个周五下午镇干部例会后，各自按照分工，拿出下周的广播稿，集中审定之后交广播站播发。从书记、镇长开始，每周安排一名班子成员结合自己分管的工作，围绕自身的工作体会或学习心得发表广播讲话，讲话稿事先录制，在“农村论坛”栏目播出。把向广播站供稿作为干部工作考核内容，极大地调动了广大镇村干部的积极性，逐步形成了对广播站工作人人关心，齐抓共管的格局。

3.面向百姓是广播站赖以发展的群众基础。广播站播出时间安排充分考虑群众生产生活作息习惯，既让大多数群众都能听到节目，又不影响群众的休息。同时，广播站的栏目内容也是在征求群众意见的基础上，结合农村实际和乡镇工作特点开设的，共设“报刊文摘”、“普法园地”、“农村论坛”、“为民服务”、“祝您健康”、“身边的故事”和“群众文艺”7 个栏目，使广播站成了当地党委政府和农民之间的一座连心桥。

三、几点建议

马荃镇创办广播站的实践证明，在当前农村工作新的形势下和创建和谐社会的进程中，通过广播宣传这种形式，让群众经常听到党和政府的声音，获得科技法制文化知识，丰富文化生活，都是十分必要的，受到了群众的欢迎。为此，建议：

1.制订年度规划，在全市有条件的乡镇逐步建立广播站。近期可由鹰潭市政府办公室牵头，鹰潭市、县广电部门承办，在马荃镇召开现场经验交流会，现场听取和感受创建广播站的经验及其意义，以便更好地发展农村广播事业，同时，明确创办管理主体和经费来源。

2.固定播音时间，及时转播鹰潭人民广播电台有关节目内容。鹰潭人民广播电台认真调整和安排节目内容，通过乡镇广播站的接收转播，把党和政府的声音及时传到农家。

3.完善有效措施，确保农村调频广播的安全播出。各地建立调频广播，一方面要按国家有关规定办理相关手续，做到依法办事；另一方面要完善安全措施，严防非法插播事件发生，并有防范的应急措施，确保安全播出。

电影 电视剧 广播剧

电视剧

铁色高原

1964年8月，铁道兵某部队奉军委命令，进驻到金龙江畔，修建举世闻名的西南大铁路。部队克服各种极端恶劣的自然条件，充分团结少数民族，发扬我军艰苦奋斗、无私奉献、不怕苦、不怕死的革命英雄主义精神，战胜敌人，按时完成了任务，谱写了一曲爱国主义、共产主义的凯歌。

该剧共22集。制作单位：萍乡星宇传媒影视文化发展有限公司。合作单位：成都军区电视艺术中心。出品人：余凤辉。监制：舒仁庆。制片人：谢俊斌、黄河。编剧：何署坤、李本深。导演：张今标，制片主任：冯克湘。主演：侯勇、史兰芽、杜源、孟尧。制作许可证：乙第15081号。发行许可证：（赣）剧审字〔2005〕第001号。

花季年华

该剧遵照党中央、国务院《关于加强和改进未成年人思想道德建设的若干意见》，通过描述一系列发生在同学们身边的小故事，生动活泼地反映了广大少年儿童在学校、社会、家庭中的学习、生活及各方面的发展情况，体现了党和政府以及学校、社会对祖国下一代的关爱和扶持。故事题材广泛，构思精巧，风格多样，亦庄亦谐，让人们在轻松愉快中获得启迪。

该剧共20集。制作单位：江西花季文化艺术有限公司。出品人：钱如鹤、李涌浩。监制：俞向党、粱勇。制片人：钱如鹤、徐正浩。编剧：邱恒聪、许小平。导演：张仁川、徐正浩。制片主任：张甜、单淑怡。主演：刘泽正、李维凯、聂青龙、吴丽丽。制作许可证：乙第15084号。发行许可证：（赣）剧审字〔2005〕第003号。

欢天喜地七仙女

七仙女落户人间，和夫君董永过着幸福美满的生活。王母在众神的压力下抓回七仙女，准备治其罪。董永爱妻心切，在表弟鱼日的帮助下，闯上天庭，见到了失去仙骨虚弱不堪的妻子。面对王母的责难，夫妻俩发誓要白头偕老，恩爱一生。王母束手无策，夫妻返回人间。在往返天庭和人间中，大姐和四姐先后爱上了食神和鱼日。为了严肃天庭法规，王母惩罚了大姐和食神。此时，五千年前被束缚的魔头阴蚀王苏醒了，他联络下仙扫帚星，开始了复仇计划。为了保护失去法力的姐妹，仙女们往来频繁，但如此一来，阴蚀王的法力恢复得更快。阴蚀王的出现引起了天庭的警觉，神仙们下凡追捕，在阴蚀王的藏身处仙女湖边展开了大战，众神擒获了阴蚀王。人间继续上演着爱情故事，二姐与黑鹰，三姐与金吒，五姐与马天龙，连六姐也找到了梦中情人，王母被气得七窍生烟。新的危机出现了，神仙们抓获的只是阴蚀王的替身扫帚星，真正的阴蚀王已经随着七位仙女的下凡，挣脱了最后一道束缚。为了人间和天庭的安泰，王母亲自迎战，但她不是阴蚀王的对手。危难时刻，七位仙女和她们的爱人打败了阴蚀王，解救了母亲，王母含笑接受了七个女婿。

该剧共38集。制作单位：江西电视台。合作单位：北京优赛环球文化公司。出品人：杨国钧、黄晔明、肖岗、黄枫。总监制：杨松、刘明、伊珊。制片人：高德欣、辜建刚、段未名、赵毅。编剧：费颖丽、庸人、张莹、刘毅、高志文。总导演：徐文雁。导演：江天、陈咏歌。主演：潘虹、霍思燕、郑国霖、六小龄童、蒋欣、杨蕊、吴越、吴健。制作许可证：甲第019号。发行许可证：（赣）剧审字〔2005〕第004号。

太阳花开

该片以医务工作者为载体，以几对恋人的命运历程和情感遭遇为轴心，描写他们为追求自己所爱而经历的情感撞击，重新寻找自己的人生价值和情感归宿，揭示了当代的年轻人如何调整、完善自我。

该剧共18集。制作单位：南昌电视台。合作单位：华视嘉禾（北京）公司。出品人：陈强、熊诚。监制：熊诚、金泽清。制片人：姚雷、杨帆。编剧：俞志清、洪靖慧。导演：姚雷。制片主任：张微林。主演：巫迪文、赵婉仪。制作许可证：乙第15083号。发行许可证：（赣）剧审字〔2005〕第005号。

新虎口脱险

一个普通的中国女孩连海华无意间看到了日本人制造皇姑屯事件的经过，由此引来日本关东军特务机构的追杀。在共产党人欧阳剑的保护下，历经种种艰难险阻，最后终于揭露了日本妄图侵占中国的狼子野心。

该剧共25集。制作单位：江西和平影视文化传播公司。合作单位：北京昊天纪元影视文化传播公司。出品人：余沥卿、袁安生。监制：梁勇、杨瑞祥。制片人：袁悟正、余艳。编剧：余沥卿、魏演敏。导演：于立清。制片主任：伊琳。主演：何鲁、潘耀武、张恒、修庆。制作许可证：乙第15085号。发行许可证：（赣）剧审字〔2005〕第006号。

评奖与表彰

评　奖

获第七届长江韬奋奖

江西电视台记者　　郑忠杰

获第十五届中国新闻奖

三等奖

广播评论《不法排污企业为何挂上保护牌》	刘乐明　史世海　邓季芳	江西人民广播电台

获第十六届中国新闻奖

一等奖

电视消息《地震灾区第一夜》	张　龙　上官海滨　曾　佳 孙宏翌　曾　军　刘守洪　洪　岱	江西电视台

新闻名专栏

新闻专栏“传奇故事”	李建国　金　飞	江西电视台
二等奖		
广播消息《九江发生5.7级地震震区主干道交通安全畅通》	蓝　蔚　丁佩芳　蔡　静　周俊杰　邓萍辉	江西人民广播电台
电视专题《非歧视农民工第一案》	路海波　万向东　朱　冰　蒋丽芳	江西电视台

获中国广播影视大奖2004年度广播电视节目奖

优秀专题奖

《精彩中国江西篇》　江西电视台　中央电视台

第十三届江西新闻奖

(广播电视部分)

作品标题	作者及编辑	单位
广播部分（62件）		
一等奖（8件）		
消息（4件）		
九江发生5.7级地震，震区主干道交通安全畅通	蓝　蔚　丁佩芳　蔡　静　周俊杰　邓萍辉	江西人民广播电台
九江长江大堤经受住地震考验	王文华　张吉昌	江西人民广播电台
我市居委会有了“洋委员”	范　弘　李华慧	南昌人民广播电台
不让孩子们的学习耽误一天	程玉香　陶　然	九江人民广播电台
连续（系列）报道（1件）		
走出安全与繁荣的悖论	刘崇智　张吉昌　邓季芳	江西人民广播电台
评论（1件）		

摩天轮旋转到何时	刘崇智 李 俊 史世海 邓季芳	江西人民广播电台
社教节目（2件）		
一个农民和他的两项国家专利	杨 芳 熊 芳 陈 影 李启雷	新余人民广播电台
一个妈妈和14个聋哑儿	陈燕玲 阎 青 张华山 王少军	鹰潭人民广播电台
二等奖（14件）		
消息（6件）		
高速公路通上井冈山	彭国芳 刘 琼	吉安人民广播电台
江铜集团销售收入突破200亿	罗春瑜 王征球	江西人民广播电台
高安牛肉闯进肯德基	于 蓓 温海虹	高安人民广播电台
我为胡爷爷系红领巾	邹淑芳 周 围	江西人民广播电台
景德镇民窑考古有重大发现	汪 洋 肖远义	景德镇广播电视台
农民专利村——潘塘	谭小娟 周合军	萍乡人民广播电台
连续（系列）报道（1件）		
众志成城抗天灾	王文华 郭颖哲 程玉香	九江人民广播电台
评论（1件）		
大学，怎一个大字了得	徐建华 戴志霞	江西人民广播电台
新闻专题（2件）		
资溪人的“面包人生”	谢慧星 危志娟 仇小达 吴乐明	抚州人民广播电台
果树下的流失	刘崇智 邓季芳	江西人民广播电台
社教节目（4件）		
心愿	丁 旭 周青松	上饶人民广播电台
蓝莲花	钟志荣 高 颖 施 婵	江西人民广播电台
邱小碧的故事	王 静 刘 剑	德兴市广播电视台
飞越城市（西安篇）	王 帅	赣州人民广播电台
三等奖（40件）		
消息（16件）		
泰和乌鸡获原产地域保护	彭伟群 宋学荣	泰和县广播电视台
婺源成立首家交通事故速裁庭	袁 斌 周俊杰	江西人民广播电台
修水农民有了自己的“十一五”规划	王征球 陈荣钟	江西人民广播电台
赣南脐橙首次统一开剪	刘照龙 李兴满	赣州人民广播电台
武功山发现国家一级保护树种	谭小娟 柳枝莲	萍乡人民广播电台
“中国大鲩之乡”落户我县	戴熙贵 舒 娜	靖安县广播电视台

征求到零意见之后	罗晓明　范　忠	弋阳县广播电视台
打工妹当选人民陪审员	夏有良	玉山县广播电视台
村民掏井遇险　警民紧急营救	陈　斌　黄　山	鄱阳县广播电视台
三千猎倌竟风流	吴　宇	东乡县广播电视台
五好评选评出农家文明风	李兴满	赣州人民广播电台
萍乡开设大专班培训后备村官	柳锡波　贺丁丁	萍乡人民广播电台
为胡爷爷系红领巾	胡晓鹏　黄海鹰	萍乡人民广播电台
江铜一年增收 30 亿	任江华　耿德成	鹰潭人民广播电台
为了母子的平安	刘小华　王万春	奉新县广播电视台
九江首推直选社区居委会	郭颖哲　肖济平	九江人民广播电台
连续（系列）报道（3 件）		
江铜人的发展观	王迪明　邓季芳　罗春瑜 王征球	江西人民广播电台
赣州城区 5・16 停水事件发生之后	何华英　李兴满　刘照龙 沈汉华	赣州人民广播电台
东京大审判中的中国大法官梅汝璈	卢昌汉　范　弘　黄南程 李华慧　傅　萍	南昌人民广播电台
评论（4 件）		
为浪费定罪	陈　丹　胡雅前	临川区广播电视台
建新房不等于建设新农村	朱华清　卓　青　曾海勇	南康市广播电视台
学生彩票引起的思考	卢昌汉　范　弘　黄南程 李华慧　郭林海	南昌人民广播电台
农业税免除后干部该干啥	余　锋　余慧琳	武宁县广播电视台
新闻专题（5 件）		
从捕鸟能手到护鸟志愿者	曾传文　郭春贺　余安生 康卫华	吉安人民广播电台
农民看病能报销	吴乐明　曾天娥　张志荣	抚州人民广播电台
感动浙江	任江华　涂高潮　樊荣江 王少军	鹰潭人民广播电台
生命的最后乐章	熊　晔　万萍才	安义县广播电视台
一个农村大学生的花儿梦	刘思华　幸安安　张佳儿	樟树市广播电视台
新闻现场直播（2 件）		
第二届泛珠三角区域经贸合作洽谈会开幕	邓季芳　王征球　尹继恩	江西人民广播电台
共创辉煌	卢昌汉　范　弘　史少华 黄南程	南昌人民广播电台

社教节目（10 件）

招莲的一天	刘卫国 周春玲 刘玉环	赣州人民广播电台
节约就是爱国	卢昌汉 范 弘 红 梅 许 颖	南昌人民广播电台
红领巾播音室	江晓坚 汪 琪 王 珊 厚济川 黄 坚 余 磊	九江人民广播电台
兄妹争相捐肾救弟弟	刘小军 刘香云 巫 斌	永丰县广播电视台
真情	汪建军 张 剑	玉山县广播电视台
首席司法调解员廖喜玉	李 悦 文海涛	江西人民广播电台
有话好好说	陈 影 杨 芳 李启雷 熊 芳	新余人民广播电台
生活在线	戴 杰 张 玲 甘 昆	南昌人民广播电台
直播中国：飞越庐山	江晓坚 程玉香 汪 琪 张 力 郭颖哲 蔡冬冬	九江人民广播电台
艾滋病预防知识介绍	温燕霞 徐 扬 章彦磊 吕翼翔	江西人民广播电台

电视部分（62件）

特别奖（1件）

沧桑正道	刘上洋 何庆怀 黄晔明 俞向党 陈东有 梁 勇 杨 松 杨玲玲 万江麟 龚邦国 张步蓉	江西电视台

一等奖（7件）

消息（4件）

地震灾区第一夜	张 龙 上官海滨 曾 佳 孙宏翌 曾 军 刘守洪 衷 亮	江西电视台
非歧视农民工第一案	路海波 万向东 蒋丽芳 许运交	江西电视台
不让孩子们的学习耽误一天	尹毅剑 刘金胜	江西电视台
新余积极打造“蓝领人才”培育基地	黄瑞卿 卢晓燕	新余电视台

连续（系列）报道（1件）

农民工回流的背后	陈卫东 陈安希 汪海涛 邹春峰	上高县广播电视台

社教节目（2件）

阳光女孩曹华丝	陈　谦　李彦俐　董建新　陈高华	九江电视台
旱地禾花	罗德明　陈定志　赖　斌　董　艳	赣州电视台

二等奖（14 件）

消息（8 件）

江西九江发生里式 5.7 级地震	张　龙　曾　佳	江西电视台
江西提前一年免征农业税	易义华　曾　敏	江西电视台
一个都不能少	李良生　谭　伟	南昌电视台
昌九高速德安段突发山体滑坡	陈松瑞　罗其高	德安县广播电视台
遂川县党员战斗在防禽流感一线	胡煜坤　黄晓薇	吉安电视台
十万农民铸造“物流航母”	易义华　饶文章	抚州电视台
循环经济创造财富	张洁明　黄敏之	鹰潭电视台
服务不到位　农民躲干部	吕笑梅	赣州电视台

连续（系列）报道（2 件）

助贫寒学子回家过年	丛晓林　刘　健　肖　麟　雷　晴　徐　剑	江西电视台
帮你回家	刘　蔚　张海睿　贺　贞　邹　丽	萍乡电视台

新闻专题（2 件）

亲切勉励　巨大关怀	曹济仁　詹运德　李　祥　张祖国	景德镇市广播电视台
爱的世界不孤独	周　枫　谭文娟　钟志宇　张雅莉	萍乡电视台

社教节目（2 件）

魅力婺源	俞炎保　詹　飞　江永红　叶如煌	婺源县广播电视台
新时代的愚公	罗俐珍　任　晞　王笑鹏　叶琳琳　李春平　张　磊	江西电视台

三等奖（40 件）

消息（17 件）

红榜黑榜分优劣	毛凌志　郭海红	吉水县广播电视台
泰井高速建成通车	王　剑　曾　敏	江西电视台
幸存者的见证	黄定荣　吴轩宇	抚州电视台
欢歌激荡红土地	傅心明　刘咏梅	赣州电视台
总理来到我们身边	张友敏　柯玉清	瑞昌市广播电视台
农民 DV 直录党员干部水灾救人	唐　勇　赖　斌	赣州电视台

官山分布世界最大长柄双花木群落	张伟群　李　坚	宜丰县广播电视台
苑前老表“吹牛”赛	王欣苑　叶舒浩	吉安电视台
陶雪莲的种粮帐本	万良朋　易义华	江西电视台
奋战在抗洪第一线的党员	温　俊　李俊良	江西电视台
道路改造赶进度　居民小区一票否决	杨文学　杨　侃	江西电视台
生态审计令山更青水更绿	饶文章　刘荣锋	抚州电视台
记者偷拍站台黑手	罗海涛　熊　亮	南昌电视台
生死救援	李良生　赵　鸣	南昌电视台
为了母子的平安	李　戈　张来生	宜春电视台
九江发生 5.7 级地震	集体创作	九江电视台
“泰利”无情人有情	蔡　芳　陈　澜	庐山电视台
连续（系列）报道（6 件）		
老兄啊，这可是你亲娘	康美权　陈　宇　叶舒浩　张　华	吉安电视台
市场惊现假考试用铅笔	俞　玮　万良朋　袁　熙　王　剑　静　波　易义华	江西电视台
关注校园另类童谣	钟尧芳　徐　凌　朱首清	上饶电视台
解读广丰创业文化	管晶晶　徐国英　刘　潇　姚　洁	广丰县广播电视台
爱的呼唤	李初荣　谢小勇　廖慧杰　余德成　谢　雨	新余电视台
暗访潲水油作坊	李良生　刘　赋　熊　亮　吴广平	南昌电视台
评论（2 件）		
关注水源　关爱我们自己	张志珍　李　睿　徐忠平　韩春玲	抚州电视台
创优要讲实际	祝卫明　吴　玺	鹰潭电视台
新闻专题（4 件）		
我们村里的傻书记	朱　兵　聂小荣　肖小龙　邓志文	新干县广播电视台
用爱点燃希望	习凡民　陈华平　文素珍	峡江县广播电视台
灿烂文化　经典诵读	胡　冰　袁建兵　钟海华	分宜县广播电视台
天外飞贼	杨瑞英　叶　非　邢同林	南昌电视台
新闻现场直播（1 件）		

直播乐温	刘　宁　朱　林　张　龙 王　剑　阙维海　樊辉路	江西电视台

社教节目（10件）

知心爱人	余　菁　于　弓　王　炜 余菁瑛　张素娟	上饶电视台
大山剿赌记	王晓峰　罗以勒　廖志洪 李　伟	新余电视台
8分钟的战斗	唐济生　周长虹　饶昊照 徐洪梅　沈雅彬	江西电视台
猕猴闹冬	张伟群　董湘玲　熊　凯 李　坚	宜丰县广播电视台
老夫少妻	陈　谦　李彦俐　唐　芸 陈高华	九江电视台
六个山里娃和一个老师	孙　浩　李胜波　郭　勇 梁　珂	萍乡电视台
爱创造奇迹	龚立新　蔡敬忠　王绪华 胡沁怡　刘　翔	鹰潭电视台
姐弟情	章登文　邹永辉	临川区广播电视台
苏区干部好作风	钟瑞龙　陈　虹　万少玮 曾凡才　郑小林	赣州电视台
请把目光投向我	邓　迅　肖芳芳　温从寅 郭明华　万维藩　高兴全	江西电视台

消息、言论类

一等奖

地面数字电视在江西省产业化运营的战略思考	龚邦国　熊丽萍	江西电视台

二等奖

唯物辩证法与负面新闻题材的正面引导	曾学远	江西电视台
收视率标准之辨	曾学远	江西电视台

三等奖

重视电视新闻的亲民取向，提高宣传质量	田海宏	江西电视台
变“收视冰点”为“收视亮点”——午间电视新闻栏目生存之道	程　鹏	江西电视台

网络新闻类

一等奖

消息：网络聊天聊出省劳模，网络妈妈再创全国第一　李晓晓　陈小勇　钟定娴　今视网

二等奖

专题：中国江西创业网　今视网　今视网

三等奖

消息：百姓买房政府贴息，南昌市房地产市场健康运行　黄　熹　张　宇　今视网

评论：还有谁更害怕“召回”　冯苏楠　今视网

新闻名专栏奖

传奇故事　吴学敏　范宁洪　金　飞　江西电视台

行风政风评议热线　邓季芳　杨盛海　周　围　刘海涛　余　林　冯　雷　江西人民广播电台

2005年江西广播电视奖
——优秀广播节目奖获奖作品目录

一等奖（11件）

消息（5件）

九江长江大堤经受住地震考验　王文华　张吉昌　江西人民广播电台

我市居委会有了“洋委员”　范　弘　李华慧　南昌人民广播电台

九江地震我省交通主干道安然无恙　周俊杰　蓝　蔚　江西人民广播电台

接官村引来千名外地猪倌　晏草根　张　莉　上高县广播电视台

不让孩子们的学习耽误一天　程玉香　陶　然　九江人民广播电台

连续（系列）报道（1件）

走出安全与繁荣的悖论　刘崇智　张吉昌　邓季芳　江西人民广播电台

评论（1件）

摩天轮旋转到何时　刘崇智　李　俊　史世海　邓季芳　江西人民广播电台

新闻专题（1件）

收费为何多于免税　刘崇智　张吉昌　史世海　江西人民广播电台

对象性节目（1件）

一个农民和他的两项国家专利　杨　芳　熊　芳　陈　影　李启雷　新余人民广播电台

公众性节目（2件）

农民工按市民标准获赔引发的话题　王征球　邓季芳　尹继恩　江西人民广播电台

一个妈妈和14个聋哑儿　陈燕玲　阎　青　张华山　王少军　鹰潭人民广播电台

二等奖（28件）

消息（12件）

高速公路通上井冈山　彭国芳　刘　琼　吉安人民广播电台

江铜集团销售收入突破200亿　罗春瑜　王征球　江西人民广播电台

渝水区严查官煤勾结案件　熊　芳　杨　芳　新余人民广播电台

高安牛肉闯进肯德基　于　蓓　温海虹　刘　凤　高安市广播电视台

我市发生里氏6级地震　张友敏　张　勇　瑞昌市广播电视台

全国九大景区签署井冈山宣言　李亚明　肖秋凤　吉安人民广播电台

我为胡爷爷系红领巾　邹淑芳　周　围　江西人民广播电台

职业教育“新余现象”享誉全国　陈　影　李启雷　新余人民广播电台

景德镇民窑考古有重大发现　汪　洋　肖远义　景德镇市广播电视台

把政绩融入碧水青山　仇小达　谢慧星　抚州人民广播电台

农民专利村——潘塘　谭小娟　周合军　萍乡人民广播电台

昌厦海铁联运专列今日开通　范　弘　李华慧　南昌人民广播电台

连续（系列）报道（1件）

众志成城抗天灾　王文华　郭颖哲　程玉香　九江人民广播电台

评论（2件）

大学，怎一个大字了得　徐建华　戴志霞　江西人民广播电台

从蒋国珍被受资助者遗忘说起　熊　芳　杨　芳　李启雷　陈　影　新余人民广播电台

新闻专题（3件）

三十小时与三十万元　郭远辉　陈其龙　胡丽萍　罗　花　万安县广播电视台

资溪人的面包人生　谢慧星　危志娟　仇小达　吴乐明　抚州人民广播电台

果树下的流失　刘崇智　邓季芳　江西人民广播电台

十佳栏目（1件）

政风行风热线　杨盛海　刘海涛　李　悦　于　林　彭世翔　江西人民广播电台

现场直播（1 件）

今夜无眠	张　杰　黄　丹　张国华 都晓辉　郑　重　曹　辉	九江人民广播电台

对象性节目（3 件）

心愿	丁　旭　周青松　徐国英	上饶人民广播电台
蓝莲花	钟志荣　高　颖　施　婵	江西人民广播电台
留住夕阳　奉献丹心	刘　凤　温海虹	高安市广播电视台

公众性节目（4 件）

邱小碧的故事	王　静　刘　剑	德兴市广播电视台
别墅建进了国家森林公园	刘崇智　邓季芳	江西人民广播电台
飞越城市（西安篇）	王　帅	赣州人民广播电台
非法车牌大家说	凌　峰	萍乡人民广播电台

知识性节目（1 件）

小木筷　大课堂	钟兴楠　朱志军	吉安人民广播电台

三等奖（47 件）

消息（17 件）

泰和乌鸡获原产地域保护	彭伟群　宋学荣	泰和县广播电视台
婺源成立首家交通事故速裁庭	袁　斌　周俊杰	江西人民广播电台
修水农民有了自己的“十一五”规划	王征球　陈荣钟	江西人民广播电台
赣南脐橙首次统一开剪	刘照龙　李兴满	赣州人民广播电台
武功山发现国家一级保护树种	谭小娟　漆　威	萍乡人民广播电台
中国大鲵之乡落户我县	戴熙贵　舒　娜	靖安县广播电视台
征求到零意见之后	罗晓明　范　忠	弋阳县广播电视台
打工妹当选人民陪审员	夏有良	玉山县广播电视台
警民紧急营救塌方被埋村民	陈　斌　黄　山	鄱阳县广播电视台
新农村里新风水	刘崇智　李　悦	江西人民广播电台
三千猪倌竞风流	吴　宇	东乡县广播电视台
五好评选评出农家文明风	李兴满	赣州人民广播电台
萍乡开设大专班培育后备村官	柳锡波　贺丁丁	萍乡人民广播电台
为胡总书记系红领巾	胡晓鹏　黄海鹰	萍乡人民广播电台
江铜一年增收 30 亿	任江华　耿德成	鹰潭人民广播电台
为了母子的平安	刘小华　王万春	奉新县广播电视台
九江直选社区居委会	郭颖哲　肖济平	九江人民广播电台

连续（系列）报道（3 件）

江铜人的发展观	王迪明　邓季芳　罗春瑜 王征球	江西人民广播电台
赣州 5·16 停水事件发生之后	何华英　李兴满　刘照龙	赣州人民广播电台

东京大审判中国大法官梅汝璈	沈汉华 卢昌汉 范 弘 黄南程 李华慧 傅 萍	南昌人民广播电台

评论（4件）

为浪费定罪	陈 丹 胡雅前	临川区广播电视台
建楼房不等于建设新农村	朱华清 卓 青 曾海勇	南康市广播电视台
学生彩票引起的思考	卢昌汉 范 弘 黄南程 李华慧 郭林海	南昌人民广播电台
农业税免除后干部该干啥?	余 锋 余慧琳	武宁县广播电视台

新闻专题（5件）

从捕鸟能手到护鸟志愿者	曾传文 郭春贺 余安生 康卫华	吉安人民广播电台
农民看病能报销	吴乐明 曾天娥 张志荣	抚州人民广播电台
感动浙江	任江华 涂高潮 樊荣江 王少军	鹰潭人民广播电台
生命的最后乐章	熊 晔 万萍才	安义县广播电视台
一个农村大学生的花儿梦	刘思华 幸安安 张佳儿	樟树市广播电视台

十佳栏目（1件）

交通在线	集体创作	江西人民广播电台

现场直播（2件）

第二届泛珠三角区域经贸合作洽谈会开幕	邓季芳 王征球 尹继恩	江西人民广播电台
共创辉煌	卢昌汉 范 弘 史少华 黄南程	南昌人民广播电台

对象性节目（5件）

金色年华 重阳节特别节目	温燕霞 詹 青 徐 欣 张 东	江西人民广播电台
招莲的一天	刘卫国 周春玲 刘玉环	赣州人民广播电台
愿将辛勤换彩霞	张 跃 何志华 彭宁宁 欧阳丽虹	章贡区广播电视台
节约就是爱国	卢昌汉 范 弘 红 梅 许 颖	南昌人民广播电台
红领巾播音室	江晓坚 汪 琪 王 珊 厚济川 黄 坚 余 磊	九江人民广播电台

公众性节目（7件）

兄妹争相捐肾救弟弟	刘小军 刘香云 巫 斌	永丰县广播电视台

真情	汪建军 张 剑	玉山县广播电视台
感动九江 温暖家园	杨盛海 江晓坚 邓季芳 周 围 刘海涛 肖 蕊	江西人民广播电台
江西首席司法调解员廖喜玉	李 悦 文海涛	江西人民广播电台
有话好好说	陈 影 杨 芳 李启雷 熊芳	新余人民广播电台
生活在线	戴 杰 张 玲 甘 昆	南昌人民广播电台
直播中国：飞越庐山	江晓坚 程玉香 汪 琪 张 力 郭颖哲 蔡冬冬	九江人民广播电台
知识性节目（2 件）		
转转的烦恼	王迪明 周海平 王 泉 陈 晟 马跃征	江西人民广播电台
艾滋病预防知识介绍	温燕霞 徐 扬 章彦磊 吕翼翔	江西人民广播电台
广告节目（1 件）		
关爱他人	南 湘 蔡 静 吕 波 宋 琰	江西人民广播电台

2005 年江西广播电视奖
——优秀电视节目奖获奖作品目录

特别奖（1 件）

沧桑正道	杨 松 万江麟 龚邦国 张步蓉 罗俐珍 李 军	江西电视台

一等奖（13 件）

消息（5 件）

江西九江发生里氏 5.7 级地震	张 龙 曾 佳	江西电视台
不让孩子们的学习耽误一天	尹毅剑 刘金胜	江西电视台
地震灾区不平静的一夜	张 龙 上官海滨	江西电视台
新余打造蓝领人才培育基地	黄瑞卿 卢晓燕	新余电视台
萍钢年销售收入突破 100 亿	彭一均 赖俊兵	萍乡电视台

连续（系列）报道（1 件）

农民工回流的背后	陈卫东　陈安希　汪海涛　邹春峰	上高县广播电视台
新闻专题（1件）		
危情关头	杜云志　邓丽青　吉　潇　王清平	江西电视台
十佳栏目（1件）		
传奇故事	集体创作	江西电视台
短纪录片（1件）		
正科级女村官	曾素萍　李奇芳　张　鹏　付　恺 祝俊新　朱彤彤	江西电视台 修水县广播电视台
长纪录片（1件）		
阳光女孩曹华丝	陈　谦　李彦俐　董建新　姜　伟	九江电视台
专题片（2件）		
江西非歧视农民工第一案	路海波　万向东　蒋丽芳　黄　培	江西电视台
旱地禾花	罗德明　陈定志　赖　斌　董　艳	赣州电视台
系列片（1件）		
情系东江源	柳春江　蒋　迅　李　蔓　王智贤 张　磊　汤伟民	江西电视台

二等奖（29件）

消息（11件）		
江西提前一年免征农业税	易义华　曾　敏	江西电视台
别让安全线成了危险线	徐　剑　廖　良	江西电视台
马路边的电视台	万良朋　孙宏翌	江西电视台
一个都不能少	李良生　谭　伟	南昌电视台
昌九高速德安段突发山体滑坡	陈松瑞　罗其高	德安县广播电视台
遂川县党员战斗在防治禽流感一线	胡煜坤　黄晓薇	吉安电视台
农民点菜　政府买单	朱　林　易义华	江西电视台
瓷瓶传真情　两岸一家亲	廖尼峰　张祖国	景德镇台
十万农民铸造物流航母	易义华　饶文章	抚州电视台
循环经济创造财富	张洁明　黄敏之	鹰潭电视台
服务不到位　农民躲干部	吕笑梅	赣州电视台
连续（系列）报道（3件）		
助贫困学子回家过年	丛晓林　刘　健　肖　麟 雷　晴　徐　剑	江西电视台
帮你回家	刘　蔚　张海睿　贺　贞 邹　丽	萍乡电视台
建设新农村　和谐绘新景	傅心明　刘咏梅　谢晓瑜 廖光辉	赣州电视台

新闻专题（2 件）

亲切勉励　巨大关怀	曹济仁　詹运德　李　祥　张祖国	景德镇广播电视台
爱的世界不孤独	周　枫　谭文娟　钟志宇　张雅莉	萍乡电视台

评论（1 件）

红色旅游：联手唱红中国	邱　明　郑云军	吉安电视台

十佳栏目（1 件）

新闻直通车	陈文清　杨　婷　龙兰萍　李　颖　刘　斌　邹亚琼	宜春电视台

短纪录片（3 件）

雕刻塑像　雕刻人生	刘　宁　温小力　王　敏　王自明	江西电视台
代理妈妈钟文花	王　炜　胡绍斌　黄琦琳　祝福炎　杨小军　陈　琼	上饶电视台
母与女	应　源	萍乡电视台

长纪录片（2 件）

弃子	蔡敬忠　王绪华　龚立新　刘　翔　曾　蓉　胡沁怡	鹰潭电视台
追捕“二王”	谢　斌　熊　晗　季　强　邹　卫　谢志刚　王波文	南昌电视台

专题片（5 件）

新时代的愚公	罗俐珍　任　晞　王笑鹏　叶琳琳　李春平　张　磊	江西电视台
老吴夫妇的幸福生活	徐国英　俞燕军　刘　潇	广丰县广播电视台
魅力婺源	俞炎保　詹　飞　江永红　叶如煌	婺源县广播电视台
苏珊的中国情	雷汇敏　张祖国　徐　玲　沈建芳	景德镇广播电视台
庐山情思	龚　骥　张玮玮	庐山电视台

系列片（1 件）

《十送红军》官司	王小卿　万少玮　黄　康　吴端琼	赣州电视台

三等奖（58 件）

消息（23 件）

红榜黑榜分优劣	毛凌志　郭海红	吉水县广播电视台
阮俊发一举破挺举全国纪录	张小军　左　立	江西电视台

作品	作者	单位
泰井高速建成通车	王 剑 曾 敏	江西电视台
梨温高速上饶段发生大爆炸	王 炜 孙志红	上饶电视台
幸存者的见证	黄定荣 吴轩宇	抚州电视台
芦溪农村合作医疗惠及千家万户	赖俊兵 贺俊成	萍乡电视台
欢歌激荡红土地	傅心明 刘咏梅	赣州电视台
总理来到我们身边	张友敏 柯玉清	瑞昌市广播电视台
农民 DV 直录党员干部水灾救人	唐 勇 赖 斌	赣州电视台
官山分布世界最大长炳双花木群落	张伟群 李 坚	宜丰县广播电视台
苑前老表“吹牛”赛	王欣苑 叶舒浩	吉安电视台
陶雪莲的种粮帐本	万良朋 易义华	江西电视台
红色游怎成接待游	万沪金 刘建彬	江西电视台
奋战在抗洪第一线的党员	温 俊 李俊良	江西电视台
居民小区一票否决不合格道路	杨文学 杨 侃	江西电视台
生态审计令山更青水更绿	饶文章 刘荣锋	抚州电视台
记者暗访拍摄站台黑手	罗海涛 熊 亮	南昌电视台
生死救援	李良生 赵 鸣	南昌电视台
为了母子的平安	李 戈 张来生	宜春电视台
九江市发生 5.7 级地震	集体创作	九江电视台
泰利无情人有情	蔡 芳 陈 澜	庐山电视台
帐蓬里降生了一个小生命	谢君诚 易 力	九江电视台
老党员王海清和他的家庭学习会	曾福华 李 戈	宜春电视台

连续（系列）报道（6 件）

作品	作者	单位
老兄啊，这可是你亲娘	康美权 陈 宇 叶舒浩 张 华	吉安电视台
市场惊现假考试用铅笔	俞 玮 万良朋 袁 熙 王 剑 静 波 易义华	江西电视台
关注校园另类童谣	钟尧芳 徐 凌 朱首清	上饶电视台
解读广丰创业文化	管晶晶 徐国英 刘 潇 姚 洁	广丰县广播电视台
爱的呼唤	李初荣 谢小勇 廖慧杰 余德成 谢 雨	新余电视台
暗访潲水作坊	李良生 刘 赋 熊 亮 吴广平	南昌电视台

新闻专题（4 件）

作品	作者	单位
我们村里的傻书记	朱 兵 聂小荣 肖小龙 邓志文	新干县广播电视台
用爱点燃希望	习凡民 陈华平 文素珍	峡江县广播电视台
灿烂文化 经典诵读	胡 冰 袁建兵 钟海华	分宜县广播电视台

天外飞贼　杨瑞英　叶　菲　邢同林　南昌电视台

评论（2 件）

关注水源　关爱我们自己　张志珍　李　睿　徐忠平　韩春玲　抚州电视台

创优要讲实际　祝卫明　吴　玺　鹰潭电视台

十佳栏目（1 件）

新闻夜航　温小力　朱新伟　田海宏　杨　侃　方　俊　秦　婧　江西电视台

现场直播（1 件）

直播乐温　刘　宁　朱　林　张　龙　王　剑　阙维海　樊辉路　江西电视台

短纪录片（6 件）

知心爱人　余　菁　于　弓　王　炜　余菁瑛　张素娟　上饶电视台

大山剿赌记　王晓峰　罗以勒　廖志洪　李　伟　新余电视台

快乐小熊　李　容　伍　丹　李颖芳　李化玲　贾东华　江铜电视台

8 分钟的战斗　唐济生　周长虹　饶昊熙　徐洪梅　沈雅彬　江西电视台

猕猴闹冬　张伟群　董湘玲　熊　凯　李　坚　宜丰县广播电视台

老夫少妻　陈　谦　李彦俐　唐　芸　陈高华　九江电视台

长纪录片（4 件）

千古之谜问龙游　易中野　张建波　杨小军　甘慧萍　上饶电视台

六个山里娃和一个老师　孙　浩　李胜波　郭　勇　梁　珂　萍乡电视台

爱，创造奇迹　龚立新　蔡敬忠　王绪华　胡沁怡　刘　翔　鹰潭电视台

农民记者朱高生　孙卫东　黄程伟　吴玉峰　刘建华　陈小萍　孙文霞　宜春电视台

专题片（6 件）

永远的江西　王智贤　李延斌　余　飞　雷　洪　黄　斌　江西电视台

嘹亮永远　谭　波　缪志坚　陈　静　陈喜妹　上饶电视台

姐弟情　章登文　邹永辉　临川区广播电视台

永远的红旗　王绪华　蔡敬忠　应慧芳　曾　蓉　阎　青　鹰潭电视台

花季末路　张　勇　张友敏　周玲玲　张　杰　瑞昌市广播电视台

过年　董　群　孙敬梅　龚　骥　张玮玮　九江电视台

系列片（1 件）

苏区干部好作风	钟瑞龙　陈　虹　万少玮　曾凡才　郑小林	赣州电视台
少儿节目（3件）		
请把目光投向我	邓　迅　肖芳芳　温从寅　郭明华　万维藩　高兴全	江西电视台
快乐出行	王　炜　江映虹　林森森　王英华　周宇瑶　周紫璇	上饶电视台
快乐宝贝	龚仙梅　朱　宇	宜丰县广播电视台
广告节目（1件）		
保护环境：一次性筷子篇	张晓建　贺　磊　唐　阳	江西电视台

2005年江西广播电视奖
——优秀播音与主持作品奖获奖作品目录

一等奖（6个）

广播播音		
全省新闻联播（2005年6月10日）	常　江　杨　郦	江西人民广播电台
广播主持		
音乐牧场——复苏温暖（2005年12月5日）	何莉玲	江西人民广播电台
电视播音		
江西新闻联播（2005年10月2日）	翟　量	江西电视台
江西新闻联播（2005年11月26日）	刘玲华	江西电视台
电视主持		
团团圆圆说年饭（2005年2月8日）	包丽平	江西电视台
新闻晚八点（2005年6月14日）	陈　艳	景德镇广播电视台

二等奖（14个）

广播播音		
早间新闻（2005年7月1日）	凌　洁　冯　雷	江西人民广播电台
禁毒在行动（2005年12月31日）	阎本华	江西人民广播电台
广播主持		
华语信天游（2005年4月28日）	曾　虹	江西人民广播电台

转转的烦恼（2005年11月26日）	王　泉　马跃征	江西人民广播电台
电视播音		
新闻夜航（2005年12月9日）	秦　婧	江西电视台
每日新闻（2005年6月6日）	韩　艺　廖铁军	南昌电视台
社会广角（2005年11月1日）	罗　隽	赣州电视台
天天播报（2005年5月）	陈　琼	上饶电视台
抚州新闻联播（2005年5月1日）	姜　萍	抚州电视台
电视主持		
都市现场（2005年12月24日）	徐庆元	江西电视台
都市现场（2005年3月30日）	岚　平	江西电视台
赣州房地产（2005年11月27日）	钟　燕	赣州电视台
全民创业，富民兴市（2005年11月）	张志珍	抚州电视台
上饶房地产（2005年10月17日）	王　可	上饶电视台

三等奖（25个）

广播播音		
917新闻（2005年6月3日）	章丽华　甘　昆	南昌人民广播电台
倾情夜话（2005年6月7日）	张志荣	抚州人民广播电台
对农村广播（2005年7月30日）	董　娟	渝水区广播电视台
鹰广新闻 （2005年12月15日）	吴兰兰	鹰潭人民广播电台
一个赌徒的忏悔 （2005年11月25日）	肖济平	九江人民广播电台
广播主持		
金色年华重阳节特别节目（2005年10月11日）	邹欣欣　张东武	江西人民广播电台
人与法（2005年11月28日）	高　颖	江西人民广播电台
非常开心派 （2005年10月8日）	陈　凡	江西人民广播电台
法制聚焦（2005年10月16日）	张　成	宜丰县广播电视台
关注九江地震（2005年11月26日）	汪　琪　沈昊俊	九江人民广播电台
电视播音		
都市快报（2005年12月26日）	孙　颖	九江电视台
萍乡新闻（2005年5月22日）	钟志宇　张少华	萍乡电视台
经济在线（2005年9月）	韩春玲	抚州电视台
鹰潭新闻（2005年10月19日）	吴　丹	鹰潭电视台
女红军团长王泉媛（2005年9月21日）	杜晓红	吉安电视台
每日新闻（2005年7月15日）	梁　爽　廖铁军	南昌电视台
晚间播报（2005年11月21日）	谭　艺	鹰潭电视台
时政要闻（2005年12月28日）	孙　冰	上饶电视台
电视主持		

明星面对面（2005年12月25日）	廖　杰	江西电视台
好运智多星（2005年3月30日）	姜一娜	江西电视台
今夜侃侃侃（2005年12月10日）	王卉青	南昌电视台
周末说法（2005年8月）	赵玲丽	抚州电视台
法制档案（2005年8月23日）	毕爱军	景德镇广播电视台
九江房地产（2005年10月1日）	陈　黎	九江电视台

新秀奖（5个）

第五社区（2005年9月2日）	童吕君	江西电视台公共频道
新闻早报（2005年12月25日）	吕　帅	江西电视台
时政要闻（2005年10月）	徐梦雪	上饶电视台
城市零距离（2005年5月13日）	段丽敏	江西人民广播电台
今夜无眠（2005年11月26）	黄　丹	九江人民广播电台

2005年江西广播电视奖
——广电报获奖作品目录

一等奖（10件）

评论（2件）

超级女声：一场青春的狂欢	苑继宁	九江广电报
大视野　大手笔	万　萍	赣南广电报

专稿（4件）

新闻背后的故事	上官甫贵	上饶广电报
浔城市民亲历11·26地震	苑继宁	九江广电报
姐姐捐肾救弟弟	陈联生	抚州广电报
昔日风云千王宜春反赌	陈菊萍　江宜仁	宜春广电报

专访（2件）

这山这水这妹子	周乐丰	鹰潭广电报
无声的证言	陈长建	吉安广电报

美术（1件）

美丽南昌	丁湘林　张金洁　刘　欣	南昌广电报

论文（1件）

广电报如何抗衡都市报	郭　琳	赣南广电报

二等奖（19件）

消息（3件）

我市两台在抗震救灾中方显本色	张　勇　苑继宁　朱贵忠	九江广电报
南昌女婿成了“神六”英雄	刘　欣	南昌广电报
央视黄金档推出《铁色高原》	潘晓斌	萍乡广电报

评论（3件）

谁为恶俗化买单	周丹亚	景德镇广电报
矿难呼唤良知	张声源	萍乡广电报
真相？真相！	邓剑华	江西广电报

专稿（4件）

创业福建的大杭村人	黄建华	吉安广电报
席殊的追梦历程	陈国兴	抚州广电报
暗访酒吧一夜情	白　雪	江西广电报
省台记者直击广东兴宁矿难	李　宏	江西广电报

专访（4件）

访重返歌坛的柯以敏	苑继宁	九江广电报
难忘的非常之旅	张贵卿	赣南广电报
访抗日英雄汪一色	陈联生	抚州广电报
画品倾城色十分	陈菊萍　易丽君　江宜仁	宜春广电报

广告（1件）

共享生活的喜悦	曾继红　罗　黎	南昌广电报

版面（1件）

2005年第43期封面	九江广电报	九江广电报

论文（3件）

广电报发行要把握好度	徐春晖	上饶广电报
广电报多渠道发行营销初探	刘　毅	抚州广电报
从封面人物的成功看广电报的策划与经营	陈菊萍	宜春广电报

三等奖（38件）

消息（3件）

为贪财，老汉被骗一万元	胡饶红	上饶广电报
记者过节，义务献血	孙　昭	新余广电报
“知我江西，兴我江西”播出反映强烈	龚映华	赣南广电报

评论（6件）

细嚼慢咽方知味	徐春晖	上饶广电报
莫让良心哭泣	程希平	景德镇广电报
莫让先烈死不瞑目	马牧人	景德镇广电报
不打不相识	王晓明	鹰潭广电报

一声叹息	郭志锋	吉安广电报
也说面子	苏辑黎	抚州广电报
专稿（11 件）		
穿越时空	丁湘林　刘欣	南昌广电报
南昌建城又添新说	龚良平	南昌广电报
隐性定时炸弹：土锅炉	廖志洪	新余广电报
寻访抗战老人童修才	莫　岩	鹰潭广电报
农妇捐肾救子情动天地	刘丽强	吉安广电报
爱是无私的奉献	张贵卿	赣南广电报
谁动了我的液化气	戴小泉	赣南广电报
为了渴望的眼神	胡晓华	萍乡广电报
1200 背后的黄振波	李　宏	江西广电报
美女记者卧底陪聊	陆莎莎	江西广电报
一场车祸演绎的人间真情	王　蓉	江西广电报
专访（7 件）		
爱音乐就象老鼠爱大米	吴志刚　胡饶红　潘　丹　陈思思	上饶广电报
舒婷的诗意人生	孔令春　胡饶红　潘　丹	上饶广电报
歌坛伯乐吴颂今	孔令春　潘　丹　周伟民	上饶广电报
浔城今夜有小雨	苑继宁	九江广电报
传奇女性章亚若	张金洁　李　俊	南昌广电报
咬定青山不放松	张莉蓉　石　瑛	宜春广电报
记者冷场　明星冷脸	陆莎莎	江西广电报
摄影（3 件）		
铅山冰棱奇观	徐春晖　潘　丹　程希雪	上饶广电报
心连心演出现场盛况	张贵卿	赣南广电报
刘翔在宜春首次亮相 110 米栏	陈菊萍　易丽君	宜春广电报
论文（8 件）		
浅析城市广电报的发行	吴志刚	上饶广电报
试析广电报副刊烹饪特色	曹露凡	景德镇广电报
小巧何以失大真：矫情种种	吴维惠	景德镇广电报
强化服务意识　促进发行工作	孙　昭	新余广电报
多媒体时代广电报生存抉择	谭　辉	新余广电报
从节目单到新闻纸	陈长建	吉安广电报
打造广电报社会新闻的亮点	陈联生	抚州广电报
浅析地方广电报的生存	易丽君	宜春广电报

2005年江西广播电视奖
——市县电视新闻奖获奖作品目录

一等奖（6件）

消息（3件）

作品	作者	单位
泰井高速环保公路建成通车	刘昌明　刘　玲	吉安电视台
福利院的女儿喜出嫁	严　伍　李建艳	分宜县广播电视台
书记讲解员	吴晓辉	上饶电视台

连续（系列）报道（1件）

作品	作者	单位
抢救地震受伤女孩刘兰	廖晓峰　王　轶　龙　斌	九江电视台

新闻专题（2件）

作品	作者	单位
魅力南昌	程荣富　蔡　波　史炜琴　刘　钰	南昌电视台
我来说说新农村	钟瑞龙　陈　虹　万少玮　赖　斌	赣州电视台

二等奖（11件）

消息（7件）

作品	作者	单位
新年庐山雪醉倒众游人	廖晓峰　高　明	九江电视台
警民紧急营救被埋居民	陈玉明　赖　斌	赣州电视台
彭香华29年呵护学生平安过渡	郭基平　李　青	万载县广播电视台
十里河暴雨成灾被困群众连夜转移	钟　熹　高　明	九江电视台
群众动嘴　干部跑腿	范　琴　谢慧星	抚州电视台
高考爱心车队送爱心	谭　艺　朱华平	鹰潭电视台
代理妈妈与留守孩子的绵绵情	张爱明　苏国祥	上饶电视台

连续（系列）报道（1件）

作品	作者	单位
谁来保护患者的权益	余　英	上饶电视台

评论（1件）

作品	作者	单位
景德镇日用陶瓷路在何方？	罗　丹　朱辉飚　胡恺中　许红霞	景德镇广播电视台

新闻专题（2件）

作品	作者	单位
老罗的遗憾	黄文斌　王卫东	九江电视台

胡瑞华	王　炜　祝福炎　张剑平	上饶电视台

三等奖（17个）

消息（10件）

作品	作者	单位
新余国企职工100%享受医疗保险	黄瑞卿　钟春林	新余电视台
种粮用上高科技	张洁明　侯剑平	鹰潭电视台
赣州首批廉租房交付使用	肖丽萍　刘咏梅	赣州电视台
芦溪119户残疾人喜迁新居	赖俊兵　彭一均	萍乡电视台
政府搭台葡萄唱戏果农得利	阮庆军　杨淑贞	渝水区广播电视台
戴孝从军　忠诚感天	肖　津　雷汇敏	景德镇广播电视台
鹰潭打造和谐平安工业走廊	余进开　侯剑平	鹰潭电视台
赣州实行销号整改责任制	戴志云　董太金	赣州电视台
央视心连心艺术团首次赴赣州演出	戴志云　刘咏梅	赣州电视台
安源经济开发区失地农民老有所养	程　鹏　钟志宇	萍乡电视台

连续（系列）报道（3件）

作品	作者	单位
资溪面包现象探秘	饶文章　罗慈峰　李　敏　王荣星	抚州电视台
赣州全力打造超百亿元钨产业群	廖先辉　傅心明　赖　斌　牟丽娜　邹声优	赣州电视台
饶城人口增长6000的思考	钟尧芳	上饶电视台

评论（1件）

作品	作者	单位
大田脐橙滞销的背后	江东海　黄　莉　赖　斌　董　艳	赣州电视台

新闻专题（3件）

作品	作者	单位
许国兰和妇女互助储金会	孙卫东　黄程伟　刘　恋　李　磊	宜春电视台
王立中激情燃烧的岁月	吴运星　陈月华　熊攸靖　戴小园	靖安县广播电视台
K粉之王	杨瑞英　叶　菲　邢同林	南昌电视台

获国家广电总局2005年度科技创新奖

三等奖

自动反干扰卫星数字广播电视接收机	徐天源 陈小平 喻 波 苏 干	省广电局节目传输中心
广播效果远程监测记录系统	余 恒 白秋丰 夏晓辉 熊方江	江西人民广播电台

获国家广电总局2005年度广播节目技术质量奖

广播节目录音技术质量奖音乐类三等奖

歌曲《西山雨》	刘云龙 涂晓路 徐 军	江西人民广播电台

获国家广电总局2005年度电视节目技术质量奖

电视节目播出技术质量奖

新闻类三等奖

“江西新闻联播”栏目	张 琪 陈 博 曾 珉 黄 勇	江西电视台

专题类三等奖

庐山别墅	孙 锂 董 艳 刘兴龙 欧阳卫	江西电视台

综合文体类三等奖

赣傩的表情	董 艳 喻玉华 刘 洋 高 勇 罗会勇 胡 燕 潘辛芋 张涌江	江西电视台

电视剧类三等奖

红领章	潘辛芋 谭佩宣 魏 斌 刘 钧	江西电视台

王 峻 罗 坚 胡 燕

电视节目视频图形制作技术质量奖

片头类二等奖

频道形象片	孙春华 孙 锂 封 瑞	江西电视台

短片类三等奖

问世间	孙春华 孙 锂 封 瑞	江西电视台

电视节目声音技术质量奖

专题纪录片类三等奖

情系东江源	李广成 陈吉夫	江西电视台

2005 年度江西省广播电视局科技创新奖

一等奖

自动反干扰卫星数字广播电视接收机	省广电局节目传输中心	徐天源 陈小平 喻 波 苏 干
广播覆盖效果远程监测记录系统	江西人民广播电台	余 恒 白秋丰 夏晓辉 熊方江

二等奖

南昌模拟MMDS数字化改造和实际运用	南昌市广播电视局	张吉民 邹湘军 夏军平
江西电视台600 平方米演播室数字化灯光系统工程	江西电视台	李广成 饶健夫 张涌江 刘 洋 吴剑敏
江西省广电网络会议电视系统工程	省广电局网络中心	刘立权 阙维伟 胡蔚星 邓国华 汪 巍
双向有线电视网络建设	省广电网络公司吉安市分公司	康征贤 李 霖 赖彩来 戴素苗

三等奖

江西电台同频同步广播网工程	江西人民广播电台	吴晓飞 白秋丰 周 安 王 毅 徐 军
江西电视台90平方米虚拟直播演播室	江西电视台	祁 冰 李广成
江西广播电视卫星地球站编码器改造工程	省广电局节目传输中心	叶修怡 苏 干 喻 波 朱 胜

项目	单位	人员
江西电视台固定资产管理系统	江西电视台	韩小洪 陈雯菁 肖 军 马 进 王贝妮
“新余广电宽带网”网站宽带流媒体平台	省广电网络公司新余市分公司	袁卫斌 刘云峻 周 波 高宜平 曾根秀
全硬盘自动播出网络系统	吉安市电视台	刘春根 梁美招 贺永夫 余红英 罗天龙
电视、调频广播发射机综合控制桌	江西七〇六台	李思勤 刘启明 周日明
鼓励奖		
自制演播室用TALLY指示驱动器	抚州市电视台	张国南 吴东明
德兴市乡镇有线电视分段式寻址用户路权管理改造工程	上饶市广播电视局	潘 明 朱长海 叶 意
AM503S5-I型50Kw数字调制中波广播发射机的应用	吉安八〇二台	杨 怡 黄应福 肖家钦 陈福强 温常明

2005年度省广播电视局电视节目技术质量奖

录制技术质量奖

新闻类

一等奖

节目	单位	人员
午间新闻	江西电视台	张 琪 陈 博 曾 珉 黄 勇

二等奖

节目	单位	人员
赣南新闻联播	赣州电视台	韩超英 朱荣华 周 剑 杨中武

三等奖

节目	单位	人员
新余新闻	新余电视台	刘学文 罗绍锋 罗蕴军
萍乡新闻	萍乡电视台	何章敏 彭云才 刘凌峰 何章松

专题类

一等奖

节目	单位	人员
爱心天使	江西电视台公共频道	刘建芳 范永红 刘 毅 张 鑫

二等奖

节目	单位	人员
迷雾中的招聘广告	江西电视台都市频道	祁 冰 闵建国 张凯戎 黄 飞

综合文体类

一等奖

世界客属第十九届恳亲大会开幕式主题晚会“原乡情”　赣州电视台　周　申　符礼秀　肖香苑

二等奖

“绝对美丽”江西小姐决赛　江西电视台经济生活频道　崔群鸣　周　芸　李　纬

三等奖

南昌市迎新春文艺晚会　南昌电视台　张吉民　许海霞　邓中军　石　军　王　洪　舒　靓　刘　华　夏　俊

电视剧类

一等奖

松柏巷里万家人　江西电视台都市频道　祁　冰　闵建国　张凯戎　黄　飞

视频图形制作技术质量奖

片头类

一等奖

南昌电视台宣传片　南昌电视台　汪　源　柳　猛　叶沦韬　王玉琴

二等奖

雅读书屋　萍乡电视台　朱　军　刘凌峰　何章松　彭云才

三等奖

南昌电视台建台20周年宣传片　南昌电视台　江　南　贺　艳　邵　勇　李远征

新闻片头　新余电视台　刘学文　罗绍锋　罗蕴军

声音制作技术质量奖

二等奖

爱心天使　江西电视台公共频道　范永红　胡次英

录音技术质量奖

二等奖

鹰广新闻　鹰潭人民广播电台　吴兰兰　吴振兴　胡求堂

新闻故事　鹰潭人民广播电台　王少军　吴振兴　胡求堂

三等奖

井冈杜鹃花满山　南昌人民广播电台　范　弘　史少华　郭智建

表 彰

获“江西省第十届省级文明单位”称号

新余市广播电视局

获“江西省先进工作者”称号

万江麟　　江西省广电局音像资料馆副馆长

获“全国优秀新闻工作者”称号

曲　歌　　江西电视台新闻播音员

享受省政府特殊津贴人员

2002 年度

王迪明　江西人民广播电台副台长兼经济·生活频率总监　高级编辑

张光烈　江西电视台电视剧制作中心一级编剧

2005 年度

龚邦国　江西电视台副台长　高级记者

周俊杰　江西人民广播电台台长助理兼信息·交通频率总监　高级编辑

获2005年度全国广播电视技术维护先进台站和先进个人

先进台站

省广播电视卫星地球站

先进个人

二等奖	**戴宁江**	**江西人民广播电台**
三等奖	**陈吉夫**	**江西电视台**

获"江西十大IT青年"

胡蔚星　**江西省广电网络传输有限公司传输部副经理**

2005年度全省市县广播电视台"创三好"先进单位和先进个人

先进单位(31个)

组织奖(2个)

抚州市广播电视局

萍乡市广播电视局

特等奖(2个)

宜春市电视台

宜丰县广播电视台

特别奖(1个)

瑞昌市广播电视台

一等奖(5个)

九江市广播电台
德兴市广播电视台
奉新县广播电视台
大余县广播电视台
吉安市电视台

二等奖(9个)

萍乡市电视台
抚州市电视台
鹰潭市广播电台
南昌市电视台
浮梁县广播电视台
上饶市电视台
新余市广播电台
吉安市广播电台
赣州市电视台

三等奖(12个)

进贤县广播电视台
樟树市广播电视台
南丰县广播电视台
萍乡市广播电台
南康市广播电视台
安远县广播电视台
遂川县广播电视台
武宁县广播电视台
上犹县广播电视台
抚州市广播电台
余干县广播电视台
铜鼓县广播电视台

先进个人(31名)

李良生　黄南程　葛　武　章志宏　李建艳
李伯平　崔钟义　陈立新　罗水荣　杨海军
陈其龙　陈　莉　王绪华　张祖国　袁新余
程玉香　陈新刚　张友敏　易爱民　彭日阳
黄克华　何华英　赖南京　金国友　缪运华
李　坚　刘新华　舒信佳　余　琛　钟尧芳
周青松

全省广播电视技术维护、农村广播电视事业建设先进集体、先进个人

技术维护管理奖

一等奖

省广电局节目传输中心

二等奖

省广电局网络中心
吉安市广播电视局

三等奖

南昌市广播电视局
抚州市广播电视局
赣州市广播电视局

技术维护先进集体

一等奖

江西广播电视卫星地球站
江西七〇八台
上饶八二一台

二等奖

省广电局网络中心运行维护部
省广电监测台
江西七〇二台
赣州电视台技术部

三等奖

吉安八〇二台

江西人民广播电台技术部总控科

九江八〇三台

江西七〇六电视调频台

新余市网络分公司

南昌电视台技术中心

赣州人民广播电台技术部

宜春电视台技术部

技术维护先进个人

万小春　汪仁杰　周　强　万宇武
夏军平　梁枫根　谢　健　刘秋生
肖承彪　周学军　钟　亮　姚振文
刘学文　严平志　李　峻　李思勤
洪　义　赵立群　白饶清　汤　炜
杨　建　吴　帅　吴振兴　郑　义
张　珩　许　宁　杜　军　陶柱梁
戴宁江　陈吉夫　张苏云　要　忠
吴桂芳

2005 年度省广电局先进集体、先进工作者

先进集体

江西人民广播电台：新闻中心　广告部
　　　　　　　　　信息·交通频率
江西电视台：广告中心　新闻部　都市频道
省广电局广播电视节目中心
省广电局节目传输中心
省广电局总编室

先进工作者

龚新华　周　围　周　安　万惠云　许运交
朱育松　万沪金　张步蓉　巫宜淞　彭　怡
曾学远　熊方扬　肖　军　刘　辉　王利明
万　亮　谢　群　万江麟　陆　勇　李　凤
傅行明　李大成　朱少波　张志华　钟定娴
肖　鹗　兰丽华　蔡旦颖

2005 年度省广电局先进基层党组织、优秀共产党员、优秀党务工作者

优秀共产党员

徐天源　夏建民　王　勇　赵　倩　陶梅玲
吴美信　刘元庚　罗　涛　郭建华　聂志龙
周光成　景　剑　严　勇　刘　星　刘建芳
李建新　曾　浩　宋志刚　黄文宁　陈建文
王少华　陈国庆　胡桂香　廖延鹏　刘本文
胡小玲　李景祥　万良燊　章仲光　张蓉芝
胡伦逵　上官辉　曾　旭　陶细昌　周俊杰

涂晓路　张广彪　徐霞飞　夏　卫　蓝　蔚
万小初　胡贵铭　简晓洪　龚邦国　傅安生
廖远奎　金石明　朱盛锦　谭颖琳　尹毅剑
邓丽青　廖苏斌　李火金　谢毛毛　徐　剑
万显祥　李　勇

优秀党务工作者

黄鹤林　李炳江　程　普　贾燕宾　李晓岩
汪东旺　蔡恒兰　许运交　丁晓胜　黄红卫
万良朋　李德泽

先进基层党组织

五六一台党委　省广电局组织人事处支部
省电台技术部支部
省电台广告经营管理中心·产业开发部支部
省电视台广告中心支部
省电视台新闻部支部
省电视台都市频道支部
省电视台老干部支部　七〇二台支部
省广电局节目中心支部

省直机关先进基层党组织

省广电局节目传输中心支部

省直机关优秀共产党员

吴晓勤

省直机关优秀党务工作者

张晓建

2005年度全省广电统计工作先进集体和先进工作者

先进单位（13个）

一等奖（6个）

吉安市广播电视局
宜春市广播电视局
抚州市广播电视局
南昌市广播电视局
景德镇市广播电视局
赣州市广播电视局

二等奖（4个）

萍乡市广播电视局
鹰潭市广播电视局
新余市广播电视局
江西电视台

三等奖（3个）

江西人民广播电台
上饶市广播电视局
九江市广播电视局

先进工作者（13个）

一等奖（6个）

赵　敏　周荣华　吴淑萍　刘艳萍　洪昭望
喻芳龄

二等奖（4个）

刘学军　黄　琳　许玉香　盛海燕

三等奖（3个）

卢晓耘　满　涛　黄　芳

全省广电“有突出贡献年鉴工作者”

一等奖

周晶星　万里波　王　丹　卢杰春　曹艾君

二等奖

胡江银　谭颖琳　华三庆　宋志刚　丁淑勤

2005年度江西广播电视年鉴工作先进单位、优秀特约编辑

先进单位

一等奖

赣州市广播电视局

江西电视台

宜春市广播电视局

吉安市广播电视局

江西人民广播电台

抚州市广播电视局

三等奖

新余市广播电视局

九江市广播电视局

萍乡市广播电视局

优秀特约编辑

曹艾君　胡江银　王　丹　卢杰春　谭颖琳

黎　楠　廖平儒　王保安　吴宏雁

第二届江西省广播电视局“十佳青年”

罗贤忠　省广电局办公室主任科员、局直属机关团委副书记

胡蔚星　省广电网络公司传输部副经理

饶晓刚　省电视台新闻部“社会传真”主编

蔡　静　省电台信息·交通频率一级播音员

李大成　省电视台公共频道广告部主任

徐万峰 七〇二台机务科副科长
饶　军 省广电局监测中心市县监测管理科副科长
王胜利 省电视台办公室副主任、局财务中心电视台主办会计
蔡旦颖 省广电局科技处主任科员
刘红玉 省电台生活·经济频率节目部主任、一级播音员

其他获奖表彰情况

△ 近年来，全省广播电视系统一批单位获“青年文明号”称号。江西电视台青少部获全国“青年文明号”称号；江西人民广播电台“新闻广角”栏目组、江西电视台“社会传真”栏目组、省广电局节传中心卫星地球站、吉安人民广播电台“行风热线”节目组获江西省“青年文明号”称号；江西人民广播电台信息·交通频率、江西电视台都市频道“都市现场”栏目组、省广电网络公司传输部、今视网、江西七〇二台机务科获省直“青年文明号”称号。

△ 11月，中宣部、中央文明办、国家人口计生委、国家广电总局、全国总工会等10部委联合表彰了一批全国婚育新风进万家活动先进集体和先进个人，其中，江西电视台新闻采访科、“社会传真”栏目、景德镇市广电局、抚州电视台、吉安电视台、上饶县文广局被评为先进集体；江西电视台专题部陈世杰、江西电视台新闻部万良朋、省广电局总编室万里波被评为先进个人。

△ 12月，在国家工商总局、中国广告协会召开的全国“争创广告行业精神文明先进单位”活动总结表彰大会上，江西电视台广告中心获2004~2005年度“全国广告行业文明单位”称号。

△ 11月，在江苏南京召开的中国广播电视年鉴第21届年会上，江西省广电局被评为全国广播电视年鉴工作先进单位，省广电局总编室主任周晶星被评为先进个人。这是江西连续第七年获此表彰。

△ 江西电视台新闻部高级工程师张琪被中国新闻技术工作者联合会、新闻科技奖励委员会评为2005年度“全国优秀新闻技术工作者”。

△ 江西电视台公共频道“目击者”栏目制片人唐济生获中国广播电视协会授予的“全国电视法制宣传特别贡献奖”。

△ 8月，在全省防汛抗洪先进集体、先进个人表彰大会上，江西电视台记者温俊、江西人民广播电台记者刘崇智受到表彰。

△ 12月，在团省委、省青年志愿者协会召开的全省青年志愿服务先进集体与个人表彰会上，江西人民广播电台信息·交通频率组织的江西交通广播高考爱心车队被评为全省十大杰出青年志愿服务集体。

△ 国家广电总局办公厅通报表彰2005年度信息工作先进单位和先进个人，省广电局办公室被评为2005年度全国影视系统信息工作先进单位，罗贤忠被评为2005年度全国广播影视系统信息工作先进个人。

△ 江西人民广播电台夏晓辉被评为“2005年度华东地区广播电台优秀维护员”，江西人民广播电台杨慧荣被评为“2005年度华东地区广播电台优秀值班员”。

△ 新余市广播电视局被市委、市政府评为“十佳单位”。

△ 鹰潭市广播电视局被市委、市政府评为“市级文明单位”。

△ 省广电局直属机关团委获“2005年度省直机关共青团创新工作奖”。

机构与社团

省级广播电视机构

江西省广播电视局

邮编：330046
地址：南昌市洪都中大道207号
电话：（0791）8321168（局总机）
局党委书记：何庆怀
局党委副书记、局长：黄晔明
局党委委员、副局长：刘怀强
局党委委员、纪委书记：徐吉玉
局党委委员、副局长：王柱清
局党委委员、副局长：梁勇
局党委委员、副局长：杨玲玲
局党委委员、副局长：杨松

办公室（法制处）、党委办公室
主任：陈峰
副主任：兰丽华（兼）　陈建文
助理调研员：华三庆

总编室
主任：周晶星
助理调研员：万里波

计划财务处
处长：鞠亮生
副处长：汤进科

社会管理处
处长：朱汉伟
副处长：黄文宁

科技处
处长：吴建钢

组织人事处
处长：李炳江
副处长：王富华
助理调研员：宋志刚

保卫处
处长：肖鹗
助理调研员：蒋春发

直属机关党委
书记：梁勇

宣传处
副处长：丁晓胜（直属机关团委书记）

老干部处
处长：郭清平

纪委（监察室）
副书记（主任）：汪东旺

江西省广播电视局机关后勤服务中心
主任：兰丽华

江西省广播电视局物业管理中心
主任：肖鹗
党支部书记：雷必佑（正处级）
副主任：周吉芳　贾建红　余灿国

江西省广播电视局节目传输中心
主任：徐天源
副主任：王俐俐　叶修怡　贾燕宾

江西省广播电视局七〇二台
台长：贾燕宾
副台长：王利明

江西广播电视学校

校长：胡国民

副校长：章辉　吴新谱　肖必清

江西电影制片厂

厂长：刘宁

党总支书记：舒礼荣（正处级）

副厂长：张振平

江西省音像资料馆

馆长：（缺）

副馆长：蔡克　万江麟

江西省广播电视局五〇五台

余灿国（负责）

江西省广播电视检测中心

主任：喻学仁（副处级）

副主任：杨汉洪（正科级）

江西省广播电视局财务管理中心

主任：鞠亮生（兼）

副主任：胡桂香（正科级）

江西省广播电视稽查总队

黄文宁（分管）

副队长：施翔龙（正科级）

江西广播电视报社

副社长：陶梅玲

副总编辑：陶毅　许小平

江西省广播电视服务公司

总经理：（缺）

党支部书记：李安保（正处级）

副总经理：余书辉（主持工作）

江西广播电视发展中心

主任：曹曙光（兼江西广播电视实业总公司总经理）

副主任：刘建平　余书辉

江西音像出版社

社长：刘建芳（兼）

副社长：陈小勇（兼）

江西省广播电视节目中心

主任：刘建芳（兼江西电视台公共频道总监）

副主任：陈小勇(兼江西电视台公共频道副总监)

江西省广播电视局网络中心

主任：戴劭军

党支部书记兼江西信息台台长：郑克建（正处级）

常务副主任：刘立权（正处级）

副主任：陈之彦　邓小雯

江西省广播电视“今视网”网站

副总监：钟定娴（副处级）

江西人民广播电台

邮编：330046

地址：南昌市洪都中大道207号

电话：（0791）8337894（台办公室）

网址：www.jxgdw.com/jxgbdt

台长：　杨玲玲(～5月)

副台长：王迪明　曾庆洪　史世海　邓季芳

机关党委专职副书记：肖学辉

台长助理：白秋丰 周俊杰 程普

办公室

主任：王忠恩

副主任：胡建新　张广彪　刘政

政治部

主任：陆伟芳

纪检员：蔡恒兰(副处级)

工会主席：李永全

总编室

主任：吴立芳

副主任：万小初　程先顺

研究室

主任：邬文华

技术部

主任：白秋丰（兼）

副主任：龚新华（副处级）
王勇 刘云龙

覆盖办

副主任：周安

广告经营管理中心

主任：曾庆洪（兼）

副主任：张小鹰 侯强

产业开发部

主任：王茉

新闻中心

主任：周围

副主任：史建春（副处级） 王小斌
罗春瑜 何灵 杨盛海

专题部

主任：徐建华

副主任：王平湖（副处级）胡贵铭
钟志荣 亢路 程敏

文艺部

副主任：卢洁华 涂晓路

广告部

主任：程普（兼）

副主任：万振垣 陈芳

记者站

站长：顾建强（南昌）
肖远义（景德镇）
徐人勋（上饶）
樊荣江（鹰潭）
袁建平（萍乡）
曾令斌（赣州）

副站长：王文华（九江）
王林枫（吉安）
仇小达（抚州）

生活·经济频率

总监：王迪明（兼）

副总监：周海平

总监助理：李茂彬

文艺·音乐频率

总监：苏晓东

副总监：罗峻伟 上官小正

信息·交通频率

总监：周俊杰（兼）

副总监：邓萍辉 张明

总监助理：杨永刚

科教·农村频率

总 监：熊晓芸

副总监：王小平 吕莉

健康·老年频率

总 监：温燕霞

副总监：曾学优 汪勇

江西电视台

邮编：330046

地址：南昌市洪都中大道 207 号

电话：（0791）8337945（台办公室）

传真：（0791）8331432

网址：www.JXTV.com

台党组书记：杨松(～12 月 31 日)
杨玲玲(12 月 31 日～)

台长：杨玲玲(5 月～)

党组成员、副台长：龚邦国 刘宁 张晓建
李建国

党组成员、台长助理、机关党委专职副书记：
裴强健

党组成员、台长助理：许运交 李广成

机关党委

副书记：舒礼荣

办公室

主任：邱国荣

副主任：刘伟 李熙坤 王胜利
彭江红

政治部

主任：傅安生

纪检员：黄红卫（副处级）

总编室

主任：王志奇

副主任：蔡长宁　汤军庆　周继革

新闻部

主任：万良朋

副主任：郭浔生　温小力　万沪金
朱林　尹毅剑

专题部

主任：罗琍珍

副主任：万冬如　曾素萍

国际部

主任：王维佳

副主任：柳春江

文体部

主任：赵小元

副主任：张小军　潘平　王澍

经济部

副主任：朱盛锦　吴学敏

电视剧制作中心

主任：辜建刚

副主任：徐正浩　张勇

青少部

主任：高兴全

副主任：廖昕

播出部

主任：范晓琳

副主任：刘会苗（副处级）　卢晓键
祁冰

制作部

主任：董艳

副主任：孙锂　刘洋

技术办

主任：韩小洪

副主任：刘建成（副处级）

广告中心(广告部)

主任：张晓建(兼)

副主任：王可（副处级）　徐杰　冯磊
孟乐曲

覆盖办

主任：廖远奎

副主任：陈善红

数字电视节目部

主任：熊丽萍

都市频道

总监：许运交

副总监：余冰冰　郑忠杰

经济生活频道

总监：刘小军

副总监：金石明

影视频道

总监：朱育松

副总监：颜宗祥　陈坚

工会

主席：傅安生(兼)

副主席：杨群

团委

书记：黄斌

市级广播电视机构

南昌市广播电视局

邮编：330038

地址：南昌市红谷滩新区绿茵路

电话：（0791）3988885

党委书记、局长：王国昌

副局长：张吉民　杨虹

纪检书记：林乃祚

助理调研员：汪乐赐　肖小毛

办公室

主任：谢荣华
副主任：殷俊
组织人事处
处长：刘伟
副处长：刘永伟
宣传管理处
处长：程荣富
副处长：龚晓蕾
科技处
处长：高陈平
社会管理处
处长：姜晖
计划财务处
处长：徐红
副处长：梁蔚　崔晓霞
监察室
主任：罗兰(兼)
副主任：赵立萍
机关党支部
副书记：熊中华
广播中心（广播电台）
主任：卢昌汉
副主任：范弘　孟晓燕　吴建华
党支部书记：宋华
党支部副书记：刘兰珍
电视台
台长：王国昌（兼）
副台长：张吉民（兼）　徐洪伟　罗兰
办公室
主任：程荣富（兼）
副主任：刘钰
新闻综合频道
总监：李良生
副总监：陶冶　李卫　史琦茜　邓振华
党支部副书记：刘赋
都市资讯频道
总监：谢斌
党支部书记：赖鸣
党支部副书记：万凤琪
公共频道
总监：程荣富
副总监：刁元龙
文艺中心
主任：徐建农
副主任：李晓勤
广告中心
主任、党支部书记：徐洪伟(兼)
副主任：辜虹
技术中心
主任：许海霞
副主任：邓中军　叶伦韬　葛明波
李世海
党支部书记：李莎丽
电视剧制作中心
主任：葛志坚
副主任：吴建林
党支部书记：辛平太
八〇一台
台长、党支部书记：张东平
副台长：辜勇
南昌广播电视周报
总编、党支部书记：张金洁
副总编辑：丁湘林　曾继红
南昌广电传媒公司
经理：张金洁(兼)
副经理：王斌
党支部书记：舒民强
网络中心
主任：李祚信
副主任：舒履冰（兼）　王仕钦
主任助理：吴兰萍　杨绍飞
党支部书记：舒履冰
党支部副书记：赵小平
物业管理中心

主任：刘之成

副主任：陈建辉　张敏　罗友玉

　　陈乐强

南昌新闻网

总监：邹湘军

副总监：吴旺生　符师庄　王鸿滨

　　刘欣

党支部书记：罗强

九江市广播电视局

邮编：332000

地址：九江市长虹大道84号

电话：（0792）8224081（局办公室）

局长：杨鸿敏（3月～）

党组书记：董群(1月～)

副局长：廖孝安(正县级)　钱双成

　　文剑峰(4月～)

纪检组长、机关党委书记：刘湘礼

调研员：余良洲

助理调研员：高茂祥　魏继煌　柯大成

　　李淑梅

办公室

主任：戴建平

副主任：石泉

总编室

主任：周升航

科技科

科长：张成崧

副科长：任楠吉(~6月)

社会管理科

科长：李淑梅

副科长：张华珍

机关党委

专职副书记：叶月红

监察室

主任：郭育能

后勤中心

主任：梅秀峰

副主任：时良红 李思鸣

音像发行站

站长：韩瑞丽

副站长：钱润生 黄彬

九江广播电视报社

社长、总编：周三友

党支部书记：蔡春海

副总编：张勇　涂勇　蔡绪群

九江市广播电视服务部

主任：王正一(~6月)

副主任：吴美才

广播电视广告中心

主任：韩瑞丽（兼）

九江市人民广播电台

台长：江规亲

党支部书记：何绍元

副台长：孙国庆　张杰　江晓坚

　　肖晚成

九江市电视台

台长：董群（兼）

党支部副书记：黄校庆

副台长：陈新刚　邢卫群　刘琴

　　陈谦

九江市广播电视网络中心

主任：廖孝安（兼）

党支部书记:刘昌池

副主任:沈孝健　张启观(~6月)　黄海庭

　　程斌

庐山七〇一台

台长:李小林

党支部书记：姜新民

副台长: 余韬勇　蔡冬冬（6月～）

九江八〇三台

台长：尹仁平

党支部书记：张萍
副台长：李进　吴军　杨健
九江市影视艺术中心
主任：杨东风
党支部副书记：吕晓林
副主任：陈新兴　叶汉生　陈益夫

景德镇市广播电视局

邮编：333000
地址：景德镇市瓷都大道 1073 号
电话：（0798）8575850
党组书记、局长：钱鸣华
副局长：曹济仁　程群　曹均安　冯旭亮
纪检组长：赵纲
办公室
主任：胡文会
宣传管理科
科长：郑卫人
社会管理科
科长：吴国华
副科长：施明玉
科技科
科长：涂传经
监察室
主任科员：程桂盛
景德镇市广播电视台
台长：曹济仁（兼）
副台长：王建　罗博生　魏望来
台长助理：钟建洪　周再鸣
景德镇市网络分公司
总经理：罗博生
副总经理：陈淑琴　熊小平　叶梅英
景德镇市广播电视报社
社长：张明
总编：周丹亚

萍乡市广播电视局

邮编：337000
地址：萍乡市滨河西路江湾里
电话：(0799)6669008（局办公室）
局党组书记、局长：叶胜萍
副局长：文平良　杨宗圣(~5 月)　胡远宏
刘战辉　肖晓华（5 月 ~ ）
纪检组长：李文进
党组成员：孙建生
调研员：欧阳伯龙(~3 月)
助理调研员：周国顺　杨烈浩
机关党委
书记：李文进（兼）
副书记：李小虎
行政办公室
主任：杨烈浩（兼，~1 月）
副主任：刘华(主持工作)
党群办公室
主任：李小虎（兼）
人保科副科长：刘学军(~1 月)
行政监察员：肖雁斌(~1 月)
黄焕萍(1 月~)
总编室
主任：王保安(~6 月)　邬建(6 月~)
科技科
科长：刘北龙
副科长：刘学军(1 月~)
社管科
科长：黄焕萍(~1 月)
肖雁斌(主持工作，1 月~)
广播电视稽查支队（在社管科增挂牌子）
物业管理办公室
主任：宋小勇
萍乡人民广播电台
台长：杨宗圣（兼，~5 月）
肖晓华(兼，5 月~)

副台长：欧阳筱兰　赵钢

台长助理：易小伟

新闻综合频率总监：胡晓鹏

交通文艺频率总监：彭程

萍乡电视台

台长：孙建生

副台长：刘凌峰(兼)　李洪辉　欧东兵
刘群兰(兼)

萍乡广播电视报社

总编：邬建(~6月)　王保安(6月~)

副总编：李叶青(~2月)　潘晓斌(8月~)

萍乡市广播电视广告中心

主任：刘群兰

萍乡八〇五台

台长：张丙泉

副台长：胡自奎

长丰发射台

台长：刘凌峰

萍乡市广播电视产业发展中心

主任：朱四萍

萍乡市广播电视网络中心

主任：刘凌峰(兼)

新余市广播电视局

邮编：338000

地址：新余市仙来中大道49号

电话：（0790）6441990

党组书记、局长：黄永旭

党组副书记、纪检组长：高建华

党组成员、副局长：刘友言（正县级）
傅亚军　夏侯敏
张广胜

党组成员、助理调研员：廖平儒　闵小晶

机关党委

书记：高建华（兼）

副书记：傅可新

办公室

主任：王少勇(12月~)

副主任：雷平（4月~）

宣传科

科长：王少勇（~12月）

科技科

科长：姚振文

社会管理科

科长：肖晓瑜

监察室

主任：欧阳兰

新余市人民广播电台

台长：郭敏

党支部书记：曾建国(6月~)

副台长：喻星　丁禹军

台长助理：黄南陵　杨芳

交通文艺频率总监：丁霞

新余市电视台

台长：刘友言（兼）

党支部书记：简志坚（6月~）

副台长：简志坚(兼)　王晓峰
李晓春

工会主席：李林（正科级，12月~）

台长助理：唐斌（12月~）
刘学文（12月~）

新余八〇四台

台长：潘卫华

副台长：赖国平（~8月）

新余市广播电视报社

社长：闵小晶（兼）

总编：孙昭

党支部书记：陈瑞光（9月~）

副总编：谭辉　龙娟
陈瑞光（兼，9月~）

新余市广播电视网络传输中心

主任：熊安（副县级）

副主任：苏巩建

新余市广播电视物业管理中心

主任：陈瑞光（~9 月）

赖国平（9 月~）

鹰潭市广播电视局

邮编：335000

地址：鹰潭市建设路 3 号

电话：（0701）6221080（办公室）

党组书记、局长：周佐明

副局长：徐光友　汪白杨

纪检组长：叶洪顺

调研员：余富友　张加兴　姜朝皋

助理调研员：万木辉　桂建华　李河清

办公室

主任：张克胜

人事教育科

科长：万木辉（兼）

宣传科

科长：李如华

社会管理科

科长：吴道华

事业管理科

负责人：毛新民

机关党委

专职副书记：徐炳德

监察室

主任：徐炳德（兼）

保卫科

副科长：游叙良

鹰潭人民广播电台

台长：黄忠

副台长：周江怀　杨清潭

八〇七台

台长：(暂缺)

鹰潭电视台

台长：陈饶文

副台长：吴拓宇　吴春一

电视发射台：

副台长：刘晓平

广播电视报

总编：张健

副总编：欧宝剑

广播电视网站

负责人：胡春华

赣州市广播电视局

邮编：341000

地址：赣州市红旗大道 56 号

电话：（0797）8388380（局办公室）

党组书记、局长：温声高

党组副书记、总编辑：张菁

副局长：张菁　李岳　何平　温永波

李宪华　曾凡才(兼)

纪检组长：李妥善

副总编辑：李作铭

调研员：刘文俊

办公室（保卫科）

主任（科长）：康建强

副主任（副科长）：潘晓兰

宣传科(总编室)

科长：洪锋

技术科(总工室)

科长：雷军

社会管理科(稽查支队)

科长(支队长)：王春华

计划财务科

科长：喻芳龄

机关党委

书记：李妥善（兼）

副书记：肖丽莉

纪检监察室

纪检组副组长、监察室主任：陈剑

赣州人民广播电台

台长、书记：刘卫国

频率总监：刘照龙　张辉　张群

频率副总监：周春玲　何华英　罗军
曾海勇　袁娟　叶砀

赣州电视台

台长：曾凡才

书记：万义明

副台长：刘圣鸿　黎庆琮　曾昭富

台长助理：曹勇　张德鸣　王石水
钟瑞龙　韩超英

频道总监：王石水(兼)　张光军

江西省七〇七电视台

台长：刘小雄

副县级干部：蔡遂龙

副台长：高毅　罗诗星

网络中心

总经理：王健华

副总经理：黄刚　刘嘉明　邝先平
陈顺平

赣州八五一台

副台长：卢建平

赣州八五二台

台长：李赣茂

副台长：曾志强　肖承彪

赣州市音像管理站

站长：肖益涵

赣州市广播电视人员培训站

站长：刘秋生

副站长：肖卫民

兴国微波站

站长：凌联银

副站长：徐世芳

赣南广播电视报社

社长：郭琳

副社长：龚映华

赣州市广播电视节目传输中心

主任：罗晓明

副主任：雷军

赣州市广播电视广告中心

主任：张奇敏

副主任：赖丽卿

赣州市影视制作中心

电话：8232418

赣州广播电视服务公司

经理：李定

赣州市广播电视局招待所

所长：康建强

宜春市广播电视局

邮编：336000

地址：宜春市文体路

电话：（0795）3990991

党组书记、局长：牛志坚

党组副书记、副局长：胡辛会

副局长：李榕　王洪清　邓美生　王向东

纪检组长：刘绍军

党组成员：龙杰鹏

机关党委

书记：李榕

专职副书记：应燕军

人秘科

副科长：曹阳

宣传科

科长：于蓓

副科长：罗海华

事业科

副科长：曹阳

社管科

科长：郭林祥

七〇三电视台

台长：郭林祥

副台长：周蒙松 许宁

宜春广播电视广告中心

主任：于蓓

服务部

主任：蔡广伟

副主任：周荣华 张宁

宜春电视台

台长：胡辛会（兼）

副台长：王米莎 况明华 曾福华

台长助理：蔡广伟

宜春人民广播电台

台长：王向东(兼)

副台长：陈小萍 欧阳新

宜春八一一台

台长：施耀军

副台长：邓来春

宜春广播电视报社

主编：欧阳新

副主编：陈菊萍 简胜萍

临江微波站

站长：李兵根

副站长：余小弟

上饶市广播电视局

邮编：334000

地址：上饶市胜利路 51 号

电话：(0793)8300601(局人秘科)

党组书记、局长：邓少华

副局长：周山水 苏如兴 上官甫贵

纪检组长：陈冬平

人秘科

负责人：吴钟洲 姜芳英

宣传科

负责人：蒋云

技术科

副科长：余达兴

社会管理科

负责人：刘涛

上饶电视台

台长：吴广山

书记：盛璆

副台长：陈华光 刘明 王炜

上饶市网络分公司

总经理：胡福

副总经理：刘文斌 吴鲁西 郑毓敬

江西七〇五电视台

党支部书记：斯培江

副台长：华立林

上饶广播电视报社

主编：孔令春

上饶八二一台

台长：林垂浩

副台长：许晶

上饶人民广播电台

台长：周良明

吉安市广播电视局

邮编：343000

地址：吉安市北门街 171 号

电话：（0796）8222784（局办公室）

党组书记、局长：罗庆恩

副局长：朱黎生 贺志敏 冯为民 肖加迪

助理调研员：刘大虎山 邱恒聪

纪检组长：李保江

办公室

主任：汤尔星

副主任：赵玫

宣传科

科长：于江铁

科技科

副科长：赵敏

社会管理科

科长：刘军华

监察室

主任：肖长明

吉安市音像发行站

负责人：肖衍浒

吉安市加扰电视管理办公室

主任：李霞

吉安市广播电视报社

社长：肖幼军

副社长：李辉

总编：彭小安

副总编：黄继红　陈长建

吉安市广播电视服务公司

经理：刘祥林

副经理：匡萃燕(~6月)

吉安人民广播电台

台长：刘琼

副台长：曾传文

台长助理：钟兴楠(3月~)

吉安八四一台

台长：朱春华

副台长：严平志

台长助理：胡云

吉安电视台

台长：彭培述

副台长：彭定门　彭少波　郭平　孔弘

台长助理：陈扬明　刘春根

吉安八〇二台

台长：蒋荣光

副台长：黄应福　肖家钦

台长助理：杨怡

江西七〇六台

台长：刘英贤

副台长：胡生根

台长助理：郑南诗

吉安广播电视有线网络中心

主任：邓玉祥

副主任：康征贤　吴卫东　欧阳惠甫　李霖

吉安市广播电视印刷厂

厂长：贺家毅(3月~)

吉安市广播电视稽查支队

支队长：李文彬

副支队长：张文斌

抚州市广播电视局

邮编：344000

地址：抚州市临川大道124号

电话：（0794）8253921（局人秘科）

党组书记、局长：杨大进

纪检组长：丁龙生

副局长：刘东　彭晓建　戴晓文　李国光

调研员：汤舜庭　胡文奇　丁龙道

助理调研员：丁水隆

人事秘书科

科长：陈友亮

社会管理科

科长：田肃清

科技科

副科长：吴友明

总编室

副主任：黎楠

监察室

主任：黄勤国

抚州电视台

台长：刘东

总编辑：戴晓文

副台长：饶文章 符冬林 袁志鸿

抚州人民广播电台

台长：吴乐明

副台长：曾天娥 谢慧星

台长助理：张国南

江西七〇八台

台长：钟仕彪

副台长：饶迟祥

抚州八三一台

台长：饶智华

抚州广播电视报社

总编：刘毅

抚州广播电视服务部

经理：张永坚

抚州广播电视稽查支队

队长：胡胜国

县级广播电视机构

南昌市

东湖区文化广播旅游局

邮编 330006

电话：（0791) 6216659

局长：林虹

副局长：龚纯良

西湖区文化广播旅游局

邮编 330009

电话(0791) 6564931

局长：林峰

副局长：陈建强 于贵平 张红

青云谱区文化广播旅游局

邮编 330001

电话：（0791） 5214669

局长：赵炳强

副局长：吴红红 韩艳

青山湖区文化广播旅游局

邮编 330029

电话：（0791) 8100080

局长：陶平

副局长：徐文平

书记、副局长：廖华

青山湖区广播电视台

邮编 330029

电话：（0791） 8102096

台长：宋萍

副台长：吴成 吴小平

书记、副台长：熊中华

湾里区教育文化体育局

邮编 330004

电话(0791) 3764368

局长：胡光华

副局长：郑学明 徐协珠 王三林 陈品姣

纪检书记：陈爱水

湾里区广播电视台

邮编 330004

电话(0791) 3760044

台长：王兰生

副台长：龚建国 徐新富

南昌县文化广播电视旅游局

邮编 330200

电话(0791) 5712619

局长：涂玉华

副局长：熊青利 李玉龙 樊桃芳

南昌县广播电视台

邮编：330200

电话(0791) 5710543

台长、书记：赵腾益

副台长：姜润平

南昌县有线电视网络传输中心

邮编 330200

电话(0791) 5718939 7093034

主任：杨明亮

副主任：万辉 涂小林

书记：涂腊印

新建县文化广播电视旅游局

邮编 330100

电话(0791) 3752445

局长：万家帮

副局长：丁星明 李党生 傅斌

纪检组长：丁赣水

新建县广播电视台

邮编 330100

电话(0791) 3747271

台长：程小鹿

副台长：杨启蛟 彭志贤 肖琦

进贤县文化广播电视旅游局

邮编 331700

电话：（0791) 5622613

局长：吴振明

副局长：喻晓风 龚晓春 章文杰 胡万锋

纪检组长：曹国林

进贤县广播电视台

邮编 331700

电话(0791) 5675139

台长：胡铁峰

副台长：余广珠 王三明

安义县文化广播电视局

邮编 330500

电话(0791) 3422217

局长：万青林

副局长：骆银根 余登亮 易子平

副书记：刘珠

纪检组长：刘莉珍

党组成员：肖安龙

安义县广播电视台

邮编：330500

电话：（0791）3422211

台长：刘珠

党支部书记、副台长：肖安龙

九江市

九江县文化广播电视局

邮编：332100

电话：（0792）6812132

局长：叶明锋

副局长：喻杰锋 魏和平 张国文(~3 月) 张友华(6 月~)

纪检组长：徐建国

九江县广播电视台

邮编：（0792）6811187

台长：叶明锋（兼）

党支部书记：叶忠超

副台长：张华

瑞昌市文化广播电视局

邮编：332200

电话：（0792）4222543

局长：黄朝星

副局长：李洪发 黄治德 文斌

纪检组长：雷勉回

瑞昌市广播电视台

邮编：332200

电话：（0792）4222237

台长：汪新锋

副台长：刘晓明 柯红斌 刘堂河

武宁县文化广播电视旅游局

邮编：332300

电话：（0792）7066526

局长：彭金水

副局长：杜明虹 徐高峰 刘晓文

纪检组长：胡水淼

武宁县广播电视台

邮编：332300

电话：（0792）7066006

台长：彭金水 （兼）

副台长：黄建军 黄贤钧 魏兵 张一冰 何悦

修水县文化广播电视旅游局

邮编：332400

电话：（0792）7221921

局长：王伟强(4 月~)

党委书记：樊仁国(4 月~)

副局长：胡伦飞 荣年生 陈跃进 陈小杭 张鑫博(4 月~) 陈革(4 月~)

纪委书记：张鑫博(兼)

修水县广播电视台

邮编：332400

电话：（0792）7236278

台长：荣年生（兼）

党支部书记：洪高平

副台长：姜家淼 祝俊新

湖口县文化广播电视局

邮编：332500

电话：（0792）6336095

局长：蔡小丽

副局长：曹任初 李绘

纪检组长：汪涛

湖口县广播电视台

邮编：332500

电话：（0792）6332248

台长：蔡小丽（兼）

副台长：周新平 林海 王斌

都昌县文化广播电视局

邮编：332600

电话：（0792）5223064

局长：汪会利

副局长：陈扶南 陈建国 高桃源 曹庚吉

纪检组长：曹开东

都昌县广播电视台

邮编：（0792）5232956

台长：汪会利（兼）

党支部书记：黄勇

副台长：邱林 邵剑虹

彭泽县文化广播电视局

邮编：332700

电话：（0792）5625376

局长：危泽兴

副局长：吴应根 高金珠 骆宾贵

纪检组长：吴平

彭泽县广播电视台

邮编：332700

电话：（0792）5663697

台长：戴荣阳

副台长：阳春荣

星子县文化广播电视局

邮编：332800

电话：（0792）2663010

局长：王金元

党总支副书记：程波

副局长：查忠淮 管秋山 涂林金

纪检组长：熊任元

星子县广播电视台

邮编：332800

电话：（0792）2669708

台长：周力

党支部书记：黄响玲

副台长：黄响玲(兼) 杨振平

庐山区广播电视站

邮编：332005

电话：（0792）8255801

站长：张桂芳

副站长： 陈仕妹

庐山人民广播电台

邮编：332900

电话：（0792）8282281

党支部书记：彭开萍

副台长：彭开萍（兼）

永修县文化广播电视局

邮编：330300

电话：（0792）3223319

局长：李力刚

副局长：陈道德　张忆儒

纪检组长：吴洪

永修县广播电视台

邮编：330300

电话：（0792）3223891

台长：廖祥坤（~11 月）

副台长：邹文联　胡小平　罗小宁

德安县文化广播电视局

邮编：330400

电话：（0792）4332226

局长：柯宁安

副局长：吴浩　杨明(~5 月)

纪检组长：付细娥(~4 月)

德安县广播电视台

邮编：330400

电话：（0792）4332216

台长：李拥军（3 月~）

副台长：吕亮　胡一卿(5 月~)

景德镇市

乐平市广播电视局

邮编：333000

电话：（0798）6833320

局长：程凤鸣

副局长：吴金星　田磊　董斌

纪检书记：陈素萍

乐平市广播电视台

邮编：333000

电话：（0798）6227452

台长：程凤鸣（兼）

副台长：朱焰宝　黄晓河　江国中　程伟

浮梁县文化旅游广播电视局

邮编：333400

电话：（0798）2627736　2626379

局长：胡柳忠

副局长：吴新发　肖晓　李新才

浮梁县广播电视台

台长：殷文杰

萍乡市

安源区文化广播电视局

邮编：337000

电话：（0799）6661800

局长：曾宪萍

党组书记：王金安

副局长：李罗萍　曾丽萍

安源区广播电视台

邮编：337000

电话：（0799）6661809

台长：易显奇

副台长：李瑛　欧阳韬

湘东区文化广播电视局

邮编：337016

电话：（0799）3446516

局长：文志柏

副局长：何燕萍　袁国富

湘东区广播电视台

邮编：337016

电话：（0799）3444210

台长：肖颂

副台长：胡春竹

芦溪县广播电视局

邮编：337200

电话：（0799）7551816

局长：刘忠信(~8月) 贺建云(9月~)

副局长：王宗永 李军

芦溪县广播电视台

邮编：337200

电话：（0799）7551921

台长：彭日阳

副台长：尹冬香 聂文剑(~6月) 王伟(6月~)

上栗县文化广播电视旅游局

邮编：337009

电话：（0799）3661231

局长：龙建琼

副局长：刘晓华 伍汝萍 刘绍萍

上栗县广播电视台

邮编：337009

电话：（0799）3862958

台长：伍汝萍

副台长：夏万林 柳源裕 黎刚

莲花县文化广播电视局

邮编：337100

电话：（0799）7221274

局长：谢春俏(~3月) 江英豪(3月~)

副局长：尹小斌 陈银娥(~3月) 贺明 朱建斌(3月~)

纪检组长：陈泳

莲花县广播电视台

邮编：337100

电话：（0799）7224949

台长：贺治斌

副台长：陈建勋 谭慧军 管飞

新余市

分宜县广播电视局

邮编：336600

电话：（0790）7037900 5899518

党组书记、局长：钟智安

党组成员、副局长：刘福万

党组成员、副局长、纪检组长：黄春明

副局长：黄禾根

分宜县广播电视台

邮编：336600

电话：（0790）7037912

台长：刘福万（兼）

渝水区文化广播电视局

邮编：338025

电话：（0790）6222810

局长、党组副书记：张海珠

党组书记：肖晓莹

副局长：龚厚才（区政协副主席）

党组成员、副局长：钱昕 袁剑青 胡小虎

党组成员、纪检组长：黄斌

渝水区人民广播电台

邮编：338025

电话：（0790）6221916

台长：黄斌（兼）

渝水区电视台

邮编：338025

电话：（0790）6230999

台长：黄斌（兼）

鹰潭市

余江县文化广播电视局

邮编：335200

电话：（0701）5881303（局办公室）

局长：陈新有

副局长：彭建西　范华春　李剑兵

余江县广播电视台

电话：（0701）5897316

台长：陈相元

贵溪市文化广播电视局

邮编：335400

电话：（0701）3771665

传真：（0701）3779636

局长：林先魁

副局长：张懿冬　蔡强

纪检组长：汪桂莲

贵溪市有线电视台

电话：（0701）3771181

台长：周青春

赣州市

章贡区广播电视局

邮编：341000

电话：（0797）8294440

局长、党支部书记：陈顺平

副局长：曾志远　谢显忠

纪检组长：刘钢

副局级：赖德智

章贡区人民广播电台

邮编：341000

电话：（0797）8294440

赣县广播电视局

邮编：341100

电话：（0797）4441624

局长：吴起华

党支部书记：李太丰

副局长：蔡运林　刘安化　李锡忠

纪检组长：吴国文

赣县广播电视台

邮编：341000

电话：（0797）4441852

台长：李锡忠

上犹县广播电视局

邮编：341200

电话：（0797）8541339

局长：杨有春

副局长：罗晓惠　古赞伟　吴才河

上犹县广播电视台

邮编：341200

电话：（0797）8542489

台长：黄亿珍

副台长：黄宇亭

崇义县广播电视局

邮编：341300

电话：（0797）3812509

局长：古钟

副局长：肖秋生　华川爱

崇义人民广播电视台

邮编：341300

电话：（0797）7615771

台长：王国平

南康市广播电视局

邮编：341400

电话：（0797）6612966（局办公室）

局长：陈力中

副局长：朱长麟　赖华盛　周善明　朱华清

南康市广播电视台

邮编：341400

电话：（0797）6611035

台长：朱华清

大余县广播电视局

邮编：341500

电话：（0797）8722289

局长：温友强

书记、副局长：廖君福

副局长：钟志洪　邱声冰　王召文
纪检组长：严小林

大余县广播电视台
邮编：341500
电话：（0797）8722289
台长：温友强（兼）

信丰县广播电视局
邮编：341600
电话：（0797）3331991
局长：李永生
副局长：张燕福　吴明华　赖财生
纪检组长：刘红明

信丰县广播电视台
邮编：341600
电话：（0797）3331993
台长：朱建埠
副台长：叶光辉　钟志勤　卢钰宏

龙南县广播电视局
邮编：341700
电话：（0797）3514021
局长：魏明芳
副局长：张常明　廖京振

龙南县广播电视台
邮编：341700
电话：（0797）3517203
台长：廖京振
副台长：王鹏　唐为民　廖房鹏
钟立明　黄红民

龙南县广播转播台
邮编：341700
电话：（0797）3521382
台长：凌晓标
副台长：徐世平　李凌云

全南县广播电视局
邮编：341800
电话：（0797）2632240
局长：袁世频
副局长：李土生　朱卫平　廖方

全南县广播电视台
邮编：341800
电话：（0797）2633393
台长：朱卫平

全南县八五四台
邮编：341800
电话：（0797）2632240
副台长：罗少明　郭晓波

定南县广播电视局
邮编：341900
电话：（0797）4293549
局长：郭树贤
副局长：钟劭平　罗庆谷　谢林珍
纪检组长：俞妹莲

定南县广播电视台
邮编：341900
电话：（0797）4296582
台长：李岷
副台长：李江晏　冯志远

安远县广播电视局
邮编：342100
电话：（0797）3732483
局长：欧阳晓波
副局长：李青伟　刘红光
纪检组长：刘承善

安远县广播电视台
邮编：342100
电话：（0797）3732483
台长：黄工华
副台长：黄强

寻乌县广播电视局
邮编：342200
电话：（0797）2842727
局长：钟名亮
党支部书记：吴志芬
副局长：范正贤　刘继宣　陈洪林

寻乌县有线电视台

邮编：342200

电话：（0797）2842727

台长：潘小强

于都县广播电视局

邮编：342300

电话：（0797）6433479

局长：胡华

副局长：杨汉华　严文忠

纪检组长：杨裘淋

于都县广播电视台

邮编：342300

电话：（0797）6433479

台长：胡华（兼）

副台长：黄育坚

兴国县广播电视局

邮编：342400

电话：（0797）5322448

局长：邓京红

党支部书记：刘福云

副局长：钟上福　刘之华　李志龙

纪检组长：凌太金

兴国县广播电视台

邮编：342400

电话：（0797）5322606

台长：李志龙

瑞金市广播电视局

邮编：342500

电话：（0797）2523137

局长：钟　东

党总支书记：沈运铮

副局长：沈运铮　许玉明

纪检组长、监察室主任：朱晓敏

瑞金市广播电台

邮编：342500

电话：（0797）2522132

台长：刘克堂

副台长：刘太优　许德良

瑞金电视台

邮编：342500

电话：（0797）2522389

台长：黄　涛

副台长：钟静靓　杨曙光　钟义春

会昌县广播电视局

邮编：342600

电话：（0797）5622133

局长：陈绍平

副局长：何世平　宋小兰　肖成锦

纪检组长：陈小兵

会昌县广播电视台

邮编：342600

电话：5628728

台长：刘江湖

石城县广播电视局

邮编：342700

电话：（0797）5712413

局长：沙新民

书记：陈仪伦

副局长：陈仪伦（兼）　黄运昌
　　　　叶琴琨　赖德阳

纪检组长：王隆炳

石城县广播电视台

邮编：342700

电话：（0797）5700775

宁都县广播电视局

邮编：342800

电话：（0797）6817726

局长：谢小珊

副局长：廖直勇　巫显庭　肖智敏
　　　　李明生　彭水林

纪检组长：谢梅娇

宁都人民广播电台

邮编：342800

电话：（0797）6832410

台长：李明生
副台长：赖非泉　吴植峰

宁都八五三台

邮编：342800
电话：(0797)6908826
台长：胡礼林
副台长：廖城明

宁都电视转播台

邮编：342800
电话：(0797)6832072
台长：邓亚群
副台长：曾结晶　赖志恒

宜春市

袁州区广播电视局

邮编：336000
电话：（0795）3273192
局长：袁晓华
副局长：曾丽萍　卢寿生
纪检组长：史西亚(～12月)
　　　　　陈爱萍(12月～)

袁州区农村广电网络分公司

总经理：袁晓华
副总经理：欧阳华　陈绍云

袁州区广电局新闻中心

主任：李刚

樟树市广播电视局

邮编：331200
电话：（0795）7353866
局长：杨仕林
副局长：罗玲　孙明炎
纪检组长：谢选华

樟树市人民广播电台

电话：（0795）7330136
台长：祝祖敏

樟树电视台

电话：（0795）7330116
台长：李清平

丰城市广播电视局

邮编：331100
电话：（0795）6202536
局长：陆有平
副局长：冯树玲　龚建平　袁新雄
　　　　黄文彪
纪检组长：崔剑刚

丰城电视台

电话：（0795）6203490
台长：冯树玲（兼）
副台长：罗新华　左强民

丰城广播电台

副台长：钟水芽

高安市广播电视局

邮编：330800
电话：（0795）5252569
党组书记、局长：罗时东
党组副书记：卢司义　舒宏平(～12月)
党组成员：沈静　胡祖华　涂奔
　　　　　葛少明　张勇　文发根
　　　　　周计略　徐玮
纪检组长：葛少明
副局长：沈静　胡祖华　涂奔

高安市广播电视台

台长：舒宏平(~12月)

靖安县广播电视局

邮编：330600
电话：（0795）4658808
党组书记、局长：赖学文
党组副书记：吴健雄
副局长：张景栋　舒小明　赵敬丹
纪检组长：秦昌舟

靖安电视台

台长：周金意

靖安广播电台

台长：吴运星

奉新县广播电视局

邮编：330700

电话：（0795）4622340

局长：刘勇

党组书记：黄章谱

副局长：谢军　刘小华

纪检组长：李梅新

党组成员：许阳礼

奉新县广播电视台

台长：张晓峰

上高县广播电视局

邮编：336400

电话：（0795）2508106

局长：刘发金

党组书记：李福兴

副局长：皮海龙　胡晓玲　李忠平
　　陈卫东

党组副书记：袁和根

纪检组长：仇笛

上高人民广播电台

台长：潘向明

上高电视台

台长：陈安希

宜丰县广播电视局

邮编：336300

电话：（0795）2765312

党组书记、局长：卢荀生

副局长：李军　李云军　熊超凡

党组副书记：陈建平

纪检监察组长：熊义辉

宜丰人民广播电台

台长：张伟群

副台长：周相东

宜丰电视台

台长：张伟群

副台长：谢晓蓉

宜丰广播电视艺术团

团长：杨泽华

副团长：吴学俊　熊卫民　刘文辉

铜鼓县广播电视局

邮编：336200

电话：（0795）8722244

局长：张增发

副局长：刘康(正科级，4 月 ~)
　　陈玉初(~10 月)　黄曙华
　　王仲昌(10 月 ~)

纪检监察组长：喻锦辉

铜鼓人民广播电台

副科级干部：江红

副台长：刘颖

铜鼓电视台

台长：张清本(10 月 ~)

副台长：兰玉娟　罗芳(11 月 ~)

万载县广播电视局

邮编 336100

电话：（0795）8821429

党组书记、局长：邱光德

副局长：李德全　杨异文

纪检组长：李日光

万载广播电视台

台长：郭基平

副台长：刘仲高

上饶市

信州区文化广播电视局

邮编：334000

电话：(0793)8330292

局长：何康龙

副局长：夏训仁　武荣安　柴莉萍

纪检组长：周海洪

弋阳县广播电视局(局台合一)
邮编：334400
电话：(0793)5906143
局长：李晓龙
副局长：胡新安　郑五三　周惠林
支部书记：胡新安

弋阳县广播电视台
邮编：334400
电话：(0793)5906352
总　编：刘喜

广丰县文化广播电视局
邮编：334600
电话：(0793)2652574
局长：徐贵清
副局长：徐昌画　徐建华　姜建华
纪检书记：杨丕炉
组织委员：吴玉华

上饶县文化广播电视局
邮编：334100
电话：(0793)8450333
局长：徐先亮
副局长：祝显金　乌卫平　林上强
纪检书记：谢军山

上饶县广播电视台
邮编：334100
电话：(0793)8445090
台长：陈剑
武装部长：陈斌

铅山县文化广播电视局
邮编：334500
电话：(0793)5339178
局长：邓世英
书记：叶玉才
副局长：牛赛麟　张志宇　钟明进　王新红
纪检组长：陈明涛

铅山县广播电视台
邮编：334500
电话：(0793)5331085
台长：王新红
副台长：郑重　李建兵

余干县广播电视局
邮编：335100
电话：(0793)3203249
局长：胡荣贵
副局长：张宏远　杨飚

余干县广播电视台
邮编：335100
电话：(0793)3207689
台长：崔永泉
总编：张李红

德兴市文化广播电视局
邮编：334200
电话：(0793)7516241
局长：潘明
副局长：张国粱　许剑文
纪检组长：孙翠凤

德兴市广播电视台
邮编：334200
电话：(0793)7516708
台长：张国粱
副台长：阮小平　吴亚卿　陈勇军

横峰县广播电视局（局台合一）
邮编：334300
电话：(0793)5782685
局长：吴荣贵
副局长：吴忠
纪检组长：杨国忠

横峰县有线电视台
台长：王光辉

婺源县文化广播电视局
邮编：333200
电话：(0793)7348396
局长：董群

副局长：程阳春　王卫　王群英

纪检组长：俞华枝

婺源县广播电视台

邮编：333200

电话：(0793)7348386

台长：江永红

副台长：洪忠华　俞炎保

万年县文化广播电视局

邮编：335500

电话：(0793)3842211

局长：胡宏照

副局长：孙智勤　彭思华

纪检组长：李巍

万年县广播电视台

邮编：335500

电话：(0793)3842210

台长：黄怀林

副台长：刘修平　蔡霖　彭明敏

副书记：李平山

鄱阳县广播电视局

邮编：333100

电话：(0793)6285233

局长：徐平

副局长：程建龙　盛清平　江卫东

鄱阳县广播站

邮编：333100

电话：(0793)6282209

站长：周楠

党支部书记：郑立森

鄱阳电视转播台

邮编：333100

电话：(0793) 6265333

台长：陈慧斌

玉山县文化广播电视局

邮编：334700

电话：(0793)2569311

局长：曹卫亚

副局长：叶丽平　舒源敏　陈小莲　许晓可

党总支副书记：鲁飞

纪检组长：翁社春

玉山县广播电视台

邮编：334700

电话：(0793)2556300

台长：戴黔燕

副台长：叶俊武　邹秉俊　单泰山

吉安市

吉州区广播电视局

邮编：343000

电话：（0796）8244173　8213267

局长：王克铭

副局长：刘英敏　胡予群　肖青峰

纪检组长：罗顺根

吉州区《吉州通讯》编辑部

邮编：343000

电话：（0796）8213150

总编：秦宗梁

吉州区新闻中心

邮编：343000

电话：（0796）8213170

主任：罗龙

青原区文化广播电视局

邮编：343009

电话：（0796）8100996

局长：王晓宏

副局长：戴亨金　胡安平

纪检组长：颜明炎(4 月~)

青原区广电新闻中心

邮编：343009

电话：（0796）8100327

主任：胡安平（兼）

副主任：罗小军

井冈山市广播电视局

邮编：343600

电话：（0796）6552939

局长：郭承军

副局长：肖义烈　罗共维　李萍(~3 月)

纪检组长：谢龙华

井冈山市广播电视台

邮编：343600

电话：（0796）1375551116

台长：刘中明(6 月~)

副台长：张行生　谭小丽　刘建庭

江西七〇四电视转播台

邮编：343600

电话：（0796）6552689

台长：李厚德

书记：杨凡

副台长：李学才　李健林

吉安县文化广播电视局

邮编：343100

电话：（0796）8442172

局长：戴小平

副局长：吴子怡（~8 月）张荣华
方长根　刘建青

纪检组长：肖永其

吉安县广播电视台

邮编：343100

电话：（0796）8443517

台长：胡文昌

副台长：陈跃　王修开

泰和县文化广播电视局

邮编：343700

电话：（0796）5373512

局长：康文龙

副局长：肖荣中　宋显华　罗水荣

党委书记：旷天亮

副书记：康文龙　胡启荣

委员：旷天亮　康文龙　肖荣中
宋显华　罗水荣　胡启荣
陈章斌　李新娇　刘世炳

泰和县广播电视台

台长：康文龙

副台长：罗水荣　陈章斌　俞建华
张瑞明　肖卓霖(6 月~)

遂川县文化广播电视局

邮编：343900

电话：（0796）6322354

局长：刘卫国(~5 月)　黎育清(6 月~)

党委书记：钟文开(4 月~)

副局长：钟荣华（~7 月）　梁远奎
叶珊珊

纪检组长：肖桂华

遂川县广播电视台

邮编：343900

电话：（0796）6326161

台长：余安生

副台长：蓝万根(~8 月)　刘小民
王小娟(9 月~)

万安县文化广播电视局

邮编：343800

电话：（0796）5701065

局长：刘学明

副局长：赖国兴　郭志锋　许遵清

纪检组长：肖春明

万安县广播站

邮编：343800

电话：（0796）5701331

站长：罗永乐

副站长：李文峰

万安县有线电视台

邮编：343800

电话：（0796）5701331

台长：郭永球

万安县电视差转台

邮编：343800
电话：（0796）5701331
台长：肖尔文(~7 月) 庄刚健(7 月~)
副台长：唐兆金

永新县文化广播电视局

邮编：343400
电话：（0796）7722939
局长：刘德生
副局长：李秋生 汤德林 黄敏华
纪检组长：刘雪梅

永新县广播电视台

邮编：343400
电话：（0796）7722327
台长：汤德林
副台长：刘仁发 汪洪云

安福县文化广播电视局

邮编：343200
电话：（0796）7622275
局长：彭丽志
副局长：尹福云 刘明生 左焕文
纪检组长：彭子荣

安福县广播电视台

邮编：343200
电话：（0796）7620997
台长：刘安锋
副台长：何晓童 刘新蕾 王东风

吉水县文化广播电视局

邮编：331600
电话：（0796）3520779
局长：夏彬彬
副局长：曾秋星 胥丽萍(~7 月) 刘秋陵
纪检组长：胡拥军

吉水县广播站

邮编：331600
电话：（0796）3522541
站长：夏军平
副站长：毛凌志

吉水县广播电视台

邮编：331600
电话：（0796）3522541
台长：刘麓峰
副台长：周井平 上官志春 郭海红(9 月~)

永丰县文化广播电视局

邮编：331500
电话：（0796）2511332
局长：金有亨
副局长：郭传贤(8 月~) 谢晓芳 王宇 彭志刚
纪检组长：刘美云

永丰县广播电视台

邮编：331500
电话：（0796）2527601
台长：陈义昌
副台长：刘小军 蔡永红

峡江县文化广播电视局

邮编：331409
电话：（0796）3672021
局长：刁年生
副局长：罗玉兰 王守正
纪检组长：廖庆生

峡江县广播电视台

邮编：331409
电话：（0796）3674045
台长：刁凡民
副台长：陈华平 王晓文

新干县文化广播电视局

邮编：331300
电话：（0796）2602669
局长：徐冬生
党委书记：陈琳
副局长：陈琳 刘奇伟 杨九根 傅春华

纪检组长：曾五根

新干县广播电视台

邮编：331300

电话：（0796）2603176

台长：聂小荣

党支部书记：段学林

副台长：朱兵 罗小敏 熊志红

抚州市

临川区文化广播电视局

邮编：344000

电话：（0794）8223255

局长：聂江波

副局长：王福荣 郭安 郭曼霞 封志平

纪检书记：涂珍泉

临川区广播电视台

邮编：344100

电话：（0794）8430111

台长：章登文

副台长：连美昌 邹永辉

崇仁县文化广播电视局

邮编：344200

电话：（0794）6391791

局长：张曼庭

副局长：彭爱民 周飞汉

纪检组长：徐信辉

崇仁县广播电视台

邮编：344200

电话：（0794）6333978

台长：章冠华

乐安县文化广播电视局

邮编：344300

电话：（0794）6591251

局长：王贵香

党委书记：龙小凤

副局长：谢华勇 陈小群 陈云根 游娟娟

纪检书记：陈健

乐安县广播电视台

邮编：344300

电话：（0794）6592589

台长：陈立新

副台长：孙小平 胡江

宜黄县文化广播电视局

邮编：344000

电话：（0794）7602324

局长：邓学杰

党组书记：朱建宜

副局长：吴方灿 彭希友 李杏华 罗文利 蔡浩

纪检组长：彭瑞仁

宜黄县广播电视台

邮编：344000

电话：（0794）7611988

台长：罗文利（兼）

副台长：陈岳泰

台长助理：许国辉

南丰县文化广播电视局

邮编：344500

电话：（0794）3287549

局长：黄福平

党组书记：龚建新

副局长：刘连军 刘祝龙 黎建华

纪检组长：刘在樑

南丰县广播电视台

邮编：344500

电话：（0794）3221826

台长：迟向东

副台长：胡义平 王小平

黎川县文化广播电视局

邮编：344600

电话：（0794）7522452
局长：雷旭东
党委书记：杨建华
副局长：姚庆云　戴光辉　周建英

黎川县广播电视台

邮编：344600
电话：（0794）7501948
台长：邓歌东
副台长：尧志强

南城县文化广播电视局

邮编：344700
电话：（0794）7254971
局长：丁美中
党委书记：周文龙
副局长：冯雨声　万平　余雪飞
徐瑞芬
纪检组长：罗斌

南城县广播电视台

邮编：344700
电话：（0794）7211735
台长：崔钟义

金溪县文化广播电视局

邮编：344800
电话：（0794）5292654
局长：吴牧山
党组书记：舒虎
副局长：郑小兰　赖文英　王新景

金溪广播电视台

邮编：344800
电话：（0794）5292315
台长：江伟华
书记：薛飞云
副台长：元文红

广昌县文化广播电视局

邮编：344900
电话：（0794）3622538
局长：王咏平
副局长：付松仕　张建平　谢昌健
纪检组长：甘忠仁

广昌县广播电视台

邮编：344900
电话：（0794）3612666
台长：谢昌健
副台长：王卫东　丁健

东乡县文化广播电视局

邮编：331800
电话：（0794）4232205
局长：崔小梅
党委书记：查建宇
副局长：李国安　严惠琛　于军标
纪检书记：梅云

东乡县广播电视台

邮编：331800
电话：（0794）4232249
台长：李伯平
副台长：吴宇　乐晓辉

资溪县文化广播电视局

邮编：335300
电话：（0794）5792370
局长：何思奇
副局长：余润泽　胡建明

资溪县广播电视台

邮编：335300
电话：（0794）5791101
台长：王荣星
副台长：吴星煌　肖满霞

江西省广播电视协会及分会(续)

鹰潭市广播电视协会

会长：周佐明

副会长：汪白杨(常务)　陈饶文

余富友　姜朝皋

秘书长：李如华

江西省广播电视网络传输有限公司及各分公司负责人名录

江西省广播电视网络传输有限公司

董事长：戴础军

总经理：戴础军（兼）

副总经理：刘立权（常务）

郑克建　陈之彦　邓小雯

张启观　黄海庭

程斌（总助）

南昌市分公司

总经理：李祚信

南昌县分公司

总经理：李惠琳

新建县分公司

总经理：万家帮

进贤县分公司

总经理：吴振明

安义县分公司

总经理：刘珠

副总经理：肖安龙

湾里区分公司

总经理：徐协珠

九江市分公司

负责人：廖孝安

副总经理：刘昌池（常务）　沈孝健

星子县分公司

总经理：王金元

副总经理：张理农

彭泽县分公司

总经理：危泽兴

副总经理：王明敏(书记)　姚顺瀚

马成照

九江县分公司

总经理：叶明锋

副总经理：刘义钦　王品瑜

瑞昌市分公司

总经理：黄朝星

副总经理：田军强(常务)　田海青

湖口县分公司

总经理：蔡小丽

武宁县分公司

总经理：彭金水

副总经理：黄建军　黄贤钧　赖庆文

德安县分公司

总经理：毛根保（～4月）
杨明(4月～)
副总经理：刘贵滨　潘安

修水县分公司
总经理：姜家淼
副总经理：吴为山　吴帅

都昌县分公司
总经理：汪会利
副总经理：伍恒金　冯绍虎

庐山分公司
总经理：李小林

永修县分公司
总经理：廖祥坤
副总经理：邹文联　胡小平

共青城分公司
总经理：杨秋芬
副总经理：郭玉滚　杨仕为

景德镇市分公司
总经理：罗博生
副总经理：陈淑琴　熊小平　叶梅英

乐平市分公司
总经理：程凤鸣
副总经理：李立新（常务）帅霞　汪洋

浮梁县分公司
总经理：胡柳忠
副总经理：吴新发　张清祥

萍乡市分公司
总经理：张竹生（～5月）
欧阳汝坚（5月～）
副总经理：傅新伟　彭雪幸　姚剑（总助）

莲花县分公司
总经理：谢春俏（～2月）
陈银娥（2月～6月）
江英豪(6月～)
副总经理：叶长青　刘振华

湘东区分公司
总经理：文志柏

上栗县分公司
总经理：刘晓华
副总经理：刘忠海　危风　甘波月

芦溪县分公司
总经理：黄勇
副总经理：聂文剑

新余市分公司
总经理：熊安
副总经理：苏巩建　胡文明　袁卫斌

渝水区分公司
总经理：张海珠
副总经理：廖火生（常务）　邹卫兵
严新华

分宜县分公司
总经理：钟智安
副总经理：袁志刚（常务）　袁勇义

鹰潭市分公司
总经理：徐群胜
副总经理：刘维春　徐文生　朱瑞勤

贵溪市分公司
总经理：张懿冬
副总经理：张贵师　朱永芬

余江县分公司
总经理：陈相元

赣州市分公司
总经理：王建华
副总经理：黄刚　刘嘉明　邝先平
陈顺平

大余县分公司
总经理：温友强
副总经理：王召文（常务）李贤林

上犹县分公司
总经理：杨有春
副总经理：罗晓惠　古赞伟

瑞金市分公司
总经理：钟东
副总经理：杨小春（常务）吴中久

兴国县分公司

总经理：夏唐勋（~11月）

邓京红(11月~)

副总经理：刘元华 谢伟东

定南县分公司

总经理：郭树贤

副总经理：钟劭平 罗庆谷

石城县分公司

总经理：沙新民

副总经理：黄运昌 赖德阳

安远县分公司

总经理：欧阳晓波

副总经理：汪日华 孙飞

于都县分公司

总经理：胡华

副总经理：黄育坚 严文忠

赣县分公司

总经理：吴起华

副总经理：蔡运林

龙南县分公司

总经理：利为民（~11月）

廖京振（11月~，主持工作）

全南县分公司

总经理：罗森耀（~11月）

李土生（11月~，主持工作）

寻乌县分公司

总经理：钟名亮

副总经理：刘继宣 温玉森

崇义县分公司

总经理：谌建平（~11月）

肖秋生(11月~)

副总经理：张忠平

宁都县分公司

总经理：谢小珊

副总经理：巫显庭 黄江东

会昌县分公司

总经理：陈绍平

副总经理：何世平 李松洋

信丰县分公司

总经理：李永生

副总经理：卢成望 宋宜才

南康市分公司

总经理：陈力中

副总经理：伍秋平 赖华盛

宜春市分公司

总经理：李锦胜

副总经理：郭林祥(常务) 黄银泉

章晓飞 熊丽蒙

丰城市分公司

总经理：陆有平

副总经理：袁新雄 黄文彪 龚建平

上高县分公司

总经理：刘发金

副总经理：胡晓玲 罗国汉

铜鼓县分公司

总经理：张增发

副总经理：邵辉

万载县分公司

总经理：邱光德

副总经理：杨异文 刘仲高 梁敏

宜丰县分公司

总经理：卢荷生

副总经理：李军 王昌乐

靖安县分公司

总经理：赖学文

副总经理：张景栋 舒小明

奉新县分公司

总经理：刘勇

副总经理：贺文 张相金 胡瑶云

高安市分公司

总经理：罗时东

副总经理：沈静 胡祖华 涂奔

袁州区分公司

总经理：袁晓华

副总经理：欧阳华　陈绍云

樟树市分公司

总经理：杨仕林

上饶市分公司

总经理：胡福

副总经理：刘文斌　吴鲁西　郑毓敬

广丰县分公司

总经理：徐贵清

副总经理：黄满发（常务）黄富江

万年县分公司

总经理：胡宏照

副总经理：陈志新（常务）

蔡晓琦（副书记）吴发明

德兴市分公司

总经理：潘明

副总经理：黄长松（常务）刘华

沈一峰

铅山县分公司

总经理：邓世英

副总经理：李绍东（常务）陈进忠

梁照辉

鄱阳县分公司

总经理：徐平

副总经理：彭小青　尚建华

横峰县分公司

总经理：吴忠

副总经理：胡涛（常务）

余干县分公司

总经理：胡荣贵

副总经理：杨飚（常务）

婺源县分公司

总经理：董群

副总经理：俞华荣（常务）王卫

玉山县分公司

总经理：曹卫亚

副总经理：舒源敏（常务）邹秉俊

上饶县分公司

总经理：徐先亮

副总经理：乌卫平（常务）王志强

弋阳县分公司

总经理：李晓龙

副总经理：周惠林　舒昌彪　方戈军

吉安市分公司

总经理：邓玉祥

副总经理：周学文　康征贤　吴卫东

峡江县分公司

总经理：习年生

副总经理：龙以江（常务）钟小惠

井冈山市分公司

总经理：郭承军(～4月）戴国富(4月～)

副总经理：石原勇

安福县分公司

总经理：彭丽志

副总经理：林珠生　左飞

吉水县分公司

总经理：夏彬彬（～12月）

郭烈涌(12月～)

副总经理：夏军平

遂川县分公司

总经理：钟荣华（～2月）

梁礼和(2月～)

副总经理：邹运生　郭德良

万安县分公司

总经理：刘学明

副总经理：肖尔文　彭卫东

永丰县分公司

总经理：符斌

副总经理：陈愿龙　邹国华

泰和县分公司

总经理：康文龙

副总经理：陈章斌（常务）张瑞明

新干县分公司

总经理：刘洪

副总经理：黄小平

永新县分公司

总经理：刘德生

副总经理：刘桂华（常务） 周小铨

吉安县分公司

总经理：戴小平

副总经理：刘邦治（常务） 戴红灵

抚州市分公司

总经理：李志民

副总经理：黄泽民　周宾荣　邓艺

南丰县分公司

总经理：王矛

南城县分公司

总经理：程小春

副总经理：黄曙琴　崔云如

广昌县分公司

总经理：黄继玉

副总经理：袁小明　杨勇

宜黄县分公司

总经理：徐小明

副总经理：邱金龙　邹志辉

东乡县分公司

总经理：罗云龙

副总经理：陈勇华　张志勇

乐安县分公司

总经理：罗生根(~5月)　傅德勇(5月~)

副总经理：罗生根　董辉　程小英

黎川县分公司

总经理：武伦辉

副总经理：过子辉　张小锋

资溪县分公司

总经理：何思奇

副总经理：林文辉（常务）　胡莉涓

临川区分公司

总经理：张武龙

副总经理：李宝香

金溪县分公司

总经理：饶志强

副总经理：饶德明　曹高峰

崇仁县分公司

总经理：熊兴华

副总经理：罗振刚　许伟福

广播电视节目制作经营机构名录

江西电视台电视剧制作中心

法人代表：杨松

地址：南昌市洪都中大道207号

联系电话：(0791)8339689

江西省红星影视制作中心

法人代表：刘永东

地址：南昌市阳明路312号812室

联系电话：(0791)6894873

江西和平影视传播有限公司

法人代表：王毛毛

地址：省府大院东二路

联系电话：(0791)6350245

江西天眷影视文化传播有限公司

法人代表：黄敏

地址：南昌市叠山路119号

联系电话：(0791)6816001

江西省明达数字传媒有限公司

法人代表：赵莉丽

地址：南昌市北京东路35号
联系电话：(0791)8317859

江西非常影视艺术有限公司
法人代表：白林华
地址：上饶市信州区解放路315号6楼
联系电话：（0793）8237609

江西省东方文化传媒有限公司
法人代表：涂小英
地址：南昌市洪城路777号9栋
联系电话：(0791)8858978

江西花季文化艺术有限公司
法人代表：钱如鹤
地址：江西艺术剧院
联系电话：(0791)6270786

江西音像出版社
法人代表：刘建芳
地址：南昌市北京西路20号
联系电话：(0791)8524135

江西金阳影视制作中心有限公司
法人代表：李俊宝
地址：南昌市子固路136号
联系电话：(0791)6702188

江西博泓影视文化传播有限公司
法人代表：王小兰
地址：南昌市西湖区洪城路2号
联系电话：(0791)6496717

江西省萍乡市星宇传媒影视文化发展有限公司
法人代表：余凤辉
地址：萍乡市康庄路2号
联系电话：(0799)6819098

江西长天影视文化传播中心
法人代表：刘宁
地址：南昌市洪都中大道207号
联系电话：(0791)8503588

江西传媒移动电视有限公司
法人代表：龚邦国
地址：南昌市洪都中大道207号
联系电话：(0791)8328199

江西文联影视艺术中心有限责任公司
法人代表：李涌浩
地址：南昌市八一大道371号
联系电话：(0791)6257878

江西巴士在线传媒有限公司
法人代表：孙卫东
地址：南昌市高新开发区火炬大街 201号
联系电话：(0791)8112528

九江市影视艺术中心
法人代表：杨东风
地址：九江市莲花池76号
联系电话：(0792)8135781

2005年机构成立和变动情况

江西人民广播电台

2005年4月26日，江西省机构编制委员会办公室（赣编办文[2005]59 号）批复同意江西人民广播电台“新闻部”、“广播剧部”分别更名为“新闻中心”、“广播覆盖办公室”。更名后，新闻中心的主要职责为：

负责全省各项重大活 动新闻以及国内外要闻的采访、编发；负责向中央和兄弟省台传递广播新闻稿件，以及同兄弟台开展新闻宣传业务交流等。广播覆盖办公室的主要职责为：负责江西人民广播电台各频率节目在全省的覆盖和技术保障，确保各频率节目的覆盖有效。

江西电视台

2005年1月25日，江西省机构编制委员会办公室（赣编办文[2005]14号）批复同意江西电视台增设少儿频道，增加频道总监1名（正处级），频道副总监2名（副处级），并增加自收自支事业编制40名，增编后，江西电视台共有事业编制840名（其中全额拨款事业编制294名，自收自支事业编制546名）。

江西省广播电视监测中心

2005年8月29日，江西省机构编制委员会办公室（赣编办文[2005]179号）批复同意将“江西省广播电视检测中心”更名为“江西省广播电视监测中心”，同时增挂“江西省广播电视安全播出调度中心”牌子。机构级别由副处级调整为正处级。调整增加全额拨款事业编制11名，从省广电局七○二台划拨。调整后，省广播电视监测中心人员编制为26名，702台为46名。省广播电视监测中心主要职责：监测省级广播电视节目播出情况，监测本省广播电视节目的传输，发射覆盖及有线电视网络运行效果；监测省级中波、调频广播、地面电视等频谱负荷情况；贯彻执行广播电视安全播出调度任务；不定期检测省级广播电视发射设备的技术指标；对市、县广播监测机构进行业务指导。

江西加扰卫星电视管理中心

2005年10月8日，江西省机构编制委员会办公室（赣编办文[2005]207号）批复同意成立“江西加扰卫星电视管理中心”，为省广电局下属自收自支事业单位，核定事业编制7名。

江西广播电视《声屏世界》杂志社

2005年11月30日，江西省机构编制委员会办公室（赣编办文 [2005]236号）批复同意成立“江西广播电视《声屏世界》杂志社”，为省广电局下属自收自支事业单位，核定事业编制10名。

县市区广播电视简介

南 昌 市

南昌县广播电视简介

南昌县广播电视台为了确保节目质量，从硬件质量入手，对原有摄录设备进行了有效维护，确保了录像质量。通过全体采、编、录人员的共同努力，广播电视台的节目质量明显提高，“新视点”、“警方 750”栏目风格已基本形成，内容更加精炼，效果更加贴近实际，贴近生活，贴近群众。为宣传南昌县籍在外成功人士，创新推出“昌南骄子”栏目，激励全县人民奋发努力。

全年本台用稿 3100 余条；在市人民广播电台、市电视台用稿 250 余条；在省人民广播电台、省电视台用稿 21 条；在中央电视台用稿 7 条。在市广播电视学会评奖中，3 件电视作品获二等奖，1 件电视作品获三等奖。

新建县广播电视简介

新建县文化广播电视旅游局内设办公室、广播电视股、文化股、旅游股，有职工 16 人。下辖广播电视台，有职工 40 余人。

县广播电视台的自办节目“新建新闻”调整增设了“走进农家”、“外商看新建”等栏目。全年用稿 1054 条，在市及市以上台用稿 98 条。在市广播电视节目评奖中，1 件广播新闻作品获一等奖。

全县广播电视事业建设有新的发展，实现了村村通广播电视，广播电视覆盖全县 68 万人口，覆盖率达 99%。县城有线电视新架设光缆主干网 6 千米，用户分配网 2.3 万户，入网率达 60%。

进贤县广播电视简介

进贤县文化广播电视旅游局下辖广播电视台及 20 个乡镇广播电视站。县局干部职工 12 人，县广播电视台干部职工 66 人，乡镇广播电视站人员 73 人。

县广播电视台的自办节目“进贤新闻”用稿 1560 条。“百姓话题”、“法制天地”每周 1 期，已播出 138 期。新辟栏目“天南地北进贤人”、“为您健康”分别制作、播出 20 期和 18 期。为全面宣传进贤，拍摄了《走进新进贤》等 14 部大型专题片。在市广播电视节目评选中，2 件作品获一等奖，3 件作品获二等奖，2 件作品获三等奖。

全年围绕实施城乡广电一体化战略，继县城有线电视技术升级改造后，正在朝着“全县一张网”的目标迈进。南部 9 个乡镇“南环网”有线电视信号已通达绝大多数自然村，入网农村用户 8000 余户。融资 2000 万的北部 11 个乡镇“北环网”建设工程中主干光缆已通达乡镇政府所在地，分配网建设已全面铺开。

安义县广播电视简介

安义县文化广播电视局内设办公室、事业股、文化广播电视稽查大队，所辖广播电视台及 11 个乡镇（场）广播电视站。全局广电系统共有干部职工 101 人。

2005 年，安义县广播电视台先后开辟了“工业强县”系列报道、“打造文明城市，创建文明村镇”、“凌美龙同志先进事迹”等 6 个大型系列报道，同时开辟了“生产自救，重建家园”、“重点工程巡礼”等 5 个专栏节目。全年在省、市人民广播电台、电视台用稿 360 余条。在市好新闻作品评奖中，2 件作品获一等奖，3 件作品获二等奖，另有 2 件作品推荐参加全省好新闻评比。在市广播电视“创三好”评比中，获二等奖。

现有广播电视独立前端 5 个，农村卫星地面接收站 2 个，村级调频广播站 52 个。新开通 66 个自然村电视信号，光缆线路总里程 45 千米，广播覆盖率 100%，电视覆盖率 98%。实现了全县 10 个乡镇开通光缆有线电视信号，完成了“村村通”工程建设，落实了全县 66 个盲点村的建设，获省“村村通”工程优秀奖。以科技创新为先导，培植经济增长点，投入 50 余万元开通广电宽带网业务，强力推进安义广电事业向高层次发展。2005 年，被评为安义县“三个文明建设先进单位”。

湾里区广播电视简介

湾里区教育文化体育局内设办公室、广播电视科、基建财务科、教育文化体育科和文化广播电视稽查大队。下辖广播电视台及 4 个乡镇广播电视站，基层从事广播电视工作干部职工 53 人。

区人民广播电台自办了“湾广新闻”、“生活综艺”、“空中导游”以及“森林防火”等专题宣传节目，每天播音 330 分钟。区有线电视台自办了“湾里新闻”、“梅岭风光”、“荧屏点歌”等地方特色的电视栏目，极大丰富了群众文化，促进了湾里经济和旅游的发展。全年湾里区人民广播电台自办节目用稿 2267 条，上报市以上人民广播电台稿件 126 条。区有线电视台自办节目用稿 1200 余条，在市以上新闻单位用稿 83 条，其中在中央电视台用稿 2 条。

截至 2005 年底，全区各乡镇投入有线电视光缆建设资金在 100 万元以上。目前，全区有线电视用户端口数达 5300 余户，架设电视光缆主干线 15 千米以上。全区 39 个行政村中绝大多数自然村都通上了有线电视，区广播、有线电视的覆盖率分别达到了 75%和 85%以上。

青山湖区广播电视简介

青山湖区文化广播旅游局内设办公室、社文办、旅游办、网络中心，下辖广播电视台、文化馆、图书馆及电影公司。全台在职人员 15 名，招聘人员 6 名。

2001 年 6 月 26 日，郊区人民广播电台经省局、市局批准，更名为青山湖区广播电视台，电台频率为 FM93.4 兆赫，节目定位为江西独家成人流行音乐电台。电台自办节目有“青广新闻”、“音乐深呼吸”、“午后的麦克风”、“刘声地带”、“吃在南昌”。全年在市人民广播电台、市电视台用稿 150

余条；在中央电视台“新闻联播”用稿 9.5 条。

九江市

庐山区广播电视简介

庐山区广播电视站内设办公室、新闻部、专题部、总编室、中控部、技术部、广告部、稽查大队和省广播电视网络传输有限公司庐山区分公司。现有干部职工 92 人（含临时工）。

该站自办节目有“庐山区新闻”、“城乡视点”、“视频点播”等。全年广播电视自采稿件 2500 条；在市人民广播电台用稿 238 条，在市电视台用稿 329 条；在省人民广播电台用稿 35 条，在省电视台用稿 25 条；在中央人民广播电台用稿 4 条，在中央电视台用稿 4 条。

全区有 9 个乡镇广播电视站，全部建立了小调频广播，调频喇叭 350 个。全区有线电视终端户 2.7 万户，光缆全长 160 千米，同轴主干电缆长 300 千米，传输中央、省、市电视节目 40 余套。

九江县广播电视简介

九江县文化广播电视局内设人秘股、业务股、文化股、文化广播电视稽查大队，下属单位有广播电视台。现有干部职工 91 人，其中局机关 18 人。

九江县广播电视台自办节目有“九江县新闻”、“影视剧场”。全年在市人民广播电台用稿 178 条，在市电视台用稿 238 条；在省人民广播电台用稿 21 条，在省电视台用稿 24 条；在中央人民广播电台用稿 4 条，在中央电视台用稿 1 条。

全县 16 个乡镇 104 个行政村，有 101 个村通了广播电视。全县有线电视终端户 1.6 万户，光缆全长 146 千米，同轴电缆长 110 千米。

瑞昌市广播电视简介

瑞昌市文化广播电视局内设人秘科、广播电视管理科、文化艺术管理科和文化广播电视稽查大队，下属单位有广播电视台。现有干部职工 74 人，其中局机关 14 人。

瑞昌市广播电视台自办广播电视节目栏目主要有“瑞昌新闻”、“对农村广播”、“纵横瑞昌”、“城市广角”等。全年在市人民广播电台用稿 323 条，在市电视台用稿 387 条；在省人民广播电台用稿 79 条，在省电视台用稿 58 条；在中央人民广播电台用稿 10 条，在中央电视台用稿 2 条。在省广播电视奖评比中，1 件广播作品获二等奖，2 件电视作品获三等奖。

全市共有 22 个乡镇，其中已联网 21 个，光缆联网行政村 173 个，占行政村的 61%。现有有线电视用户 3 万户，其中城区 1 万户。

武宁县广播电视简介

武宁县文化广播电视局内设办公室、文化股、广电股和文化广播电视稽查大队，下属单位有广播电视台。现有干部职工 115 人，其中局机关 23 人。

广播自办节目有“全县新闻联播”、“武

宁新闻”、“报刊新闻选播”、“农村天地”、“共架心桥”、“花山乐园”。电视自办节目有“武宁新闻”、“一周新闻选播”、“月季花”、“回音壁”、“点歌台”等。全年在市人民广播电台用稿330条，在市电视台用稿407条；在省人民广播电台用稿73条，在省电视台用稿26条；在中央人民广播电台用稿5条，在中央电视台用稿3条。在省广播电视奖评比中，1件广播作品获三等奖。

全县有广播电视站21个，电视差转台1座，有线广播电视光缆长400千米，分配网长1000千米。县乡村有线电视终端户3万户，光缆联网了18个乡镇，有132个行政村，31个自然村联通了光缆，占全县行政村的67%。

修水县广播电视简介

修水县文化广播电视旅游局内设人秘股、广播电视管理股、保卫股以及文化广播电视稽查大队，下属单位有广播电视台。现有干部职工75人，其中局机关17人。

全年自办广播电视节目栏目有“修水新闻”、“今日修水”、“希望的田野”、“一周要闻选播”、“健康之路”、“新家”等。在本台广播用稿7100条，电视用稿2396条，播出电视专题140部；在市人民广播电台用稿281条，在市电视台用稿401条；在省人民广播电台用稿61条，在省电视台用稿31条；在中央人民广播电台用稿12条，在中央电视台用稿3条。在省广播电视奖评比中，1件电视作品获三等奖。

全县有36个乡镇广播电视站，系统内有卫星接收天线5套，1千瓦电视差转台1座。有线电视终端户4.185万户。

湖口县广播电视简介

湖口县文化广播电视局与湖口县广播电视台实行局台合一，内设人秘股、文化艺术股、广播电视股、文化市场稽查大队、广播电视稽查大队、总编室、新闻专题部、广告部、省广播电视网络传输有限公司湖口县分公司。现有干部职工63人。

全年自办节目栏目主要有“湖口新闻”、“节目导视”、“经济时空”、“黄金剧场”、“环境·形象纵横谈”、“祝福空间站”等。在本台播出电视新闻1040条，共157期；在市人民广播电台用稿221条，在市电视台用稿301条；在省人民广播电台用稿8条，在省电视台用稿16条；在中央人民广播电台用稿2条，在中央电视台用稿5条。电视专题片《鄱阳湖绝响》获中广协会第二届电视戏曲“兰花奖”和省广播电视奖三等奖。

全县共有乡镇（场）广播电视站13个，差转台1个。各乡镇（场）均建立有线电视，有线电视网干线总长822千米，县城终端户8160户。

都昌县广播电视简介

都昌县文化广播电视局内设办公室、广播电视股、文化股、音像发行管理站及文化广播电视稽查大队，下属单位有广播电视台。现有干部职工79人，其中局机关18人。

全年自办节目有“都昌新闻”、“社会广角”、“经济时空”、“影视剧场”等。在市人民广播电台用稿280条，在市电视台用稿301条；在省人民广播电台用稿66条，在省电视台用稿20条；在中央人民广播电台用稿10条，在中央电视台用稿1条。

全年完成了74千米光缆杆路工程，安装室内型光接收机9台，室外型光接收机25台，信号已联通了9个乡镇和26个自然村。全县有线电视终端户2.51万户，其中县城终端用户1.06万户，农村终端户1.45万户。广播人口覆盖率为99.8%，无线电视人口覆盖率达90.9%。

彭泽县广播电视简介

彭泽县文化广播电视局内设人秘股、广播电视股、文化艺术股、文化广播电视稽查大队，下属单位有广播电视台、省广播电视网络传输有限公司彭泽县分公司、西环广播电视网络传输公司。现有干部职工82人，其中局机关11人。

全年自办节目有“彭泽新闻”、“电视剧场”、“开心一刻”、“赣北风情”等。在市人民广播电台用稿314条，在市电视台用稿382条；在省人民广播电台用稿22条，在省电视台用稿23条；在中央人民广播电台用稿3条，在中央电视台用稿1条。

全县17个乡镇(场)建立了有线电视站，小调频广播站12个，电视差转台2个，村级广播室75个，有线电视终端户3.6万户。

星子县广播电视简介

星子县文化广播电视局内设广播电视股、文化股、人秘股、文化广播电视稽查大队，下属单位有广播电视台、省广播电视网络传输有限公司星子县分公司。现有干部职工92人，其中局机关20人。

全年自办节目栏目有“星子新闻”、“一路平安”、“和谐新居”、“环保之声”等。在市人民广播电台用稿220条，在市电视台用稿222条；在省人民广播电台用稿20条，在省电视台用稿33条；在中央人民广播电台用稿23条，在中央电视台用稿1条。

全年完成了城区1000户老网改造和700户新建商住楼的网络建设，新增光缆干线6.4千米，支线9.83千米，改造光缆14.9千米，收编整合了泽泉乡、苏家档乡有线电视。

庐山风景名胜区广播电视简介

庐山人民广播电台由庐山管理局党委宣传部管理，共有干部职工22人，其中在职干部职工16人。

庐山人民广播电台采用无线调频（91.2兆赫）广播，播出自办节目和转播中央、江西和九江台节目。主要自办节目有“庐山新闻”、“与你同行”、“快乐出行”、“新闻荟萃”、“音乐动感地带”等。全年在市人民广播电台用稿48条；在省人民广播电台用稿14条；在中央人民广播电台用稿2条。

永修县广播电视简介

永修县文化广播电视局内设人秘科、事业股、文化广播电视稽查大队，下属单位有广播电视台。现有干部职工 79 人，其中局机关 18人。

全年主要自办节目有“永修新闻”、“专题节目”、“点歌台”、“电视剧场”、“收视指南”等。在市人民广播电台用稿322条，在市电视台用稿303条；在省人民广播电台用稿73条，在省电视台用稿47条；在中央人民广播电台、中央电视台用稿 4 条。

全县有线电视终端户 1.69 万户，“村村通”行政村 22 个，电视转播站（室）37 个，广播电视覆盖率为 80% 。

德安县广播电视简介

德安县文化广播电视局内设人秘股、业务股、文化广播电视稽查大队，下属单位有广播电视台。现有干部职工 78 人，其中局机关 19 人。

全年自办节目有“德安新闻”、“一周新闻联播”、“专题”、“农村直通车”、“文艺大看台”等。在市人民广播电台用稿 47 条，在市电视台用稿 161 条；在省人民广播电台用稿 1 条，在省电视台用稿 11 条；在中央电视台用稿 3 条。在省广播电视奖评比中，1 件电视作品获二等奖。

全县乡镇有线电视站 13 个，有线电视终端户 1.7 万户。

景德镇市

乐平市广播电视简介

乐平市文化文物电视局内设人秘股、群艺股、新闻宣传股、广播电视事业股、文化市场管理股，下属单位有广播电视台、文化馆、图书馆、博物馆、赣剧团、电影公司、省广播电视网络传输有限公司乐平市分公司、八六一台。现有干部职工 385 人，其中局机关 36 人。

乐平电视台主要节目有“乐平新闻”、“乐平市情”、“专题节目”、“电视剧场”、“一方水土一方人”等。在省电视台用稿 68 条；在中央电视台用稿 1 条。

网络公司拥有城区用户 1.998 万户，投人 180 余万元对城区分配网进行了改造，现已完成 1 万户。投资 460 余万元，架设光缆 560 余千米，光节点 126 个，终端用户达 2 万余户，提高了农村收看电视的质量。

浮梁县广播电视简介

浮梁县文化旅游广播电视局下属单位有县广播电视台、文化馆、图书馆、博物馆、省广播电视网络传输有限公司浮梁县分公司及 17 个乡镇广播电视站。全局干部职工 49 人，其中局机关 11 人，广播电视台 30 人。

县广播电视台开办了“浮梁新闻”、“点歌台”、“一周要闻回顾”、“乐在茶乡”、“浮梁风光”等栏目。全年在市级以上新闻单位用稿 616 条，其中在省人民广播电台、省电视台、《江西日报》、《江西法制日报》用稿 58 条；在中央人民广播电台用稿 6 条，在中央电视台“金土地”用稿 5 条。

“村村通”工作方面取得快速发展，全县 100%的行政村和 85%的自然村通了广播电视。

萍乡市

安源区广播电视简介

安源区广播电视局设办公室、广播电视稽查大队，下辖广播电视台，内设新闻部、播出部、专题部。现有职工 60 余人。

安源电视台从年初开始，对“安源新闻”节目进行了全面改版，下设子栏目“新闻快递”、“百姓关注”、“时事资讯”。全年共播发自采稿件 1000 余条，向市电视台供稿 150 余条，向省电视台供稿 20 余条。同年，安源电视台建立了宣传网页。

“村村通”建设取得成绩，全区 100% 的行政村、自然村均通了广播电视。

湘东区广播电视简介

湘东区广播电视局下设广播电视台、广播电视稽查大队和省广播电视网络传输有限公司湘东区分公司。现有干部职工 87 人。

2005 年，投入 20 余万元，添置了 2 台数字摄像机，1 条非编系统和 1 台硬盘播出设备，提高了节目制作和播出水平。自办节目“湘东新闻”结合区委、区政府中心工作开设了 5 个专栏，每周一、三、五播出。全年用稿 720 条，在市电视台用稿 128 条，在省电视台用稿 11 条。

全区 11 个乡镇街，有 10 个乡镇成立了文化广播电视服务中心。全年投入 129 万元，发展有线电视用户 1236 户，8 个工程通过上级验收达标。完成了老关、荷尧、东桥、麻山、广寒 5 个乡镇 7 个行政村 30 个自然村的“村村通”工作，架设光缆 57 千米，安装光节点 23 个，接通用户 118 户。麻山、大义 2 个标志村，安装 25 瓦高音喇叭 20 只，25 瓦音柱 8 只。广播电视人口覆盖率达到 100%。

芦溪县广播电视简介

芦溪县广播电视局内设办公室、广播电视稽查大队，下辖广播电视台。全局共有干部职工 71 人。

芦溪县广播电视台为丰富自办内容，在已有的“芦溪信息 · 黄金剧场”基础上，新办了“百姓话题”等专题栏目。全年播出电视新闻 875 条，在市人民广播电台、市电视台用稿 270 余条，在省人民广播电台、省电视台用稿 30 余条。在省、市广播电视作品评奖中，有 5 件新闻作品分获二等奖、三等奖。

全年完成 50 户以上的自然村通广播电视 30 个，消除返盲村 3 个，建成示范村 2 个，广播电视覆盖面不断扩大，有线电视用户不断增加。认真抓好安全播出工作，实现安全播出 87604 小时。

莲花县广播电视简介

莲花县文化广播电视局内设办公室、网络信息中心，下辖电视台、省广播电视网络传输有限公司莲花县分公司、稽查大队、广告中心。全局共有干部职工 73 人。

全年自办栏目有“莲花新闻”、“走进百姓”、“一方水土一方人”。累计电视用稿 620 条，在市电视台新闻用稿 112 条，在省电视台新闻用稿 18 条。在市优秀广播电视节目评比中，有 4 件电视作品获奖。

全县有县网络中心前端 1 个，乡镇网络分前端 14 个，光缆干线总长 58.2 千米，城网光缆主干线管道铺设 3.9 千米，城网光节点 27 个，农网光节点 80 个。全县有线电视覆盖用户 2.105 万户，有线电视入户率占 40%，人口覆盖率占 45%，无线电视发射覆盖率占 80%。

2005 年，保质、保量完成了 100 个盲村、2 个标志村、1 个返盲村的“村村通”建设任务，架设了约 45 千米水泥杆光缆主干线，增设乡镇分前端4个，光节点39个，新装和改造用户2150户。

上栗县广播电视简介

上栗县广播电视局设办公室、事业技术科，下辖广播电视台、网络信息中心、广播电视稽查大队。全局有干部职工52人。

上栗县广播电视台开设“上栗新闻”、“政务时讯”、“这方水土”、“杨岐神韵”、“杨岐剧场”、“每日一歌”等栏目。全年播出新闻稿件740条，在市人民广播电台、市电视台新闻用稿136条，在省人民广播电台、省电视台新闻用稿12条。安全播出获全市先进单位。在市广播好新闻评比中，2件作品获三等奖。

全年累计总投资140.8万元，创收80余万元，用户达到5000余户。发展“村村通”广播电视站10个，乡村有线电视站46个。全县155个行政村近100个行政村已覆盖有线电视，其余部分建有差转台，乡村电视覆盖率和广播通播率均达到90%。

新 余 市

分宜县广播电视简介

分宜县广播电视局内设办公室、宣传股、业务股、社会管理股、稽查大队、村村通办公室，下辖广播电视台、省广播电视网络传输有限公司分宜县分公司和14个乡镇基层广播电视站。广播电视从业人员138人。

分宜县广播电视台设有“分宜新闻”、“一周新闻选播”、“今日分宜”、“开心卡通”、“开心镜”、“影视黄金档”等栏目。全年共播出广播稿1360条，电视稿1614条；在市人民广播电台、市电视台用稿402条；在省人民广播电台、省电视台用稿104条；在中央人民广播电台、中央电视台用稿6条。在全省广播电视节目评比中，有3件作品获奖；在全市广播电视节目评比中，有7件作品获奖；在全市“创三好”评比中，获“创三好”先进集体。

全年完成了32.281千米的光缆干路架设工程，开通了13个行政村和26个自然村的光缆信号，全县乡镇通光缆电视率达100%，行政村和自然村光缆有线电视开通率分别达76%和68%，有线电视用户达2.72万户。

全年查处截传挂接有线电视案件55起，查处非法安装使用卫星地面接收设施案件46起。分宜县广播电视局获“省广播电视稽查工作先进单位”和“省级文明单位”称号。

渝水区广播电视简介

渝水区文化广播电视局内设办公室（财务室）、文化股、新闻宣传股，下辖人民广播电台、电视台、省广播电视网络传输有限公司渝水区分公司等9个单位，乡镇（街道办）广播电视站21个，文化站17个。广播电视从业人员123人。

渝水区人民广播电台开办“渝水新闻”、“校园始发站”等栏目18个。“渝水新闻”共播出稿件2190条，在市人民广播电台用稿132条，在省人民广播电台用稿50条。渝水区电视台开辟了“小记者、大社会”、“生活全接触”等新栏目。电视“渝水新闻”播出稿件1133条，在市电视台用稿208条，在省电视台“江西新闻联播”用稿51条，在中央电视台用稿 1 条。在全市广播电视节目评比中，有 6 件作品获奖。

广电传输新架设了二级光缆杆路 3 条（19.7 千米），铺设管道 2.4 千米，新增光节点 11 个，完成微波改光缆网点 5 个，新增和改造光缆用户 442 户。依法对新纺企业电视站网实现了有效整合，接管了所属资产、工作人员和 2380 户网络用户。全区有线电视光缆干线 215.8 杆千米，光缆和微波有线电视用户 1.7 万户。高标准规划建设了 16 个 50 户以上村庄的广播电视“村村通”工程，解决了 1560 户边远乡村群众收听收看广播电视难问题。

加大了广播电视管理条例的宣传力度，查缴违规私自安装卫星地面接收设施 13 套，确保了广播电视的安全播出与传输。

鹰潭市

贵溪市广播电视简介

贵溪市文化广播电视局内设办公室、财务股、广播电视事业股（含广播电视稽查大队）、群众文化股、文化市场管理股（挂文化市场稽查大队牌子），下辖广播电视台、广播电视服务公司及 6 个文化事业单位。全局有在职干部职工 150 余人。

广播电视台自办节目栏目有“贵溪新闻”、“贵溪党建”、“曝光台”、“客商在贵溪”、“房产视线”等。全年播出电视新闻 1900 余条，在鹰潭电视台用稿 150 余条，在省电视台用稿 40 余条，在中央电视台用稿 1 条。

余江县广播电视简介

余江县文化广播电视局内设广播电视股、办公室、文化股，下属单位有广播电视台、省广播电视网络传输公司余江县分公司。全县现有乡镇广播电视站 11 个，农垦场广播电视站 2 个，广播电视从业人员 80 余人，其中局机关 10 人。

余江县广播电视台固定节目设有“余江新闻”、“记者追踪”、“今夜星辰”、“白塔之子”、“警方在线”。全年广播电视用稿 908 条，其中在市电视台用稿 116 条，在省电视台用稿 18 条，在中央电视台用稿 1 条。

全县有线电视用户共有 1.34 万户。

赣州市

章贡区广播电视简介

章贡区广播电视局内设办公室、新闻部、广播节目部、技术行业管理部。全系统共有干部职工 70 人。

全年完成新闻采访任务 1500 余人(次)，编发广播“赣州新闻”365 期、稿件 2000 余条；编发电视“章贡新闻” 206 期，稿件 100 条，制作播出“虔城视点”专题 23 期。全年在市人民广播电台用稿 95 条，在市电视台用稿 1063 条，其中头条 40 条；在省电视台用稿 55 条，其中头条（合作）7 条；在中央电视台用稿 14 条。在全市广电系统“三爱三学创十佳”和全市“创三好”评比活动中，区电视台分别被评为先进集体和先进集体一等奖，3 人分别被评为“十佳管理干部”、“十佳记者”和“十佳编播”。选送了11件作品参加全市广播电视优秀节目、论文评选，均全部获奖。作品《让失群的孤雁找到回家的路》获省三等奖。

2005年8月，经国家广电总局批准，章贡人民广播电台和章贡电视新闻中心合并设立章贡区广播电视台，开办广播、电视业务。广播业务利用无线传输方式，播出呼号为“章贡区人民广播电台”；电视业务利用有线传输方式，播出呼号为“章贡区电视台”。

全区6个镇、66个行政村有36个开通了光缆，广播电视覆盖率达100%。在队伍建设上注重引进人才和培养优秀人才，共有40余人次参加各级组织的培训，举办培训班4期。设立了广播电视稽查大队，全年共查处个人非法安装地面卫星接收设施9套，没收5套，对郊区广播电视进行了依法治理，出动人员160人次。

全年实现创收24.14万元。

（蒋文华）

赣县广播电视简介

赣县广播电视局内设办公室、新闻部、广播电视稽查大队、广告部；省广播电视网络传输有限公司赣县分公司内设行财部、城网管理部、技术开发部、乡镇网部。全系统在编干部职工148人。

全年开办的节目栏目有“赣县新闻”、“一周要闻回眸”、“客家文化与旅游”、“安全之路”、“赣县警示”等，共用稿1518条。在市人民广播电台用稿170条，在市电视台用稿310条；在省电视台用稿31条；在中央电视台用稿4条。

全年新增光缆主干线14.2千米，电缆干线5.4千米，新规划了5个生活小区。新增有线电视用户523户，现城区网络用户达7433户，广播电视“村村通”100%覆盖全县行政村，新增25个自然村点。播音室先后投资8万余元，添置1套硬盘播音系统和1个播音提示器。

全年出动执法车辆41车次，人员230人次，散发宣传资料6000余份，查处非法接挂有线电视信号案件40余起，拆除并没收非法设施2套，为国家挽回经济损失近3万元。

全年广告创收22万余元。

（彭学荣）

上犹县广播电视简介

上犹县广播电视局内设局办公室、稽查大队，下辖广播电视台（内设新闻部、专题部、广告部、制作播出部）、省广播电视网络传输有限公司上犹县分公司（内设行财部、城网部、农网部、技术开发部、数据业务部）、卫星地面接收站、梅岭广播电视转播台、苏峰广播电视转播台。县局（台、站）在职人员47人，上犹网络分公司在职人员29人。乡镇广播电视站14个。

县广播电视台开办固定自办栏目7个，全年县台广播用稿1108条，电视用稿839条，专题120期；在市人民广播电台用稿260条，在市电视台用稿317条；在省人民广播电台、省电视台用稿82条；在中央人民广播电台、中央电视台用稿16条。在全省广播电视宣传“创三好”评比中，获一等奖。在全市广播电视优秀节目评比中，1件作品获一等奖，3件作品获三等奖。县电视台新添了1套硬盘播出系统，采、制、播设备初步实现数字化。

完成了2个小区光节点以下电缆网升级改造，新建了3个有线电视用户集中分配小区，新设地埋管道3.325千米。12个通光缆信号的乡镇全部实现联网整合，联网用户达6000余户，完成了41个50户以上自然村广播电视“村村通”工程任务。县城新增电视用户406户，搬迁用户300户，新增数字电视用户 220 户，超额完成省公司下达任务263%。县、乡、村末端有线电视用户达4.1821万户，全县广播电视人口综合覆盖率分别达到95.8%和98.3%。

全年开展街头咨询3次，出动宣传车6次，发放宣传单5000份，制作《广播电视管理条例》宣传画1万张，查处违法违规案件51起。

全年网络经营总收入209万元，广告、专题、稽查收入44万元。

（李迎春）

崇义县广播电视简介

崇义县广播电视局内设办公室、新闻部、技术股、工程广告部、音像管理站、稽查队，下辖广播电视台、广播电视发展公司。全系统干部职工64人（不含乡镇）。

广播节目转播中央人民广播电台、江西人民广播电台、赣州人民广播电台的节目；有线电视节目以“崇义新闻”为主，另外还开设了“党建之窗”、“竹乡广角”、“建设新农村，塑造新风貌”等18个专题栏目。全年电视播出专题 12 个，在市电视台用稿296条，在省电视台用稿52条，在中央电视台用稿1条。

全县有16个乡（镇）广播电视站，广播人口覆盖率80%，电视人口覆盖率97%以上。全县所有乡（镇）都建立了有线电视站，基本实现了村村通广播电视。全年对城区光缆网进行改造，新建管道 7.5 千米，架空杆 3千米，线路附路挂11.8千米。

全年共查处非法安装卫星地面接收设施和私接有线电视 310 户，挽回经济损失 2.5万余元。

（甘凌军）

南康市广播电视简介

南康市广播电视局内设办公室、音像管理站（稽查队）、新闻中心、广播电视广告部、播出部。现有在职人员48人。省广播电视网络传输有限公司南康市分公司内设行政人事部、财务部、城网部、农网部、技术部、数字电视和数据业务部，在职人员63人。

新闻中心在赣州人民广播电台用稿 360条，在赣州电视台用稿321条；在省人民广播电台用稿111条，在省电视台用稿40条；在中央人民广播电台、中央电视台用稿3条。

全年，有线电视业务收入达到460万元，新增用户2200户，数字电视用户120户，收编联网4个乡镇，联网用户500余户。投资120万元新建光缆杆路70千米，对城区新建小区实现规范化布线。投资22万，新增索尼DSR-190摄像机3台，非线性编辑1台，新闻、广告硬盘播出系统2套，添置了2台联想电脑及办公自动化设备。

积极搞好《广播电视设施保护条例》的宣传，印发资料3000份。认真做好依法行政工作，查处私截有线电视信号423起，拆除和没收非法安装使用地面卫星广播电视接收设施38套，处罚6起破坏光（电）缆行为。

（谢秀清）

大余县广播电视简介

大余县广播电视局内设局（台）办公室、

新闻专题部、广告部、技术稽查股和省广播电视网络传输有限公司大余县分公司。县局（台）在职人员 63 人，退休人员 16 人，大余县网络分公司在职人员 56 人。

全年共编新闻稿件 3295 条，制作专题节目 24 个。在市人民广播电台用稿 408 条，在市电视台用稿 349 条；在省人民广播电台用稿 208 条，在省电视台用稿 26 条；在中央人民广播电台、中央电视台用稿 10.5 条。

全县有线电视光缆联通了 100%乡镇及矿区，联通了 83.8%的行政村，自然村通广播电视率达 62%，有线电视入户率达 41.4%。广播电视人口覆盖率分别达 98%和 97%。全年新建光缆杆路总长 314 千米，新联 3 个村网，联网用户达 300 余户，发展用户 1500 户，有线电视总用户达 2.9 万余户。新发展数字电视用户 240 户，数字电视用户总数达 460 户，数据业务发展单位用户 5 户，私人用户 22 户。数据宽带单位用户总计达 21 户，个人用户 62 户，收入达 11 万元。全年县网络公司完成总收入 555 万元，同比增长 27%。

全年共查处偷接信号、破坏广电设施行为 111 次，张贴公告 520 余份，拆除和没收卫星地面接收设施 56 套，取缔非法销售点 2 个，建立专营专销点 1 个，较好地规范了行业秩序。

（黄权）

信丰县广播电视简介

信丰县广播电视局内设办公室、广播电视稽查大队、技术播出部、新闻专题部、对外宣传部、广告部，下辖广播电视台，现有在职人员 54 人。全县有 16 个乡镇广电站。

全年共播出新闻 1932 条，制作电视专题 24 期，谈话节目 3 期。在市人民广播电台用稿 120 条，在市电视台用稿 365 条；在省人民广播电台、省电视台用稿 48 条；在中央人民广播电台、中央电视台用稿 3 条。电视先后在“信丰新闻”中开设了“新农村建设在行动”、“来自工业园的报道”、“保持共产党员先进性”、“全民创业，富民兴赣”、“当好东道主，办好脐橙节”、“十大体系建设访谈”等栏目。新开设谈话类专题栏目“话说脐橙节”，并在“时空赣州网”增设了信丰频道。

全年新铺架光缆 105 千米，新建小区分配网 16 个，设置光节点 47 个，改造分配网 78 千米，新增有线电视用户 1130 户，发展数字用户 134 户。投资 16 万元添置了 2 台索尼 DSR-190 摄像机和 2 台电脑，组建新闻上网和新闻回传系统。

广泛宣传广播电视法律、法规，出动宣传人员 70 人次，车辆 48 车次，印发宣传资料 3000 份，在乡镇主要村、圩镇张贴告示 1000 余份。对卫星电视地面接收设施加强管理，拆除 39 套，收缴 7 套。

（殷文莉）

龙南县广播电视简介

龙南县广播电视局下辖广播电视台、电视转播台和人秘股。现有在职干部职工（含县广电网络分公司）72 人。

全年共播出“龙南新闻”284 期，图像新闻 820 条，文字短讯 470 条。在新闻中开辟了“新农村建设实录”、“保持共产党员先进性教育”等栏目。在市电视台用稿 260 条，在省电视台用稿 18 条，在中央电视台用稿 3 条。大坂岭电视转播台转播中央一套节目 4303 小时，转播江西卫视节目 3502 小时。龙南县人民广播电台转播中央、省、市人民广播电台节目1808小时。

完成了新区网线铺设，完成了5千米管道地埋和3千米主干线整治。有线电视用户达1.672万户，发展数字电视145户。

投资36万元更新电视采编播设备1套，改善了新闻采编条件。争取了国家广电总局和省广电局近300万元资金，新建县“4T+2R”广播电视无线覆盖试点项目。

（唐为民）

全南县广播电视简介

全南县广播电视局下辖广播电视台、八五四台，2003年底参与全省广电网络整合成立了省广播电视网络传输有限公司全南县分公司。全广电系统现有干部职工97人。

县广播电视台播出稿件2212条；在市人民广播电台用稿121条，在市电视台用稿217条，专题3个；在省人民广播电台、省电视台用稿30条；在中央人民广播电台用稿9条，在中央电视台用稿2条。在市优秀节目评比中，1篇论文获一等奖，3件作品获二等奖，2件作品获三等奖。

全县有5个乡镇有线电视网与县城联网。县网络分公司新增用户685户，完成业务收入199.17万元。

开展卫星地面接收设施专项整治行动，拆除擅自安装的卫星地面接收设施76套，处罚5人。

（袁长生）

定南县广播电视简介

定南县广播电视局内设办公室、稽查大队、广播电视台、电视差转台，2003年组建成立省广播电视网络传输有限公司定南县分公司。全系统共有在职人员53人。

全年县广播电视台电视自办节目“定南新闻”共播出新闻1105条；在市人民广播电台用稿195条，在市电视台用稿186条；在省人民广播电台用稿26条，在省电视台用稿8条；在中央人民广播电台用稿12条。

全县有550兆赫城区网1个，乡镇站12个，村级站84个，实现100%乡镇联网，共有有线电视用户1.5319万户。发展数字电视集团用户6个，累计发展数字电视用户470户。发展互联网小区1个，用户13户。县无线差转台有150瓦电视发射设备2套，400瓦调频广播发射设备1套，正常转播中央电视台一套、江西人民广播电台及江西卫视节目，每天播出时间达16小时。50户以上自然村广播电视覆盖率达98%。充分利用100%乡镇光缆联网的优势，采取联网和前端覆盖相结合的方式，加快“村村通”建设，提前完成了全年7个点的建设任务。

全年创收312万元，同比增长86.5%。

（赖卓宏）

安远县广播电视简介

安远县广播电视局内设办公室、社会管理股、技术股、报刊发行组、新闻部、专题部、播出部、广告部，下属单位有广播电视台、省广电网络公司安远县分公司。现有在职干部职工128人。

县广播电视台电视开设了“安远新闻”、“东江源”、“小康之路”、“美丽花季”、“美丽夕阳”、“警视报道”等栏目。全年制作播出新闻1700余条，专栏150期；在省、市人民广播电台、电视台新闻用稿383条，专题6个；在中央电视台用稿2条。

全年架设广播电视光缆71.6千米，新设光节点20个，完成了8个行政村广播电视光缆联网和整合工作，新增广播电视联网用户812户。全县100%的乡镇，95%的行政村实现了广播电视光缆联网，有线电视联网用户达4.7万户，广播电视综合覆盖率达98%。30个“村村通”工程任务全部完成，其中完成了21个光缆联网，架设光缆40余千米，光节点17个，建设小前端9个，覆盖人口5600余人。

全年共印发宣传资料2万余份，查处截传接收有线广播电视案件26起，非法安装使用卫星地面接收设施案件11起。

（陈有运）

寻乌县广播电视简介

寻乌县广播电视局内设办公室、新闻部、广播无线台、稽查大队、广告部，下辖有线电视台、广播电台。全系统在编干部职工65人。

全年县广播电视台制作播出新闻890条，专题12期；在市人民广播电台用稿121条，在市电视台用稿231条；在省人民广播电台用稿21条，在省电视台用稿12条。投资10万元，添置了1部摄像机和1套硬盘播出系统，配备了新闻回传电脑，装修了新闻播控室，广播电视设备逐步向数字化迈进。

完成了10个乡镇及37个行政村的光缆联网及分配网升级改造。城区有线电视用户7800户，农村用户6810户。发展数字电视用户107户，开通内部IP电话，安装了广电网宽带。

积极开展广电法律、法规的宣传，年内出动宣传人员38人次，出动车辆4次，印发宣传资料4000份，张贴通告1070份。拆除并没收未经批准的卫星地面接收设施289套，开展专项整治活动4次，取缔非法销售点18个，建立专营专销点1个。

全年创收230万元。

（廖忠明）

于都县广播电视简介

于都县广播电视局与广播电视台为局台合一的县政府直属正科级事业单位，内设人秘股、计划财务股、宣传股、技术股和稽查队；广播电视台内设新闻部、广告专题部。省广播电视网络传输有限公司于都县分公司内设人事财务部、城网部、农网部和技术开发部。局台在职干部职工65人，网络分公司在职职工31人。

县广播电视台开办了电视“于都新闻”、“新农村新生活”、“推动全民创业，建设和谐社会”、“于都人在南粤”、“校长访读录”等节目栏目。全年共制作播出新闻1270余条，电视专题58期；在市人民广播电台用稿130条，在市电视台用稿192条；在省电视台用稿25条；在中央电视台用稿9条。

全年投入网建网改资金40余万元，新架县城主干线8千米，新发展城区用户1200户，新架设农村主干线1100千米，新建8个村级屋场广电小前端，发展农村用户1.1万户。投资30余万元更新一批采编播控设备。

全年培训基层广电技术管理人员200余人次，开展法规和技术义务咨询180余场次，印发宣传资料1万余份，查处擅自截传和破坏广电设施事件227起。

全年创收270余万元。

（兰品仁）

兴国县广播电视简介

兴国县广播电视局为县政府直属事业单位，下辖广播电视台和省广播电视网络传输有限公司兴国县分公司。现有干部职工 104 人（不含乡镇）。

全年编发广播新闻248期，用稿2796条，播出专题 116 期；编发电视新闻 232 期，用稿 1846 条，播出专题 113 期。在市人民广播电台用稿 256 条，在市电视台用稿 213 条；在中央人民广播电台用稿 38 条，在中央电视台用稿 6 条，播出专题 2 个。

全县共有 25 个乡镇广播电视站，300 余个行政村和自然村实现 "村村通"，广播电视人口覆盖率达 90%以上，覆盖人口约 64 万，有线电视用户达 1.0128 万户。全县有 11 个乡镇与县城区网联网，共架设光缆线路 135 千米；县城城区地埋管道 12 千米，建设主干线路 50 千米，地埋光缆 37 千米，城区光节点达 20 个。开通数字电视业务，发展城郊 4 个住宅小区的有线电视网络。

全年共查处挂接有线电视信号案件 5 起，挽回经济损失 2.3 万元。开展非法销售、安装、使用卫星地面接收设施专项整治行动 20 次，深入县城及各个乡镇，对非定点销售点进行了清理，取缔非法销售点 9 个。查处擅自设置使用卫星地面接收设施案件 32 起，收缴设备 24 套，依法办理许可证 25 个。

（黄开兴）

瑞金市广播电视简介

瑞金市广播电视局内设办公室、监察室、业务科，下辖广播电台、电视台、省广播电视网络传输有限公司瑞金市分公司和广播电视稽查大队 、广播电视服务部。全系统有干部职工 107 人（不含乡镇）。

瑞金人民广播电台主要节目有“瑞金新闻”、“对农村广播”、“健康之友”，全年来稿 1790 条，用稿 1560 条；瑞金电视台主要栏目有“瑞金新闻”、“绵江两岸”、“红都警视”，共播出新闻 136 期，稿件 2700 余条，专题 44 期。在赣州人民广播电台用稿 310 条，在赣州电视台用稿 380 条；在省人民广播电台用稿 30 条，在省电视台用稿 39 条；在中央人民广播电台用稿 2 条，在中央电视台用稿 7 条。

瑞金市有 17 个乡（镇）广播电视站，有线广播线路 68 杆千米，入户喇叭 6180 只，无线调频广播台 2 座，有线电视终端用户 3.256 万户，广播人口覆盖率 89%，电视人口覆盖率 95%以上，基本实现了村村通广播电视。更新了高山台发射铁塔（55 米），投入资金 7.8 万元新购摄编设备 3 套；进一步加快了有线网络产业化进程及网络增值业务，新增有线电视用户 1049 户，数字电视用户 116 户，宽带网 8 户；继续巩固和推进“村村通”工程，投入 265 万元，建立无线数字电视（MMDS）发射系统，播出 25 套电视节目。完成 108 个自然村“村村通”工程，架设光缆 70 千米、杆路 50 千米。

全年共查处擅自截传有线电视信号 220 户，非法安装卫星地面接收设施案件 70 余起，发放整改通知书 360 份。

全年完成创收 500 余万元。

（杨晓明）

会昌县广播电视简介

会昌县广播电视局实行局台合一体制，局与省广播电视网络传输有限公司会昌县分公司合署办公。局机关内设办公室、新闻部、广告专题部、制作室、稽查队，在岗从业人员45人。县网络公司设行财部、城网部、数字技术开发部，从业人员63人。

县广播电视台自办电视栏目有“会昌新闻”、“电视剧场”、“电视医院”、“科技大蓬车”、“供电之窗”、“岚山廉风”等，年内用稿1114条，播出专题14个。

全年提前完成第二轮“村村通”广播电视任务，50个50户以上盲点村全部开通了广播电视；顺利完成第二期县、乡、村广电光缆联网工程，县城中心机房信号联通西江、小密、庄埠等6个乡镇，传输电视节目26套，增加电视用户6000户，电视用户已达2.5万户。

全年收缴非法安装卫星地面接收设施50余套，移交法院立案处理2起。

全年广告创收40万元。

（陈雁）

石城县广播电视简介

石城县广播电视局内设秘书股、行管股（稽查队）、新闻部、广告部和西华山电视差转台，从业人员53人。省广播电视网络传输有限公司石城县分公司内设行财部、城网部、农网部和技术开发部，下辖7个乡（镇）站，从业人员54人。

全年开办“石城新闻”、“周末30分”、“天气预报”等广播栏目和“石城新闻”、“琴江广角镜”、“石城综合信息”、“今日石城”、“有话·咱聊”、“天气预报”等电视栏目。全年在县人民广播电台用稿1350条，在县电视台用稿875条；在市人民广播电台、市电视台用稿逾300条，播出专题6组；在省人民广播电台、省电视台用稿约30条；在中央台用稿1条。

全面实现县与乡（镇）广电网络光缆联网，新架广电光缆79千米，新增有线电视用户2430户，提前完成省定26个自然村的广播电视“扫盲”任务。添置硬盘播出系统，非线编辑系统各1套以及摄像机、电脑等一批设备，开通与市电视台的新闻传送系统。

全年共查处各类违法案件46起。

（赖勋和）

宁都县广播电视简介

宁都县广播电视局内设办公室、技术股、社管股、新闻部、广告部、专题部和广播电视技术服务部，下辖宁都八五三台、广播电视台。全系统共有职工169人。

广播电视结合主题进行宣传报道，全年广播电视新闻在市人民广播电台、市电视台用稿478条；在省人民广播电台、省电视台用稿47条；在中央人民广播电台、中央电视台用稿7条。

全年共投资660余万元，先后组织实施了光缆联网工程、自然村通广播电视建设工程、农村广播电视无线覆盖工程、城区光缆网络改造工程及基础设施完善工程等项目。共架设光缆182千米，铺设光缆240千米，新增有线电视用户900户，数字电视用户100户，完成了编辑制作机房、有线电视播出机房的装修改造，建立了新闻回传网络平台。

全年开展县城有线电视网络清查和卫星地面接收设施专项整治活动，共查处违规违纪案件78起。

（赖桂生）

宜春市

袁州区广播电视简介

袁州区广播电视局局机关内设办公室和事业股，局属股级单位有新闻中心和农网分公司，另有乡镇（街道）广电站23个，其中11个已收编。全局共有干部职工65人。

全年播出“袁州新闻”150期，用稿1152条，播出专题15部。在市电视台用稿261条，播出专题6部；在省电视台用稿60条，播出专题4部；在中央电视台用稿2条。

全年改造农村老用户3500户，发展农村新用户1150户，完成了柏木乡主干线联网和人财物收编工作，完成了5个乡镇46个行政村的村级联网工程，架设二级杆路93千米。投资30万元，建好了区工业园分配网，解决了入园企业职工看电视难的问题。投资20万元，完成了3个文明示范村的有线电视网络建设。筹集资金5万元购进了1套非线编系统和2套硬盘播出系统。

11月，对全区农村非法销售卫星地面接收设施进行了全面整治，查处非法销售点85个，有效地整顿了农村销售市场。

（邹赣桂）

丰城市广播电视简介

丰城市广播电视局内设办公室、总编室、新闻部、专题部、广播电台部、技术器材部、广告部、社管股、农网部、城网部、用户管理部、数字业务部、八一二台等部门。全局共有在职干部职工186人。

全年广播电台共收到来稿7278篇，用稿5854条；电视台共播出本台新闻稿件2032条，播出专题“金丰城”52期、“警方热线”52期、“就业指南”52期。在宜春人民广播电台用稿347条，在宜春电视台用稿411条，播出专题6部；在省人民广播电台用稿23条，在省电视台用稿69条，播出专题9部；在中央人民广播电台用稿3条，在中央电视台用稿5条。

全年新架设光缆杆路19千米，附挂光缆杆路40千米，附挂电缆杆路8千米，新建地埋管道3千米，开通了59个自然村的光缆电视信号，安装光机48台，新建二级台3个。全年共发展新用户2883户，同时对全市4个“文明示范村”建设进行了有线电视的规划、设计和施工。

全年出动人员350人次，处理各种违法案件30余次，查处非法经营点38处，拆除非法使用卫星地面接收设施12处，处罚了6家非法用户。

（聂国军）

樟树市广播电视简介

樟树市广播电视局实行局台合署办公的体制，共有干部职工115人。

全年在宜春人民广播电台用稿460条，在宜春电视台用稿458条；在省人民广播电台用稿99条，在省电视台用稿90条；在中央人民广播电台用稿13条，在中央电视台用稿8条，播出专题1部。

积极扩大光缆有线电视覆盖面，新开通行政村光缆信号18个，新装农村用户1577户。广播总功率50千瓦，乡镇广播通播率100%，广播喇叭9500只，有线电视差转台2座，地面卫星接收站5个，有线电视终端户2.8万户。

全年加大稽查工作力度，处罚多接、偷接用户 99 户。

（熊厚文）

高安市广播电视简介

高安市广播电视局（台、网络分公司）内设人秘科、财会科、社管科、总编室、广播节目部、电视专题部、电视新闻部、播出部、广告部、网络管理中心办公室、城网一部、城网二部、农网部、技术数据业务开发部、器材供应中心等科部室，共有干部职工 120 人。全市 24 个镇（乡、街办、场）有线电视站聘用员工 55 名。

全年广播播出稿件 2747 条，其中自采稿件 1198 条；电视播出“瑞州大观”18 期，“高安新闻”107 期，用稿 1140 条。在宜春人民广播电台用稿 394 条，在宜春电视台用稿 428 条，播出专题 5 部；在省人民广播电台用稿 191 条，在省电视台用稿 65 条，播出专题 2 部；在中央人民广播电台用稿 4 条，在中央电视台用稿 4 条。在省广播电视局年度新闻评比中，2 件广播作品获三等奖，1 件电视作品获三等奖。在宜春市广播电视局年度新闻评比中，广播 2 件作品获一等奖，2 件作品获二等奖，2 件作品获三等奖；电视 1 件作品获二等奖，4 件作品获三等奖。

全年完成 54 个村的有线电视进村入户工作，投入建设资金 700 万元，架设光缆 4189（芯）千米，铺设管道 4.3 千米，架设电缆 406.7 千米，开通光节点 304 个，城乡新增用户 8000 户。积极拓展数字电视和数据业务，年内新增数字电视用户 97 户，因特网用户 150 户。广告收入突破 100 万元大关，事业收入达 1038.4268 万元。

全年利用自身媒体宣传《广播电视管理条例》和《广播电视设施保护条例》，查处偷装有线电视信号 38 户，损坏广电设施行为 5 起，稽查工作获“全省先进单位”称号。

（高明孝）

上高县广播电视简介

上高县广播电视局内设人秘股、财统股、社会管理股与新闻宣传中心，共有干部职工 114 人。县局下属二级机构广播电台、电视台、有线电视台实行三台合一的管理体制，全县有线电视网归省广播电视网络传输有限公司上高县分公司经营管理。网络分公司下设农网部、城网部、收费部、器材部、技术部、数据部。全县共设 14 个乡（镇、场）广电站。

全年主要自办节目有“上高新闻”、“上高人”、“政法在线”、“农村关注”、“文艺广告”等。县电视台组织拍摄了多部专题片，开辟了“聚焦工业园，发展开放型经济”、“招商引资强后劲”、“宝成快递”等节目专栏。有 3 个电视专题片在中央电视台和省电视台“社会传真”播出。

全县有 183 个行政村实现光缆联网，传输节目 28 套。有网络用户 3.8 万户，广播喇叭 7400 只，光缆杆路长 616 千米，电视转播站 4 座，广播电视覆盖率分别达 99%和 98%。

（罗胜明）

宜丰县广播电视简介

宜丰县广播电视局及省广播电视网络传输有限公司宜丰县分公司、广电新闻中心（县电台、县电视台）、有线广播电视台、广电艺术团和乡镇广电站有在职干部职工 164

人。

全年在市人民广播电台用稿300余条，在市电视台用稿450余条；在省人民广播电台用稿80余条，在省电视台用稿110余条；在中央人民广播电台华语新闻用稿24条，在中央电视台用稿3条。在省优秀广播电视节目评比中，2件作品获二等奖，1件作品获三等奖；在市优秀广播电视节目评比中，1件作品获一等奖，2件作品获二等奖。

全年完成了12个村级联网工程项目，新发展用户1733户，新建整改分配网杆路319.2千米，工程投资189.37万元。对3个乡镇的分配网网络改造，投入改造资金31.8万元。在棠浦、潭山、芳溪等乡镇网络成功使用“USP”供电设施，保护了网络信号正常、稳定传输。对“三线交越”进行了专项整改，整改交越处376处，整改率达100%。全县有177个村通了光缆电视，行政村普及率87.19%。乡镇网络发展用户达3.0354万户，全县城乡用户已突破4万户。

全年查处私自安装卫星地面接收设施案件30余起，罚款1万余元，补办有线电视用户户头40余户，挽回经济损失达3万余元。

（张西芝）

奉新县广播电视简介

奉新县广播电视局局机关内设人秘股、宣传管理股、事业管理股、社会管理股，有干部职工11人；县广播电视台内设总编室、新闻部、编播部、综艺部、经济部、技术部、广告部、财务部，有干部职工25人。省广播电视网络传输有限公司奉新县分公司内设行政部、财务部、业务经营部、工程技术部，下辖13个乡镇有线电视营业部，有干部职工80人。

全年在市人民广播电台用稿513条，在市电视台用稿462条；在省人民广播电台用稿147条，在省电视台用稿96条；在中央电视台用稿9条。

2005年下半年完成广播电视“村村通”工程15个，新装用户419户。

全年广告收入50万元，网络收入380余万元。

（古春晓）

靖安县广播电视简介

靖安县广播电视局与省广播电视网络传输有限公司靖安县分公司合署办公。局机关内设人秘股、事业股、社会管理股（稽查大队）、财会股、总编室（新闻部、专题部、经济部），共有在职职工69人

全年广播播出“靖安新闻”196期，用稿1525条，其中自采稿件1350条；电视播出“靖安新闻”154期，用稿1309条。在市人民广播电台用稿292条，在市电视台用稿392条；在省人民广播电台用稿20条，在省电视台用稿70条；在中央人民广播电台、中央电视台用稿2条。

全县有广播电台1座，乡镇广电站11个，村广播站90个，广播专线2272杆千米，行政村通播率100%。有县级有线电视台和无线电视台各1座，有线电视光缆覆盖全城区及11个乡镇。有终端用户1.0654万户，开通频道27套，发展数字电视业务136户。乡镇有线电视站9个，村级有线电视站34个。投入资金10余万元，添置了1台PD190摄像机，1套DVSTORM非编，2台数字播放机。完成“村村通”联网工程25个，改造7个小区2534户有线电视用户，有42个自然村开通光缆电视，新增用户2000余户。全县行政覆

盖率达 66.23%。

（熊腾梅）

铜鼓县广播电视简介

铜鼓县广播电视局与省广播电视网络传输有限公司铜鼓县分公司合署办公。局下属二级机构有广播电台、电视台、网络中心。现有在编干部职工 78 人，聘用人员 10 人，退休人员 10 人。

全年在市人民广播电台用稿 388 条，在市电视台用稿 386 条；在省人民广播电台用稿 101 条，在省电视台用稿 60 条；在中央人民广播电台、中国国际广播电台用稿 23 条，在中央电视台用稿 5 条。在省、市创优节目评比中，选送的广播、电视作品有 4 件获奖。

全年完成了县城城中、城北网络改造，对接光节点 28 个，完成了大段镇、三都镇的有线电视用户核查登记工作，延伸了港口乡农村广电网。发展用户 92 户，完成省公司下达目标任务的 223.5%。投资 65 万元，采用数字 MUDS 无线覆盖的技术方式，建立无线数字电视发射台，发展用户近 50 户。

全年完成了乡镇广播电视站人员的收编，加大了对全县地面卫星接收设施的清查力度，清缴收视费旧欠 24 万元。

（罗芳）

万载县广播电视简介

万载广播电视局在编干部职工 7 人，县广播电视台在编干部职工 24 人，有线电视台（省广播电视网络传输有限公司万载县分公司）在编干部职工 33 人，网络公司下设 12 个乡镇广电站，聘用职工 31 人。

全年“万载新闻”共播出 216 期，用稿 1558 条，其中图像 1507 条，口播 51 条，新闻类专题 33 部（条）。在市电视台用稿 305 条；在省电视台用稿 36 条；在中央电视台用稿 9 条。

全年县城有线电视用户新装 750 户，移装 220 户。安装光节点、光机设备 70 处，延伸地埋管道 15 千米。农村有线电视新装 551 户，乡镇站上缴收视费 49.55 万元。“村村通”工程建设完成光缆杆路 88.2 千米，完成电缆杆路 65.6 千米，开通 71 个光节点有线电视信号。城区电视终端用户 1.35 万户，乡站有线电视终端用户 7600 户。

（王圣强）

上饶市

玉山县广播电视简介

玉山县文化广播电视局下辖文化馆、图书馆、博物馆、剧团、剧院、电影公司、电影院、广播电视台、塔山广播电视差转台、文化广播电视稽查大队和 24 个农村广播电视站。现有干部职工 280 人，其中广电系统 171 人（含机关）。

全年在本台用稿 1750 条。在市电视台用稿 516 条，在省电视台用稿 89 条。采制“玉山视点”专题 54 期，其他专题 18 期，在市台播出 31 期，在省台播出 13 期，在中央台播出 3 期。在全市广播电视作品评比中，1 个广播专题获二等奖，3 件作品获三等奖。

全年新发展有线电视用户 4500 余户，收编改造 2600 余户。自筹资金架通了紫湖的广电光缆线路，实现了全县乡镇光缆联网率

100%，完成了 16 个行政村的光缆联网，行政村光缆联网率达 75%，提前完成了 2005 年度广播电视的“村村通”工作。全县共有光缆线路 373.87 千米，差转台 12 座，行政村“村村通”21 个，自然村“村村通”23 个。

针对非法安装卫星地面接收设施和有线电视私拉乱接的现象，集中力量开展了整治活动，查处违规行为 100 余起，有力地打击了违规现象。

上饶县广播电视简介

上饶县文化广播电视局下辖县广播电视台、文化馆、图书馆、电影公司、赣剧团、博物馆（副科级事业单位），共有事业干部 138 名，其中广电系统事业编制 50 名。县广电局负责对全县 24 个乡（镇）广播电视站的业务指导和管理。

全年在本台播出新闻稿件 1807 条，在市人民广播电台、市电视台用稿 594 条，在省人民广播电台、省电视台用稿 60 条，在中央电视台用稿 6 条。

全年完成经济目标 482 万元。

婺源县广播电视简介

婺源县文化广播电视局下辖广播电视台、省广播电视网络传输有限公司婺源县分公司、文化广电稽查大队、文物局、文化馆、图书馆、徽剧团。广电系统共有干部职工 97 人。全县有乡镇广播电视站 18 个，聘用干部 26 人。

全年自办节目有“婺源新闻”、“聚焦婺源”、“星江风景”。在本台新闻用稿 2075 条；在市人民广播电台、市电视台新闻用稿 592 条；在省人民广播电台、省电视台新闻用稿 108 条；在中央电视台新闻用稿 4 条。在省电视台播出专题 2 部，在中央电视台播出专题 8 部。在市级广播电视作品评比中，2 件作品获电视新闻类三等奖，1 件作品获电视专题类特等奖，1 件作品获广播评论类二等奖。

全县有广播电视发射台 1 座，调频广播发射功率为 1 千瓦。全年累计投入资金 180 万元，铺设有线电视光缆 91.2 千米（其中 45 千米搭挂省二级干线），开通“村村通”村 27 个，有线电视终端用户达 1.6889 万户，完成了 4 个乡镇的光缆联网工作。

德兴市广播电视简介

德兴市文化广播电视局内设办公室、广播电视股、文化股，下属单位有广播电视台、广播电视网络中心、文化广播电视稽查大队、文广实业发展有限公司及 16 个广播电视站、1 个企业站。全广电系统有干部职工 162 人。

广播电视自办节目有“德兴新闻”、“铜都视线”、“荧屏导视”、“一周新闻要览”等。全年广播电视用稿 1800 余条，制作专题 52 期；在上饶人民广播电台、上饶电视台新闻用稿 494 条；在省人民广播电台、省电视台新闻用稿 65 条，其中头条 3 条。1 件作品获上饶市优秀广播社教类专题一等奖；1 件作品获上饶市十佳电视栏目一等奖；1 件作品获上饶市电视消息二等奖。在省“创三好”评比中，德兴广播电视台获“先进单位”。

全市共有调频广播 5 座，光缆杆路达 450 千米，有线电视终端用户达 5 万户。全面完成了城区有线电视网的双向改造，改造用户 1.5 万户，互联网、数字电视等业务得到较快发展。投资 200 余万元，超额完成了上级核定的54个村的“村村通”工程建设任务，新架光缆杆路82千米，新装入网用户4000余户，入网率达60%。

万年县广播电视简介

万年县文化广播电视局下辖广播电视台、广电网络传输中心，有干部职工192人。

全年在本台播出各类新闻1470余条；在市人民广播电台、市电视台用稿440余条；在省人民广播电台、省电视台用稿50余条。电视宣传在全市综合评比中获第二名，时政要闻用稿获市第一名。电视传输在2005年度全县单位形象测评中获第三名。

鄱阳县广播电视简介

鄱阳县广播电视局下辖鄱阳电视转播台（鄱阳广播电视台）、鄱阳人民广播站，代辖省广播电视网络传输有限公司鄱阳县分公司。全局共有干部职工73人。

鄱阳电视台设有新闻部、专题部、广告中心。全台拥有3条非线性编辑线，每天同时利用有线频道和无线频道播出2套自办节目，并实现了会议现场直播，本台信号与市台信号双向传送。鄱阳电视台开设“鄱阳新闻”、“饶河两岸”、“黄金剧场”、“每日剧场”等多个自办栏目，开辟了多个广告时段。全年在市人民广播电台、市电视台用稿370条；在省人民广播电台、省电视台用稿35条；在中央人民广播电台、中央电视台用稿2条，

全年完成广播电视“村村通”123户，城乡有线电视光缆500余千米。按750兆赫双向模式完成城区34个小区网络改造工程，在建14个小区，实现了全县34个乡镇光缆联网，转播电视节目25套。在全省“村村通”广播电视工程评比中，被评为“优秀工程奖”。

全年广告中心收入突破100万元大关。

信州区广播电视简介

信州区文化广播电视局内设广播电视管理科、文化艺术科、财务科、综合科，下属单位有文化馆、博物馆、图书馆、越剧团、音像总公司。现有干部职工300余人。

撤地设市后局本级未设广播电台、电视台、网络公司，下辖4个乡镇广播电视站，有线电视用户3.58万户，广播人口覆盖率98.7%，电视人口覆盖率95.5%。3个乡镇网络整合顺利。

弋阳县广播电视简介

弋阳县广播电视局实行局台合一管理体制，局机关、广播电视台、省广播电视网络传输有限公司弋阳县分公司有干部职工78人。全县乡镇广播电视站17个。

全年播出新闻1045条。“弋阳四季风”全年编播22期，总长330分钟。配合全县中心工作拍摄电视专题片5部（集）。在市广播电视评奖活动中，1件作品获一等奖，2件作品获三等奖。1部专题片获市“名媛杯”和谐温馨家庭DV大赛一等奖。

全年投入资金200余万元，建成县至乡镇一级光缆杆路87千米，乡镇至村二级光缆杆路118千米，乡镇发射机站9个。完成50户以上自然村“村村通”工程59个，其中21个采用卫星小前端技术，38个采用光缆联网技术。城乡有线电视终端用户1.76万余户。

全年查处非法销售、安装卫星天线案件53起，查处偷装、偷接有线电视信号案件12起，取缔擅自安装有线电视前端1个。

全年实现广播电视业务创收210万元。

广丰县广播电视简介

广丰县文化广播电视局下辖文化馆、文物管理所、图书馆、电影发行放映中心、文化广播稽查大队、广丰县广播电视台和23个广播电视站。局机关有办公室、财务部、广播电视管理股、文化管理股。全局共有在职干部职工240人。

县电视台自办栏目有“广丰新闻”、“闪烁的红绿灯”等。全年共播出广播稿3610条，电视稿2300余条，栏目45期，专题6部，在市电视台用稿529条。

全年共架设6个乡镇二级光缆网有线69千米，开通光节点69个，“村村通”已有6个光节点顺利完工，即将竣工的二级网有县城及社后、杉溪、八都等乡镇，架设杆线距离约93.1千米，新装有线电视用户比上年增长5%。

全年实现创收750万元。

余干县广播电视简介

余干广播电视局有乡镇广播电视站25个。全局共有干部职工117人，其中县局74人，乡镇站43人。

全年在本台用稿1362条；在市人民广播电台、市电视台用稿349条（头条22条）；在省人民广播电台、省电视台用稿78条；在中央人民广播电台、中央电视台用稿3条。专题在本台用稿22期；在市电视台用稿13期；在省电视台用稿4期；在中央电视台用稿2期。余干电视台在市台用稿综合考评获三等奖，余干广播电视局被评为“全省广播电视乡级事业建设先进集体”。

投资300余万元完成11个乡镇（场）光缆联网，总线路80余千米，其中8个乡镇开通了光缆传输电视节目，联网用户400余户。珠湖农场 4月份开通光缆传输有线电视节目。已完成5个居民小区的双向接入网改造任务，共计改造用户3000户。开通了互联网业务和数字电视业务，发展了联网用户6户，数字电视用户60户，有线电视用户310户。

铅山县广播电视简介

铅山县文化广播电视局内设广播电视台、省广播电视网络传输有限公司铅山县分公司、广电稽查大队和8个乡镇广播电视工作站。

广播电视台始终坚持正确舆论导向，唱响主旋律，全年播出新闻300余条。

全年发展有线电视用户达1.3万户，光缆通到20个乡镇，转播了26套中央和各省级台电视节目。2003年投资600万元对县城广播电视网络进行设备、线路改造，建成了集广播电视传输、数据交换等功能为一体的双向宽带传播网络。

横峰县广播电视简介

横峰县广播电视局内设办公室、行业管理股、服务中心，下辖广播电视台、省广播电视网络传输有限公司横峰县分公司。现有干部职工97人。

县有线台“横峰新闻”实行日播。在本

台用稿1112条，在省、市人民广播电台、电视台用稿270条。在省局“创三好”评比中，获二等奖。

全年投入440万元资金，铺设光缆线路400千米，行政村联网40个，自然村联网500余个，农村联网已达1万户以上。

吉安市

吉州区广播电视简介

吉州区广播电视局内设办公室，下辖《吉州通讯》编辑部和吉州新闻中心。现有干部职工23人。

“吉州新闻”每周一、三、五 21:10 在市电视台二套节目中播出，每次 15 分钟左右，每周二、四、五、六 18:45 重播。新开辟“吉州2004”回眸栏目、“先锋颂”专栏和“探索农村工作新路子”、“党旗飘扬”、“实践‘三个代表’重要思想，保持共产党员先进性”、“建设和谐平安吉州”、“和谐创业，富民兴业”、“来自重大工程的报告”等栏目。全年共播发新闻稿件1116条；在市电视台用稿360条；在省电视台用稿10条，其中头条3条；在中央电视台用稿2条。

青原区广播电视简介

青原区文化广播电视局内设办公室、文化科和广电科，下辖广电新闻中心、文化广电稽查大队、图书馆、文化馆、文物管理所、东固革命根据地博物馆和8个乡镇文化广播站。现有干部职工43人。

“青原新闻”每周一、三、五 18:45 在市电视台二套播出，每次15分钟左右，每周二、四、六 21:10 重播。全年在《井冈山报》用稿43条；在市人民广播电台用稿421条，在市电视台用稿492条；在省人民广播电台用稿14条，在省电视台用稿47条；在中央人民广播电台用稿2条，在中央电视台用稿5条。

井冈山市广播电视简介

井冈山市广电局下设广播电视台、省广播电视网络传输有限公司井冈山市分公司、江西省七〇四电视转播台。现有干部职工141人。

全年播发电视新闻846条，其中在吉安电视台用稿350条（头条30条），在省电视台用稿62条（头条10条），在中央电视台用稿25条。配合中央电视台“激情广场”栏目制作推出了《永远的井冈山》，配合“焦点访谈”栏目录制了《体验井冈山》。

全年完成茨坪片乡镇（场）的光缆联网和龙市城区的城网改造，新城区的新网也已基本建立。已转播 30 套有线电视节目，30套数字电视节目。

吉安县广播电视简介

吉安县文化广播电视局下辖广播电视台、广电有线网络中心、稽查大队、文化馆、图书馆、剧团、博物馆、电影公司、人民电影院、7个乡镇文化站和19个乡镇广播电视站。现有干部职工219人。

全年自采新闻900条；在市人民广播电

台用稿 260 条，在市电视台用稿 414 条；在省人民广播电台用稿 43 条，在省电视台用稿 50 条；在中央人民广播电台用稿 4 条，在中央电视台用稿 4 条。

全年共联网 1 个乡镇、50 个村，增加电视用户 6000 余户。全县已实现 19 个乡镇光缆联网，县乡光缆联网率达 100%。

全年查处违规经营网吧 10 家，收缴非法盗版光碟近 2 万盘。查处盗装有线电视黑户 20 余户，查处非法安装卫星地面接收设施 116 户。

泰和县广播电视简介

泰和县文化广播电视局内设办公室、总编室、财务部、文艺广告部、稽查大队，下辖广播电视台、广电有线网络中心、省广播电视网络传输有限公司泰和县分公司、采茶剧团、文化馆、图书馆、博物馆、影业总公司以及 27 个乡镇广电（中心）站、24 个乡镇文化站。全局共有干部职工 284 人。

全年广播新闻用稿 2620 条,电视新闻用稿 1406 条；在市人民广播电台、市电视台用稿 725 条（头条 77 条）；在省人民广播电台、省电视台用稿 112 条（头条 9 条）；在中央人民广播电台、中央电视台用稿 10 条。

全年加大了光缆进村力度，配合全县新农村建设，开通乡镇光节点 19 个，架设光缆杆路 80 余千米，新通行政村 39 个，发展用户 1000 余户。

全年共查处私装有线电视用户 12 户，微波 42 户，收缴私装卫星地面接收设施 21 套，查处破坏广电设施案件 2 起，有效地保证了广播电视的安全播出。

遂川县广播电视简介

遂川县文化广播电视局内设办公室、文化股、广播电视股和稽查大队，下辖广播电视台、广播电视网络中心、文化馆、博物馆、图书馆、文艺工作团、电影公司和 23 个乡镇文化广播电视站。全系统有干部职工 234 人。

全年在市人民广播电台用稿 316 条，在市电视台用稿 385 条；在省人民广播电台用稿 36 条，在省电视台用稿 52 条；在中央人民广播电台、中央电视台用稿 7 条。

全县广电光缆联网 18 个乡镇，占全县乡镇总数 80%。78 个行政村实现光缆信号联网，用户总数为 3480 户（不含城网用户）。完善了联网乡镇机房避雷地线及附属设施安装工作，通过了省、市广电网络公司验收。

万安县广播电视简介

万安县文化广播电视局下辖文化馆、图书馆、博物馆、剧团、电影公司、稽查大队、广播站、电视差转台、广播电视技术服务站、有线电视台、省广播电视网络传输有限公司万安县分公司、音像管理发行站和 16 个乡镇文化广播电视站。局机关内设办公室、新闻部、技术部。全系统共有干部职工 224 人。

全年广播用稿 3117 条，电视用稿 2623 条，播出“大众话题”、“大众话筒”各 24 期，制作播出电视专题片 5 个。在市人民广播电台用稿 222 条，在市电视台用稿 236 条（头条 19 条）；在省人民广播电台用稿 9 条，在省电视台用稿 12 条（头条 2 条）；在中央人民广播电台用稿 2 条，在中央电视台用稿 2 条。

全面优质完成 46 个 50 户以上自然村通

光缆电视工程，立杆892根，架设光缆56千米，开通32个光节点，为261户农户传送28套高质量的光缆电视节目信号。投资8万余元，完成5个自然村通有线电视工作。发展数字电视用户100余户，宽带用户15户。全县有线广播电视传输光缆干线网络总长318.373千米。全县广播覆盖人口29.2518万人，电视覆盖人口29.5533万人。

永新县广播电视简介

永新县文化广播电视局下辖县广播电视台、广播电视网络中心、文化馆、图书馆、采茶剧团、电影公司、湘赣革命纪念馆及22个乡镇文广站。局机关内设人秘股、广播电视股、文化股和文化广电稽查大队。全系统共有干部职工296人。

县广播电视台精心办好办活“永新新闻”，新开辟了“创卫小辣椒”等栏目。全年在市人民广播电台、市电视台用稿610条；在省人民广播电台、省电视台用稿88条；在中央人民广播电台、中央电视台用稿6条。

筹集资金120余万元，架设杆路90千米，铺设光缆120千米，发展电视用户3000余户，只有三湾等3个偏远乡镇未实行光缆升级改造。现有240个行政村，30余万名群众看上了27套电视频道，有线电视覆盖率达78.9%。

安福县广播电视简介

安福县文化广播电视局内设行政办公室、文化艺术股、宣传社会管理股、广播电视“村村通”工程管理办公室，下辖广播电视台、广播电视有线网络中心、文化广电稽查大队、文化馆、图书馆、博物馆、电影公司、文工团及19个乡镇文化广播电视站。全系统共有在职干部职工257人。

县广播电视台添置非线性编辑系统、硬盘播出系统、6台数字摄像机和播放设备，全面实现自办节目采、编、播数字化，节目播出自动化。全年在中央、省、市台用稿1000余条，各级内部刊物信息100余篇。

全县实现乡乡架通光缆杆路，架设光缆400余千米，开通了15个乡镇、3个大型企业和1个县工业园区的广播电视光缆信号，并完成收编工作。发展有线电视用户400余户，有线数字电视用户34户，广电宽带网用户4户。全面完成54个自然村广播电视“村村通”工程任务。

全年共出动执法检查人员562人次，检查文化广播电视经营单位896家，收缴非法物品7623件，办结行政处罚案件43起，受理举报28起，开展联合执法25次，协助有关职能部门取缔无证经营场所17家，取缔非法安装卫星地面接收设施点9个，非法使用户18户，被省广播电视局授予“2005年度全省稽查工作先进单位”。

吉水县广播电视简介

吉水县文化广播电视局下辖广播站、有线电视台、广播电视传输网络中心、广播电视稽查大队及18个乡镇文化广播电视站。局机关内设综合股、广播电视股、文化股、社会管理股。全广电系统共有干部职工101人。

全年制作“吉水新闻”158期，用稿930余条；在市人民广播电台用稿306条，在市电视台用稿380条；在省人民广播电台用稿25条，在省电视台用稿48条；在中央人民广播电台用稿8条，在中央电视台用稿4条。

全年累计投资60万元，新建有线电视网

自然村30个，新发展农村有线用户2000余户。对八都圩镇有线电视网络进行了全面改造。2005年10月份，与市广播电视局、江西新和有限公司签订了地面数字电视发展协议。由江西新和有限公司投资对大东山微波发射机房进行数字化改造。信号已于11月份全面开通，覆盖全县18个乡镇80%以上自然村，电视节目达36套，基本解决了边远山村农民看电视难的问题。

永丰县广播电视简介

永丰县文化广播电视局内设人秘股、广播电视网络股、文化股、监察室，下辖广播电视台、广播电视网络中心，文化馆、欧阳修纪念馆、图书馆、采茶剧团、电影公司、文化市场稽查大队及21个乡镇文化广播电视站。全广电系统现有在职人员108人。

全年播出电视新闻156期，播出稿件890余条，图像稿853条，制作电视专题8个。在省电视台用稿26条，其中头条3条；在中央人民广播电台用稿1条，在中央电视台用稿4条。

"村村通"投资330万元，架设杆线353千米，铺设光缆1440千米，完成了91个行政村联网任务。已联网21个乡镇有线电视，占全县乡镇总数100%，比上年提高了28%。新发展用户720户，全面收缴有线电视费200余万元，超额完成任务的0.6%，发展宽带上网、数字电视用户210余户，全面完成了各项工作经营指标，取得了经济效益和社会效益的双丰收。

峡江县广播电视简介

峡江县文化广播电视局内设广播电视台、广播电视网络中心、人秘股、文化艺术股、宣传科技股、社会管理股、稽查大队和广告部。全局有行政人员9人，广播电视台20人，广播电视网络中心36人。

全年本台用稿820条；在市人民广播电台用稿230条，在市电视台用稿240条；在省人民广播电台、省电视台用稿40条。1部电视专题片获市广播电视优秀节目二等奖，1个电视消息获市广播电视好新闻三等奖。

全年新发展农村有线电视用户1892户，发展数字电视用户60户，因特网用户54户。全县46个行政村开通了有线电视，广播电视"村村通"受到吉安市人民政府的通报嘉奖。

积极开展执法宣传和市场稽查，查处有线电视非法偷装案件6起，乱搭乱接42户，收缴卫星"小耳朵"6副，收缴盗版音像制品4520张，确保广播电视安全播出。

新干县广播电视简介

新干县文化广播电视局内设办公室、宣传股、文化艺术股、文化市场管理股、事业股、科技股，下辖有线电视台、采茶剧团、文化馆、图书馆、博物馆、电影公司、农村广播电视网管理站、卫星地面接收站、文化广播电视稽查大队、广播电视服务部及13个乡镇文化广播电视服务站。全系统共有在职人员128人。

全年开辟了"回眸2004"、"科学发展创新佳"、"创建省级卫生城市"等15个专题栏目，播出图像新闻1100条，广播稿件3421条，专题新闻500余条。在市人民广播电台用稿243条，在市电视台用稿225条；在省人民广播电台用稿40条，在省电视台用稿14条；在中央人民广播电台用稿2条，在中央电视台用稿4条。有7件作品在省市广播电视作品评比中获奖。

全年有线电视用户增加2000余户，新发展有线电视行政村61个，完成网络改造乡镇12个，涉及用户7681人。

广电网络经营收入突破400万元。

抚州市

临川区广播电视简介

临川区文化体育广播电视局内设广电股、广电稽查队，下辖广播电视台、省广播电视网络传输有限公司临川区分公司和30个乡镇广播电视站。广播电视从业人员110人。

临川广播电视台自办节目栏目有“临川新闻”、“走进临川”、“对农村广播”、“羊城瞭望”等。全年在本台用稿10118条，在市电视台用稿384条，在省电视台用稿71条，在中央电视台用稿4条。在抚州广播电视奖评比中，1件作品获一等奖，2件作品获二等奖，3件作品获三等奖；在江西广播电视奖评比中，2件作品获三等奖。

全年对现有的乡镇、村有线电视站（室）进行全面年度审核、督查、复查。出动24台车、100人次，查处46套违规卫星地面接收设施，规范广播电视传播秩序，巩固“村村通”成果，广播电视人口覆盖率100%。

崇仁县广播电视简介

崇仁县文化体育广播电视局内设广播电视股和广电稽查队，下辖广播电视台、省广播电视网络传输有限公司崇仁县分公司和15个乡镇广播电视站。广播电视系统有147人。

崇仁广播电视台自办节目栏目有“崇仁新闻”、“崇仁风光”、“对农村广播”、“普法园地”、“卫生与健康”等。全年本台开办专栏10个，用稿5200条，播出专题37部。在市电视台用稿205条，在省电视台用稿27条，在中央人民广播电台用稿1条。在抚州广播电视奖评比中，2件作品获二等奖，2件作品获三等奖。

完成城区第二期光缆改造工程，完成抚八公路线广电光缆迁移改造，开展了数字电视和数据宽带网业务。现有有线电视用户1.02万户，发展农村有线电视用户3500户。县至乡镇采用MMDS及有线网络混合覆盖形式，广播电视人口覆盖率达95%。2005年被抚州市委市政府评为“年度文明单位”，团市委授予“青年文明号”。

乐安县广播电视简介

乐安县文化体育广播电视局内设广电股、文化广电稽查队、广电服务部。广播电视从业人员140人。

乐安广播电视台自办节目栏目有“乐安新闻”、“对农村广播”等，开办专栏28期，播出新闻190条。全年本台用稿758.5条；在市人民广播电台、市电视台用稿233条；在省人民广播电台、省电视台用稿30条，播出专题6部。投入12万元添置一批采编播设施。在抚州市广播电视奖评比中，3件作品获二等奖，3 件作品获三等奖；在江西省广播电视奖评比中，1 件作品获二等奖，1 件作品获三等奖。

完成新办公大楼的改造装修工程，改造了县城城区网，开通 29 个光节点，新装用户 350 户，发展了一批数字电视用户，有线电视终端户达 1.4 万户，广播电视人口覆盖率达 92%。

全年查处违规安装卫星地面接收设施 65 起，依法拆除个人安装非法卫星地面天线 13 处，收缴 6 套，查处偷接、私装卫星地面接收设施 117 起。

宜黄县广播电视简介

宜黄县文化体育广播电视局内设广电股和文广稽查队，下辖广播电视台、省广播电视网络传输有限公司宜黄县分公司和 12 个乡镇广播电视站。广播电视从业人员 114 人。

宜黄广播电视台开辟“资讯视窗”、“宜河瞭望”专栏，每周播出 4 期新闻节目和多个专题。全年本台新闻用稿 820 条，在市电视台用稿 246 条，在省电视台用稿 46 条，在中央电视台用稿 1 条。在抚州市广播电视奖评比中，3 件作品获三等奖，1 个专题片获市委宣传部一等奖，1 个专题片获市委宣传部三等奖。

事业建设上充分调动积极性，狠抓内部管理，争取专项管理资金 30 余万元，完成了城网建设改造，节约经费，努力完成省公司下达全年收费任务，做到安全优质畅通播出。全县有终端用户 6500 户，广播电视覆盖率达 90%。

南丰县广播电视简介

南丰县文化体育广播电视局内设广播电视股和广电稽查队，下辖广播电视台、农村广电网络传输中心、省广播电视网络传输有限公司南丰县分公司。全县乡镇广播电视站 12 个，人员划归各乡镇综合管理中心。广播电视从业人员 104 人。

南丰县广播电视台开办“南丰新闻”、“腾飞桔都”、“好党员好公仆”、“广播文摘”等栏目。全年本台用稿 3822 条；在市人民广播电台、市电视台用稿 318 条；在省电视台用稿 42 条；在中央电视台用稿 1 条。在抚州广播电视奖评比中，1 件作品获一等奖，1 件作品获二等奖，1 件作品获三等奖。

事业建设上加大农网投资力度，建设光缆干线网 120 千米，新增城市有线电视用户 611 户，农村电视用户 950 户。全县 9 个乡镇，74 个行政村直接架通自建光缆，使租用光缆数从原来的 90%下降到目前的 30%，全年新增 200 户数字电视和广电宽带网用户。

黎川县广播电视简介

黎川县文化体育广播电视局内设广播电视股和文化广电稽查队，下辖广播电视台和省广播电视网络传输有限公司黎川县分公司。全县乡镇广播电视站 14 个。广播电视从业人员 110 人。

黎川县广播电视台开办“黎川新闻”、“黎川人口”、“为您服务”、“农科之窗”等节目。全年本台用稿 3500 余条，在市电视台用稿 255 条，在省电视台用稿 47 条。在抚州市广播电视奖评选中，2 件作品获二等奖，4 件作品获三等奖。

全年实现了省、市、县网络传输的无缝连接，电视节目增至25套。全县有线电视用户1.6万户，广播电视人口覆盖率达95%。

南城县广播电视简介

南城县文化体育广播电视局内设广播电视股、文化广电稽查队、音像发行站，下辖广播电视台、省广播电视网络传输有限公司南城县分公司。全县乡镇广播电视站12个。广播电视从业人员213人。

南城广播电视台开办“南城新闻”、“对农村广播”、“农业科技”、“健康与卫生”、“科普之窗”、“南城人口”、“法制宣传”、“交通安全”等栏目。全年在市电视台用稿264条，在省电视台用稿56条，在中央电视台用稿1条。

事业建设上加大网台整合建设投入，加快改造新增用户1000户，发展数字电视用户187户，宽带网用户124户。全县联网行政村达140个，光缆到村率达85%，广播电视人口覆盖率98%。

全年查处非法音像制品8000余盒，取缔无证经营摊点20余个。开展卫星专项整治，拆除收缴违规安装卫星地面接收设施16套，取缔销售点3处。

金溪县广播电视简介

金溪县文化体育广播电视局内设广播电视股和文广稽查队，下辖广播电视台和省广播电视网络传输有限公司金溪县分公司。全县乡镇广播电视站13个。广播电视从业人员98人。

金溪广播电视台开办“金溪新闻”、“走进镜头”、“对农村广播”、“法制园地”节目。全年广播用稿3212条，电视用稿862条；在市人民广播电台、市电视台用稿346条；在省人民广播电台、省电视台用稿92条；在中央人民广播电台、中央电视台用稿2条。在抚州市广播电视新闻奖评比中，1件作品获二等奖，3件作品获三等奖。

在事业建设方面，引进资金于12月16日开通农村无线数字电视，全县有线电视终端用户达1.6万余户，广播人口覆盖率达98%，电视人口覆盖率达95%。

广昌县广播电视简介

广昌县文化广播电视局内设广播电视股和文化广电稽查队，下辖广播电视台和省广播电视网络传输有限公司广昌县分公司。全县乡镇广播电视站11个。广播电视从业人员116人。

广昌县广播电视台开办“广昌新闻”、“莲乡政法”、“莲乡人”、“莲乡人口”等节目。全年播出电视新闻900余条，在市电视台用稿344条，在省电视台用稿42条，在中央电视台用稿2条。在抚州市广播电视奖评选中，3件作品获三等奖。

在事业建设方面，对县城有线电视传输网进行了光缆改造，继续抓好“村村通”巩固完善和延伸工作。全县有线电视用户达1.59万户，广播电视人口覆盖率达92%。

东乡县广播电视简介

东乡县文化体育广播电视局内设广电股、文广稽查队，下辖广播电视台和省广播电视网络传输有限公司东乡县分公司。全县乡镇广播电视站 13 个，广播电视从业人员 117 人。

东乡广播电视台开办“东乡新闻”、“对农村广播”、“午间新闻”、“法庭传真”等节目。围绕县委、县政府中心工作，加大“一招两区三化”宣传力度，开辟“全力以赴抗击禽流感”、“三项学习教育”、“辉煌颂”、“先锋记”、“市容环境整治”等专栏。全年本台用稿 1380 条；在市人民广播电台、市电视台用稿 288 条；在省人民广播电台、省电视台用稿 37 条；在中央人民广播电台、中央电视台用稿 3 条。在抚州市广播电视奖评比中，1 件作品获一等奖，2 件作品获二等奖，4 件作品获三等奖；在江西广播电视奖评比中，1 件作品获三等奖。

事业建设上加快县至乡光缆联网步伐，建设杆路 64 千米，架设光缆 147.7 千米，推进模拟向数字转换，新发展数字电视用户 214 户，实现所有乡镇全部与县城联网。城区铺设管道 18.6 千米。新发展有线电视 1029 户，全县有线电视端终户达 1.8 万户，广播电视人口覆盖率达 93%。

资溪县广播电视简介

资溪县文化体育广播电视局内设广电股和文化广电稽查队，下辖广播电视台和省广播电视网络传输有限公司资溪县分公司。全县乡镇（场）广播电视站 7 个。广播电视从业人员 82 人。

资溪县广播电视台围绕县委、县政府“生态立县、旅游兴县”的战略目标，办有“百叶窗”、“今日资溪”“华夏翡翠·人类绿舟”等节目。全年播出新闻 512 条，信息 186 条；在市人民广播电台、市电视台用稿 189 条；在省人民广播电台、省电视台用稿 42 条；在中央人民广播电台、中央电视台用稿 2 条。

全年多渠道筹资，架设光缆 17.5 千米，发展新用户 300 余户，完成有线电视线路改造。现有终端户 8000 户，广播电视人口覆盖率达 85%。

人　物

省局机关及直属事业单位正处级负责人简介(续)

郭清平　江西省广播电视局老干部处处长。1951年12月生，河南省信阳县人。中共党员。1968年3月参加工作。1975年毕业于南京邮电大学有线系电报传真专业。1975年在福建省福州市电信局电报分局工作，任助理工程师。1984年在江西电视台技术部工作，任工程师。1991年调入省广播电视厅动力处工作，任通信机房主任。1992年12月任动力处副处长。1997年7月晋升为高级工程师。1999年任五〇五台副台长。2001年任江西省广电局检测中心主任。2003年1月任省广播电视局老干部处副处长。2004年12月任现职。参加工作以来，曾先后被评为厅先进工作者、优秀党员、优秀党务工作者以及省农村基层组织建设先进工作者。

吴建钢　江西省广播电视局科技处处长。1958年12月出生，浙江松阳县人。中共党员，大学本科。2001年1月任江西省广播电视局科技处副处长，2004年12月任现职。省广电局科技委副主任委员，省广播电视协会技术分会主任委员，中国电子学会广播电视分会委员，中国新闻技术工作者联合会理事。

省电台、省电视台
副台长、台长助理、频率频道总监简介(续)

苏晓东　江西人民广播电台文艺·音乐频率总监。1953年1月出生，湖南新化县人，中共党员，大学本科学历。曾任江西人民广播电台广告部副主任、江西经济广播电台副台长。2001年1月起任现职。

温燕霞　女，江西人民广播电台健康·老年频率总监。1963年1月出生，江西安远人，大学本科学历，中共党员。高级编辑。1983年毕业于江西师范大学历史系，分配至江西省公安专科学校任教。1984年11月应聘调入江西人民广播电台，先后在新闻部、工商部、农村部、经济部、文艺部、社教部从事过新闻报道和文学节目的采编工作，曾任文艺部文艺科科长、社教部副主任、主任。2005 年任现职。连续多年考核优秀，多次荣获局、台先进工作者称号。1999 年获发展江西人民广播事业贡献奖；2000 年获国务院特殊津贴，获江西省“巾帼建功标兵”光荣称号，获全国广播电影电视系统先进工作者荣誉称号；2001 年获江西省总工会颁发的“九五双争立功竞赛先进个人”称号和五一劳动奖章；2002 年被评为 1991-2001 年江西省精神文明建设“五个一工程”组织工作先进个人；2004 年获得江西省“十佳编辑记者”和全国“百佳新闻工作者”荣誉称号；2005 年获全国广播剧研究会“三个成就奖”“最佳编辑奖”。发表中短篇小说及散文 100 多万字，著有 2 部散文集和 4 部长篇小说，有 2 部与人合作的广播剧获得全国“五个一工程”奖。中国作家协会会员，江西省作协常务理事。

熊晓芸 女，江西人民广播电台科教·农村频率总监。1965 年 1 月出生，江西南昌人，大学本科学历，中共党员。回族。1988 年参加工作，曾任江西经济广播电台音乐综艺部副主任、文体部主任、总编办主任、江西人民广播电台办公室副主任、文艺部主任。2005 年通过公开竞聘任现职。多年来，主要从事广播创意、策划和节目生产、管理工作。2002 年策划、主创了“激情红土地”——欢庆十六大江西经典作品音乐会；2003 年策划、主创了江西首张原创音乐大碟《映山红》；2004 年策划、组织了“金号奖”全国听众喜爱的歌手评选江西选拔赛；2005 年策划、组织了“动感新声”江西 15 所高校万人青春赛歌会。个人独创、编辑的多件作品在全国、全省获奖。音乐专题《红土地回响你的名字》、歌曲《老家》获中国广播文艺三等奖；音乐专题《军人的情怀》、《放歌神州》、《江西经典作品音乐会》等获江西广播电视文艺一等奖。

设区市广播电视局党组书记、局长简介(续)

周佐明 鹰潭市广播电视局党组书记、局长。1959 年 3 月出生，汉族，江西余江人。1980 年 9 月参加工作，1983 年 11 月加入中国共产党，研究生学历、硕士学位。1985 年 5 月至 1989 年 5 月任鹰潭市月湖区政府办公室副主任，1989 年 5 月起历任市委组织部副科组织员、市委办公室副科长、科长、副县级秘书。1996 年 5 月至 2005 年 7 月，先后任龙虎山风景旅游区管理局（管委会）副局长（副主任）、主任、风景旅游区党委副书记、龙虎山旅游集团公司总经理。2005 年 7 月任现职。工作之余勤于笔耕，撰写了近百万字的介绍龙虎山文化的文章，出版了《碧水丹山，龙盘虎踞——龙虎山旅游概览》和近 30 万字的旅游文学专著《畅游龙虎山》。

杨鸿敏 九江市广播电视局局长。1967 年 1 月出生，回族，安徽怀宁人，中共党员。1998 年中南民族大学应用数学本科毕业，2000 年复旦大学政治经济学研究生毕业。1988 年 8 月在九江市海会师范学校任教；

1989年8月调九江市委宣传部工作；1997年5月任九江市广播电视局办公室主任；2000年8月任九江市广播电视局副局长；2004年6月任九江市广播电视局副局长兼九江市广电网络中心主任；2005年3月任现职。九江市政协十二届委员。

董 群 九江市广播电视局党组书记，九江市电视台台长。1962年1月出生，安徽合肥人。在职研究生学历，中共党员。九江市文联副主席、九江影视家协会主席、中国广播电视协会电视旅游节目研究会副会长。1978年7年至1980年9月，九江市郊区工农兵公社跃进大队下放知青；1980年9月至1983年9月在九江师专中文系读书；1983年9月至1987年7月在九江化工厂子弟中学任教；1987年7月至1994年9月调共青团九江市委工作，曾任副部长、部长。1994年9月任九江市广播电视局人秘科科长。1997年1月任九江市广播电视局副局长，党组成员。2003年5月任九江市广播电视局副局长兼九江电视台台长。2005年1月任现职。

钱鸣华 女，景德镇市广播电视局党组书记、局长。1957年6月出生，浙江淳安人，大学文化。1981年参加工作，曾任中学教师、区农业局技术员、区科委干部、区妇联副主任（主持工作）、县计生委主任，1998年3月任浮梁县副县长，2002年4月任杭州市西湖区区长助理（挂职学习），2002年9月任景德镇市委、市政府接待处副处长、景德镇宾馆党总支书记、总经理。2005年12月现职。

设区市广播电视局副局长、纪检组长简介(续)

文剑峰 九江市广播电视局副局长、党组成员。1962年2月出生，江西瑞昌市人，中共党员，大学学历。1984年参加工作。1991年5月任瑞昌市委办公室副科秘书，1995年3月任瑞昌市政府办公室副主任，1997年12月任瑞昌市白杨镇党委书记，2001年11月任瑞昌市码头镇党委书记，2002年12月任修水县人民政府副县长，2005年4月任现职。

肖晓华 萍乡市广播电视局党组成员、副局长，兼萍乡人民广播电台台长。1965年9月出生，江西萍乡人，中共党员，大学本科学历。1988年7月毕业于原江西工业大学土建系，1988年4月加入中国共产党。1989年9月由萍乡市水利水电勘察设计院调入萍乡电视台开始从事电视新闻采访，历任记者、主持人、编辑。1995年3月任新闻部副主任，1997年1月任新闻部主任，2000年11月任萍乡电视台副台长。2002年3月调萍乡市委办工作，2003年2月任市委办副主任。2003年6月调任中共莲花县委常委、组织部长。2005年5月任现职。1995年4月评聘为记者职称，2001年10月晋升为主任记者。多年来，共有30多件作品在省、市广播电视作品评比中获奖。其中，新闻特写《钥匙邮袋》获江西新闻奖一等奖、江西广播电视奖新闻类一等奖；《研究生彭海当选村主任》获江西省第九届宣传人民代表大会制度好新闻奖一等奖。

曾凡才 赣州市广播电视局党组成员、副局长（兼）、赣州电视台台长。2005 年 5 月任赣州市广播电视局党组成员。2005 年 6 月任现职。2005 年 12 月受赣州市人民政府表彰为先进工作者。（详见《江西广播电视年鉴》2002 年版第 284 页）。

吴广山 上饶市广播电视局副局长兼上饶电视台台长。1962 年 5 月出生，浙江诸暨人。中共党员。江西大学毕业，理学学士。高级工程师。1982 年 9 月至 1987 年 5 月在江西七〇五电视台工作，任副台长，1987 年 5 月至 1990 年 7 月参加筹建上饶电视台，1990 年 7 月起先后任上饶电视台副台长、台长，2005 年 10 月任现职。在《电视技术》等大型学术杂志上发表论文多篇。

设区市广播电台、电视台台长简介(续)

肖晓华 萍乡市广播电视局党组成员、副局长，兼萍乡人民广播电台台长。(详见前页)

逝世资深人物简介

曹自明 1912 年 10 月出生，安徽省合肥市人。1935 年参加革命工作，1938 年加入中国共产党，先后在重庆大学、重庆沙磁区任中共支部委员、支部书记、区委委员、区委书记。1939 年进入重庆国际广播电台工作。1946 年经党组织同意被派往南昌，主持江西广播电台工作。1949 年南昌解放前夕，曹自明组织领导部分技术人员保护了原江西广播电台全部设备的安全，为解放后迅速建立江西人民广播电台做出了重要贡献。1949 年 6 月至 1952 年 10 月任江西人民广播电台副台长、工程师。1952 年 11 月至 1956 年 5 月任中央广播事业局 21 号工地（今五六一台）工程师。1956 年 6 月至 1962 年 8 月任江西广播专科学校教务主任。1962 年 9 月至 1966 年 6 月是江西广播事业局技术部负责人之一。1966 年 7 月至 1980 年 9 月任江西广播事业局工程师。1980 年 10 月至 1985 年 4 月任江西省广播电视厅高级工程师。1985 年 4 月离职休养（副厅级政治生活待遇）。

在 70 年的革命生涯中，曹自明对党对人民无限忠诚，对革命事业矢志不渝，把毕业的精力献给了中国人民的解放事业和党的广播电视事业。他具有坚定的共产主义信念和无产阶级党性原则，不论是在地下工作及与组织失去联系的艰苦岁月，还是在“文革”

等政治运动中处于逆境之时，他始终忠于党、相信党、热爱党，体现了一个老共产党员的高尚思想品格和道德情操。他襟怀坦白，光明磊落，维护团结，顾全大局，严于律己，宽以待人。他遵守党的纪律，始终遵循全心全意为人民服务的宗旨，兢兢业业地为党和人民的事业工作。他生活朴素、廉洁奉公，严格要求自己，严格要求子女，赢得了干部群众的尊敬。

2005 年 8 月 12 日，曹自明因病医治无效在南昌逝世，享年 94 岁。

长江韬奋奖获得者简介

郑忠杰 男，1955 年出生，大学文化，中共党员。获全国第七届长江韬奋奖。1984 年考入江西电视台。从事记者工作二十三年来，郑忠杰以一个记者的执著和惊人的毅力，挑战一个又一个极限，采访足迹遍及地球三级和五大洲的近 20 个国家，是江西有史以来第一位跨越地球三极采访的记者，也是目前全国省级电视媒体惟一跨越地球三极采访的记者。他同时还是江西新闻界惟一荣立二等功的记者。1998 年，郑忠杰作为中国科考队随队记者，登上了南极大陆，开创了江西媒体极地采访先河，在极其恶劣的环境下坚持发回报道，并独立制作了七集系列片《走进南极》。1999 年，郑忠杰作为江西派出援疆的惟一一名新闻工作者，为当地少数民族的宣传事业做出了突出贡献。三年援疆，他拍摄了大量的新闻片、专题片、风光片和两万多张资料照片，被评为优秀援疆干部、优秀党员、民族团结模范，并荣立二等功。2003 年，郑忠杰作为全国省级电视台中惟一的记者参加了中国第二次北极科考。他近距离拍摄到了北极熊——这是迄今为止中国人最近距离(不到 30 米)用摄像机拍摄到的北极熊画面，央视在第一时间对此事进行了报道，引起较大反响。在北极采访三个月中，他十一次登上直升机航拍，多次历险，摄下了许多珍贵画面。他还从北极发回数十条报道，并独立制作了四集系列片《北极日志》，在江西电视台和央视播出。郑忠杰跨越地球两极采访的壮举成为了江西新闻史上的里程碑。2005 年，已经年届五十的郑忠杰自己驾车完成了跨越地球第三极——青藏高原的宏伟目标。其间，他将生死置之度外，深入生命禁区可可西里腹地，翻越昆仑山、唐古拉山，进入三江源，再一次挑战生命极限。在可可西里腹地车陷沼泽时，他把生的希望留给了同事，自己独自直面危险。在此期间，他还发回大量报道，制作了七集系列片，被江西新闻界誉为极地记者、跨越三极第一人。他独立完成的作品多次在省内获一等奖，一个人填补了多项江西新闻史上的空白以及中国新闻史上的空白。

全国优秀新闻工作者简介

曲　歌　江西电视台新闻播音员。1968年4月出生，籍贯辽宁本溪。一级播音员。1993年，江西电视台首次面向全国招聘播音员，曲歌作为特殊人才引进江西，担任江西电视台新闻播音员。十三年来，曲歌严格要求自己，爱岗敬业，勤奋工作，积极进取，乐于奉献，始终充满工作激情，在平凡的播音工作岗位上，取得了不平凡的成绩，受到广大观众的普遍欢迎。由于多次出色地完成紧急播音任务，受到省广播电视厅通令嘉奖，并多次受到省领导的高度评价。她先后荣获中国电视奖二等奖，十次获得江西广播电视奖播音类一等奖。独立播出的“江西新闻联播”曾荣获中国广播电视学会播音学会第七届电视播音作品一等奖，是江西省惟一获得这项中国播音最高奖的电视播音员。2003年荣获“观众喜爱的江西电视台‘十佳’播音员、主持人”称号并名列第一，2004年被评为江西省“十佳编辑记者”、省直机关“十大杰出青年”。2005年被评为“全国优秀新闻工作者”。

江西省先进工作者简介

万江麟　江西音像资料馆副馆长。1947年7月出生，江西南昌人。中共党员。高级编辑。2005年被江西省人民政府授予“全省先进工作者”荣誉称号。多年从事理论文献电视片的创作，所创作的《共和国之魂》、《共和国摇篮》、《军旗从这里升起》，分别获得第七、八、九届中宣部精神文明建设“五个一工程”奖，成为江西连续三届获得全国“五个一工程”奖的理论文献电视片创作者。2004年，创作电视专题片《小平您好》，在全国广受好评；2005年，创作八集理论专题片《沧桑正道——科学发展观纵横谈》，先后在江西电视台和中央电视台第10套、1套播出，引起社会各界强烈反响，得到包括中宣部、国家广电总局、中央文献研究室、中央党史研究室等各方面专家的高度评价。

全省广播电视系统
获得正高级专业技术职务任职资格人员简介(续)

省广电局直属单位

刘颐静 女，1965年4月出生，江西兴国人，中共党员，大学本科学历。2005年12月获高级编辑任职资格。1988年江西大学新闻系毕业后分配至江西省广播电视局《声屏世界》杂志社工作至今。1992年任编辑部副主任，1995年起任编辑部主任。代表作有《丹青难写是精神》《敢问路在何方》《改革风声水起，发展势在必行》《新闻传受与人情味》《电视公益广告——精神文明宣传的轻骑兵》《创新：电视人走得更远》《传承文明，构建人文，沟通未来——试论当代中国传媒的社会责任与精神品质》《当代新闻传播学教育的改革》，均获全国和全省优稿评选一等奖。曾多次获先进工作者、优秀共产党员等荣誉称号。获2001及2003年度全国新闻专业期刊优秀编辑奖。

钟定娴 女，1965年5月生，江西省龙南县人，中共党员。1986年7月毕业于江西大学新闻系，获法学学士学位。2005年12月获高级编辑任职资格。1986年7月分配至江西人民广播电台从事采编工作，1998年任江西人民广播电台新闻部副主任，2002年7月任今视网筹备组负责人，2004年3月起任今视网副总监。从事新闻采编工作十余年间，独立或为主采写了一系列有较大影响的重点稿件、节目，组织了多次具有重大影响的宣传活动，如2001年牵头组织了建党80周年“红色之旅”井冈山现场直播活动，开创了江西人民广播电台异地户外多点直播的先河，受到中宣部和省委宣传部的肯定，现场直播《红色之旅》获中国新闻奖、中国广播电视新闻奖三等奖和2001年度第九届江西新闻奖一等奖；2002年负责筹建、创办今视网，使之成为在全国有一定知名度、在全国广播电视系统有一定影响的全省重点新闻网站；2004年带领今视网记者发现、挖掘和推广网络妈妈刘焕荣典型，在全国引起强烈反响，受到中央领导及省领导的肯定和赞赏，专题《网络妈妈》获江西新闻奖一等奖和第七届江西报刊新闻奖一等奖。在2001年度、2003年度、2005年度考核中评为优秀。

省电台

邓季芳 1962年11月出生，江西临川人，中共党员，大学本科毕业。1982年7月从江西大学哲学系毕业分配至江西人民广播电台工作，历任编辑、驻抚州记者站记者、副站长、站长，2001年任江西人民广播电台台长助理，2003年任副台长。2005年12月获高级记者任职资格。在20多年的新闻工作生涯中，发表各类体裁新闻作品2000余件，有1件获全国好新闻奖，2件获中国新闻奖，4件获中国广播电视新闻奖，20余件获江西新闻奖和江西广播电视新闻奖；在《中国记者》、《江西社会科学》、《声屏世界》等刊物发表论文10余篇，主编并出版书籍2部。

余　恒　1968年出生，江西东乡人。中共党员。华中理工大学电子与信息工程系毕业，大学本科。1989年8月起在江西人民广播电台技术部（前身为播出部）工作。2005年12月破格获得教授级高级工程师任职资格。2001年在国家广电总局举办的“全国广播电视技术能手竞赛”中获一等奖，并获“全国广播电视技术能手”称号。同年参加国家广电总局举办的“第三届全国传音技术评比”获二等奖。另外还获得多项全国技术比赛奖项，多次被评为“华东地区广播电台优秀维护员”及台、局先进工作者。在国内公开发行的各类技术刊物上发表论文10余篇并有多篇论文获奖。其中论文《广播覆盖效果远程监测记录系统的研制》获江西省广播电视奖论文类一等奖。主持或作为主要技术人员完成了江西人民广播电台多项技术改造、机房安装等工程，其中主持完成的省重点攻关项目“广播覆盖效果远程监测记录系统”获省广电局科技创新奖一等奖。

省电视台

徐正浩　1953年生于上海，1982年毕业于上海戏剧学院导演系。现任江西电视台电视剧制作中心副主任。一级导演。1995年6月获中国电视艺术家协会授予的全国戏曲电视剧“最佳导演”荣誉称号；2004年12月，获第四届“全国百佳电视艺术工作者”荣誉称号。从艺至今，导演舞台剧20余台、电视剧29部46集、电视艺术片60多部200余集、电视文艺晚会4台。导演的戏曲电视剧《孙成打酒》获第十四届全国电视剧“飞天奖”二等奖，导演的儿童小品《小河水清清》获首届全国少儿电视“金童奖”一等奖，导演的电视连续剧《谢谢你的爱》获首届全国“奋发文明进步电视奖”铜奖，导演的戏曲电视剧《鸡缘》获第六届全国戏曲电视剧“金纸奖”二等奖，导演的戏曲电视艺术片《方卿戏姑》获第三届“全国优秀文艺音像制品奖”三等奖等。导演的电视连续剧《毛泽东千里寻故地》1997年毛泽东诞辰纪念日时央视国际频道用英文字幕版向全球播出。撰写专著《三味集》。在国家级刊物发表论文12篇，省级刊物发表论文14篇，有7篇论文获省级以上学术论文奖，其中《关于进入WTO与发展江西电视文化的思考》获江西广播电视奖（论文类）一等奖、《关于电视艺术审美价值的几点思考》获第三届金鹰电视艺术节优秀论文提名奖。

赵小元　1955年10月出生，中共党员，江西电视台文体部主任。1970年参加工作，曾任江西省木偶剧团副团长，江西省歌舞团团长。2004年12月获一级导演任职资格。江西省舞蹈家协会副主席。1992年调入江西电视台文体部以来，一直从事电视文艺（晚会、艺术片、MTV）策划、编导工作，主要作品有：’98江西省抗洪赈灾义演“情系灾区献爱心”文艺晚会，江南三大名楼中秋暨国庆文艺晚会，第三届全国“四进社区”文艺展演颁奖晚会“歌唱美好生活、共建社区新风”，与中央台导演合作的“心连心”艺术团赴萍乡、兴国演出两场文艺晚会，江西省实施“五个一工程”10周年表彰晚会“彩练当空舞”，江西省纪念“五四”运动80周年文艺晚会“青春之光”，江西省纪念邓小平诞辰百年文艺晚会“再道一声：小平，你好！”，大型民俗风情歌舞“赣傩的表情”，江西省第二届谷雨诗歌节“好山好水”诗歌朗诵音乐会，电视艺术专题片《红枫礼赞》，MTV《山里山外》、《团旗升起的地方》等。

杨　松　1956年出生，江西瑞金人。中共党员。大学本科学历。2005 年 12 月获高级编辑任职资格。1982 年 7 月大学毕业分配到中共江西省委宣传部工作，先后任党员教育处副处长、处长、部刊主编、宣传处处长，2000 年任江西省文明委办公室主任，2003 年 5 月任江西省广电局副局长兼江西电视台党组书记，2005 年 12 月任江西省广电局副局长。在省委宣传部从事新闻宣传管理等相关工作期间，起草、撰写了大量文稿（文件），主编和参与编写《新时期党的基层组织建设》、《默默奉献的人》、《社会主义市场经济知识问答》、《做文明人，树新形象——公民道德修养简明读本》等省级出版物 20 余册，280 余万字。在江西电视台工作期间，负责全台全面工作，大力发展事业和产业，使江西卫视综合竞争力获得较大提高，江西台五个频道在南昌地区所占市场份额从 2003 年的 39.8 上升到 2005 年上半年的 44.73。监制、审看了大量新闻稿件、专题片（纪录片）脚本、电视剧剧本。如：长期审看《江西新闻联播》；担任六集电视理论专题片《小平您好》的出品、审看、监制；担任 30 集电视剧《沙场点兵》总监制；监制、出品了 24 集电视连续剧《红领章》；监制、审看了八集理论电视片《沧桑正道——科学发展观纵横谈》；担任《再道一声小平你好》、《为江西喝彩》、《走进江铜》等文艺晚会、大型活动、观众见面会的总监制。在《中国广播电视学刊》、《声屏世界》等杂志发表论文 3 篇，1 万余字。其中，论文《以人为本，推动江西电视台全面快速发展》获第十二届江西新闻奖二等奖。

罗琍珍 女，1962 年 2 月出生，江西贵溪人，汉族，中共党员，大学本科学历，2005 年 12 月获高级编辑任职资格。1977 年 7 月参加工作，1983 年 8 月至 12 月在江西人民广播电台新闻部从事采编工作，1984 年至 2003 年月 11 月在江西电视台新闻部从事新闻采编工作，先后担任编辑科科长、“社会传真”制片人、新闻部副主任。2003 年 12 月至 2004 年月 12 月任专题部副主任（主持工作），2004 年月 12 月起任专题部主任。从事新闻工作 23 年，有数十件作品在全国全省获奖。主要作品有：《京九铁路全线铺通庆祝大会在九江举行》（中国新闻奖二等奖）、《动员会开成警醒会》《走马京九看江西》、《张其国夫妇的故乡情》（中国电视奖三等奖、江西广播电视一等奖），《夏日·鹤》（中国彩虹奖），《开放潮头的江西》、《小平您好》（江西广播电视一等奖），论文《改进会议报道之我见》（获江西新闻论文奖一等奖），《论媒介营销时代的舆论传播》、《国内电视品牌建设的历程与误区》在《南昌大学学报》和《江西师范大学学报》上发表。

唐济生 1963 年 9 月出生，江西南昌人。中共党员，研究生学历。2005 年 12 月获高级编辑任职资格。1990 年山东师大研究生毕业，获硕士学位，分配至江西人民广播电台工作。1999 年调江西有线电视台，作为负责人之一创办公共频道(现江西五套)，分管节目宣传与频道包装，曾任编辑部主任、专题部主任。江西师大传播学院客座教授。主持创办江西电视台公共频道法制栏目“目击者”并兼任制片人。组织、策划采写过许多大型报道活动，并多次荣获省级和全国奖项，其中《生活质量大跨越》、《我与主席合过影》、《迟到十九年的荣誉》等节目分别荣获中国广播电视奖一、二、三等奖及江西新闻奖一、二等奖。主要论文《“湖南现象”的思考》、《突出有线电视的频道特色》、《品牌·策划·营销》、《链接·整合·解读——从“目击者”看类型化节目的表现特征》等多次获全国及省级优秀电视论文奖，2005 年被中广协会授予“全国法制电视宣传 20 年特别贡献奖”。

刘建芳 女，1963 年 10 月生，江西丰城人。大学本科。中共党员。现任江西广播电视节目中心主任、江西电视台（五套）公共频道总监、江西音像出版社社长。2005年12月获高级编辑任职资格。1985年7月至1999年1月先后在江西人民广播电台专题部、江西电视台广告部、江西广播电视报社广告部工作。1999年1月至2000年1月在江西音像出版社担任社长助理。2000年1月任江西广播电视节目中心副主任。2004年3月任现职。有10多件作品获全国和省级电视新闻奖，有多篇学术论文在省级刊物发表或宣读。其中《南昌火车站色情敲诈黑幕》获全省广播电视一等奖；电视宣传片“手掌篇”荣获全国首届电视包装作品评选优秀奖；电视纪录片《我和主席合过影》获2003年度中国广播电视奖三等奖；主编的音像制品《方卿戏姑》获2004年度全国优秀文艺音像制品奖；《迟到十九年的荣誉》获全国法制节目一等奖。论文《刍议音像出版企业思想政治工作的激励效应》由江西音像出版社出版；《对我国现阶段政府职能“缺位”问题的思考》发表于《江西行政学院学报》。曾多次被评为江西省广播电视局先进工作者。

王志奇 女，1965年6月出生，江西泰和人，中共党员。1986年6月毕业于复旦大学新闻系，获文学学士学位。2005年12月获高级编辑任职资格。1986年7月分配到江西省广播电视厅总编室工作，主要从事《声屏世界》杂志编辑。1992年3月调厅办公室任秘书，1993年9月进入江西电视台，1996年任国际部副主任，负责纪录片室工作，主要作品有纪录片《长征——难以忘却的记忆》、《依旧好流坑》、系列片《江西改革开放二十年》、《红色中华》等等，均担任策划、编导、制片等主创角色。其中，《长征——难以忘却的记忆》获全国社教节目三等奖，系列片《红色中华》获江西广播电视奖一等奖。2001年6月通过竞聘任台总编室主任。主持策划了多场大型活动，其中《走进江铜》获当年全省广播电视节目评选特别节目类一等奖、全国社教节目奖特别节目三等奖；2004年策划参与创作的宣传片《人生如纸，岁月如沙》等获全国导视类节目二等奖。任副高以来，独立撰写专业论文5篇，共计2万多字，其中《坚持新闻综合，打造品牌特色》获2005年江西省广播电视优秀论文一等奖；《频道包装对频道形象的影响》、《早间电视节目设置》获’2002江西省广播电视优秀论文二等奖。

田海宏 女，1965年11月出生，浙江省上虞市人，中共党员，本科学历。2000年被评聘为主任编辑，2005年12月获高级编辑任职资格。1988年7月从江西大学新闻系毕业，被分配到江西省广播电视厅总编室，历任《江西广播电视报》记者、编辑、编辑部主任、报社团委书记、党支部委员，江西电视台经济生活频道节目部主任，现任江西电视台新闻部“新闻夜航”栏目执行主编。多次被评为优秀党员和先进工作者，新闻作品和论文在全省和全国获奖50余次。其中通讯《为了天鹅的腾飞》、特稿《学海无涯爱作舟》、通讯《今又风雨，今又金鹰》、《吕燕：我不是丑小鸭》获江西广播电视奖一等奖；论文《加强舆论监督的法律意识》、《民以食为天，电视以新闻立台》等获江西广播电视奖二等奖，论文《重视电视新闻的亲民取向提高宣传质量》获2005年度江西新闻理论研讨会一等奖。

全省广播电视系统
获得副高级专业技术职务任职资格人员简介(续)

省广电局直属单位

严 勇 1964年8出生，江西南康市人，中共党员，本科。2004年获得高级工程师任职资格。1984年至1993年在江西省广电厅无线电台管理处四〇四台工作，1993年起在江西省广电局检测中心监测台工作。曾任广电厅厅团二支部支部书记、监测台机房副主任，2001年起任监测台机房主任，主持监测台工作。任职期间，实现了监测台由人工监测向半自动化监测和自动化监测的转变。主持过多个大型发射台站无线覆盖收测工作。作为技术负责人完成了监测台新机房的设计、设备安装调试工作，并完成了监测台整体搬迁工作。在专业刊物上发表论文《江西省广播电视监测网分析》，起草了《江西省广播电视监测网"十五"规划》。连续6年考核评为优秀，1999年评为厅技术维护先进个人，2003年被评为全省技术维护先进个人一等奖。

周党华 女，1971年9月生，江西临川人，中共党员。2005年获得高级讲师任职资格。1994年7月江西师范大学传播系教育技术专业本科毕业，教育学学士。1994年毕业分配至广东省中山市李东海理工学校，担任计算机应用专业课程教师，1996年9月起历任江西广播电视学校电视节目制作、影视广告专业课程教学，同时任北京广播学院、浙江广潘电视专科学校、江西广播电视大学相关专业成人函授或脱产专科及本科段课程教学。任职期间曾获江西广播电视学校青年教师讲课比赛一等奖，几次被评为单位先进个人。所著《科学研究学生，培养优良班集体》获1996年中山市职教论文评比三等奖，所著《好学生是夸出来的》、《线性编辑和非线性编辑在教学中的比较》、《电视新闻应选准切入点》等论文分别在《江西教育》、《江西师范大学学报》、《科技广场》等杂志发表。

张燕婷 女，1972年5月出生，籍贯辽宁省北镇，大学本科学历，经济学硕士学位。2000年11月评为编辑系列中级职称。2005年12月获得主任编辑任职资格。1994年9月参加工作，在江西广播电视报社任编辑。十余年来采写了大量的新闻稿件，有多篇通讯、专访、消息、评论及论文在全国及全省业务评比中获奖。撰写过《我国媒介集团发展现状及对策思考》、《集媒体精华，扬独家优势》、《广电报需要迅速切入到普通家庭日常生活的核心》等有关媒体市场化的论文并获奖，其中《我国媒介集团发展现状及对策思考》获2003年江西广播电视奖（论文类）一等奖。2000年获江西广播电视局先进工作者。

韩盛国 1972年10月出生，江西东乡人，中共党员，1994年7月毕业于北京广播学院广播广播电视工程专业。2005年12月获高级工程师任职资格。先后在省广播电视局七〇二台、局科技处、省局监测中心工作，现任监测中心计量站站长。长期在一线从事广播电视发射、传输设备的技术维护和管理工作，掌握了微波传输、电视发射、调频广播发射技术，参与了台里多项技术改造和技术更新项目,其中10千瓦电视发射机FC-620全固态化改造项目获得江西省广播电视局合理化建议和技术改进四等奖。主要论文有《浅析有线电视(CATV)系统前端的调整》、《广播电视安全播出预警信息发布系统的几种设计方案的探讨》。

彭金明 1973年11月生，江西于都人，中共党员，大学本科学历。2005年获主任编辑任职资格。1995年7月毕业于南昌大学新闻系，分配到江西人民广播电台新闻部从事新闻采编工作。2005年12月调江西省广播电视局今视网工作。经历过多种新闻采编岗位，参与策划和组织实施了许多重大报道。2001年至今，作为时政记者参加了省内几乎所有的重大时政报道，尤其以2003年以来，在省电台历次重要时政报道中担当主力记者。2002年至2005年连续四年赴北京参加全国“两会”报道，圆满完成宣传任务，受到省广播电视局的通报表彰。主要作品有：《“红色之旅”七一现场直播》获2001年度中国新闻奖三等奖；新闻现场直播《梨温高速公路正式通车》获2002年度江西新闻奖二等奖；系列报道《解读浙江经济》获2002年度江西广播电视奖三等奖；系列报道《关注农民工》获2003年度江西新闻奖二等奖；《第五届全国农运会开幕式现场直播》获2004年度江西新闻奖二等奖；短消息《退建议》获2004年度江西新闻奖三等奖。曾被评为省电台先进工作者,2003,2004年度连续两年获省广播电视局优秀共产党员。

省电台

肖小三 1972年11月出生，江西吉水人，中共党员，毕业于江西师范大学，学士学位，江西人民广播电台技术部录音制作科科长。2005年12月获高级工程师任职资格。1995年8月分配至江西电台技术部工作，获2001年度国家广电总局传音技术质量奖二等奖，2004年度国家广电总局广播节目录制技术质量奖二等奖,2003年和2004年度国家广电总局广播节目技术质量奖三等奖，2002年度华东地区广播技术维护先进个人称号，2004年度全省广播电视技术维护先进个人，2003、2004年度连续两年年度考核优秀等荣誉。负责或者作为技术骨干设计了包括全国第五届农运会开幕式在内的17次大型直播、转播节目方案，并参与实施，负责或作为技术骨干参加了本台六套播出机房的整体设计、设备安装和调试，还参与小型移动调频广播车的安装等。论文《21世纪的强音——数字多媒体广播(DMB)》、《浅谈数字调谐收音机》等多篇论文在杂志上发表。

王 琍 女，1973年6月出生，江西九江人。毕业于南昌大学。2005年12月获主任编辑任职资格。1995年8月分配至江西人民广播电台从事专题、新闻等节目的采编工作。2001年、2003年被评为台先进工作者，2004年考核优秀。采写的新闻稿件和节目多次获奖：评论《“双汇”冷鲜肉为何受阻南昌市场》获江西广播电视奖一等奖和中国广播电视新闻奖三等奖；综合性节目《英雄，矗立在新世纪的曙光里》获中国广播电视新闻奖三等奖和江西广播电视奖二等奖；公众性节目《我为农运而喝彩》、消息《水域生态荒漠化向我们敲响警钟》获江西广播电视奖一等奖；《死囚的最后告白》获全国法制好新闻三等奖；

《用爱心点燃双眸》获中国残疾人事业好新闻奖三等奖；论文《与时俱进——广播面对新世纪受众的抉择》、《广播奏响信息时代的强音》获全省广播学优秀论文奖。

省电视台

陈世杰 1952年9月出生，浙江杭州人，江西大学新闻专业毕业，大专学历。1988年评聘为记者，1998年内聘为主任记者。2005年12月获主任记者任职资格。1969年7月参加工作，1974年始分别在南昌晚报、南昌人民广播电台、南昌电视台、江西电视台担任新闻采编工作。有20多个作品在全国、全省获奖，其中1993—1995年连续三年获全省一等奖。代表作品有电视新闻《江西农村电话发展迅速，出现电话拜年热》、《抗洪一线父子兵》，电视专题片《鄱湖水波映江西》、《拗所长和他的干警们》，电视系列报道《跨世纪工程——江西山江湖》。主要论文有《浅析电视经济节目如何避免属性和定位的误差》。

李明方 1959年7月出生，大专学历。1978年参加工作。自1997年受聘舞台技师以来，一直在江西电视新闻部从事摄像工作。曾圆满完成了省内外重要的采访任务，如中央领导来赣考察工作的报道，省里每年的人大、政协会议及其它一些重大的会议报道的拍摄任务，得到了省委、省政府和有关方面的好评。参加了九八抗洪抢险、三峡移民建设重建家园、小城镇建设、国有企业改革、招商引资、先进性教育、新农村建设等报道任务。2005年12月获主任舞台技师任职资格。

黄火生 1961年3月出生，籍贯江西临川。中共党员，法学研究生学历。2004年12月获主任记者任职资格。1979年参加工作。1992年至2004年在省电视台新闻部从事采访工作，连续多年被评为优秀共产党员、先进工作者。作品曾获中国广播电视奖三等奖、江西新闻奖一等奖。撰写的《“三贴近”与人员素质》、《电视新闻如何做到“三贴近”》等论文获江西广播电视奖二等奖。

谭颖琳 女，1965年11月出生，籍贯湖南湘潭，中共党员，大学本科毕业。2005年12月获主任编辑任职资格。1988年8月大学毕业分配到江西省广播电视厅总编室工作。1996年起调到江西电视台总编室工作。作为骨干参与了江西电视台卫星频道一系列重大宣传活动的策划工作，如“国庆50周年”、“建党80周年”的宣传策划；参与采制的特别节目《走进南丰——江西电视台观众见面会》获江西广播电视奖一等奖。撰写的论文《抓住“新、深、实”，做好“三贴近”》、《新形势下新闻宣传舆论导向浅议》、《新闻记者如何做到“三贴近”》和《关注观众，服务观众——关于做好观众意见反馈的思考》分别获江西广播电视奖论文类三等奖和江西省社会科学优秀成果奖三等奖。

陈四芳 女，1968年6月出生，江西萍乡人。研究生毕业，硕士学位。2005年12月获主任编辑任职资格。1991年分配到江西电视台总编室工作，主要从事电视收视调查的组织、统计、分析工作，从1998年调查网剥离电视台代之以购买专业调查公司的数据开始，独自承担本台的收视分析工作，撰写了大量的分析报告，发表了多篇论文和调查报告，其中《江西电视观众抽样调查分析报告》荣获第三次全国广播电视受众研究作品评选二等奖。2002年至2005年连续四年考核优秀。

孙　洪 女，1968年11月出生，江西省南昌市人，大学本科学历。1991年7月参加工作，2005年12月获主任编辑任职资格。

1991年7月从江西大学外语系毕业分配到江西电视台工作。1991年7月至1993年7月在江西电视台办公室从事文秘工作；1993年8月至今在江西电视台总编室从事电视新闻采编工作。1998年10月任编辑，2005年12月获主任编辑任职资格。编导的《假日漫步——风情（第182期）》获中国广播电视学会二等奖；参与导演的大型互动节目《江西电视台观众见面会——走进江铜》获江西广播电视奖二等奖、中国广播电视新闻奖三等奖；参与导演的大型互动节目《江西电视台观众见面会——走进南丰》获江西广播电视奖一等奖；论文《贴近些，再贴近些》在2003年全国新闻理论交流研讨会上评为三等奖。

吴晓峰　1969年2月出生，江西泰和人，大学本科学历，学士学位。2000年获三级舞美设计师任职资格。2005年12月获二级舞美设计师任职资格。1995年起从事舞台美术设计工作，承担了江西电视台多个频道栏目的设计和制作工作，并独立设计了多台大型晚会舞台，其独立设计的“预备——砰”和“成长”两栏目分别获国家广电总局第五、六届全国电视节目“金童奖”优秀栏目奖；独立设计的《没有烟的日子》、《十万个为什么》分别获第九届中国广告大赛铜奖、入围奖；设计的《中国电通VI设计》获首届“江西之星”设计金奖。主要论文有《图语图形的设计探索》等。

余志坚　1969年12月出生，江西省南昌市人，中共党员，大学本科学历。2005年12月获主任编辑任职资格。1991年7月，从江西师范大学教育传播系毕业分配到江西电视台参加工作，先后在新闻部编辑科、通联科和“社会传真”栏目担任新闻编辑和新闻专题节目编导，作为骨干记者参与了栏目几乎所有重大节目的策划和采制，工作量和任务完成情况在栏目位居前列，主要作品《民以食为天》、《最美不过夕阳红》先后获得江西新闻奖。2002年被评为台先进工作者，2003年被评为全省文化、科技、卫生“三下乡”先进个人。

王胜利　1970年11月出生，江西萍乡人。中共党员。本科学历，经济学学士学历。1995年通过全国注册会计师资格考试，1997年成为中国注册会计师协会会员。2005年11月获高级会计师任职资格。1992年7月毕业分配至江西电视台办公室工作，1996年12月任财务科副科长，2002年12月任办公室副主任。曾多次被评为省广播电视局优秀党员、先进工作者，获省广电局第二届“十佳青年”、江西电视台“优秀青年”荣誉称号。主要论文有《推进成本核算，促进电视事业发展》、《关于人力资源会计的若干问题》。

张　龙　1971年11月出生，籍贯江西省星子县，中共党员，大学学历，2005年12月获主任记者任职资格。从1995年7月参加工作起，一直在江西电视台新闻部工作，2005年6月起任江西电视台新闻部采访科副科长。1998年被评为全省广电系统抗洪抢险先进个人。1998年底至1999年初，代表江西电视台赴南极大陆采访，成为江西赴南极洲第一人。2001年10月，率江西电视台采访组参加了2001年上海APCE会议宣传报道。2005年11月，率江西电视台报道组在九江地震灾区一线奋战15天，很好地完成了报道任务。从1997年开始，作为骨干连续9年参加全省“两会”报道或全国“两会”的报道。主要作品有：《九江地震灾区不平静的第一夜》、《江西九江发生里氏5.7级地震》、《从七万到四十万的跨越》、《堤外波涛汹涌，堤内机声隆隆》等。获中国电视奖1次，获全国“五一”好新闻奖1次，获江西新闻奖一等奖4次，二等奖、三等奖多次，获江西广播电视奖一等奖5次，二等奖、三等奖多次，6次被评为先进工作者或考核优秀。

雷志梅 女，1971年12月出生，江西南昌人。汉语言专业本科毕业，获文学士学位。2005年获主任记者任职资格。现在江西电视台经济生活频道担任栏目制片人。1994年经江西省广播电视局公开招聘考试进入当时的江西有线台新闻部工作，2003年5月，策划并开办教育类专业栏目“教育在线”并担任制片人。主创的或参与创作的多篇新闻作品获国家级、省级新闻奖、广播电视奖及行业新闻奖等。此外还有多篇新闻采编业务论文在省级专业刊物发表。2002年被评为先进工作者，2003至2005年连续三年年度考核优秀。

邬 虹 女，1972年11月出生，江西省赣州市人。1993年7月毕业于南昌大学新闻学系，大学本科，获法学学士学位。2005年12月获主任记者任职资格。1993年7月毕业分配至江西电视台，曾任国际部、纪录片创作室编导、记者，采访拍摄了五十余部电视专题片，创作了多部纪录片并参与了大型文献纪录片的创作。2005年，调入理论文献片创作室，担任大型理论文献片《沧桑正道——科学发展观纵横谈》编导。主要作品专题片《瓷雕》获江西广播电视奖三等奖；电视系列片《沧桑巨变——江西改革开放二十年》获江西广播电视奖社教类二等奖；参与主创的大型文献片《红色中华》获江西广播电视奖社教类一等奖、江西新闻奖二等奖；独立创作的电视纪录片《妙笔毫光》在全国外宣节目评比中获一等奖；主创的电视片《漫步江湾》获江西广播电视奖社教类一等奖；主创的电视纪录片《生命在自己手中——王乐秋的故事》获江西省残疾人事业好新闻奖二等奖。

廖 昕 1973年8月出生，湖南祁阳人。中共党员，本科学历。2005年12月获主任记者任职资格。1995年7月毕业于南昌大学中文系，同年8月分配至江西电视台青少部工作。先后担任栏目记者、主编及大型晚会、活动导演，2005年2月任青少部副主任。作品《预备——砰》获全国电视节目“金童奖”优秀栏目奖、二等奖，《智慧娱乐园庆千期迎六一晚会》获江西省电视节目“金童奖”一等奖、最佳导演奖，《世界经典名曲少儿音乐会》、《好运智多星》获江西广播电视奖一等奖。主要论文有《儿童电视节目要以儿童为本》。2001年至2005年连续五年考核优秀，2003年获江西电视台“优秀青年”称号。

胡 克 1973年10月出生，1995年毕业于南昌大学计算机系，获学士学位，同年分配进入江西电视台技术办公室工作。2005年12月获高级工程师任职资格。长期从事电视工程技术工作，负责全台计算机及网络系统的管理和维护工作，综合布线等弱电项目的设计、安装、调试等工作，负责完成台综合布线系统的维护和管理。先后完成了江西电视台器材设备管理系统的软件开发和维护工作，完成江西电视台财务科财务电算化网络系统的网络设计、安装、调试等工作，完成全台综合布线系统（含语音、数据、有线电视）的设计及施工工作，完成电视台的宽带网络设计和施工工作，完成江西电视台人事科人事管理网络系统的网络设计、安装、调试等工作，参加广电时代广场B楼的弱电项目设计工作。

彭子舟 1973年12月出生，籍贯江西泰和县。大学本科毕业，工学学士。2005年12月获高级工程师任职资格。1994年大学毕业分配至江西电视台技术部工作。2002年6月至2003年3月赴日本参加由江西省外办组织的为期十个月的电视技术研修。现任播出部播出一科科长。曾多次获得国家广电总局金帆奖播出质量三等奖。2001年度获全国广播电视维护先进个人二等奖、全省广播电视技术维护先进个人称号。主要论文《全数字播控中心技术》获2004年度全省广播电视系统优秀论文一等奖。

南昌市

叶伦韬 1971年2月出生，1993年7月参加工作。1993年6月毕业于江西师范大学电化教育专业，获学士学位。2005年12月获高级工程师任职资格。在南昌有线电视台时从事广播电视编辑、制作工作。2002年3月无线台、有线台整合后，任南昌电视台技术中心副主任。1996年参与编辑、制作的电视节目《香梅女士的一天》获全国有线电视优秀节目三等奖，并在中央电视台播出；1997年参与全国第五届文化部群英奖转播工作；1998年参与拍摄制作专题片《邱娥国的故事新篇》，节目在中央电视台播出。

许　俊 1972年5月出生，1992年7月参加工作。2005年12月获南昌大学工程硕士学位。2005年12月获高级工程师任职资格。1999年参与了南昌人民广播电台91.7MHZ调频广播改建工作。现在南昌人民广播电台从事计算机的维护与软件开发。

李良生 1973年7月出生，1995年8月参加工作。1995年7月毕业于江西师范大学中文专业，获学士学位，2005年12月获主任记者任职资格。1999年12月任南昌有线电视台新闻中心副主任；2002年3月任南昌电视台频道总监。2005年3月批准为中共预备党员。江西省电视学会专业委员会副主任委员。作为主要撰稿人、采编人的电视新闻评论《降价背后》获第十届江西新闻奖二等奖；担任主创的电视消息《厂长离任职工难舍》获2004年度江西广播电视奖一等奖；作为主创人员（撰稿、编导）拍摄的八集系列片《走马中部看南昌》获2003年度江西广播电视奖二等奖；独立撰写了五集电视评论《五论加快南昌发展的工作策略》；担任撰稿和主要编导的外宣片《投资南昌》获江西广播电视奖二等奖。

景德镇市

李　祥 1971年8月出生，湖北武昌人，1993年毕业于景德镇陶瓷学院机械系；2004年考取景德镇陶瓷学院工程硕士（在职）。1993年8月考人景德镇电视台任新闻主播；2000年获一级播音员职称，2002年转记者职称；2005年12月获主任记者任职资格。2003年任景德镇市广播电视台外宣中心副主任，2005年任外宣中心主任。采编的消息，创作的纪录片、专题片，撰写的论文以及播音作品多次获得全省广电一、二、三等奖。

新余市

刘学文 1961年出生，江西高安人，大专学历。现任新余电视台台长助理。2005年12月获高级工程师任职资格。1981年9月参加工作，曾任教师。1988年到新余电视台工作，先后任新余有线电视台技术部主任，新余电视台技术部副主任、主任。组织完成了新余电视台硬盘播出系统、12CH发射系统固态化改造等多项广播电视重大技术工程建设，多次获省局技术维护先进个人。论文有《加强设备管理，降低电视经营成本》、《浅析传统编辑与非线编辑》等。

熊　芳 女，1963年10月出生，江西南昌人，本科学历。2005年12月获主任编辑任职资格。1983年12月参加工作，先后在新余人民广播电台社教部、新闻部担任记者、编辑工作，多篇作品获全国和全省广播电视奖，其中专题节目《推广农技富万家》等两件作品获中国广播电视奖（社教类）三等奖，《田园风景线》等多件作品获江西广播电视奖一等奖。《热线电话不应冷落农村听众》、《如何增强记者的宏观意识》等多篇论文在《声屏世界》等杂志上发表。2001 年被评为全省“创三好”先进个人，多次被评为局、台先进个人。

章志宏 1965 年 9 月出生，江西新余人，本科学历。2005 年 12 月获主任记者任职资格。1983 年 9 月参加工作，曾从事公司营业员、文秘等工作。1994 年到新余电视台工作，从事新闻采访 10 余年来，一直承担了全市重大会议，重大活动和市委、市政府主要领导活动的报道任务以及新余电视台本台评论的撰稿。主创的 10 余件作品获江西广播电视奖，其中《赣新中路 4 号商品楼居民的怨言》、《王英兴首开全省国有企业年薪制先河》分别获得 1994 年度和 2001 年度江西广播电视奖一等奖。有多篇论文在《声屏世界》、《新闻出版报》等报刊上发表。

鹰 潭 市

吴金莲 1955 年出生，大学学历，1974 年 3 月从事新闻编播工作，2005 年获主任编辑任职资格。消息《保姆进农家》获江西广播电视奖二等奖，《把厂长从迎来送往中解脱出来》、《鹰潭市武警支队官兵与当地群众奋战余江石港圩》分获江西广播电视奖三等奖。论文《做深做好都市新闻》获江西新闻理论交流研讨会二等奖和江西新闻奖三等奖，并有论文《地市广播电台如何突出地方特色》、《地市台要办成当地的新闻信息大全》。

涂高潮 1956 年出生，1982 年毕业于昆明师院中文系（本科）。1985 年 12 月开始从事新闻采编工作。2005 年获主任编辑任职资格。消息《江铜集团销售收入突破 100 亿元大关》获江西广播电视奖一等奖；专题《冲出重围》获江西新闻奖二等奖、江西广播电视奖二等奖；专题《感动浙江》获江西广播奖三等奖；评论《根除非法行医这一社会毒瘤》获江西新闻奖三等奖、江西广播电视奖三等奖；音乐节目《歌颂光明的人》获江西广播电视奖三等奖；论文《电台节目改版浅议》、《努力办好民族音乐之我见》获江西省广播电视学会三等奖。曾被评为全省广播电视“创三好”先进个人。

黄 燕 1962 年 9 月出生，江西省崇仁县人。毕业于南昌大学汉语言文学专业。2005 年 12 月获主任编辑任职资格。1985 年参加工作，先后在江西磷肥厂职工子弟中学、江西省化工技校任语言教师。1988 年调入鹰潭人民广播电台从事记者、编辑工作，1994 年调入鹰潭电视台，先后担任记者、编辑、制作等工作。作品多次在省市获奖，其中《政府为种粮大户配专家》、《生命大营救》分获第十二届江西新闻奖二、三等奖。《沿着高速路去闯大市场》、《我这二十年》等五篇作品获江西广播电视奖二等奖。另有近十篇作品获江西广播电视奖三等奖。主要论文有《提高电视人自身素质，应对新时期更高要求》、《浅谈电视新闻策划》、《电视节目“人性化”需关照两极》。

吴春一 1966 年出生，江西余江人，江西师大中文系毕业。2005 年获主任记者任职资格。1985 年参加新闻工作，先后在余江广播电视局、鹰潭人民广播电台、鹰潭电视台、鹰潭有线电视台任编辑、记者、编导、主编、副台长、新闻中心主任。现任鹰潭电视台副台长，主管新闻宣传工作。主要作品《乡长雷纪文》、《古镇上清》、《烈士走了，父母讨说法》、《为了我们的明天》等30多部专题片和20多件新闻作品获全国、省级奖。策划并主持开办了栏目“法庭内外”、“说不尽的鹰潭”、“晚间播报”等；组织策划了九八抗洪、中国鹰潭道教文化旅游节、鹰潭市建市20周年、抗击非典、三个代表重要思想、科学发展观等众多重大宣传报道活动。获“鹰潭市优秀记者”称号。鹰潭市作协会员。

赣州市

张光军 1957年6月出生，江西崇义人，在职本科学历，中共党员。现任赣州电视台频道总监。2005年12月获主任记者任职资格。1976年入伍，1982年从事电视新闻工作。主要节目《陋室里走出三名硕士研究生》获全国有线电视新闻一等奖，《厦门驻军在特区建设中识大体顾大局》和《会昌鹧鸪飞进国际互联网》等40多件作品获全国和省以上奖项。1999年被评为全省“创三好”先进个人。主要论文有《地方台频道专业化的现状及思考》和《小议新闻舆论监督》。

钟瑞龙 1963年8月出生，江西瑞金人。本科学历，中共党员。现任赣州电视台台长助理。2005年12月获主任记者任职资格。1983年参加工作，1994年从事电视新闻采编工作，曾多次获得赣州市“十佳新闻工作者”、“优秀记者”、市直机关“五型”党员、全省广电系统创“三好”先进个人等荣誉称号。先后主创完成100多部集专题（纪录）片的摄制工作。有大量作品在江西卫视、中央电视台以及通过中国黄河电视台送往国外播出。其中专题片《红土情》、《十送红军从赣南民歌到红色经典》、《赣南客家》、《客家摇篮赣州》、纪录片《歌手今年八十三》、《回家》等30多件作品获得省优秀电视节目二等以上奖项。主要论文有《主题宣传片创作谈》、《“三贴近”是城市电视台对农节目的生命力所在》、《电视纪录（专题）片创作与弘扬红土地文化的互动》。

陈　虹 女，1966年10月出生，江西赣州人。1989年毕业于江西工业大学无线电专业（本科），分配在赣州八五二台工作，1995年6月调入赣州电台工作。1997年8月获工程师任职资格。2005年12月获高级工程师任职资格。先后4次获江西省广播电视节目技术质量奖新闻类一等奖；2次获国家广播电影电视部节目技术质量奖录制质量三等奖；采制的专题片《十送红军——从赣南民歌到红色经典》、《回家》、《客家摇篮赣州》获江西省广播电视奖(社教类)一等奖。主要论文有《关键在心态》、《“三贴近”是办好电视农业栏目的金钥匙》。

宜春市

高明孝 1948年6月出生，江西高安市人。大专学历，中共党员。2005年12月获主任编辑任职资格。1982年2月起从事广播电视宣传工作，历任高安人民广播电台副台长、高安市电视台副台长、高安市广播电视局总编室副主任。曾被评为高安市模范通讯员、宜春地区先进新闻工作者。主创的广播板块节目“锦河南北”获全省广播优秀作品评比一等奖，主创的通讯《一位共产党员的情怀》获第二届中国世纪大采风活动金奖，撰写的论文《电视新闻“三眼”初探》获新华社和人民日报社在北京举办的全国新闻研讨会二等奖。主要论文有《在选择深化主题上下功夫》、《当好喉舌，为民释疑——新闻专题片<重哺故土>播出后的思考》、《把广播电视做强做大的关键是创新》、《强化总编室职能的启示和思考》等。

丁林立 女，江西省上饶人，1954年8月出生，1982年7月毕业于宜春师专中文系，1993年取得南昌大学汉语言文学大学本科学历。1985年4月进入袁州区广电局从事新闻采编工作，2000年12月进入宜春市广播电台从事新闻采编工作。多次有新闻、专题作品在国家、省、市级专业评奖中获一、二、三等奖，在国家、省级专业学术刊物上发表专业论文5篇。1993年7月获编辑职称任职资格。2005年12月获主任编辑职称任职资格。

谢晓蓉 女，1962年5月出生，重庆市人，本科学历。1979年参加工作，1988年起在宜丰县广播电视台工作，曾任播音员、节目主持人、编辑等工作，历任新闻部主任、总编室主任、广告部主任和电视台副台长等。2000年加入中国共产党，2002年被评为全市广播电视“创三好”先进个人，连续多年被评为全县优秀共产党员、优秀新闻工作者；2003年被评为全省广播电视“创三好”先进个人。2004年10月获主任编辑任职资格。

陈菊萍 女，宜春广播电视报社副主编。1963年9月出生，江西省樟树人。1984年8月参加工作，大专学历。2005年12月破格晋升获主任编辑任职资格。先后有近二十件作品在全国城市广电报优稿评选和全省广播电视奖（报刊类）评选中获奖。其中专访《从巅峰又回到起点》获全国、全省一等奖；消息《我市健儿杨文军奥运夺金实现奥运金牌零的突破》分别获全国一等奖、全省二等奖；专访《历尽天华成此景，人间万事出艰辛》获全省一等奖；消息《今夜，第五届全国农运会在宜春盛大开幕》分别获全国二等奖、全省一等奖。多次被评为先进工作者，2000年获市优秀新闻工作者称号。

吴运星 1964年出生，江西靖安县人。中共党员，大学本科。2005年12月获主任记者任职资格。1983年参加工作，分配到教育系统工作。1989年调入靖安县广播电视局工作，先后担任靖安台记者、编辑、专题部主任、新闻部主任，2002年担任靖安人民广播电台台长，2004年担任靖安广播电视台新闻部制片人。2001年度和2004年度获得全省广播电视“创三好”先进个人称号。主要作品有：《三峡移民落户靖安》获江西广播电视奖一等奖；《三峡移民船上分娩，母婴牵动众人关心》获江西广播电视奖二等将和江西新闻奖二等奖；《道德有价》获江西广播电视奖二等奖；《靖安农民爱写诗》获全省广播对外宣传二等奖；《该卖不卖，果农吃亏》获江西广播电视奖三等奖。主要论文有《新闻敏感来自新闻责任》、《如何把握好现场报道》等。

黄程伟 女，1970年11月生，江西宜春人。1993年7月南昌大学新闻系毕业，同年9月被分配至宜春电视台工作，先后担任过“宜春新闻”图像编辑、记者、专职文字编辑、新闻部副主任，现任社教部主任。曾有多篇论文在全省新闻理论研讨会会上获奖，另外有十多件电视作品先后在国家、省、市获奖。1999年10月获编辑职称，2005年12月获主任编辑任职资格。

吉安市

肖家钦 1966年5月出生，江西泰和县人。中共党员，大学学历。2005年12月获高级工程师任职资格。1983年1月参加工作，先后担任吉安802台发射机房技术员，微波站技术值班，办公室副主任、主任。1998年8月获工程师任职资格。2002年9月任吉安802台副台长。主要论文有《全固态中波发射机的防雷与接地》、《模拟MMDS数字化改造可行性报告》和《全固态发射机使用与维护的几点体会》等。

余红英 1970年1月出生,江西永丰人,1991年成都电讯工程学院微电子电路与系统专业毕业，大学本科学历，工学学士学位。1991年8月进入吉安电视台，从事电视技术工作。2003年任吉安电视台制作部副主任。主要论文有《非线性编辑网络应用与管理》、《全硬盘自动播出网络系统探析》。1997年获工程师任职资格,2005年12月获高级工程师任职资格。

抚 州 市

李文静 女，1971年5月出生，现任抚州电视台新闻部副主任，主任编辑，中共党员，大学学历。1993年中文大专毕业，分配到抚州电视台工作，任专职新闻编辑，1997年取得新闻本科文凭。1999年加入中国共产党。2000年获编辑职称，2005年获主任编辑任职资格。参加工作以来，多件新闻作品和专业论文获省级以上奖励，其中江西广播电视奖二等奖5个、三等奖5个，并获江西新闻奖一等奖1个、二等奖2个、三等奖2个。曾获全市广电系统“创三好”先进个人、优秀共产党员、全市“十佳记者、编辑”等多项荣誉。

统　计

2005 年江西省广播电视基本情况统计

无线广播（一）

	单位	2005 年	2004 年	2005 年比 2004 年	
				增长量	增幅(%)
广播电台	座	12	10	2	20
中短波发射台和转播台	座	15	15	0	0
调频发射台和转播台	座	627	659	–32	–4.86
广播人口覆盖率	%	93.22	92.89	0.33	0.36

无线广播（二）

	广播电台(座)	中短波发射台和转播台(座)	调频发射台和转播台(座)	广播人口覆盖率(%)
省级	1	1	2	—
南昌	1	1	1	97.19
景德镇	1	1	1	92.00
萍乡	1	1	1	97.95
九江	1	1	2	90.10
新余	1	1	1	98.00
鹰潭	1	1	1	93.17
赣州	1	1	1	92.07
吉安	1	2	3	93.91
宜春	1	1	2	91.58
抚州	1	—	2	90.19
上饶	1	1	3	94.95

注：此表为省、市两级情况，覆盖率含县级。

电视广播（一）

	单位	2005 年	2004 年	2005 年比 2004 年	
				增长量	增幅(%)
电视台	座	12	12	0	0
电视发射台和转播台	座	349	454	–105	–23.13
电视人口覆盖率	%	95.44	94.86	0.58	0.61

电视广播（二）

	电视台 (座)	电视发射台和转播台 (座)	电视人口覆盖率 (%)
省级	1	2	—
南昌	1	1	98.73
景德镇	1	1	92.63
萍乡	1	1	99.05
九江	1	2	92.14
新余	1	1	95.84
鹰潭	1	1	95.46
赣州	1	1	94.76
吉安	1	2	96.07
宜春	1	2	95.06
抚州	1	2	93.92
上饶	1	2	96.73

注：此表为省、市两级情况，覆盖率含县级。

广播电视节目传送

	单位	2005年	2004年	2005年比2004年	
				增长量	增幅(%)
微波站	座	26	31	–5	–16.13
微波线路	千米	2246	2778	–532	–19.15
卫星地面接收站	座	9668	9353	315	3.37
	其中：省级3座； 设区市348座,含南昌市268座、景德镇市6座、萍乡市3座、九江市17座、新余市3座、赣州市8座、吉安市17座、宜春市9座、抚州市10座、上饶市7座。				

有线广播

指标	单位	2005年	2004年	2005年比2004年	
				增长量	增幅(%)
县广播电视台	座	80	80	0	0
乡广播电视站	个	1431	1475	–44	–2.98
通广播电视乡镇	个	1435	1480	–45	–3.04
#通有线广播电视乡镇	个	1416	1422	–6	–0.42
通广播电视村	个	16945	16751	194	1.16
#通有线广播电视村	个	12912	11877	1035	8.71
广播喇叭	万只	39.41	42.43	–3.02	–0.72
有线广播专线杆路	杆千米	9286	14122	–4826	–34.17
农村有线电视用户数	户	1202347	–	–	–

无线广播宣传（一）

	单位	2005 年	2004 年	2005 年比 2004 年	
				增长量	增幅(%)
公共广播节目套数	套	95	73	22	30.13
全年公共广播节目播出时间	小时	310171	265003	45168	17.04
按节目来源分					
#转中央台节目	小时	57539	49874	7665	15.37
转省级台节目	小时	38541	36800	1741	4.73
转地市级台节目	小时	8858	14322	–5464	–38.15
播出制作节目	小时	166979	142917	24062	16.84
#首播	小时	102299	71981	30318	42.12
购买交换节目	小时	38254	21090	17164	81.38
按节目类型分					
#新闻资讯类节目	小时	81316	58863	22453	38.14
专题服务类节目	小时	59032	52155	6877	13.19
综艺类节目	小时	69034	68817	217	0.32
广播剧类节目	小时	41872	23647	18225	77.07
广告类节目	小时	22697	23193	496	2.14
其他类节目	小时	36220	38328	–2108	–5.5

无线广播宣传（二）

	节目套数	全年公共广播节目播出时间(小时)	转中央台节目(小时)	播出制作节目(小时)
省级	6	38122	1018	35680
南昌	5	21263	2445	15999
景德镇	4	18390	1164	13809
萍乡	4	11315	28081	6955
九江	10	52640	13125	7972
新余	3	17332	365	12751
鹰潭	2	7350	910	5470
赣州	18	50760	14444	20357
吉安	12	28458	7983	10555
宜春	10	21595	6405	9805
抚州	8	19151	3822	7881
上饶	13	23795	3050	19745

电视广播宣传（一）

	单位	2005年	2004年	2005年比2004年	
				增长量	增幅(%)
公共电视节目套数	套	110	107	3	2.8
全年公共电视节目播出时间	小时	558071	53550	22521	4.21
按节目来源分					
#转中央台节目	小时	95208	108281	-13073	-12.07
转省台节目	小时	43844	60287	-16443	-27.27
转地方级台节目	小时	13840	24169	-10329	-42.74
播出制作节目	小时	135192	108166	27026	24.99
#首播	小时	45011	35989	9022	25.07
购买交换节目	小时	269987	234647	35340	15.06
按节目类型分					
#新闻资讯类节目	小时	63215	58396	4819	8.25
专题服务类节目	小时	32825	44103	-11278	-25.57
综艺益智类节目	小时	36444	45041	-8597	-19.09
影视剧类节目	小时	297891	248707	49184	19.78
广告类节目	小时	46533	46886	-353	-0.75
其他类节目	小时	81163	92417	-11254	-12.18

电视广播宣传（二）

	公共电视节目套数	全年公共电视节目播出时间（小时）	转中央台节目（小时）	播出制作节目（小时）
省级	6	35522	230	31519
南昌	8	46178	4846	10729
景德镇	4	24130	912	10481
萍乡	5	30485	9855	3973
九江	12	60213	9829	12808
新余	3	9604	396	4303
鹰潭	4	25874	10831	2508
赣州	19	105041	20304	21199
吉安	13	80635	24339	10635
宜春	11	41283	7119	9260
抚州	12	57092	3618	7659
上饶	13	42014	2929	10118

有线广播电视（一）

	单位	2005 年	2004 年	2005 年比 2004 年	
				增长量	增幅(%)
总用户	户	3288797	3146914	141883	4.51
#模拟电视用户	户	237852	2929570	308282	10.52
数字电视用户	户	50945	47694	3251	6.82
#付费数字电视用户	户	48370	29913	18457	61.70
入户率	%	26.87	25.74	1.13	4.39
有线广播电视传输网络干线总长	千米	58013	52359	5654	10.80

有线广播电视（二）

	总用户 (户)	入户率 (%)	有线广播电视传输网络干线总长 (千米)
省级	36376	—	7570
南昌	537582	42.19	3200
景德镇	162491	34.98	686
萍乡	130548	25.81	2284
九江	314438	23.96	4380
新余	85000	22.90	881
鹰潭	68753	23.33	607
赣州	579360	25.76	11438
吉安	321482	23.78	4649
宜春	280834	17.63	8806
抚州	247808	23.16	3854
上饶	524125	29.91	9658

队伍构成情况（一）

单位：人

	年末总人口		按性别分		按学历分		
		长期职工	男	女	本科以上	本科及大专	高中及以下
合计	15819	14738	10641	5178	420	7795	7604
省级	2088	1834	1215	873	77	1567	444
南昌	1200	969	805	395	238	448	514
景德镇	590	471	417	173	1	299	290
萍乡	592	563	411	181	7	348	237
九江	1832	1682	1270	562	41	867	924
新余	516	511	342	174	—	344	172

鹰潭	379	367	251	128	3	260	116
赣州	2163	2022	1438	725	12	915	1236
吉安	1969	1969	1399	570	14	779	1176
宜春	1721	1677	1229	492	7	705	1009
抚州	1173	1134	772	401	—	515	658
上饶	1596	1539	1092	504	20	748	828

队伍构成情况（二）

单位:人

	按职业划分														
	管理人员	专业技术人员				编辑、记者			播音员、主持人			工程技术人员			其他人员
			高级	中级	初级	高级	中级	初级	高级	中级	初级	高级	中级	初级	
合计	3303	6342	484	1458	4400	225	574	1163	19	132	609	166	472	1813	6174
省级	203	1278	244	416	618	130	187	189	10	24	59	58	71	183	607
南昌	257	551	37	157	357	17	56	88	5	20	62	7	48	88	392
景德镇	124	253	14	48	191	11	13	65	—	4	26	3	10	42	213
萍乡	153	269	13	54	202	6	30	54	—	4	18	3	18	114	170
九江	407	689	35	154	500	18	65	118	—	12	67	7	33	202	736
新余	77	210	9	50	151	4	24	40	—	7	25	5	18	58	229
鹰潭	83	152	18	53	81	12	29	36	2	5	11	3	16	34	144
赣州	393	758	37	135	586	8	49	161	—	16	94	26	61	258	1012
吉安	458	611	31	107	473	7	26	120	—	15	75	24	58	261	900
宜春	455	727	15	120	582	5	40	115	2	8	45	6	51	260	539
抚州	328	376	17	72	287	4	19	80	—	6	38	13	47	169	469
上饶	365	468	14	92	362	3	36	97	—	11	89	11	41	144	763

广播电视业增加值（行政事业单位）

单位：万元

	总产出	中间消耗	增加值	劳动者报酬	生产税净额	固定资产折旧	营业盈余
合计	99154.49	49976.76	49179.73	26122 .75	4129.34	4831.85	14095.79
省级	57509.99	32405.08	25104.91	8568.96	3296.08	2018.17	11221.70
南昌	6531.87	3095.96	3435.91	2217.01	383.22	314.54	521.14
景德镇	1469.79	418.73	1051.06	751.07	—	154.87	145.12
萍乡	3121.83	1987.70	1134.13	700.31	59.51	286.26	88.05
九江	4784.85	2208.94	2575.91	2313.91	62.75	226.55	–27.30
新余	1024.81	228.30	796.51	632.69	31.19	137.13	–4.50
鹰潭	1832.54	822.92	1009.62	633.53	7.27	172.44	196.38
赣州	7237.20	2497.68	4737.52	2763.09	105.75	377.04	1493.64
吉安	4511.00	1746.46	2764.54	2482.20	18.05	243.90	20.39
宜春	3944.97	1662.23	2284.74	1674.93	51.10	372.49	184.22
抚州	2790.65	1280.22	1510.43	1193.19	17.68	166.58	132.98
上饶	4394.99	1620.54	2774.45	2191.86	96.74	361.88	123.97

广播电视业增加值（企业单位）

单位：万元

	总产出	中间消耗	增加值	劳动者报酬	生产税净额	固定资产折旧	营业盈余
合计	52590.13	22887.08	29703.05	10710.72	2307.63	5942.71	10741.99
省级	11761.14	7092.08	4669.06	2820.15	564.40	1658.54	-374.03
南昌	6665.04	4430.59	2234.45	743.55	230.45	994.70	265.75
景德镇	1960.93	608.31	1352.62	352.99	69.33	87.52	842.78
萍乡	2684.32	808.36	1875.96	500.85	85.85	270.90	1018.36
九江	4929.32	2343.46	2585.86	639.12	155.39	450.64	1340.71
新余	1746.40	612.80	1133.60	358.70	96.00	251.00	427.90
鹰潭	1169.726	534.15	635.57	223.41	28.13	-	384.03
赣州	7040.91	922.89	6118.02	2331.92	433.99	530.38	2821.73
吉安	3375.43	1103.19	2272.24	585.23	124.80	444.19	1118.02
宜春	4496.19	1971.66	2524.53	773.07	135.21	520.14	1096.11
抚州	3406.88	932.03	2474.85	660.60	164.26	252.32	1397.67
上饶	3353.85	1527.56	1826.29	721.13	219.82	482.38	402.96

广播电视财务收支情况（行政事业单位）

单位：万元

	总收入	财政补助支出	事业收入	总支出		人员支出	公用支出	设备购置	税金	结转自筹基建
合计	96307.68	16633.60	63669.32	88625.67	71415.86	21522.88	45682.43	6243.65	4129.34	2155.17
省级	53047.10	3971.81	41685.12	45885.57	36269.94	6979.05	27810.44	1615.45	3296.08	–
南昌	7636.18	1297.57	5828.32	7145.04	6014.25	1954.40	3795.61	1418.85	383.22	30.00
景德镇	1395.43	384.06	799.74	1250.31	1239.81	651.62	478.72	80.51	–	–
萍乡	3017.33	788.14	1343.88	2967.28	1841.59	551.98	1074.26	199.76	59.51	20.00
九江	4977.55	1794.02	2670.56	5067.05	4585.30	1894.40	2308.31	468.25	62.75	13.20
新余	1042.98	532.18	468.50	1047.48	1003.11	475.72	407.87	155.30	31.19	–
鹰潭	1750.66	399.76	636.94	1724.28	1050.77	531.60	437.20	90.56	7.27	170.00
赣州	6979.79	1656.07	3035.73	7073.67	5307.67	2238.24	2553.81	169.44	105.75	1537.71
吉安	4580.28	2466.15	1473.80	4575.89	4141.97	2143.96	1696.41	317.18	18.05	12.00
宜春	4407.61	1200.29	2271.02	4469.87	4057.62	1418.66	2260.47	879.55	51.10	202.06
抚州	2928.66	1023.66	703.71	2797.68	2182.23	1013.55	980.04	304.59	17.68	2.00
上饶	4544.11	1119.89	2752.00	4621.55	3721.60	1669.70	1879.29	544.21	96.74	168.20

广播电视资产负债情况（行政事业单位）

单位：万元

		货币资产	固定资产原值	负债总额	借入资金	净资产	事业基金	固定基金	专用基金
合计	206666.35	31855.38	120796.26	39906.83	9678.73	166759.52	9603.74	120518.36	36323.35
省级	98197.14	27190.61	50454.33	9278.97	–	88918.17	7819.44	50454.33	29615.50
南昌	23385.37	401.26	7863.49	10325.07	1003.20	13060.30	2478.04	7863.49	4042.03
景德镇	5397.54	96.02	3871.79	767.07	171.00	4630.47	–129.26	3871.79	–
萍乡	9104.18	102.22	7156.52	1562.07	784.00	7542.11	–69.14	7156.52	850.80
九江	7148.53	137.33	5663.63	1381.47	373.50	5767.06	–58.06	5575.63	50.00
新余	3793.10	129.40	3428.19	450.86	140.00	3342.24	–122.65	3428.19	36.60
鹰潭	5029.15	250.62	4311.05	752.52	179.20	4276.63	–62.93	4301.15	5.24
赣州	15518.41	1360.46	9425.91	5146.94	2255.84	10371.47	15.35	9425.91	1168.01
吉安	9486.93	488.60	6097.62	3704.90	1028.42	5782.03	–666.78	6097.62	200.15
宜春	13103.35	959.29	9312.16	3351.97	2325.59	9751.38	158.76	9312.16	111.77
抚州	4509.23	226.56	4164.49	505.33	387.38	4003.90	–144.26	4164.49	–
上饶	11993.42	513.01	9047.08	2679.66	1030.60	9313.76	385.23	8867.08	243.25

广播电视资产负债情况（企业单位）

单位：万元

	资产总额	流动资产	长期投资	固定资产净值	累计折旧	负债总额	流动负债	长期负债	所有者权益	实收资本	国家资本	法人资本
合计	249979.22	110646.75	5991.84	82243.52	21784.78	171702.02	138409.37	26687.40	78277.20	31680.27	29679.19	957.08
省级	76416.09	24128.97	2686.03	22945.39	4476.54	50417.94	26186.54	23880.80	25998.15	24152.55	22783.47	957.08
南昌	24661.49	10775.71	3000.00	10557.78	8398.50	15143.68	15142.68	–	9517.81	1386.00	1386.00	–
景德镇	8876.74	1789.53	–	2169.06	242.82	6322.33	5803.53	–	2554.41	2544.41	2544.41	–
萍乡	13709.48	8731.52	–	2808.69	669.17	10374.35	10369.81	–	3335.13	114.00	114.00	–
九江	18372.01	8737.21	46.81	7731.30	1530.82	6453.31	5296.32	382.00	11918.70	2846.31	2846.31	–
新余	8053.00	4552.00	–	2530.00	700.00	5815.00	5815.00	–	2238.00	5.00	5.00	–
鹰潭	5467.60	3833.32	–	847.10	295.70	3501.00	2922.90	–	1966.60	–	–	–
赣州	26927.71	17037.13	–	6766.19	1188.34	19060.62	18159.04	251.00	7867.09	–	–	–
吉安	13256.82	5119.75	108.00	6997.15	1104.21	9465.21	7935.89	276.00	3791.61	–	–	–
宜春	25095.35	10058.91	–	8877.63	1185.74	21534.86	21534.86	–	3560.49	632.00	–	–
抚州	13033.38	8248.70	151.00	3576.17	598.29	9628.58	7262.32	955.00	3404.80	–	–	–
上饶	16109.55	7634.00	–	6437.06	1394.65	13985.14	11980.48	942.60	2124.41	–	–	–

广播电视经营情况（企业单位）

单位：万元

	主营业务收入	主营业务成本	主营业务税金及附加	主营业务利润	营业利润	利润总额	所得税	净利润
合计	52576.10	7934.16	2038.02	40669.07	10741.99	12498.41	56.41	12030.00
省级	11756.11	3075.24	545.77	7927.78	–374.03	824.44	0.06	824.38
南昌	6665.04	373.96	198.00	6093.08	265.75	685.87	31.75	654.12
景德镇	1960.93	218.20	69.33	1587.37	842.78	841.62	–	841.62
萍乡	2684.32	331.92	84.17	2165.08	1018.36	1018.26	–	1018.26
九江	4929.32	798.36	155.39	4006.36	1340.71	1222.71	—	1222.71
新余	1737.40	441.00	54.60	1159.00	427.90	441.60	19.80	155.00
鹰潭	1169.72	109.76	28.13	934.53	384.03	471.23	–	471.23
赣州	7040.91	775.65	298.27	5233.61	2821.73	2857.10	–	2857.10
吉安	3375.43	227.19	109.30	3038.94	1118.02	1118.02	–	1118.02
宜春	4496.19	1058.01	135.21	2943.50	1096.11	1094.51	4.80	1089.71
抚州	3406.88	315.62	145.86	2945.40	1397.67	1390.87	–	1390.87
上饶	3353.85	209.25	213.99	2634.42	402.96	532.18	–	386.98

广播电视实际创收收入情况（行政事业单位）

单位：万元

	实际创收收入合计	广告收入	有线广播电视收视费收入	付费数字电视收入	网络传输收入	报刊发行收入	音像制品销售收入	节目销售收入	其他创收收入
合计	73563.92	59672.84	2969.47	–	–	227.10	3.50	12.80	10678.21
省级	46497.96	41400.17	–	–	–	–	–	12.80	5084.99
南昌	6338.61	5390.19	756.68	–	–	15.60	–	–	176.14
景德镇	845.93	727.74	–	–	–	–	–	–	118.19
萍乡	2162.39	1326.88	9.46	–	–	18.00	–	–	808.05
九江	3161.53	2146.80	388.00	–	–	–	3.50	–	623.23
新余	510.80	499.50	–	–	–	–	–	–	11.30
鹰潭	1300.50	538.20	26.00	–	–	20.70	–	–	715.60
赣州	3499.76	2504.18	332.78	–	–	74.00	–	–	588.80
吉安	1932.27	1129.35	340.73	–	–	35.90	–	–	426.29
宜春	2541.50	1418.97	449.50	–	–	–	–	–	673.03
抚州	1414.26	768.99	1.32	–	–	26.90	–	–	617.05
上饶	3358.41	1821.87	665.00	–	–	36.00	–	–	835.54

广播电视实际创收收入情况（企业单位）

单位：万元

	实际创收收入合计	广告收入	有线广播电视收视费收入	付费数字电视收入	网络传输收入	报刊发行收入	音像制品销售收入	节目销售收入	其他创收收入
合计	52496.48	4109.44	39807.84	1160.87	1488.77	165.54	6.68	38.43	5718.91
省级	12054.66	3872.24	5966.90	112.90	126.30	125.54	6.68	38.43	1805.67
南昌	6665.04	—	5299.50	40.36	—	—	—	—	1325.18
景德镇	1947.93	67.00	1546.40	57.62	37.74	—	—	—	239.17
萍乡	2683.42	—	2375.15	37.09	245.00	—	—	—	26.18
九江	4793.27	84.20	4238.90	91.34	25.00	24.00	—	—	329.83
新余	1541.00	86.00	1320.00	41.00	78.00	16.00	—	—	—
鹰潭	1169.22	—	881.92	50.56	93.54	—	—	—	143.20
赣州	7040.85	—	5987.05	203.62	114.02	—	—	—	736.16
吉安	3375.43	—	2770.57	119.15	190.14	—	—	—	295.57
宜春	4547.44	—	3797.33	67.66	360.20	—	—	—	322.25
抚州	3406.88	—	2989.01	63.19	113.40	—	—	—	241.28
上饶	3271.34	—	2635.11	276.38	105.43	—	—	—	254.42

图书在版编目（CIP）数据

江西广播电视年鉴. 2006/周晶星主编. —北京：中国传媒大学出版社，2006.9

ISBN 7-81085-841-6

Ⅰ.江…　Ⅱ.周…　Ⅲ.①广播事业-江西省-2006-年鉴②电视事业-江西省-2006-年鉴　Ⅳ.G229.275.6-54

中国版本图书馆 CIP 数据核字（2006）第 117512 号

江西广播电视年鉴 2006

主　　编　周晶星
责任编辑　赵　欣
责任印制　曹　辉
封面设计　方　舟
出 版 人　蔡　翔

出版发行　中国传媒大学出版社（原北京广播学院出版社）
地　　址　北京市朝阳区定福庄东街 1 号　邮编：100024
电　　话　86-10-65450532 或 65450528　传真：010-65779405
网　　址　http://www.cucp.com
经　　销　新华书店总店北京发行所

印　　刷　江西法制报社印务公司
开　　本　787×1092 毫米　1/16
印　　张　20
字　　数　500 千字
版　　次　2006 年 9 月第 1 版　2006 年 9 月第 1 次印刷

书　　号　ISBN 7-81085-841-6/K·841　**定　　价**：50.00 元